李井奎／编著

Intermediate Microeconomics

中级微观经济学

东北财经大学出版社
Dongbei University of Finance & Economics Press
大连

图书在版编目（CIP）数据

中级微观经济学 / 李井奎编著. —大连：东北财经大学出版社，2016.6
ISBN 978-7-5654-2401-4

Ⅰ. 中… Ⅱ. 李… Ⅲ. 微观经济学-高等学校-教材 Ⅳ. F016

中国版本图书馆CIP数据核字（2016）第173405号

东北财经大学出版社出版
(大连市黑石礁尖山街217号 邮政编码 116025)
网 址：http：//www.dufep.cn
读者信箱：dufep@dufe.edu.cn
大连美跃彩色印刷有限公司印刷 东北财经大学出版社发行

幅面尺寸：185mm×260mm 字数：362千字 印张：15.5 插页：1
2016年6月第1版 2016年6月第1次印刷

责任编辑：蔡 丽 杨紫旋 责任校对：蓝 海
封面设计：冀贵收 版式设计：钟福建

定价：36.00元

教学支持 售后服务 联系电话：（0411）84710309

如有印装质量问题，请联系营销部：（0411）84710711

↘前 言

本书是作者在给浙江财经大学的高年级本科生和研究生讲授微观经济学中级课程时所做的讲义基础上改写而成的，也是作者自己在教学过程中不断积累和学习马斯-科莱尔（A. Mas-Colell）、温斯顿（M. D. Whinston）和格林（J. R. Green）合著的经典教材《微观经济理论》的一个成果。

一直以来，浙江财经大学以及国内许多同等水平的高校在讲授中级微观经济学时，都是采用国外的一些经典教材。这些教材往往使用较多的图表和文字，而比较少用数学，而且参加过研究生入学考试的学生，对这些教材也都有所了解，因此，在研究生阶段继续使用这些教材上课，很多学生开始觉得有些不够用了，对研究生阶段的经济学训练产生了怀疑。但是，学习高级微观经济学，又需要更加高深的数学知识，一般学校的师资水平也达不到这样的要求。此外，一些能力较强的高年级本科生，也对更高深一些的经济学比较感兴趣，很多人选修这门层次稍高一些的微观经济学课程。这些都是这本讲义的现实教学基础。我根据这样的学生数学程度和现实的教学要求，在自己领会的高级微观经济学的范围之内，量体裁衣，写出了20多万字的书稿。本书相对较少使用数学证明，但是微观经济学的逻辑脉络清楚，表达上也更倾向于简洁的数学方式，填补了这样一个缺漏。

本书大部分都是围绕马斯-科莱尔等所著的《微观经济理论》中主要的架构而展开的。但是，对于一般均衡部分比较节略，这主要是因为一来是篇幅所限，二来是我们学校的研究生一般来说都会直接出去工作，所以学习时间也有限，只有一个学期的时间。我想，这大概是全国财经类大学的通例。所以，在这本教材的写作上，我也相对采取了较为简略的结构。全书分成三个部分：前5章为第一部分，讲授竞争性市场体系下的消费者与生产者行为，最后以对均衡的讨论作结；后5章为第二部分，讲授市场失灵情况下的各类主题，包括垄断、策略性行为、事前的信息不对称和事后的信息不对称所带来的问题，最后讨论外部性与公共物品；第三部分是附录，就全书所涉及的数学知识作了回顾，以便学生查看。本书每一章后均给出了若干习题，这些习题也大多取自马斯-科莱尔等人的教材，但作者基本上根据情况作了改编。本书所有的习题答案，请任课教师到东北财经大学出版社的网站（http：//www.dufep.cn）上注册会员后免费下载使用。

在本书的写作过程中，得到了三位研究生助教朱丹、唐珏和蔡昀炫同学的大力协助，他们在课后习题和附录上作出了很多贡献，特此向他们致谢！本书的出版还得到了浙江财经大学经济学院教材专项建设的支持。在本书编辑出版的过程中，东北财经大学出版社蔡丽编辑付出了很多辛劳，作者非常感激，也希望将来能够写出更好的教材来回报她！

作者虽然对于经济学教学兢兢业业，但是，毕竟水平有限，书中错讹之处必然不少，还请各位读者多多批评，以期将来更上层楼。

作　者

谨识于浙江杭州·钱塘之滨

2016年4月

↘目 录

第一部分

竞争性市场

[第1章]

偏好与消费者选择

经济学是方法论个人主义的。所谓**方法论个人主义**，是指在解释人类群体行为的结果时总是以个体的决策为基础来进行考察。经济学家要解释人类社会的市场行为乃至宏观经济的整体表现，总是喜欢从个体的决策者——消费者和厂商——开始谈起，这里的消费者或者厂商均可以理解为一个进行购买或供给决策的实体，它可以是一个单个的个体的人，也可以是指一个家庭；可以是一个只有一个人的小企业，也可以指横跨多个国家从事生产和贸易活动的跨国公司，甚至可以用来指一个国家的政府。的确，如果没有对这些构成社会经济的各种组织的真切理解，那么就不可能将我们对整体经济的认识建立在一个坚实的认识基础上。在宏观经济学中，经济学家也在不断追寻宏观经济的微观基础，这种追寻也是经济学的方法论个人主义使然。因此，我们对经济学的研究首先要从个体的决策出发。

微观经济学最为关心的是消费者和厂商这些现实经济的参与者们的行为以及其行为在不同的制度环境下的加总结果。微观经济学大师David Kreps曾在其经典教材《微观经济学教程》中①，简明扼要地将微观经济学的范畴分为四个：第一，行为人，即我们习惯上要加以研究的消费者和厂商②；第二，行为人的行为，即通常所称的消费者追求效用最大化，厂商追求利润最大化；第三，制度环境，即我们所要研究的行为人的局限条件，哪些是其可选择的，其决策又要受到哪些自身以外的因素——如市场结构或信息条件等——之影响；第三，均衡分析，即将所有这些追求各自福利的行为人放置在同一个给定的制度环境中以确定最终的结果会是什么样的情况。

本书将逐步展示微观经济分析的整体结构和具体内容，让我们先从理解消费者的行为开始。可以说，消费者是微观经济学的灵魂人物，研究其决策行为至关重要。

本章主要介绍消费者选择理论的一种常见的方法——偏好法③，即从消费者偏好出发，通过建立有关偏好的公理化体系，构建消费者选择理论的基本出发点。然后，我们通过用效用函数来表征偏好，可以方便地运用现代数学工具对消费者偏好进行处理。在消费

---

① KREPS D. A course in microeconomics[M]. Princeton, N. J.: Princeton University Press, 1990. 这本书由本书作者领衔翻译，由上海格致出版社出版。

② 这里我们避免使用“经济人”这一术语，是因为这一术语容易引起其他学科的误解，认为经济学只考虑人的自私性。使用“行为人”这一名称在作者看来更为贴切。特别值得提醒的是，经济人也好，行为人也罢，都只是一种对决策主体的描述，这类决策主体关心自己的福利，至于是利己还是利他影响到自己的福利，并不作深究。本书并不认为市场主体都是自私的，有关这个方面的讨论可以参考行为经济学方面的文献讨论，本书只是秉承现代主流经济学的处理方法。

③ 这里的言外之意，就是还存在其他的构建消费者选择理论的基本方法，即选择法，这种方法由萨缪尔森提出并逐步由众多的经济学家完善，其中以显示偏好为出发点，提出若干公理系统，从而和偏好法得到的分析完全一致。我们在2.1部分会讨论选择法，除此之外，本书均以偏好法为基础构建理论。

者追求效用最大化的行为假设之上，我们推导出个体消费者的马歇尔需求函数，以及由此得到的间接效用函数，并讨论了它们的性质和彼此之间的关系。消费者效用最大化问题和支出最小化问题是一对对偶问题，我们通过支出最小化问题推导出希克斯需求函数，以及由此得到的支出函数，也讨论这两个函数的性质和彼此的关系。由此，我们可以奠定消费者需求理论的基本框架。除此之外，我们还将通过构建斯勒茨基方程，将希克斯需求函数与马歇尔需求函数联系起来，从而为价格变动的福利比较打通道路。通过介绍几种不同的福利测量指标，我们可以以一种相对客观的方式来评价价格变化、税收变动等社会政策的经济效率，这是本章的一个现实应用。

1.1　消费者的环境

消费者会面对各种可能的商品来进行选择，这些商品可以是各种各样的，而且其数量也可以从0到一个很大的值不等。消费者可以想象到的所有商品的集合，被称为**消费集**，用X表示。对于要考察的这个代表性消费者，我们总是假设他面对的是N种商品的消费集，令 $x=(x_1,x_2,\cdots,x_N)$ 表示一个包含N种商品、第i种商品的数量为 x_i 的消费向量，这个消费向量可以被称为一个**消费束**或**消费计划**。我们还假定所有商品都是无限可分的，这当然是一个不那么现实的假定，对于饮料这类商品来说无限可分尚且可以理解，对于大宗商品似乎不那么符合实际，只能说这个假设是对现实的一种抽象，其目的也是应用数学时的方便性。很显然可以知道 $x\in X$，这是因为消费集包含着消费者所能想到的所有消费束，所以也可以把消费集写成 $X=\mathbb{R}_+^N$。①

消费集包含了消费者所能想象得到的所有商品的数量组合，但是其中并不是所有的消费束都能为具体的某个消费者所获得，也就是说该消费者面临着一定的约束条件。最为直观的约束条件就是该消费者的收入。当然，除了收入之外，制度或者法律的限制，甚至一些物理限制都会形成消费者所无法逾越的局限。比如火星旅行也可以为消费者所想象，但是这在目前的航天条件下无法成为现实；再比如说毒品消费往往会受到政府法律的禁止，不能成为消费者合法的选择。我们称消费集中那些可能为消费者所得到的消费束组成的集合为**消费可行集**，我们令B表示消费可行集，并且集中考察消费者的收入约束这种情况，称下面的集合为消费者的**预算集**：

$$B=\{x|px\leqslant m,x\in\mathbb{R}_+^N,m\geqslant 0\}$$

其中：$p=(p_1,p_2,\cdots,p_N)$ 是这N种商品的价格向量②，所以约束条件 $px\leqslant m$ 又可以写成：

$$p_1x_1+p_2x_2+\cdots+p_Nx_N\leqslant m$$

这里m表示的是该消费者的收入。

除了消费者的预算集这一约束之外，还需要对消费者所面对的市场环境进行假定。在本书第1到第5章如果不特别说明，我们总是假定遇到的市场是完全竞争的，即市场上所有的参与人都只是**价格的接受者**（price-taker），单个个体的需求或者供给的数量相对这个市场海洋来说微乎其微，根本无法影响价格，任何个体都不具备所谓的**市场势力**（market

① 这里N维0向量也在消费集之内，出于数学上求取最优解的考虑，消费集还需要是闭集和凸集，通俗地讲就是消费集包含其边界，消费集内任意两个消费束的加权平均所形成的新的消费束也在这个消费集之内。

② 这里我们假定任何商品的价格都大于零，也就是说这些商品是稀缺的，获得它们总需付出代价。

power）。这样，我们就完成了对消费者进行选择所面对的制度环境的描述。

1.2 消费者的偏好关系

在消费集上，消费者具有某种偏好关系，也就是说消费者可以对消费集中任意两个消费束进行排序。任意给出消费集中的两个消费束x^1和$x^2$①，消费者必然能够给出以下两种判断之一："x^1至少与x^2一样好"或者"x^2至少与x^1一样好"。我们用$\succsim$表示"至少一样好"，则前述两个判断可以写为：$x^1 \succsim x^2$或$x^2 \succsim x^1$。

"至少一样好"蕴含着两种情况：一种是"优于"，一种是"无差异"。如果"x^1优于x^2"或"x^2优于x^1"，那么$x^1 \succsim x^2$与$x^2 \succsim x^1$就不可能同时成立。如果$x^1 \succsim x^2$成立，而$x^2 \succsim x^1$不成立，我们称"x^1优于x^2"，也可以记作"$x^1 \succ x^2$"；如果$x^2 \succsim x^1$成立，而$x^1 \succsim x^2$不成立，我们称"x^2优于x^1"，也可以记作"$x^1 \prec x^2$"；如果$x^1 \succsim x^2$成立，同时$x^2 \succsim x^1$也成立，我们称"x^1无差异于x^2"，也可以记作"$x^1 \sim x^2$"。

如果对于消费集中的任意两个消费束，该消费者都可以作以上比较，总可以给出$x^1 \succsim x^2$或$x^2 \succsim x^1$的判断，抑或能够给出$x^1 \succ x^2$、$x^1 \prec x^2$或$x^1 \sim x^2$三者之一的判断，我们就可以称该消费者建立在消费集X上的偏好关系满足有关偏好的第一条公理——完备性公理。

公理1.1（完备性公理）：对于消费集X中的任意两个消费束x^1和x^2，必有下列关系之一成立：$x^1 \succsim x^2$或$x^2 \succsim x^1$，又或二者同时成立。

完备性公理对于消费者偏好的要求还是很高的，它要求消费者能够就任何两个消费束进行偏好上的排序，在现实生活中这显得有点过于苛刻。一种可能是这样的，消费者对于自己从未曾体验过的消费品与自己经常消费的商品出现消费前后的选择不一致，或者无从判断。譬如某消费者从未吃过榴梿，但是经常买苹果吃，假定同样金额的榴梿和苹果摆在他面前供他选择，他或许很踌躇，从而无法判断。完备性公理则排除了这种情况；如果他选择榴梿，但是消费之后非常后悔，那么这并未违背完备性公理，因为这至少说明在选择之时该消费者还是对这两种消费束有过清晰的排序的，事后的反悔只是说明他在关于消费品的信息增加之后对偏好作了调整而已。

令$x^0 \in X$表示消费集X中任取的一个消费束，由此我们可以给出几个有意思的集合。第一个集合是x^0的**上等值集**，这个集合中所有的元素都是消费集X中与x^0至少一样好的消费束，记为：$\succsim(x^0)=\{x|x \succsim x^0, x \in X\}$；同理可以定义第二个集合——$x^0$的**下等值集**：$\precsim(x^0)=\{x|x \precsim x^0, x \in X\}$；第三个集合是$x^0$的**无差异集**，该集合中的所有元素都是消费集X中与x^0一样好的消费束，记为：$\sim(x^0)=\{x|x \sim x^0, x \in X\}$；同理可以定义$x^0$的**上优集**与**下劣集**：$\succ(x^0)=\{x|x \succ x^0, x \in X\}$与$\prec(x^0)=\{x|x \prec x^0, x \in X\}$。

值得注意的是，"优于"（$\succ$）和"无差异于"（$\sim$）这两种关系并不满足完备性公理。

---

① 这里我们用上标表示不同的消费束，用下标表示一个消费束中的某一种商品。

完备性公理并未触及三元关系，如果该偏好只满足这一条公理，那么它就只涉及了二元关系。当该消费者面对x^0与x^1时，认为x^0优于x^1；面对x^1与x^2时，认为x^1优于x^2；一旦他面对x^0与x^2时，如果他认为x^2优于x^0就会显得很诡异，合理的期待自然是x^0优于x^2，因此有如下公理：

公理1.2（传递性公理）： 对于消费集X中的三个消费束x^0、x^1和x^2，如果$x^0 \succsim x^1$，$x^1 \succsim x^2$，那么$x^0 \succsim x^2$。

虽然看起来这个公理很顺理成章，但是这是一个比完备性公理更为苛刻的假设。一种可能是，消费者偏好白色的画纸甚于蓝色的画纸，但是对于白色加上一点点蓝色的画纸无差异，而且总是对加上一点点蓝色的画纸与加上这点蓝色之前的画纸无差异，最终如果把最初的白色画纸和最后的蓝色画纸拿出来，该消费者又可以明确地给出白色画纸优于蓝色画纸的判断，这是传递性公理所不允许的。此外，不同考虑之下的想法汇总往往也会带来对传递性公理的违反：假设该消费者内心充满矛盾，思想纷乱，A想法出现时他认为$x^0 \succ_A x^1 \succ_A x^2$，B想法出现时认为$x^1 \succ_B x^2 \succ_B x^0$，C想法出现时又认为$x^2 \succ_C x^0 \succ_C x^1$，那么这个消费者将无法将其各种想法进行汇总，从而在这三个消费束之间进行选择。这种情况在现实生活中也并非少见，很多犹豫不决的决策者很可能是受到了内心不同想法的冲突之影响才无法抉择。往往一个决策者从不同的立场出发对消费束的排序是不同的，这个时候很容易出现违反传递性公理的情况。

尽管如此，我们仍然认为一个理性的消费者其偏好应当满足传递性公理，否则其行为将让我们感到无法理解。值得一提的是，“优于”（$\succ$）和“无差异于”（$\sim$）这两种关系也满足传递性公理，这一点读者可以自行证明。

对于消费者来说，我们常常假设他对于商品的偏好是多多益善，也就是说，任何商品的数量的增加都必然不会使得该消费者更为偏好之前的消费束，因此就有下面这条公理：

公理1.3（局部非饱和性公理）： 对于消费集X中的任意两个消费束x^1和x^2，如果x^1中至少有一个商品在数量上多于x^2中相应商品的数量，其他商品在数量上都一样，那么$x^1 \succ x^2$。

如果满足公理1.3中的条件，而结果是$x^1 \succsim x^2$，且$x^1 \gg x^2$，则$x^1 \succ x^2$，我们就称该偏好满足**严格单调性假设**，这是一个比局部非饱和性更为严格的假定。公理1.3的经济含义是指对于稀缺性的商品，消费者总是认为多要比少好，而且无论这个数量多到何种程度，这一偏好也不会改变。这一点也备受世人非议，但是，经济学是研究统计意义上的一般性个体的经济行为的，在统计意义上，这一假设还是站得住脚的。

接下来这条公理则相对更多的是出于数学上的考虑：

公理1.4（连续性公理）： 令$x^0 \in X$表示消费集X中任取的一个消费束，则无差异集$\sim(x^0)=\{x | x \sim x^0, x \in X\}$是一个连续的曲面。

在两种商品的情况下，无差异集就是一条曲线。在多维的情况下，我们可以把它想象成一个曲面，这个曲面没有任何缝隙或者在任何点上出现弯折或间断。公理1.4排除了偏好的突然变化这种情况，字典序偏好就是这种偏好逆转的例子。

【例1-1】（字典序偏好） 如果消费者在考虑消费束 $x^0=(x_1^0, x_2^0, \cdots, x_N^0)$ 和 $x^1=(x_1^1, x_2^1, \cdots, x_N^1)$ 时，总是优先考虑序号比较小的那些商品的数量，如果 $x_1^0 > x_1^1$，那么无论所有其他的商品在数量上 $x_{-1}^1 > x_{-1}^0$ 大出多少（这里 x_{-1} 表示消费束 x 中除去 x_1 之外的商品数量组成的向量），消费束 $x^0 \succ x^1$；如果 $x_1^0 = x_1^1$，$x_2^0 > x_2^1$，则无论其他商品数量如何，也可以得出 $x^0 \succ x^1$ 的结论；以此类推。我们称这种偏好为**字典序偏好**。无论 $x_1^0 > x_1^1$ 多少，总可以得到 $x^0 \succ x^1$；一旦 $x_1^0 = x_1^1$，则偏好马上取决于其他的商品数量的多少，会发生突然的变化，这种情况就违背了连续性公理。

消费者在选择商品的时候，似乎总是偏爱更多的种类，而不喜欢只消费一种商品。罗素有云：参差多态为美。这句话用在消费者偏好上似乎也并无不妥，因此，消费者喜欢多种多样、丰富多彩的商品世界胜过单一商品的经济可以用下面的公理来表达：

公理1.5（严格凸性公理）： 对于消费集X中的任意两个消费束 x^0 和 x^1，如果 $x^0 \succsim x^1$，那么对于 $t \in (0,1)$，$tx^0+(1-t)x^1 \succ x^0$。

如果 $t \in [0,1]$，公理1.5中的结论为 $tx^0+(1-t)x^1 \succsim x^0$，我们称该偏好具有**凸性**而非严格凸性。严格凸性假设告诉我们，两个消费束的加权平均得到的新的消费束会严格优于这两个消费束中较不被偏好的那一个，其现实的经济含义就是指消费者偏好具有偏爱更为丰富的商品组合这样的特征。

我们把满足公理1.1至公理1.5的消费者偏好定义为**良性偏好**（well-define preference）。

1.3 效用函数

在现代微观经济学中，偏好关系被视为消费者行为的基础，而效用函数只是表达了这一偏好的方便的数学形式而已，其本身所表达的信息局限在偏好关系上，而没有过多的含义。

定义1.1： 对于消费集X中的任意两个消费束 x^0 和 x^1，存在实值函数 $u: X \to \mathbb{R}$ 有：$u(x^0) \geq u(x^1) \Leftrightarrow x^0 \succsim x^1$，则称该函数 $u: X \to \mathbb{R}$ 表征了定义在消费集X的偏好 $\succsim$。

当然绝非所有的偏好都可以由效用函数来表示，比如前面提及的字典序偏好就无法由一个连续的效用函数来表征。但是，如果一个偏好关系能够由上述定义的效用函数来表示，那么我们就可以使用效用函数来表达偏好，这样就可以较好地使用微积分等数学工具来处理偏好，从而带来极大的分析上的便利。现在的问题在于，什么样的偏好才可以由效用函数来表征？幸运的是，有关这一问题，著名的数理经济学家Debreu已经在其著作中予以证明①，这就是著名的**Debreu定理**：

① DEBREU G. Mathematical methods in the social sciences［M］. Stanford, Calif.: Stanford University Press, 1960.

定理1.1：定义在消费集X上的连续性偏好$\succsim$，必然存在一个连续的效用函数u(x)表征。

该定理的证明须使用到比较高深的数学知识，这超出了本书的范围，故而不在此给出具体的证明过程，有兴趣的读者可以参考Debreu著作中的证明。这个定理非常重要，因为有了Debreu定理，我们就可以安心地使用效用函数来处理偏好了。值得一提的是，在对偏好给出限制的5个公理中，单调性和凸性假设并不是效用函数存在性的必要条件，也就是说，如果给定的偏好满足完备性、传递性和连续性3个公理，即可保证连续的效用函数表征的存在。

另外，Debreu定理是一个存在性定理，也就是说，表达同一个偏好的连续性效用函数可能不止一个，而是一个函数族，这个函数族中的任何一个函数都可以表达同一个偏好。如果对某个效用函数进行变换之后得到的新函数并不改变其中选择集中元素之间在偏好上的排列顺序，那么这个变换后的函数与原来的效用函数就表征了同一个偏好。在这里，我们需要对效用函数进行进一步的探讨和说明。

用效用来表示选择的快乐与痛苦，源自于英国哲学家杰里米·边沁的著作。在他的《道德与立法原理导论》一书中，边沁认为追求快乐、避免痛苦是人类的普遍现象，因此主张政策和法律应该以追求最大多数人的最大幸福为目标。"效用"这个概念进入经济学之后，受到了边际革命时期几位经济学家巨头，尤其是英国的斯坦利·杰文斯的极大重视，之后由英国经济学家阿尔弗雷德·马歇尔写入了他那部著名的经济学教材《经济学原理》，从此流布天下。19世纪的经济学人认为，效用是苦乐的计算单位，因此被称为**基数效用**。这种效用概念不但有数量上的大小之分，而且人与人之间还可以彼此进行比较，也即具有人际可比较性。然而，这种认为人的心理满足可以由明确的刻度予以明确地测量的理论只不过是19世纪的学术风尚或者学术自信罢了，它完全建立在内省的基础上，无从观察。因此，到了20世纪初，开始有一些经济学家对基数效用日益感到不满，最早是洛桑学派的传人——帕累托声称需求理论可以不需要借助基数效用即推出。在1917年，俄罗斯人斯勒茨基几乎是在与经济学界完全隔绝的状态下推导出了需求理论。正因为他的与世隔绝，他根本不用基数效用理论就完成了微观经济学中最重要的需求定律的推导过程。到20世纪30年代，希克斯使用**序数效用**理论，即认为效用的大小只能表示消费者对选择集中备选对象的偏好顺序，而没有任何数量上的含义，而且人与人之间不能就偏好的强烈程度进行比较，也推导出了需求定律。这样，现代经济学才完成了效用理论的现代构造。

【例1-2】（序数效用）甲、乙两位同学出门面试，有以下三种结果：

A.面试失败；

B.面试失败，归途中被汽车溅了一身泥点；

C.面试失败，归途中不但被汽车溅了一身泥点，还被一只蚊子咬了一口。

根据**序数效用理论**，甲同学只能排列偏好顺序$A>B>C$，但是却不能认为A优于B的程度远大于B优于C的程度，如果这样认为，这就有了量上的比较。此外，虽然乙同学也认为A优于B，B优于C，但是我们无从比较甲和乙相对于B谁更喜欢A多一些，或相对于C谁更喜欢B多一些。

由此，我们有以下定理：

定理1.2：如果函数u(x) 是定义在消费集X上的偏好$\succsim$的效用表征，对于任一$x\in X$有$v(x)=f(u(x))$，函数$f:\mathbb{R}\to\mathbb{R}$是严格单调增函数，那么v(x) 与u(x) 表达了同样的偏好$\succsim$。

证明：设$x,y\in X$，且$x\succsim y$。因为$u: X\to\mathbb{R}$是表征偏好关系$\succsim$的效用函数，故有：

$$x\succsim y\Leftrightarrow u(x)\geqslant u(y) \tag{1-1}$$

根据$f:\mathbb{R}\to\mathbb{R}$是一个严格单调增函数这一条件，可知：

$$v(x)\geqslant v(y)\Leftrightarrow f(u(x))\geqslant f(u(y))\Leftrightarrow u(x)\geqslant u(y) \tag{1-2}$$

根据公式（1-1）和公式（1-2）可推出：$x\succsim y\Leftrightarrow v(x)\geqslant v(y)$，这说明由$v(x)=f(u(x))$定义的函数$v:X\to\mathbb{R}$也是表征偏好关系$\succsim$的效用函数。

证毕。

现在我们可以对消费者偏好的效用函数表征给出更加具体的定义，也即满足公理1.1至公理1.5的消费者效用函数应具有的性质，这就是定义1.2。图1-1给出了只有两种商品时表示这种消费者偏好的效用函数的一种图像。

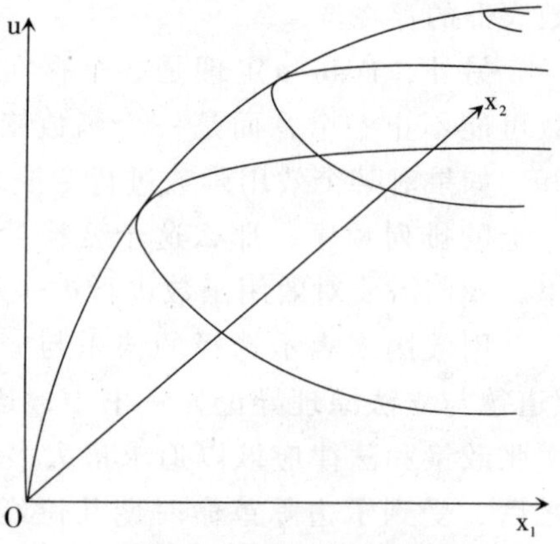

图1-1 凹函数的图像

定义1.2：根据定理1.1和定理1.2，满足公理1.1至公理1.5的消费者偏好$\succsim$可以由一个在$X=\mathbb{R}_+^N$上的连续、严格增和严格拟凹的实值函数u来表征。

任意选定一个效用水平，将无差异集投射在商品x_1,x_2平面上，就有了我们在经济学原理课程中学习过的无差异曲线图（见图1-2）。

图1-1给出的效用函数图像不但是严格拟凹的，而且是严格凹函数。[①]拟凹函数的定义要求其上等值集必然是凸集，因此拟凹函数可以涵盖凹函数，但是并非所有的拟凹函数都是凹函数。图1-3所示的这个效用函数图像即非凹函数，但是是拟凹函数，其投射在商品x_1,x_2平面上所得到的无差异曲线仍然如图1-2那样。

因此，效用函数的拟凹性是一个比凹性更弱的条件。凹性假设不但要求对无差异曲线的效用水平的赋值随着它远离原点的距离扩大而增加，还要求这种效用赋值的增加随着无差异曲线离开原点的距离扩大而幅度不断减小，也就是说，凹性假设背后隐含着边际效用递减规律，而一旦承认这种规律的正确性，那么这里所使用的效用概念就是基数性质的概念。拟凹性则是一个序数性质的概念，它只关涉无差异曲线的形状，而不论对其如何赋值。由此可知，凹性必然意味着拟凹性，但是拟凹性不一定必然是凹性的。之所以要就这一问题略加阐释，主要是为了能够深入透彻地理解序数效用理论在数学上进行表达时的微

① 关于函数的凹凸性以及拟凹性，参看本书附录。

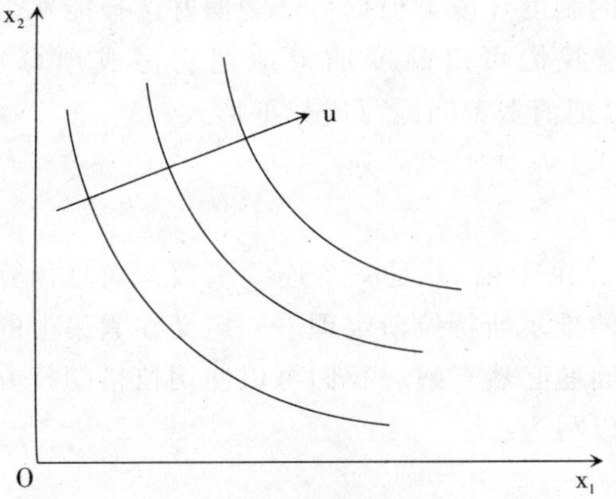

图1-2　无差异曲线图

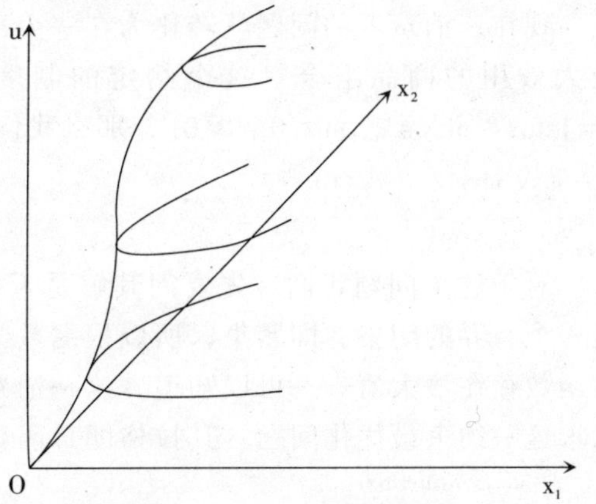

图1-3　拟凹函数的图像

妙之处，这是应该记取的。事实上，对经济学的数学表述，我们在赞叹其简洁优美的同时，更应该做到的是找寻其逻辑背后的经济学直觉和经济理论上的要求。

【例1-3】某消费者的效用函数为$u(x)=x_1^{\frac{1}{4}}x_2^{\frac{1}{4}}$，根据凹函数的定义，可以验证该效用函数是一个凹函数，我们也可以根据该函数的海塞矩阵情况来判断：

$$H(x)=\begin{bmatrix} u_{11}(x_1,x_2) & u_{12}x_1 & x_2 \\ u_{21}(x_1,x_2) & u_{22}x_1 & x_2 \end{bmatrix}$$

经过计算可以知道该海塞矩阵的k阶顺序主子式$D_k(x_1,x_2)$满足负定的要求，即

$(-1)^k D_k(x_1,x_2)>0 \qquad (k=1,2)$

故该效用函数是严格凹函数。

根据定理1.2，我们可以对它进行一次单调增变化，即令$v(x)=f(u(x))=u^6$，则有$v(x)=x_1^{\frac{3}{2}}x_2^{\frac{3}{2}}$，它与$u(x)$都代表着相同的偏好。不过，尽管二者代表同一偏好，但是可以验证的是，效用函数$v(x)=x_1^{\frac{3}{2}}x_2^{\frac{3}{2}}$的海塞矩阵不满足负定性质，故而不是严格凹函数，该函数为严格拟凹函数。但是不管这两个函数在性质上存在什么样的差异，其效用水平给定条件下的无差异曲线形状都是一致的。(本例所使用到的数学概念均可以在本书附录中找到，可以参考并自己练习一遍)

1.4　消费者效用最大化问题

在定义了效用函数之后，我们就可以使用它来表达消费者的偏好，并且认定每个消费者都会尽可能在其预算集内选择他最为偏爱的商品组合，从而使得效用函数的取值最大，这个假设即被称为**消费者追求效用最大化假设**。由于我们并没有给效用赋予除偏好之外更多的含义，所以消费者追求效用最大化这一假设并没有任何规范性的意义，他只是描述了消费者的偏好，即只是描绘了消费者选择的背后所蕴含的一致性条件，这些一致性条件已经由我们对偏好的5个公理予以限制。为了使用微积分来进行推导时的方便，我们对于效用函数$u(x)$再增加一个限制——可微性假设，它表示效用函数$u(x)$在任何一个商品数量上均是可微的，即均有偏导数存在。增加了这个假设之后，效用函数就是一个**平滑函数**(smooth function)，其无差异曲线是一条平滑曲线，不会出现任何弯折。

现在，消费者的问题就转化为在一个给定的制度环境下根据自己的偏好选择能够带来最大效用的商品组合。这个给定的制度环境我们可以高度抽象地把它写成预算集：$B=\{x|px\leqslant m, x\in\mathbb{R}_+^N, m\geqslant 0, p\gg 0\}$，那么我们可以把消费者问题写成如下形式：

$$\max_{x\geqslant 0}\ u(x) \qquad \text{(CP)}$$

$$\text{s.t. } px\leqslant m$$

对于这个问题我们首先要问其解是否存在，由于u(x)是一个连续函数，而且预算集是一个有界的闭集，即紧集，所以根据数学中的维尔斯特拉斯定理——定义在紧集上的连续函数存在最大值——可以知道，这一消费者问题必然有解。我们可以使用拉格朗日方法来求这一约束最优化问题。其拉格朗日函数可以写为：

$$\mathcal{L}=u(x)+\lambda(m-px)$$

其库恩-塔克一阶条件为：

$$u_i(x^*)-\lambda^* p_i\leqslant 0，且\ x_i[u_i(x^*)-\lambda^* p_i]=0，\ \forall i=(1,\cdots,N)$$

$$m-px^*\geqslant 0，且\ \lambda^*(m-px^*)=0$$

这里上标的星号（*）表示最优解，因为最优条件不可能处处成立，只能在最优点上才成立。同样需要注意的是，拉格朗日乘子λ也是作为这一问题的解的一部分导出的。这个系统中有N+1个未知数，因此我们需要N+1个方程方能求得最优解。由于偏好具有局部非饱和性，所以我们可知该消费者一定会在预算集的边界上选择最优消费束，即该消费者会将所有的收入全部花尽才可能得到最大的效用，因此预算约束必然是紧的，这样就可以得到一个方程。我们不排除在某些商品上，消费者对它的最优消费量为零，即不选择消费该商品，这种情况并不罕见。假如我们打算寒假去海南旅行，可是得知春运期间机票很贵，那么我们很可能会放弃对海南旅行的选择，但这并不意味着海南旅行不在我们的选择集之内，甚至不能说它不在我们的预算集之内，因为海南旅行仍然是我们可以选择的一个消费备选项，而且我们也可以支付得起，只是相对于其他商品来说，海南旅行的相对价格实在过高，要达到同样的满意程度即同样的效用水平，我们完全可以用其他更为廉价的商品对之进行替代。这种情况就是消费者选择中的所谓**角点解**。我们在这里暂时对这一问题不予关注，对于我们所关心的大部分消费者选择问题来说，我们总是假设$x_i^*>0$，最优解都是**内点解**的情况，这就排除了某些商品消费量为零这种极端情况。当然，你内心要知道角点解是可能存在的。

在存在内点解的情况下，最优条件可以写为：

$$u_i(x_i^*)-\lambda^* p_i=0$$

由于商品总数为N，所以这里会有N个方程，任取两个商品i、j，可得两个方程，代入可得下式：

$$-\frac{u_i(x_i^*)}{u_j(x_j^*)}=-\frac{p_i}{p_j}, \forall i,j\in\{1,\cdots,N\}$$

在经济学中，这个等式是很重要的。该等式的右边是投射在商品i,j这个二维平面上的预算线的斜率，除去负号之后即这两种商品的**相对价格**。如果只有两种商品，那么这个预算线就非常清楚，可以写成：$x_2=-\frac{p_1}{p_2}x_1+\frac{m}{p_2}$。而该等式的左边是效用无差异曲线的斜率，即这两种商品的边际效用之比的相反数，也即**边际替代率**（marginal rate of substitution，MRS)，这个比率表示的是消费者若想保持效用水平不变，减少商品1一个单位的消费量势必要求增加的商品2的消费量。我们来看一下 $-\frac{u_i(x_i^*)}{u_j(x_j^*)}$ 缘何是无差异曲线的斜率。现在还是假设只有两种商品，因为这在图示上比较方便。令 $u(x_1,x_2)=u_0$，其中 u_0 是一个常数，表示某一个效用水平。由此等式可以知道，x_2 可以表示 x_1 的函数：$x_2(x_1)$，意即在消费者取得 u_0 这一效用水平而第一种商品的消费量维持在 x_1 的水平时，对第二种商品的消费量 x_2 是多少。对此等式取 x_1 的微分，可得：

$$u_1+u_2\frac{dx_2}{dx_1}=0$$

其中：u_1、u_2 表示效用函数对第一种商品和第二种商品的消费量取偏导数，整理可得：

$$\frac{dx_2}{dx_1}=-\frac{u_1}{u_2}$$

这个等式的左边正是无差异曲线的斜率，右边是边际替代率。

由此我们可知，在最优消费束上，消费者选择要满足最优条件，即边际替代率必须等于两种商品的价格之比。换句话说，就是在最优消费束上，无差异曲线的斜率应该等于预算线的斜率。如果只有两种商品供消费者消费，那么就可以使用二维坐标平面来描述这一相切条件，这是大家在入门的微观经济学中所学习到的情况。

在图1-4中，我们可以看到预算集与其中一条无差异曲线有一个切点 x^*，在这一点上，是消费者罄其所有所能到达的最高效用水平。由于我们这里看到的无差异集是一条严格凸向原点的曲线，所以它与预算集的切点只有一个，如果它不是严格凸向原点，就可能会出现多个切点的情况。不过，我们对于偏好的假设已经作出过公理1.5严格凸性的假设，所以可以放心地得到一个切点的结论，唯一额外需要满足的是内点解的假设。我们已经拥有N+1个方程，因此可以放心地进行求解，可以解得唯一的一个消费束 x^*，它就是消费者效用最大化问题的解。①

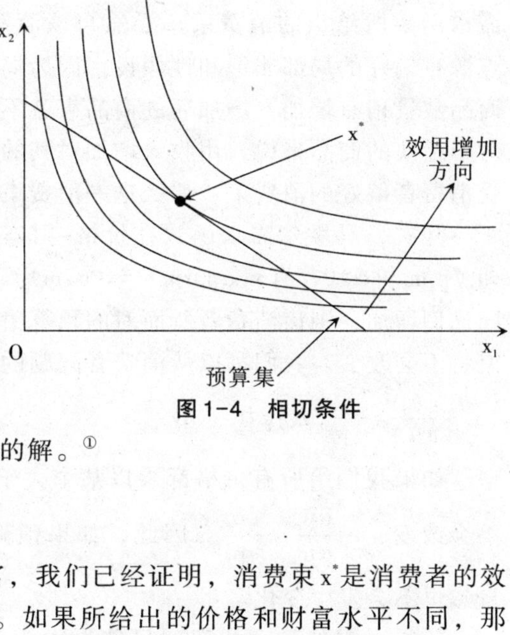

图1-4　相切条件

1.4.1　马歇尔需求函数及其性质

给定消费者所面对的商品价格和自身的财富，我们已经证明，消费束 x^* 是消费者的效用最大化点，也即它是消费者问题（CP）的解。如果所给出的价格和财富水平不同，那么这一最优消费束也必然不同，因此，我们可以将 x^* 写成是价格和财富的函数，即 $x(p,m)=(x_1(p,m),x_2(p,m),\cdots,x_N(p,m))$。

在这里我们稍微插入一点关于**外生变量**和**内生变量**的知识。在经济学建模过程中，确定哪些所要考察的变量是内生变量，哪些是外生变量是非常重要的。所谓内生变量，往往

① 我们在求最优解时，只推导了一阶条件。其实，这只是最优解的必要条件，而非充分条件，也就是说它也可能不是最大值点。但是，我们不需要在这里过于担心这个问题，因为我们假设效用函数是拟凹的和单调的，当然还有其他一些我们甚至没有提到的技术条件，给定这些条件，我们可以确保一阶条件是最大值的充要条件。

是我们关心的主要变量，它们是由模型自身的系统所给出的变量，反映了模型内部各变量之间的关系。所谓外生变量，则是独立于该模型的变量，是由这个模型以外的外部环境给定的，在模型中又被称为**参数**或**参变量**。我们用入门经济学中最简单的供求模型来说明之。假设我们有需求函数 $Q_d(P)=a-bP$ 以及供给函数 $Q_s(P)=c+dP$，供求平衡要求：

$$Q_d(P)=Q_s(P)$$

其中：需求量 $Q_d(P)$、供给量 $Q_s(P)$ 和价格P都是由这个模型系统自身给定的，是内生变量，也就是说，任意一个其中的变量，都和其他内生变量之间有依存关系，一个变化，其他的几个也会以一种系统的方式发生改变。而其中的参数a、b、c、d则是外生变量，它们不是由这个模型给出，你可以认为它们是由另外一个更大的模型决定的，但是就我们所考察的供求模型而言它们是既定的。

接下来继续探讨消费者效用最大化问题的解 $x^*(p,m)$，我们用*特别表示这是一个最优解，它说明，只要给定价格和财富的值，就必然有一个可以使得消费者取得最大效用水平的消费束。我们用 $x(p,m)$ 来表示这个解的一般形式，称之为**马歇尔需求函数**，有的文献也称之为**普通需求函数**或**瓦尔拉斯需求函数**。特别值得注意的是，这个需求函数本身就隐含着消费者效用最大化的假设在内。

马歇尔需求函数具有哪些重要的性质呢？

首先，这个需求函数满足**预算平衡**，也即在给定的价格和收入下，消费者购买马歇尔需求函数所给出的消费束，必然与该消费者用于消费的收入相等，即 $p\cdot x(p,m)=m$，这一点源自偏好的局部非饱和性假设。因为局部非饱和性假设告诉我们只要商品束中任何一个商品数量稍有增加，增加后的商品束就不会比之前的商品束对消费者来说效用更高，也即对于稀缺的商品来说，用收入增加对其的购买，消费者效用会上升。因此，如果想得到最受消费者偏好的消费束，那么这一消费束一定位于预算集的边界上。

其次，马歇尔需求函数在价格-财富对 (p,m) 上满足**零次齐次性**。所谓零次齐次性，即 $\forall p,m$ 和 $\alpha>0$，有 $x(\alpha p,\alpha m)=x(p,m)$。也就是说，如果消费者的财富和所有商品的价格同比例增加，则该消费者所面对的预算集不会发生变化，那么该消费者所选择的最优消费束将不会改变。我们可以从消费者问题的一阶条件中窥到一点端倪：

$$-\frac{u_i(x_i^*)}{u_j(x_j^*)}=-\frac{p_i}{p_j},\forall i,j\in\{1,\cdots,N\}$$

如果我们给所有价格都乘以某个大于0的数，即这里的α，你会发现该等式的右边并不会改变：$-\frac{\alpha p_i}{\alpha p_j}=-\frac{p_i}{p_j}$。因此，如果预算约束和最优条件都没有发生变化，那么最优解自然也不会发生变化。

值得一提的是，我们到目前为止一直都假设 $x(p,m)$ 是单值的，事实上可能并非如此，如果偏好是凸的，但是不是严格凸的，在二维情况下，无差异曲线不是严格凸向原点，而是有一段直线部分。如果预算线的斜率正好和这一段直线部分的斜率相等，那么这整个直线部分上的点就都是最优解。不过，如果我们假定偏好是严格凸的，因之效用函数是严格拟凹的，则对于任一 (p,m) 而言，马歇尔需求函数所给出的结果都是一个单点，因为严格拟凹性排除了无差异曲线中类似的直线部分。但是不管是单点，还是多个解，给定价格和财富水平，马歇尔需求函数给出的消费束集合总是一个凸集。

1.4.2　拉格朗日乘子的解释

拉格朗日乘子的最优值λ^*是约束条件的影子价值，它意味着放松约束条件一点点所带来的目标函数值的增加量。[①]接下来，我们稍微对此作一个推导，这个过程也是对拉格朗日乘子的一个说明。

现在，我们将马歇尔需求函数代入效用函数u(x)，即可得到u(x(p,m))，它是消费者在给定的价格和财富对上选择了最优消费束之后所能得到的最大效用。在这个问题中，约束条件是$p \cdot x \leq m$。我们现在稍微放松约束条件，这就是说要提高一点用于消费的收入m，将这点收入增加量标示为dm。这就好像是说，预算集较之以前稍微扩大了一点点，先前能够选择的消费束现在也都可以选择得起。由于出现了更多可行的消费束，收入扩大后的约束条件可以看作对先前约束条件的放松。对u(x(p,m))取m的微分，可以得到：

$$\frac{d}{dm}u(x(p,m))=\sum_{i=1}^{N}\frac{du_i}{dx_i}\frac{dx_i}{dm}$$

根据消费者问题的一阶条件，我们知道$\frac{du_i}{dx_i}=\lambda p_i$，所以上式右边可以写成：

$$\sum_{i=1}^{N}\frac{du_i}{dx_i}\frac{dx_i}{dm}=\sum_{i=1}^{N}\lambda p_i\frac{dx_i}{dm}=\lambda\sum_{i=1}^{N}p_i\frac{dx_i}{dm}$$

根据马歇尔需求函数的预算平衡性质，即$p \cdot x(p,m)=m$，两边求m的导数，可以得到：

$$\sum_{i=1}^{N}p_i\frac{dx_i}{dm}=1$$

所以，最后我们可以得到：

$$\frac{d}{dm}u(x(p,m))=\lambda^*$$

我们也可以这样解释拉格朗日乘子的最优值，它表示的是消费者在最优消费束上对收入或财富的边际效用。

1.4.3　间接效用函数及其性质

马歇尔需求函数x(p,m)给出了预算和价格约束下能够带给消费者最大效用的商品消费束，如果我们把这个消费束代入原来的效用函数，由此可以得到的效用水平必然是在给定的价格和财富上的最高效用，由此可以得到一个函数如下：

$$v(p,m)=u(x(p,m))$$

我们称这个函数v(p,m)为**间接效用函数**。称其为间接的，是因为原来的效用函数取决于所消费的商品束，而现在这个效用函数则取决于价格和财富，即是p和m的函数，从此你可以把效用看成是由价格和财富决定的。

与马歇尔需求函数一样，间接效用函数也有一些值得注意的性质，这些性质有些是继承自马歇尔需求函数的，给定我们的偏好满足公理1.1至公理1.5，这些偏好的间接效用函数v(p,m)具有如下一些性质：

首先，是零次齐次性。因为马歇尔需求函数具有此性质，所以：

$$v(\alpha p,\alpha m)=u(x(\alpha p,\alpha m))=u(x(p,m))=v(p,m)$$

换言之，如果商品价格和消费者用于消费的收入按照同比例增加，那么消费者不但不

① 有关拉格朗日乘子的知识可以参看本书附录。

会改变其最优消费束，也改变不了其所能达到的效用值。

其次，间接效用函数 $v(p,m)$在财富水平 m 上是严格递增的，在某一商品价格 p_i上是非增的。如果 $x_i>0$，即对第 i 种商品的马歇尔需求大于零，则间接效用函数 $v(p,m)$在价格 p_i上是严格递减的。如果用于消费的收入增加了，那么不但之前的消费束可以买到，而且还可以用增加了的收入购买更多商品，再根据消费者偏好的局部非饱和性公理，我们可以知道该消费者的效用水平必然会提高。如果某一商品的价格提高，那么预算线必然收缩，位于原来的预算线以里，从而降低了商品消费的选择空间。当然，如果这种商品的马歇尔需求为零，也即存在角点解，效用水平不会下降，而一旦不是这种情况，那么消费者的效用水平就会严格下降。

此外，间接效用函数 $v(p,m)$是连续函数，而且在价格-财富对(p,m)上是拟凸的，也即对于任一效用水平 $\bar{v}$，集合 $\{(p,m)|v(p,m)\leqslant\bar{v}\}$ 是一个凸集。[①]间接效用函数的拟凸性背后的经济学含义是，两个能够带来同样效用水平如 u 的最优消费束，其各自价格-财富对之间的连线上的点所取得的新的最优消费束，其效用水平 u′要不大于之前的效用水平 u。

借助于数学上的知识，我们可以找出间接效用函数 $v(p,m)$与马歇尔需求函数 $x(p,m)$之间的关系。[②]我们现在从间接效用函数的定义出发来逐步推演一下：

$$v(p,m)=u(x(p,m))$$

两边取某一商品价格 p_i 的微分：

$$\frac{\partial v}{\partial p_i}=\sum_{j=1}^{N}\frac{\partial u}{\partial x_j}\frac{\partial x_j}{\partial p_i}$$

根据消费者最大化问题的一阶条件可得：$\frac{\partial u}{\partial x_j}=\lambda p_i$ 以及对拉格朗日乘子的解释，即 $\frac{d}{dm}u(x(p,m))=\lambda$，可将上式重写为：

$$\frac{\partial v}{\partial p_i}=\frac{\partial v}{\partial m}\sum_{j=1}^{N}p_i\frac{\partial x_j}{\partial p_i}$$

根据马歇尔需求函数的预算平衡性质，即 $p\cdot x(p,m)=m$，两边求 p_i 的导数，可以得到：$\sum_{j=1}^{N}p_j\frac{\partial x_j}{\partial p_i}+x_i(p,m)=0$，由此可得：

$$x_i(p,m)=-\sum_{j=1}^{N}p_j\frac{\partial x_j}{\partial p_i}$$

综合以上各式，可得到：

$$x_i(p,m)=-\frac{\partial v}{\partial p_i}/\frac{\partial v}{\partial m}$$

这个等式就是**罗伊恒等式**。该等式可以让我们从间接效用函数中推导出马歇尔需求函数，这在很多情况下是很有用的，因为估计间接效用函数相对容易，这就可以通过罗伊恒等式来导出直接需求函数，而无须再去推导。这就大大简化了实际计量工作中的任务。

---

① 关于这个性质的详细证明可以参看：MAS-COLELL，WHINSTON，GREEN. Microeconomic theory［M］. 影印版.上海：上海财经大学出版社，2005：56-57.

② 请参考本书附录中关于罗伊恒等式的介绍。

1.5　消费者支出最小化问题

在前一节，我们看到，如果给定价格，用于消费的支出多少就决定了该消费者所能够取的最高效用。那么，现在我们可不可以把问题反过来问一下：如果给定价格和某一个效用水平，消费者需最少用多少支出才可以达到这样的效用水平？这就是消费者的支出最小化问题，这个问题可以这样表示：

$$\max_{x}\ px$$
$$\text{s.t.}\quad u(x)\geqslant \bar{u}$$

这个问题是说，如果价格为p，要想达到u这样一个效用水平，消费者不得不付出的最小支出是多少。

和之前消费者效用最大化问题不同，这里的外生变量不再是价格-财富对（p,m），而是变成了价格p和目标效用水平 $\bar{u}$ ，这里的内生变量是消费束x。因此，消费者支出最小化问题也可以这样表述：寻找一个消费束x，使得在价格为p时，消费者要获得效用水平 $\bar{u}$ 可以最小化其支出。

使用拉格朗日方法。首先构造拉格朗日函数：

$$\mathcal{L}=p\cdot x-\lambda(u(x)-\bar{u})$$

假设存在内点解，其一阶条件为：

$$p_i-\lambda u_i(x)=0\ ,\forall i\in\{1,\cdots,N\}$$
$$\lambda(u(x)-\bar{u})=0$$

由于效用函数是拟凹的，且在每个商品量上都是递增的，因此第二个条件可以写为：$u(x)=\bar{u}$ 。在给定的假设条件下，对于任一价格-效用对 $(p,\bar{u})$ ，该问题都有一个唯一的解，我们用 $h(p,\bar{u})$ 表示。这个解 $h(p,\bar{u})$ 就是**希克斯需求函数**，也叫**补偿需求函数**，它与马歇尔需求函数不同，因为它们的自变量并不相同。马歇尔需求函数回答的问题是哪一个消费束可以最大化价格-财富对 (p,m) 上的消费者效用；希克斯需求函数回答的问题是哪一个消费束可以最小化价格-效用对 $(p,\bar{u})$ 上的消费者支出。

由于希克斯需求函数 $h(p,\bar{u})$ 是消费者支出最小化问题的解，我们把 $h(p,\bar{u})$ 代入目标函数，就可以得到一个函数，我们用 $e(p,\bar{u})$ 表示：

$$e(p,\bar{u})=p\cdot h(p,\bar{u}) \tag{1-3}$$

公式（1-3）中的这个 $e(p,\bar{u})$ 就是通常所说的**支出函数**。和间接效用函数包含了消费者效用最大化行为一样，支出函数本身就包含了消费者支出最小化的行为，支出函数表示在给定的价格和效用水平上，要想达到该效用水平，消费者所需付出的最小支出。

我们比较效用最大化的一阶条件和支出最小化的一阶条件，可以发现它们是相同的：

$$\frac{u_i(x_i^*)}{u_j(x_j^*)}=\frac{p_i}{p_j}\ ,\forall i,j\in\{1,\cdots,N\} \tag{1-4}$$

公式（1-4）意味着效用最大化的解是在消费者效用无差异曲线族和给定的预算线相切的切点上取得，而同时，这个点也是在预算线族和给定的无差异曲线相切的切点（见图1-5和图1-6）。

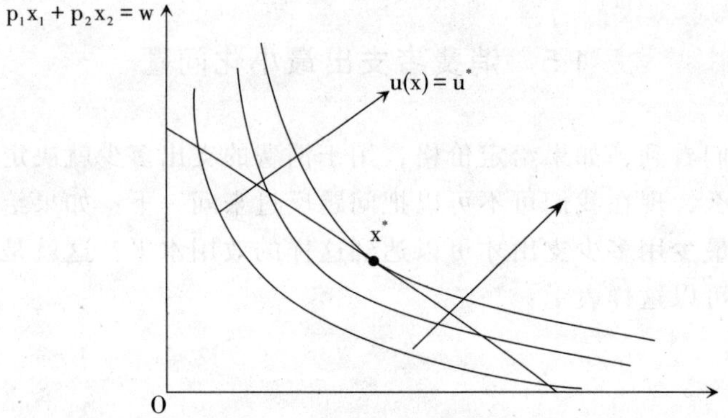

图 1-5 效用最大化问题的解

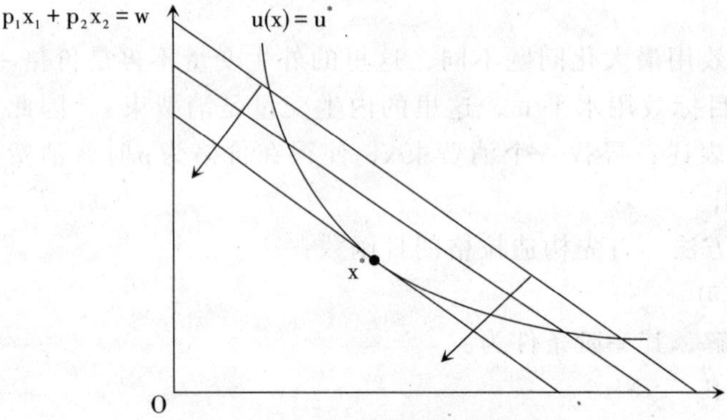

图 1-6 支出最小化问题的解

由此我们可以看出，消费者效用最大化问题和支出最小化问题可以看成是**对偶问题**，因为前一个问题中的约束条件恰好是后一个问题中的目标函数，反过来后一个问题的约束条件恰好是前一个问题的目标函数，这就可以称为对偶问题。由这种对偶关系，我们有下列等式：

$$h(p,v(p,m))=x(p,m) \tag{1-5}$$

$$x(p,e(p,u))=h(p,u) \tag{1-6}$$

公式（1-5）和公式（1-6）是对图 1-5 和图 1-6 的一个总结。我们还可以将上面的等式用间接效用函数和支出函数的形式给出，即

$$u=v(p,e(p,u)) \tag{1-7}$$

$$m=e(p,v(p,m)) \tag{1-8}$$

经过这样的分析，我们可以知道，支出函数和间接效用函数所包含的信息完全一样，这意味着如果我们知道了消费者的支出函数，就可以知道他的效用函数；反过来也一样。不过，由于支出函数相对于效用函数更加容易被观察到，所以在实际计量研究中，支出函数能够提供更大的方便。

1.5.1 希克斯需求函数和支出函数的性质

和马歇尔需求函数与间接效用函数一样，我们也可以推导希克斯需求函数 $h(p,\bar{u})$ 与支出函数 $e(p,\bar{u})$ 的性质[①]。我们首先来看希克斯需求函数 $h(p,\bar{u})$ 的性质，与此有关效用函数

① 这里我们在 u 上加一道横杠，表示是一个特定的效用水平，以此与效用函数 u(x) 相区别。

的假设是本章一贯的，即表征满足公理1.1至公理1.5的偏好。

首先，希克斯需求函数 $h(p,\bar{u})$ 对于价格是零次齐次的，也即 $h(\alpha p,\bar{u})=h(p,\bar{u})$，$\forall p,\bar{u}$，$\alpha>0$。要特别注意的是，这里的零次齐次性仅仅是对价格而言，而不是对价格和既定效用水平都是零次齐次的。零次齐次性如果通过支出最小化的图像来理解是很容易的，该问题的一阶条件要求无差异曲线 $u(x)=\bar{u}$ 和其中一条预算线相切，所有价格按照同比例增加并不会影响预算线斜率，因此也就不会影响支出最小化的消费束，当然，它的确会影响支出水平。

其次，与马歇尔需求函数必然会穷尽所有用于消费的收入类似，希克斯需求函数则会达到既定的效用水平，不多也不少，即 $u(h(p,\bar{u}))=\bar{u}$。这是由效用函数的连续性得出的，假设 $u(h(p,\bar{u}))>\bar{u}$，那么必然存在一个消费束 h'，在所有商品维度上都比 $h(p,\bar{u})$ 小。根据连续性，如果 h' 充分接近 $h(p,\bar{u})$，则 $u(h')>\bar{u}$。但是，消费束 h' 比 $h(p,\bar{u})$ 更能以低支出获得既定的效用水平，这显然和 $h(p,\bar{u})$ 是支出最小化问题的解相矛盾。因此，我们运用反证法可以推出矛盾，由此可以知道消费者支出最小化问题中的约束必然是紧的，也即等号成立。

最后，因为我们假定偏好是严格凸的，也即效用函数是严格拟凹的，所以可以肯定 $h(p,\bar{u})$ 是单值的。这一点也和马歇尔需求函数类似。

接下来，我们再来观察支出函数的性质。

首先，支出函数 $e(p,\bar{u})$ 在价格 p 上是一次齐次的。由于 $h(p,\bar{u})$ 在价格上是零次齐次的，所以所有商品价格乘以 $\alpha(\alpha>0)$ 不会影响消费者想要的消费束，根据支出函数定义有：

$$e(\alpha p,\bar{u})=\alpha p\cdot h(\alpha p,\bar{u})=\alpha p\cdot h(p,\bar{u})=\alpha e(p,\bar{u})$$

由此可见，如果所有商品价格都乘以 $\alpha(\alpha>0)$，要想以最低的支出达到既定的效用水平 $\bar{u}$，得到相同的消费束，那么你的支出也需要相应地乘以 $\alpha(\alpha>0)$。

其次，支出函数 $e(p,\bar{u})$ 在效用水平 $\bar{u}$ 上严格递增，在某一个商品价格 p_i 上不递减。假设支出函数 $e(p,\bar{u})$ 在效用水平 u 上不严格递增，那么这就意味着达到一个更高的效用水平支出可以不增加，这就和希克斯需求函数是达到既定效用水平实现支出最小化的消费束这一假设相违背了。假设价格向量 p' 和 p 是两个仅仅在第 i 个商品上不同的向量，其中 $p'_i>p_i$，根据支出函数的定义，可以得到：

$$e(p',\bar{u})=p'\cdot h(p',\bar{u})\geqslant p\cdot h(p',\bar{u})\geqslant e(p,\bar{u})$$

之所以在这个推导中不是严格不等式，仍然是因为有可能消费者对第 i 个商品的最优消费为零。如果排除这种情况，那么严格不等式成立。

第三，支出函数 $e(p,\bar{u})$ 在价格水平 p 上是凹的。假设价格从 p 增加到了 p'，令 $p''=\alpha p+(1-\alpha)p'$，则根据支出函数的定义有：

$$e(p'',\bar{u})=p''\cdot h(p'',\bar{u})$$

然后，根据 $p''=\alpha p+(1-\alpha)p'$，上式等于：

$$\alpha p\cdot h(p'',\bar{u})+(1-\alpha)p\cdot h(p'',\bar{u})$$

再根据支出最小化问题的解 $h(p'',\bar{u})$ 不可能是 $(p,\bar{u})$ 和 $(p',\bar{u})$ 下的最小支出消费束，可以得到：

$$\alpha p\cdot h(p'',\bar{u})+(1-\alpha)p\cdot h(p'',\bar{u})\geqslant\alpha p\cdot h(p,\bar{u})+(1-\alpha)p'\cdot h(p',\bar{u})$$

这就证明了支出函数 $e(p,\bar{u})$ 在价格水平 p 上是凹的。

1.5.2 希克斯需求函数和支出函数的关系

和间接效用函数与马歇尔需求函数之间存在一些特定的关系一样，支出函数与希克斯需求函数之间也是如此，这里我们就来推演其二者之间的关系。根据支出函数的定义，我们有：

$$e(p,\bar{u})=p\cdot h(p,\bar{u})$$

对这个等式两边分别取 p_i 的微分：

$$\frac{\partial e}{\partial p_i}=h_i(p,\bar{u})+\sum_j p_j\frac{\partial h_j}{\partial p_i}$$

现在我们再把支出最小化问题的一阶条件 $p_j=\lambda u_j$ 代入此式：

$$\frac{\partial e}{\partial p_i}=h_i(p,\bar{u})+\lambda\sum_j u_j\frac{\partial h_j}{\partial p_i} \tag{1-9}$$

由于在最优解处消费者支出最小化问题的约束条件是紧的，也即

$$u(h(p,\bar{u}))=\bar{u}$$

对此式两边取 p_i 的微分：

$$\sum_j u_j\frac{\partial h_j}{\partial p_i}=0$$

代入公式（1-9），可以得到：

$$\frac{\partial e}{\partial p_j}=h_j(p,\bar{u}) \tag{1-10}$$

这个式子告诉我们，支出函数对某一商品价格的导数正是该商品的希克斯需求函数，该式即**谢泼德引理**的结论。[①]

谢泼德引理与罗伊恒等式同样重要，而且就测量而言，支出函数毕竟要比希克斯需求函数更加容易得到，因为前者是可以观察的，后者则无法确切得到，因为效用水平很难观察。但是，我们可以由可观察的支出函数推导不可观察的希克斯需求函数，从而可以进行消费者福利上的推断，故而这一结果是很重要的。

从公式（1-10）我们还可以推导出若干其他的性质。如果没有特别说明，我们总是假定希克斯需求函数 $h(\cdot,\cdot)$ 是可微函数。

（1）$\frac{\partial h_i}{\partial p_j}=\frac{\partial^2 e}{\partial p_i p_j}$。这个式子可以直接从公式（1-10）两边取某商品的价格导数得到。令 $D_p h(p,\bar{u})$ 表示第 i 行、第 j 列上元素为 $\partial h_i/\partial p_j$ 的矩阵，该式就相当于说：$D_p h(p,\bar{u})=D_p^2 e(p,\bar{u})$。这里 $D_p^2 e(p,\bar{u})$ 正是支出函数 $e(p,\bar{u})$ 海塞矩阵，有关这方面的数学知识可以参看本书附录。

（2）$D_p h(p,\bar{u})$ 是一个对称的半负定矩阵。半负定性源自于支出函数是价格向量上的凹函数这一性质，因为凹函数的海塞矩阵是半负定的，这就是说该矩阵主对角元素是非正的，即 $\partial h_i/\partial p_j\leqslant 0$，这正是**补偿需求定律**的结论：当一种商品的价格提高，消费者为了达到和原来同样的效用水平，不可能增加对这种商品的消费。对称性源自杨格定理，即

① 参看本书附录中对该引理的数学说明。

$\frac{\partial h_i}{\partial p_j}=\frac{\partial^2 e}{\partial p_i p_j}=\frac{\partial h_j}{\partial p_i}$。这个意思是说，希克斯需求函数对价格的交叉作用是相同的。

（3）$\sum_j \frac{\partial h_i}{\partial p_j}p_j=0, \forall i\in\{1,\cdots,N\}$。这一点可以从希克斯需求函数在价格上的零次齐次性得到，对 $h(\alpha p, \bar{u})=h(p,\bar{u})$ 两边取 α 的微分，然后再令 $\alpha=1$ 就可以得到这一结果。

1.6　斯勒茨基方程

支出函数可以为我们提供一种以财富的形式来衡量价格变化福利效应的工具，当价格水平从 p 变化到 p' 时，消费者的福利可以用保持效用不变时的货币支出来度量，即 $e(p',\bar{u})-e(p,\bar{u})$。但是，这还会受到另外一个问题的困扰。支出函数是以希克斯需求函数为基础的，而希克斯需求函数的大小取决于价格和给定的目标效用水平。问题在于，价格水平容易观察，但是效用水平却观察不到。

由于马歇尔需求函数是建立在一切都可观察的价格和财富水平上的，所以它倒是没有这类问题，可是它又不能用作福利比较的工具。而希克斯需求函数可以用于福利比较，但是又建立在不可观察的变量之上。对这一矛盾问题的解决，我们需要从马歇尔需求函数 $x(p,m)$ 中导出希克斯需求函数 $h(p,u)$。这样，我们就可以用可观察的价格水平和财富水平来导出希克斯需求函数，然后再用希克斯需求函数去进行消费者福利的评价了。我们来看如何推导才能得到这样的结果。

我们先令 $u(x(p,m))=u$，这也就意味着 $e(p,u)=m$，考虑下面的等式：

$$h_i(p,u)=x_i(p,e(p,u)) \tag{1-11}$$

这个式子意味着在目标效用水平 u 和价格 p 上商品 i 的希克斯需求，等于在价格 p 上以及在这一价格水平上为达到目标效用水平 u 所需的支出之下商品 i 的马歇尔需求。对该等式两边对 j 商品的价格 p_j 取微分，可得：

$$\frac{\partial h_i}{\partial p_j}=\frac{\partial x_i(p,m)}{\partial p_j}+\frac{\partial x_i(p,e(p,u))}{\partial e(p,u)}\frac{\partial e(p,u)}{\partial p_j} \tag{1-12}$$

根据谢泼德引理，可以知道 $\frac{\partial e(p,u)}{\partial p_j}=h_j(p,u)$，所以公式（1-12）可以变形为公式（1-13）：

$$\frac{\partial h_i}{\partial p_j}=\frac{\partial x_i(p,m)}{\partial p_j}+\frac{\partial x_i(p,e(p,u))}{\partial e(p,u)}h_j(p,u) \tag{1-13}$$

再根据公式（1-11），有公式（1-14）：

$$\frac{\partial h_i}{\partial p_j}=\frac{\partial x_i(p,m)}{\partial p_j}+\frac{\partial x_i(p,e(p,u))}{\partial e(p,u)}x_j(p,e(p,u)) \tag{1-14}$$

又因为 $e(p,u)=m$，并以间接效用函数 $v(p,m)=u$ 代入，所以公式（1-12）最终可以写成公式（1-15）：

$$\frac{\partial h_i(p,v(p,m))}{\partial p_j}=\frac{\partial x_i(p,m)}{\partial p_j}+\frac{\partial x_i(p,m)}{\partial m}x_j(p,m) \tag{1-15}$$

这个等式就是著名的**斯勒茨基方程**。斯勒茨基方程为我们提供了马歇尔需求函数 $x(p,m)$ 和希克斯需求函数 $h(p,u)$ 之间的一个联系。这样，如果我们能够根据现实的数据估计出公式（1-15）的右边，那么就可以推导出公式（1-15）的左边，这就实现了我们前面的目标：用可观察的价格水平和财富水平，经过马歇尔需求函数，最终推导出希克斯需求函数。

斯勒茨基方程所表达的思想是非常清晰的。该方程的左边表示在价格变化之后，消费者为了达到和之前相同的效用水平必须进行财富的调整。这种财富调整反映在需求变化上，可以分为两个部分，这两个部分可用该方程的右边部分构成。方程的第一部分 $\frac{\partial x_i(p,m)}{\partial p_j}$ 是财富保持不变时消费者需要改变的需求量；第二部分 $\frac{\partial x_i(p,m)}{\partial m}x_j(p,m)$ 则是根据这种财富上的补偿，所带来的额外的需求量上的变化。

1.7 福利变动的评估

现在，我们可以考虑消费者面对价格变化时的福利变动评价了。我们集中关注价格的变化，这是因为价格可以有多样的理解，比如交通法规更为严格，我们可以理解为交通违规的价格变得更高了。如果把价格看成代价，看成是某种政策变化的隐喻，你就会发现我们的理论应用就会变得更加开阔，这也是微观经济学又被称为价格理论的原因。

假设消费者面对的财富为m，初始价格为 p^0，此时该消费者的效用水平用间接效用函数表示为： $v(p^0,m)=u^0$ 。如果价格变化到 p^1，则在新的价格水平下消费者的效用水平为 $v(p^1,m)=u^1$ 。那么价格变化之后，消费者福利的变化情况就要视下式的具体取值而定：

$$v(p^1,m)-v(p^0,m) \tag{1-16}$$

如果公式（1-16）为正，则消费者的效用提高了；为负，则消费者的效用下降了；为零，则说明消费者在价格变化前后效用水平并未改变。

但是，从公式（1-16）我们只能判断消费者的福利是变得更好了还是更差了，或者没有变化，却不能告诉我们变化了多少。这是因为我们这里使用的效用是序数概念的，效用单位的度量是任意的。我们需要找出另外一个指标，使得我们可以进行这种基数意义的比较，不但知道福利变化的好坏，还要知道具体变化了多少，而这个指标最好还能够相对客观，可以观察。

假设我们将价格水平固定在 $\bar{p}$ 上，且 $\bar{p}\gg 0$ ，意即所有商品的价格均大于零，我们称此价格为参考价格。那么，在参考价格 $\bar{p}$ 上消费者要达到效用水平u所必须作出的支付为： $e(\bar{p},u)$ 。如此一来，我们就可以比较在 u^0 和 u^1 两个效用水平上的消费者支出了，判断下式的正负情况：

$$e(\bar{p},v(p^1,m))-e(\bar{p},v(p^0,m)) \tag{1-17}$$

如果公式（1-17）为正，则说明要想在参考价格 $\bar{p}$ 上达到 u^1 的效用水平，就需要比达到 u^0 的效用水平付出更多的财富。公式（1-17）为负或者零可以有类似的解释。这样一来，这个式子的单位就有意义了，因为它是用货币度量的，而货币是具有基数性质的一个测量尺度。因此， $e(\bar{p},v(p,m))$ 常被称为**货币量度间接效用函数**。

我们可以将任意一个严格正的价格水平定为参考价格 $\bar{p}$ ，但是，一般而言有两种价格经常用来作为参考价格：初始价格 p^0 和新价格 p^1。当 $\bar{p}=p^0$ 时，消费者支出的变化等于使得消费者在新价格-旧财富对和旧价格-新财富对上表现得无差异的财富的变化，我们把这种福利变动称为**等价变化**，即 $EV(p^0, p^1, m)$，它被定义如下：

$$EV(p^0, p^1, m) = e(p^0, v(p^1, m)) - e(p^0, v(p^0, m)) = e(p^0, v(p^1, m)) - m$$

以初始价格为参考基准的第一种情况下福利变动的等价变化与补偿变化的具体表现，请参见图1-7。

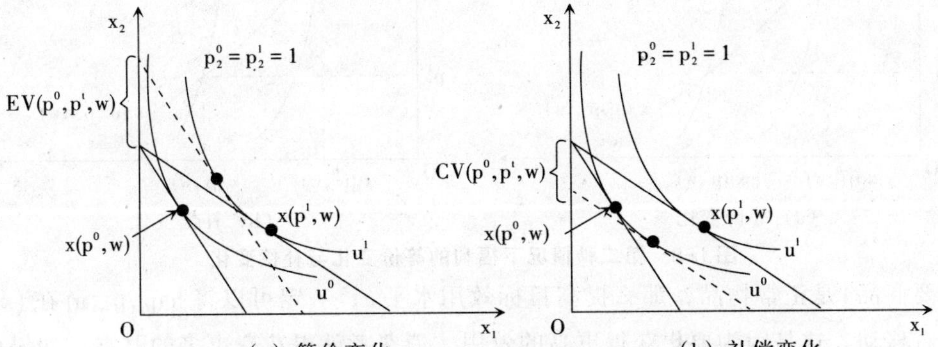

图1-7　第一种情况下福利变动的等价变化与补偿变化

由于 $m = e(p^0, v(p^0, m)) = e(p^1, v(p^1, m))$，所以，我们也可以把等价变动写成：

$$EV(p^0, p^1, m) = e(p^0, v(p^1, m)) - e(p^1, v(p^1, m))$$

这相当于告诉我们在原价格和新价格下为达到新的效用水平 u^1 所作出的支付的差值。现在假设只有第一种商品的价格提高了，那么利用谢泼德引理和微积分基本定理，我们有：

$$EV(p^0, p^1, m) = e(p^0, v(p^1, m)) - e(p^1, v(p^1, m)) = \int_{p_1^1}^{p_1^0} h_1(z, p_{-1}^0, v(p^1, m))dz$$

这里 p_{-1}^0 表示原价格中除去第一种商品价格的其他商品价格，我们可以把原价格向量 p^0 表示为 $p^0 = (p_1^0, p_{-1}^0) = (p_1^0, p_2^0, \cdots, p_N^0)$。EV的绝对值表示的是在 p_1^0 和 p_1^1 间希克斯需求曲线左下方的面积，这一点定积分的几何意义可以告诉我们。

另外一种情况则是将新价格作为参考价格，即令 $\bar{p} = p^1$。此时，支出的变化等于财富的变化，以满足消费者在原有境况 (p^0, m) 和新境况 $(p^1, m + \Delta m)$ 之间无差异这一要求。这也就等于是在问，由于价格变化，有多少财富需要补偿给该消费者，我们称这种变动为**补偿变化**（CV）。

$$CV(p^0, p^1, m) = e(p^1, v(p^1, m)) - e(p^1, v(p^0, m)) = m - e(p^1, v(p^0, m))$$

以新价格为参考基准的第二种情况下福利的等价变化与补偿变化的具体表现，请参见图1-8。

同样，我们可以用希克斯需求曲线下方的区域来解释CV。不同的是，这次的希克斯需求曲线是根据原来的效用水平 u^0 而取定的。假设只有商品1的价格发生了变化，原来的财富 $m = e(p^0, v(p^0, m))$，故有：

$$CV(p^0, p^1, m) = e(p^0, v(p^0, m)) - e(p^1, v(p^0, m)) = \int_{p_1^1}^{p_1^0} h_1(z, p_{-1}^0, v(p^0, m))dz$$

如果 $p_1^0 > p_1^1$，则上式为正；如果 $p_1^0 < p_1^1$，则上式为负。

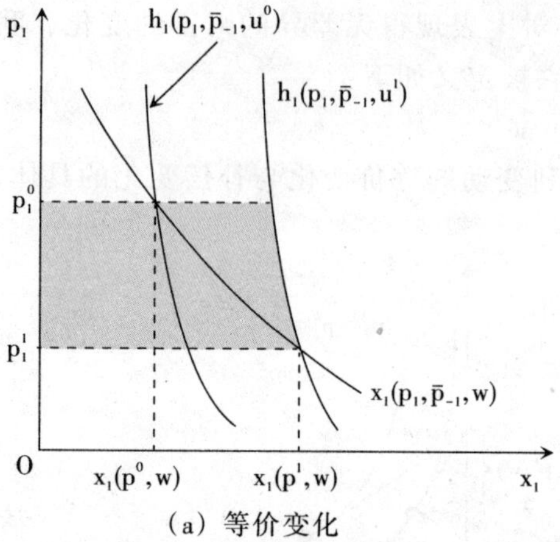

（a）等价变化

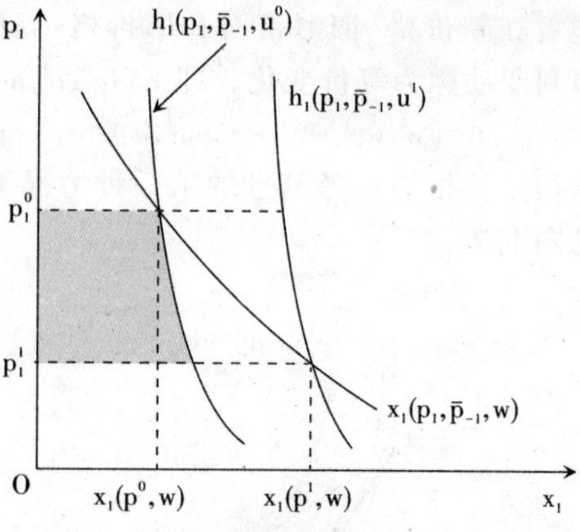

（b）补偿变化

图 1-8 第二种情况下福利的等价变化与补偿变化

只要商品 i 是正常物品，那么提高目标效用水平 u，一定可以将 $h_i(p_i, \bar{p}_{-i}, u)$ 在 (x_i, p_i) 空间中向右移动。这是因为要想获得更高的效用，消费者就得花费更多的财富；如果商品是正常品，消费者花费的财富越多，对这种商品的消费也就越多。因此，当商品是正常品时，$EV \geqslant CV$。而如果商品是劣等品，随着 u 的增加，就会推动 $h_i(p_i, \bar{p}_{-i}, u)$ 在 (x_i, p_i) 空间中向左移动，因此 $CV \geqslant EV$。只有对于该商品 i 不存在财富效应，也即 $\frac{\partial x_i(p, m)}{\partial m} = 0$，才有 $CV = EV$。

图 1-8 也给出了马歇尔需求曲线，在 p_1^1 上它与 $h(p_1, p_{-1}^0, v(p^1, m))$ 相交，在 p_1^0 上它与 $h(p_1, p_{-1}^0, v(p^0, m))$ 相交。之所以会如此，乃是源于效用最大化和支出最小化之间的对偶关系[①]，也即我们有：

$$h_1(p^0, v(p^0, m)) = x(p^0, m)$$

$$h_1(p^1, v(p^1, m)) = x(p^1, m)$$

这一结果是从恒等式 $h_i(p_i, v(p, m)) = x_i(p, m)$ 中得出的。从这里看，马歇尔需求曲线的下方在给定的两个价格之间的面积，必然处在 EV 和 CV 之间，这个面积就是我们在经济学入门教材中学习到的所谓的**马歇尔消费者剩余**（CS）。假定和之前一样，只有第一种商品的价格发生了变化，则此价格变化的马歇尔消费者剩余用积分表示为：

$$\Delta CS(p^0, p^1, m) = \int_{p_1^1}^{p_1^0} x_1(z, p_{-1}^0, m)dz$$

作为福利度量指标，虽然马歇尔消费者剩余的概念流传如此之广，但是不得不说，这是一个并无明确意义的度量指标，因为我们并不能对这个指标给出像 CV 和 EV 那样的解释。当然，这个指标也并非无用，当给定的商品不存在财富效应时，ΔCS、CV 和 EV 就完全相等，如果其财富效应不为零，而是比较小，那么 ΔCS 也会是后两者的一个近似的替代指标。此外，ΔCS 常常比 CV 和 EV 容易计算一些，因为它不需要去估计希克斯需求曲线，当然，我们已经知道如果使用斯勒茨基方程，这已不是一个问题了。马歇尔使用这个概念的时候，斯勒茨基方程还没有发明出来，因此它比 CV 和 EV 两个概念来得要早。

① 所谓互为对偶关系，即前一规划问题的目标函数是后一规划问题的约束条件，前一规划问题的约束条件是后一规划问题的目标函数，这就意味着这两个规划是对偶的。

【例1-4】（税收的无谓损失）假设政府对每单位商品1征收t(t>0)元的税收，当前的价格向量为 p^0，新的价格向量为 $p^1=(p_1^0+t,p_2^0,\cdots,p_N^0)$。征税之后，消费者购买商品1的数量为 $h_1(p^1,u^1)$ 单位，其中 $u^1=v(p^1,m)$。这样，政府所征收的总税额为 $T=t\cdot h_1(p^1,u^1)$。由于要征税，商品价格无疑会上涨，这会使得消费者的福利下降，用EV表示如下：

$$EV(p^0,p^1,m)=\int_{p_1^1}^{p_1^0}h_1(z,p_{-i}^0,u^1)dz$$

由于 $p_1^1>p_1^0$，所以EV为负，这也意味着该消费者如果想恢复到征税之前的福利水平需要得到补贴为-EV才可以，实际上也就是说消费者的福利下降了-EV元。那么，这项征税的净福利为：

$$-EV-T$$

这就是**税收的无谓损失**（deadweight loss of tax）①。如果政府从消费者身上直接拿走T元而不是通过对商品征税，那么税收的无谓损失就给出了以货币计量的消费者福利改进的空间。因为税收只带来了T元收入，但是消费者却额外损失-EV-T元，这些并没有转移给政府，而是凭空消失了。当然，它也不是真的消失了，消费者为了应对税收，必然减少对这种应税商品的消费，而这会降低消费者的效用，因此带来无谓损失。那么，由此可以认为，一个没有扭曲价格的税收方式不会带来这种无谓损失，这就为什么经济学家普遍认为**一次性总付税**（lump-sum tax）要比商品税从经济福利上看更优胜。一次性总付税不管每个消费者消费的具体商品束，而一致地征收T元税收，它不会扭曲消费者的购买决策，因此不会带来无谓损失。然而，一次性总付税也有其不足。首先它很不公平，因为穷人可能要比富人承担得多一些，因为每个人都要承担同样多的税收，穷人所支付的税收占其收入的比重当然会比富人大。其次，它并不专门对消费那些商品的人征税，这显得也很不公平。比如对汽油征税，很多不开车的人却因此而支付一次性总付税当然不够公平。因此，如何以一种社会福利损失最低和最为公平的方式征税，是税收经济学的一项重要主题。

基础训练

1.若消费者的偏好满足1.2部分中的所有公理，证明任意两条无差异曲线不可能相交。

2.间接效用函数 $v(\vec{p},m)$ 在财富水平m上严格递增，在某一商品价格 p_i 上是非增的，即 $v(\vec{p},m)$ 是 $\vec{p}$ 的减函数，是m的增函数，试证明。

3.一个消费者的效用函数为：

$$u(x_1,x_2)=Ax_1^{\alpha}x_2^{\beta}\qquad(\alpha,\beta>0,A>0)$$

根据该消费函数求解以下问题：

（1）求马歇尔需求函数和间接效用函数。

（2）求希克斯需求函数和支出函数。

（3）比较马歇尔需求函数和希克斯需求函数的斜率。

（4）验证罗伊恒等式。

（5）验证四个对偶性定理。

4.某效用函数为：

---

① 无谓损失（deadweight loss）简称为DWL。

$u(x_1,x_2,x_3)=(x_1-b_1)^{\alpha}(x_2-b_2)^{\beta}(x_3-b_3)^{\gamma}\qquad(\alpha,\beta,\gamma>0)$

（1）为什么通常要假设$\alpha+\beta+\gamma=1$？

（2）在上述假设下推导希克斯需求和支出函数。

（3）验证斯勒茨基方程。

5.假设某人的效用函数是$u(x_1,x_2)=x_1x_2$，他的收入$m=100$。最初的商品价格是$p=(1,1)$，假设现在价格变化为$p'=(1/4,1)$。计算EV、CV和ΔCS，比较计算结果并作简要解释。

6.定义：若一个函数$F(\vec{x})$是和式可分的，则该函数存在如下形式：

$F(\vec{x})=G[f_1(x_1)+f_2(x_2)+\cdots+f_k(x_k)]$

证明：如果效用函数是和式可分的，则不存在劣质品（收入增加时需求反而减少的商品）。

7.考虑效用函数：$u=2x_1^{1/2}+4x_2^{1/2}$，解答下列问题：

（1）求马歇尔需求函数和间接效用函数。

（2）求希克斯需求函数和支出函数。

（3）验证罗伊恒等式。

8.在一个三种商品的经济中（商品表示为x_1、x_2、x_3；价格表示为p_1、p_2、p_3），一个财富水平为$w>0$的消费者对商品1和商品2的需求函数为：

$$x_1=100-5\frac{p_1}{p_3}+\beta\frac{p_2}{p_3}+\delta\frac{w}{p_3}$$

$$x_2=\alpha-\beta\frac{p_1}{p_3}+\gamma\frac{p_2}{p_3}+\delta\frac{w}{p_3}$$

其中：α、β、γ和δ为非负常数。

（1）如何计算商品3的需求（不必算出答案）。

（2）商品1和商品2的需求是齐次的吗？

（3）计算效用最大化条件下的α、β、γ和δ的数值。

（4）给定（3）的结果，针对一个固定水平的x_3，在(x_1,x_2)平面上画出消费者的无差异曲线。

（5）给定（4）的结果，求消费者效用函数$u(x_1,x_2,x_3)$的形式。

[第2章]

选择与需求理论

从消费者偏好出发，通过构建效用函数表征偏好，进而求取效用最大化的商品消费束，我们已经得到了消费者的市场需求函数，也即马歇尔需求函数。这正是第1章告诉我们的结论。现在我们转换一个视角，因为在市场上能观察到的往往都是消费者的选择结果，而不是偏好，所以假设我们已经得到了一个消费者的市场需求函数 $x(p,m)$，那么我们的问题是：这个需求函数需要最少满足哪些条件才能使得它和第1章中所推导出的马歇尔需求函数具有相同的含义呢？这正是本章要先关注的问题。之后本章重新回到偏好法构造的消费者选择模型中，首先介绍在经济学中使用十分广泛的两类效用函数——拟线性效用函数和位似效用函数，为之后更进一步的讨论奠定基础。然后，对消费者需求加总问题进行研究，探讨消费者需求加总的可能性及其福利含义。最后，进一步将消费者选择模型进行动态化，分析跨时消费的诸种模型。

2.1 消费者需求函数的三个条件

消费者面对的消费环境一仍旧贯，他们面对着一个价格-财富对 (p,m)，共有N种商品，因此p是一个N维价格向量：$p=(p_1,\cdots,p_N)$，要求 $p\gg 0$，也即要求每一个商品的价格都大于0；m表示收入，是一个非负实数。由此，可以决定消费者的预算集：$B=\left\{x\middle|px\leqslant m,x\in\mathbb{R}_+^N,m\geqslant 0\right\}$。在这种消费环境下，令 $x_i(p,m)$ 表示消费者在此种环境中所选择的第i种商品的消费量，因此就有在该环境下消费者选择的商品消费束：$x(p,m)=(x_1(p,m),\cdots,x_N(p,m))\in B$。这个消费束表示的是该消费者面对价格向量p和自身收入m时所选择进行消费的商品束，显然它是价格向量p和自身收入m的函数。为了方便分析，假定 $x_i(p,m)$ 是一个在每一个分量上都可微的单值函数。而这一函数被称为第i种商品的需求函数。

接下来的问题是：这一需求函数最少需要满足哪些要求，才能使得它看起来和在第1章中所讨论的马歇尔需求函数一样合理呢？下面将依次列举这些条件并进行深入的分析。

2.1.1 第一个条件：预算平衡

所谓预算平衡，就是要求消费者总是用完其所有的预算。如果对商品的评价以稀缺性为标准，那么可以清楚地看到，所有价格为正的商品均是稀缺的。因为价格是竞争的一种方式，而竞争正是稀缺性的表现。具有稀缺性的商品，必然是有用而且不够用的商品，因此它必然满足“多比少好”这一假设条件。对于任一商品消费束x，如果它还没有用完该消费者的预算支出，那么总可以将余下的预算支出再花费在其中一些商品上，根据稀缺性定义，这对该消费者来说总是更好的。

预算平衡这一条件意味着消费者在某一个给定的消费环境下选择出来的消费束必然位于预算集B的边界上，也即 $p_1x_1+p_2x_2+\cdots+p_Nx_N\leqslant m$ 这个约束条件需为紧，就是等号要成立。这样我们就有：

$$p\cdot x(p,m)=m \tag{2-1}$$

当一个消费者面对一个价格-财富对 (p,m) 时，其需求函数 $x(p,m)$ 必须要满足这一等式，这样，我们就称需求函数满足预算平衡条件。

公式（2-1）还可以写成：

$$\sum_{i=1}^{N}p_ix_i(p,m)=m \tag{2-2}$$

我们很想知道，如果财富或者收入m变化一点点，那么这个消费者选择出来的消费束会有何变化。我们可以使用微积分的知识来表达这一想法，即

$$\frac{d}{m}\left(\sum_{i=1}^{N}p_ix_i(p,m)\right)=\frac{d}{dm}m\Rightarrow\sum_i p_i\frac{\partial x_i(p,m)}{\partial m}=1 \tag{2-3}$$

现在，我们找到了一个将财富变化和消费者需求数量变化联系起来的一个表达式。公式（2-3）的右边表示财富增加一个单位，左边表示由于财富增加一个单位而带来的总支出的变化也是一个单位。这个解释与预算平衡的定义正好是完全吻合的。

那么，根据公式（2-3）中的 $\sum_i p_i\frac{\partial x_i(p,m)}{\partial m}=1$，我们就消费者选择行为对收入变化作何反应能够推断出点什么呢？首先我们来看 $\frac{\partial x_i(p,m)}{\partial m}$，这个式子是正还是负？如果这个式子为正，也即收入增加，对第i种商品的消费需求就增加，那么我们就把这种商品称为**正常品**。对于很多消费选择项来说，这一情况几乎是必然的。比如，如果收入增加，你能够在寒冷的冬天去海南和家人度过一个温暖的假期，这应当是件非常惬意的事，所以，只有收入增加了，你才能够支付得起去海南的费用，也才会增加对海南旅行的需求。但是，并非所有的消费选择项或者商品都是如此。一些人在学生时代很喜欢喝各种碳酸饮料，尤其是在运动之后来一罐冰镇可乐真是凉爽痛快。但是在他们步入中年后，其收入渐增，对碳酸饮料的需求却下降了。反映在 $\frac{\partial x_i(p,m)}{\partial m}$ 上，这种商品会使 $\frac{\partial x_i(p,m)}{\partial m}<0$，那么我们称这种商品为**劣等品**。值得一提的是，劣等品并非在所有的财富水平上都是劣等的，在某些较低收入水平上，它可能也是正常品，但当收入更高时，它才会变成劣等品。比如前面我们列举的碳酸饮料的例子，当人们在学生时代的收入有限时，收入增加（假如这个月你家人多给你寄了点钱或你买彩票中了大奖）会导致人们对它的消费增加，但当这种收入增加到一定程度，人们就会减少对它的消费。

此外，公式（2-3）中的 $\sum_i p_i\frac{\partial x_i(p,m)}{\partial m}=1$ 还告诉我们，不会所有的这些商品都是劣等

品，其中至少有一个商品是正常品，要不然等式右边就不会为1，而是一个负数。

在这里，我们要讨论一种被称为**比较静态分析**的方法，这种方法可以为我们提供对理论的检验含义。所谓比较静态分析，是指研究问题中内生变量和外生变量之间关系的一种方法。它根据理论得出内生变量和外生变量的关系，运用微积分以判断内生变量——选择变量——是如何随外生变量的变化而变化的。以我们现在讨论的消费者需求函数与财富的关系为例，这种方法的具体步骤如下：首先，我们给出了一个等式，它表达了外生变量（财富水平）和内生变量（消费者选择出来的消费束）之间的关系，这一关系对于外生变量的所有取值都成立，因为我们可以对等式两边就外生变量进行微分。然后，我们就可以对该等式两边的外生变量（这里指的是财富水平）进行全微分了。整理之后，我们就可以得到财富变化对消费者选择的消费束的影响，并能就此作出一些有意义的经济判断。

接下来，我们用比较静态分析方法来研究一下预算平衡中价格变化对消费者需求选择的影响。在消费者选择模型中，消费者选择不同商品的数量是内生变量，即 $x_i(p,m)$，也称为该模型的选择变量。我们想知道的是，随着价格的变化，这些消费需求选择将会如何变化，条件是其选择要满足预算平衡性。让我们先回到预算平衡的公式（2-2）：

$$\sum_{i=1}^{N} p_i x_i(p,m) = m$$

由于它是一个等式，所以我们可以对某一种商品的价格 p_j 取微分，得：

$$x_j(p,m) + \sum_{i=1}^{N} p_i \frac{\partial x_i(p,m)}{\partial p_j} = 0 \tag{2-4}$$

那么，支出有什么变化呢？如果 p_j 上升，而你还想和以前的消费保持齐平，那么在商品 j 上的支出就必须增加，公式（2-4）就包含了这一层意思。为了应对价格变化，你会重新调整所有商品的消费量，对哪种商品多买、哪种商品少买，要取决于其和商品 j 是替代关系还是互补关系，当然这种替代和互补的关系必须是以财富不变为条件进行衡量的，所以此处需要与保持效用水平时商品间的替代关系和互补关系有所区分。所有的商品消费调整经过加总之后，所得到的值就是价格 p_j 变化对整个支出的影响。公式（2-4）表达的是，如果我们考虑了商品 j 的支出增量和调整后的消费束上相应的支出变化，这种通盘考虑的结果则是总支出不会发生变化。这就从另外一种角度说明消费者的需求选择满足预算平衡。

比较静态分析的目的在于判断由于外生变量的变化所带来的内生变量上的变化是怎么样的。有些时候，我们不用绝对量而使用百分比来表示这种变化可能更为直观。确切地说，就是考察外生变量的百分比变动所带来的内生变量的百分比变动，在经济学中，对这种比率有一个专有名称，即**弹性**。弹性衡量的是变量与变量之间的敏感程度，任取两个变量 x、y，y 对 x 的弹性为：$\varepsilon_{yx} = \frac{\Delta y/y}{\Delta x/x} = \frac{\partial y}{\partial x}\frac{x}{y}$，其中 Δ 表示变化量。这个弹性概念可以告诉我们，如果变量 x 增加了1%，则另外一个变量 y 变化的百分比是多少。

现在，我们对公式（2-4）两边同乘以 $\frac{p_j}{m}$，只要 x_i 不为0，即有 $1 = \frac{x_i}{x_i}$，由此对公式（2-4）变形可得：

$$\frac{p_j x_j(p,m)}{m} + \sum_{i=1}^{N} p_i \frac{p_j}{m}\frac{x_i}{x_i}\frac{\partial x_i(p,m)}{\partial p_j} = 0$$

再次整理得：

$$\frac{p_j x_j(p,m)}{m}+\sum_{i=1}^{N}\frac{p_i x_i}{m}\frac{p_j}{x_i}\frac{\partial x_i(p,m)}{\partial p_j}=0$$

显然，这里的 $\frac{p_j}{x_i}\frac{\partial x_i(p,m)}{\partial p_j}$ 用弹性来说，即第 i 种商品的需求量对第 j 种商品价格的弹性，这就是所谓的**商品需求的价格弹性**，我们用 ε_{ip_j} 表示。我们再把消费者用在某种商品 j 上的支出占总支出的份额称为商品 j 的**预算份额**，表示为 $b_j(p,m)$，那么 $b_j(p,m)=\frac{p_j x_j(p,m)}{m}$。这样，上式的推导最终可以写为公式（2-5）：

$$b_j(p,m)+\sum_{i=1}^{N}b_i(p,m)\varepsilon_{ip_j}=0 \tag{2-5}$$

我们来解释一下公式（2-5）。如果某种商品价格 p_j 上升了一点点，若消费者不想改变他原来的消费束，价格变化会以他花费在商品 x_j 上的收入的相同比例来要求增加其总支出。由于商品价格 p_j 上升了，所以消费者看起来就更加贫穷了，要想维持原有的消费，就必须增加支出，这就是价格变化的**财富效应**（wealth effect）。财富效用反映为公式（2-5）中的第一项，即 $b_j(p,m)$。不过，如果商品 j 变得更加昂贵，那么就会重新调整其消费束。这种重新调整对总支出的影响要视花在每种商品上的支出多少以及这些商品对价格 p_j 的变化如何敏感而定，后两者正好可由 $b_i(p,m)$ 和 ε_{ip_j} 表示。将每种商品重新调整其消费量对总消费的影响进行加总，即可得到这种价格变化的**替代效应**（substitution effects）。因此，公式（2-5）表示的是，当综合考虑了财富效应和替代效应之后，总支出不会发生变化，这也正是预算平衡条件告诉我们的含义。

现在，我们回头看以弹性形式表达的财富变化与预算平衡条件之间的关系，也即考虑一下公式（2-3）：$\sum_i p_i\frac{\partial x_i(p,m)}{\partial m}=1$。和前面一样，我们先定义某种商品 i 对财富 m 的弹性，$\varepsilon_{im}=\frac{\partial x_i}{\partial m}\frac{m}{x_i}$，这就是**商品需求的财富弹性**。将公式（2-3）两边同乘以 $\frac{x_i}{m}\frac{m}{x_i}$，可以得到：

$$\sum_i \frac{p_i x_i}{m}\frac{m}{x_i}\frac{\partial x_i(p,m)}{\partial m}=1$$

将财富弹性代入该式：

$$\sum_i b_i(p,m)\varepsilon_{im}=1 \tag{2-6}$$

公式（2-6）告诉我们，财富增加一单位，每一种商品上的支出会变化 ε_{im} 个单位，通过其预算份额进行加权求和，则总支出的增量也是一个单位，这再次说明消费者在作消费束的选择时，总是倾向于花光其全部财富，这正是预算平衡条件的内容。

2.1.2 第二个条件：零次齐次性

消费者往往只关心那些影响他们预算集大小的财富和价格的变化。如果消费环境的变化并没有改变预算集，那么就会影响消费者的需求选择。例如，如果你的财富水平和每种商品的价格水平都翻倍，你的预算集并不会改变，也即

$$2p_1x_1+2p_2x_2+\cdots+2p_Nx_N\leqslant 2m$$

与原预算集：

$$p_1x_1+p_2x_2+\cdots+p_Nx_N\leqslant m$$

是同一个预算集，只需将第一个不等式两边同乘以1/2即可得到第二个不等式。我们在第1章讨论马歇尔需求函数的性质时已经了解这一情况，即消费者需求选择的零次齐次性。换言之，只有那些真正的机会到来，才会影响消费者的选择。

我们将零次齐次性写成下式：

$$x_i(\alpha p,\alpha m)=x_i(p,m),\forall i\in\{1,2,\cdots,N\},\alpha>0$$

意思就是，任何一种商品的消费者需求选择对于等比例的所有价格和财富变化并不会有所改变。我们可以将上式具体写成：

$$x_i(\alpha p_1,\alpha p_2,\cdots,\alpha p_N,\alpha m)=x_i(p_1,p_2,\cdots,p_N,m) \tag{2-7}$$

我们感兴趣的是，如果所有价格和财富都同比例变化，那么需求会发生什么变化。根据比较静态方法的思想，我们可以对公式（2-7）两边取 α 的微分：

$$\frac{\partial x_i(\alpha p_1,\cdots,\alpha p_N,\alpha m)}{\partial p_1}\frac{\partial p_1}{\partial\alpha}+\cdots+\frac{\partial x_i(\alpha p_1,\cdots,\alpha p_N,\alpha m)}{\partial p_N}\frac{\partial p_N}{\partial\alpha}+\frac{\partial x_i(\alpha p_1,\cdots,\alpha p_N,\alpha m)}{\partial m}\frac{\partial m}{\partial\alpha}=0$$

我们令 $p'_1=\alpha p_1$ 表示同比例变化后的第一种商品的价格，则 $\frac{\partial p'_1}{\partial\alpha}=p_1$；同理，有 $\frac{\partial p'_2}{\partial\alpha}=p_2$，…，$\frac{\partial p'_N}{\partial\alpha}=p_N$，以及 $\frac{\partial m'}{\partial\alpha}=m$，根据微积分中求导的链式法则，上式可以表达为：

$$\frac{\partial x_i(\alpha p_1,\cdots,\alpha p_N,\alpha m)}{\partial p'_1}p_1+\cdots+\frac{\partial x_i(\alpha p_1,\cdots,\alpha p_N,\alpha m)}{\partial p'_N}p_N+\frac{\partial x_i(\alpha p_1,\cdots,\alpha p_N,\alpha m)}{\partial m'}m=0 \tag{2-8}$$

令 $\alpha=1$，我们就可以看出，所有价格和财富的一个微小的同比例变化在价格-财富对 $(p_1,p_2,\cdots,p_N,m)$ 上消费者的需求选择 x_i 是如何变化的。若 $\alpha=1$，则我们就可以用 $(p_1,p_2,\cdots,p_N,m)$ 上的偏导数来衡量其中的每一种变化，如此公式（2-8）可以变为：

$$\frac{\partial x_i(p_1,\cdots,p_N,m)}{\partial p'_1}p_1+\cdots+\frac{\partial x_i(p_1,\cdots,p_N,m)}{\partial p'_N}p_N+\frac{\partial x_i(p_1,\cdots,p_N,m)}{\partial m'}m=0 \tag{2-9}$$

公式（2-9）可以简化为：

$$\frac{\partial x_i(p,m)}{\partial m'}m+\sum_{j=1}^{N}\frac{\partial x_i(p,m)}{\partial p'_j}p_j=0,\forall i\in\{1,\cdots,N\}$$

由于 $\alpha=1$，所以 $m'=m$，$p'_j=p_j$，所以上式可以写成公式（2-10）：

$$\frac{\partial x_i(p,m)}{\partial m}m+\sum_{j=1}^{N}\frac{\partial x_i(p,m)}{\partial p_j}p_j=0,\forall i\in\{1,\cdots,N\} \tag{2-10}$$

我们将公式（2-10）转换为弹性形式之后再对此进行解释。

将公式（2-10）两边同除以 $x_i(p,m)$ 可以得到：

$$\varepsilon_{im}+\sum_{j=1}^{N}\varepsilon_{ip_j}=0 \tag{2-11}$$

这两个弹性的定义我们在前面已经解释过，这说明商品i消费量的百分比变化是由财富变化所造成的百分比变化，加上每种商品价格的变化所造成的百分比变化之和表示的。这正是零次齐次性告诉我们的，相对应于同比例的所有价格和财富变化，对每种商品的消费者需求选择不会发生变化。

2.1.3 第三个条件：显示偏好弱公理

我们对消费者需求选择要施加的第三个条件是**显示偏好弱公理**（WARP），这个弱公理是对决策制定的内在一致性作出限制的一个条件。我们先给出一个正式的定义：

定义 2.1：对于任意两个不同的价格-财富向量 (p,m) 和 (p',m')，令各自情况下的消费者需求选择为 $x(p,m)$ 和 $x(p',m')$，如果 $p\cdot x(p',m')\leqslant m$，则 $p'\cdot x(p,m)>m'$，我们即称该消费者需求函数满足**显示偏好弱公理**。

对这个公理的一个直观解释是：如果我们在某一个价格-财富对 (p,m) 下观察到该消费者选择了某一个消费束 $x(p,m)$，而在另外一个价格-财富对 (p',m') 下，$x(p,m)$ 也在可以被选择的集合之内，即在预算集 $B_{p',m'}$ 内，但是该消费者却未选择 $x(p,m)$，而是选择了另外一个不同于 $x(p,m)$ 的新消费束 $x(p',m')$，根据显示偏好弱公理，我们可以断定 $x(p',m')$ 必不在原来的价格-财富对 (p,m) 的预算集 $B_{p,m}$ 内。换言之，$x(p',m')$ 在原来的价格-财富对 (p,m) 下必是该消费者买不起的。我们将这个直观的解释用图 2-1 描述出来。

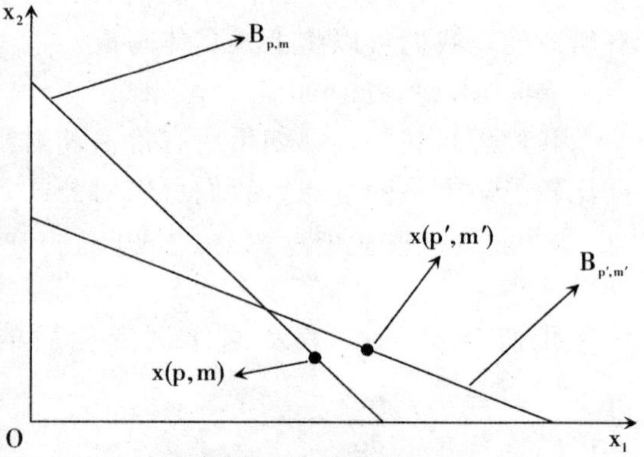

图 2-1 显示偏好弱公理

假设最初的价格-财富对为 (p,m)，预算集为 $B_{p,m}$，在这种消费环境下，消费者选择的需求消费束为 $x(p,m)$，根据预算平衡这一条件，这个消费束必然位于预算集的边界上。现在，假设价格向量变化到 p'，但是为了确保你的境况不会比价格变化之前更差，我们允许通过补贴或者征税使得你的财富变化到 m'。如果价格提高，即给你补贴；如果价格下降，则要从你那里征收一部分财富。不管是哪种方式，均使你在新价格下刚好能够仍然消费原来的消费束，即 $m'=p'x(p,m)$，我们称这一财富为**价格的补偿变化**，因为我们总是改变你的财富水平以补偿价格变化带来的影响。由此，我们可知：

$$p\cdot x(p,m)=m,\quad p'\cdot x(p,m)=m'$$

假设在新价格-财富对 (p',m') 上，消费者的需求选择为 $x(p',m')$，且 $x(p',m')\neq x(p,m)$。根据预算平衡条件，必有 $p'\cdot x(p',m')=m'$。这样，会有：

$$p'\cdot x(p',m')-p'\cdot x(p,m)=m'-m'=0$$

因此：$p'\cdot\big(x(p',m')-x(p,m)\big)=0$

根据显示偏好弱公理，由于 $x(p,m)$ 在 (p',m') 上该消费者也可以支付得起，所以 $x(p',m')$ 在 (p,m) 上必然是支付不起的：

$$p\cdot x(p',m')>m$$

同时，由于 $p\cdot x(p,m)=m$，所以由上面这个不等式可以得到：$p\cdot\big(x(p',m')-x(p,m)\big)>0$，和前面 $p'\cdot\big(x(p',m')-x(p,m)\big)=0$ 这个结论一起，我们可以得到：

$$(p'-p)\cdot\left(x(p',m')-x(p,m)\right)<0 \tag{2-12}$$

公式（2-12）告诉我们，随着补偿价格发生变化，价格和需求变化的方向正好相反。也可以这样解释公式（2-12）：如果价格上升，那么需求下降。我们只需要将p和p′在一种商品价格上变化即可，比如我们可以让它们在第j种商品价格上有所不同，并记$p'_j-p_j=dp_j$，则$p'-p=\left(0,0,\cdots,dp_j,0,\cdots,0\right)$。这样，我们就可以表达“某一种商品价格上升会带来需求下降”这一含义了。这一规律即被称为**补偿需求定律**（compensated law of demand，CLD）：如果某一物品价格上升，则我们对其需求量会减少。如果我们允许某种商品虽然价格变化，但是其需求量总是维持在零消费处，那么公式（2-12）就可以写成：

$$(p'-p)\cdot\left(x(p',m')-x(p,m)\right)\leqslant 0 \tag{2-13}$$

此时$x(p',m')\neq x(p,m)$就不再成立。这样，本章所得到的这个补偿需求定律与1.5.2部分所得到的补偿需求定律就完全一样了。不同之处在于，这里我们并未使用效用不变这一前提来讨论补偿需求，不过，我们假定消费者原来的消费束仍然保持不变，如果转换成第1章的效用语言，其实也就是保持了效用不变这个前提。因此，补偿需求定律在这两处实为一个定律。

现在，我们要问，给消费者一个补偿价格变化到底意在何求？我们令$\hat{x}=x(p,m)$表示初始消费束，这里(p,m)是原来的价格-财富对。补偿价格变化意味着，在任一价格p上，$\hat{x}$仍然是可以支付得起的，只不过随着价格的变化，财富水平也要相应地变为$\hat{m}=p\cdot\hat{x}$。我们用$x_i^c=x_i(p,p\cdot\hat{x})$表示消费者对商品i的初始需求随着商品j的价格发生了一个补偿变化，对此式取p_j的全导数，得：

$$\frac{dx_i(p,p\cdot\hat{x})}{dp_j}=\frac{\partial x_i}{\partial p_j}+\frac{x_i}{\partial m}\frac{\partial(p\cdot\hat{x})}{\partial p_j}$$

即

$$\frac{dx_i^c}{dp_j}=\frac{\partial x_i}{\partial p_j}+\frac{x_i}{\partial m}\hat{x}_j$$

因为$\hat{x}=x(p,m)$，所以自然有$\hat{x}_j=x_j(p,m)$，将其代入上式，得：

$$\frac{dx_i^c}{dp_j}=\frac{\partial x_i}{\partial p_j}+\frac{x_i}{\partial m}x_j(p,m)$$

如果我们将价格变化不限于p_j，而是延及所有商品，那么x_i^c的变化就应该是不同商品价格变化所带来的商品i的补偿需求变化的加总，即

$$dx_i^c=\sum_{j=1}^{N}\left(\frac{\partial x_i}{\partial p_j}+\frac{x_i}{\partial m}x_j(p,m)\right)dp_j$$

如果令$\dfrac{\partial x_i}{\partial p_j}+\dfrac{x_i}{\partial m}x_j(p,m)=s_{ij}$，$s_i=\left(s_{i1},s_{i2},\cdots,s_{ij},\cdots,s_{iN}\right)$，$dp=\left(dp_1,dp_2,\cdots,dp_N\right)$，那么上式可以写成：

$$dx_i^c=s_i dp$$

如果我们将N种商品的补偿需求变化都以此来表达，那么就可以得到这样一个向量方程：

$$dx^c=Sdp \tag{2-14}$$

其中：S是一个第i行、第j列上的元素为s_{ij}的N×N阶矩阵。

根据补偿需求的定义，我们可以将公式（2-13）改写为：$dp\cdot dx^c\leqslant 0$，将公式（2-14）代入此不等式，可以得到：

$$dp \cdot Sdp \leq 0 \tag{2-15}$$

参考本书附录，可以知道公式（2-15）的数学意义：矩阵S是半负定的，我们将其称为**替代矩阵**。这个矩阵有很多良好的性质：首先，S的主子式具有一个已知的模式；其次，其对角线上的元素 s_{ii} 是非正的，而这正是补偿需求定律的结果。不过，值得注意的是，显示偏好弱公理并没有给出S是对称矩阵。这个结果也意味着，这里的条件对于补偿需求定律而言并非充分条件，如果要实现这一点，我们还需要引入条件更强的公理，即**显示偏好强公理**。但在本书中我们不对这一公理进行细致的讨论，只是说明，如果显示偏好强公理也成立的话，那么替代矩阵就是对称的。

有意思的是，$s_{ii} \leq 0$ 这个结论还有助于解释经济理论中的一个特殊例子，那就是**吉芬商品**。一般来说，如果一个商品的价格上升，在保持财富不变的情况下，对该商品的需求量会下降。但从理论上来说，如果一种商品的价格上升，则消费者可能会选择消费更多该商品，这就是吉芬商品的定义。我们假设这样一个例子：某位同学要把钱花在两种商品上，一是买食品来吃，一是去新加坡看望自己的女朋友，这需要购买机票。如果现在食品的价格上升了，为了填饱肚子，只好先把看女朋友的事情搁一搁，因为钱只有那么多，去了新加坡，自己就得饿肚子，因此他决定将其所有的钱都花在吃饭上，反正新加坡也去不成了。从结果上看，食品的价格虽然上升了，但是对其的消费反而增加了。很多同学会质疑这个例子，觉得很不现实：难道这位同学不可以借钱吗？难道他就没有其他的选择吗？等等。这些质疑正说明吉芬商品在现实生活中存在的条件非常严苛，应该很少出现，事实上也的确如此。除了当年爱尔兰的经济学家在近200年前发现过这种商品之外，其他的就我们所知，也就只有R. Jensen和N. Miller于2001年发表在《美国经济评论》上的文章称，在中国湖南某山区发现的大米可以被称为另一种吉芬商品。我们现在从理论上对此进行推导。

我们知道 $s_{ii} = \frac{\partial x_i}{\partial p_i} + \frac{\partial x_i}{\partial m} x_i$，重新整理后，得：

$$s_{ii} - \frac{\partial x_i}{\partial m} x_i = \frac{\partial x_i}{\partial p_i} \tag{2-16}$$

我们知道由于替代矩阵的半负定性，所以 $s_{ii} \leq 0$，很显然 x_i 不可能为负，那么要使得公式（2-16）右边为正，只能要求商品i是个劣等品，而且不是一般的劣等品，要足够劣质，也即 $\frac{\partial x_i(p, m)}{\partial m}$ 不但为负，还要足够小，这样才能使公式成立。所以，吉芬商品首先是一个劣等品，正常物品不可能成为吉芬商品，这也正是吉芬商品在现实生活中十分少见的原因。

对于补偿需求变化，我们需要进行一些补充。事实上，我们从来都观察不到某一商品的补偿价格变化，如此一来，我们想要求出 s_{ii} 的愿望看似就无法达成了，但是不要忘记，我们能观察到商品需求的非补偿价格变化，也即 $\frac{dx_i(p, m)}{dp_i}$。这样，我们就可以通过 $s_{ii} = \frac{\partial x_i}{\partial p_i} + \frac{\partial x_i}{\partial m} x_i$ 这个关系式，再加上可以观察到的财富变化 $\frac{\partial x_i}{\partial m}$，求得 s_{ii} 这个商品i的补偿需求变化量。

总而言之，如果我们观察到的消费者需求选择满足这三个条件——预算平衡、零次齐次性和显示偏好弱公理，那么这一消费者需求选择就与第1章从消费者偏好出发构建出来的消费者需求函数体系完全对等。

2.2 几类特殊的效用函数

从现在开始，我们继续回到传统的偏好法上，并且贯穿本书始终，我们都坚持用效用函数来表达偏好，而不再使用2.1部分给出的选择法构建的消费者需求体系。尽管这两种方法得到的结果是一样的，但是由于偏好法更为常见，且有着很多令人羡慕的优点，所以我们将坚持采用偏好法进行分析。效用函数可以让我们对偏好类型有更多的了解，这一节就来介绍几种特殊的效用函数。

2.2.1 拟线性效用函数

拟线性效用函数在经济学中有着广泛的应用，它可以把商品空间 $X=\mathbb{R}_+^N$ 分为两个部分：某一特定商品和所有其他商品。比如，我们可以把第一种商品定为特定商品，这样我们就有消费束 (x_1, x_{-1})，x_{-1} 表示除去第一种商品之外的所有其他商品的数量。我们给出拟线性偏好的定义如下：

定义 2.2：定义在消费集 $X=\mathbb{R}_+^N$ 上的偏好$\succsim$在 N 维商品空间中是拟线性的，如果其可以由以下效用函数形式来表征：

$$U(x_1, x_{-1}) = u(x_{-1}) + x_1$$

其中：$u: \mathbb{R}_+^{N-1} \to \mathbb{R}$是一个函数，那么称效用函数 U 具有拟线性形式。

此时，我们称商品1为**计价物**或**计价商品**（numeraire），你甚至可以直接把它看成货币这类特殊商品。拟线性效用的无差异曲线随着对计价商品的消费增加而沿着该商品维度向外平移（如图2-2所示）。

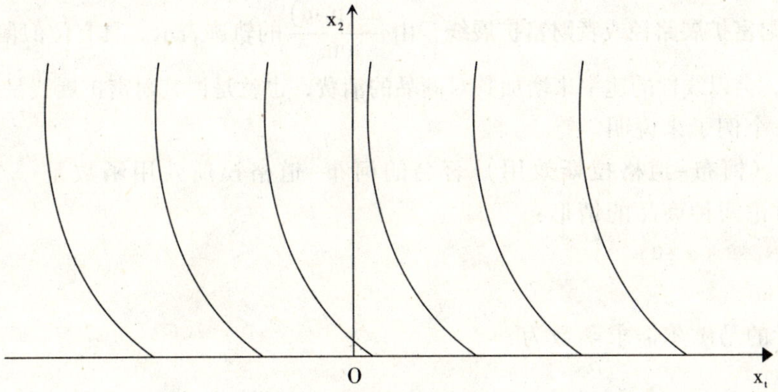

图2-2 拟线性偏好

【例2-1】因为我们所要求的效用函数必须是拟凹函数，所以一般而言 $u(x_{-1})$ 会是凹函数，我们考虑下面这个只有两种商品的拟线性效用函数：

$$U(x) = x_1 + \sqrt{x_2}$$

通过求解下式可以得到该消费者的需求函数：

$$\max \quad x_1 + \sqrt{x_2}$$

s.t. $p \cdot x \leqslant m$

解之，可以得到相关的两个马歇尔需求函数：

$$x_1(p,m)=-\frac{p_1}{4p_2}+\frac{m}{p_1}$$

$$x_2(p,m)=\left(\frac{p_1}{2p_2}\right)^2$$

其间接效用函数如下：

$$v(p,m)=\frac{p_1}{4p_2}+\frac{m}{p_1}$$

这个效用函数的无差异曲线和图2-2类似，读者可以自己画一下。

2.2.2 位似效用函数

另外一种常用的偏好类型由位似效用函数来表示。

定义2.3：偏好 $\succsim$ 是位似的，如果对于所有的 $x,y\in X$ 以及 $\lambda\geqslant 0$，$x\succsim y\Rightarrow \lambda x\succsim \lambda y$。

位似性并不是一个那么直观、自然的性质，但是对于某些类型的分析而言，它还是很有价值的，在2.3部分我们就会发现它的优点所在。我们把有关这类偏好的效用表征用下面这个定理表述出来：

定理2.1：偏好 $\succsim$ 是连续的、位似的，当且仅当其可以由一个连续的、一次齐次的效用函数来表征。

位似偏好还有一个有意思的特征。我们把随着财富的增加，消费者的最优消费束的变化轨迹称为**消费者的财富扩展路径**或者**财富扩展线**，由 $\dfrac{\partial x(p,m)}{\partial m}$ 的轨迹表示。具有位似偏好的消费者随着财富的增加，会以线性的速率来增加其对商品的消费，也就是说其财富扩展线是一条直线。

我们举一个例子来说明。

【例2-2】（柯布-道格拉斯效用） 著名的柯布-道格拉斯效用函数是一个位似效用函数。现在只讨论两种商品的情形：

$$u(x_1,x_2)=x_1^{\alpha}x_2^{1-\alpha}\quad(\alpha>0)$$

s.t. $p\cdot x\leqslant m$

该消费者的马歇尔需求函数为：

$$x_1(p,m)=\frac{\alpha m}{p_1}$$

$$x_2(p,m)=\frac{(1-\alpha)m}{p_2}$$

我们注意到，x_1、x_2 之间的比率并不依赖于 m，因为二者相比之后可以将 m 消去。其间接效用函数为：

$$v(p,m)=m\left(\frac{\alpha}{p_1}\right)^{\alpha}\left(\frac{1-\alpha}{p_2}\right)^{1-\alpha}$$

其无差异曲线如图2-3所示。

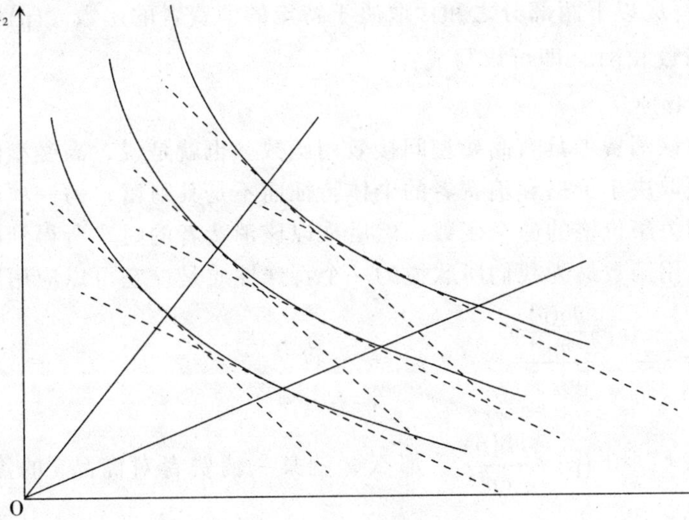

图2-3　位似偏好

2.3　需求加总

我们之前的讨论都集中在个体消费者的需求上，并在此基础上检验理论的可观察的含义。然而，不管是哪一种市场，总是存在着众多的消费者。此外，在经验研究中，收集个体层面上的数据往往是困难重重的，甚至是完全不可能地。我们能够观察到的数据常常是加总的数据——不同商品的加总消费以及总财富的一个指标（如GDP之类的总体指标）。这就很自然地提出了一个问题，即个体需求理论的含义能否应用到总体需求上来。

我们来作更具体的说明。假设市场上有K个消费者，分别从1标号到K，那么其中第k个消费者对商品i的需求为$x_i^k(p, m^k)$，其中m^k是消费者k的初始财富。在这种情况下，对商品i的总需求可以写为：

$$\tilde{D}_i(p, m^1, \cdots, m^K) = \sum_{k=1}^{K} x_i^k(p, m^k)$$

由此可以看出，对商品i的总需求取决于商品价格向量p与这K个消费者的财富水平。由于我们经常无法得到个体层面的数据信息，而只能拿到总体数据，因此我们可能会问两个问题：第一，是不是存在一个函数$D_i(p, m)$（其中$m = \sum_{k=1}^{K} m^k$表示总财富），其表现和$\tilde{D}_i(p, m^1, \cdots, m^K)$是完全一样的？第二，假设这样的函数$D_i(p, m)$存在，那么由它所表达的需求行为是理性的吗？根据前述知识，我们可以把问题进行如下转化：首先，由$D_i(p, m)$得到的行为结果是否满足显示偏好弱公理；其次，$D_i(p, m)$是否可以由最大化其偏好的“代表性消费者”产生出来；最后，如果存在这样的代表性消费者，在何种意义上代表性消费者的福利可以看成社会福利的一个指标。

下面，我们来逐个回答这些问题。

为了能够对需求进行加总，我们必须作出一个假设，即每个个体消费者的效用函数均有一个**高曼型间接效用函数**。我们现在对这个术语稍作解释：如果消费者 k 的间接效用函数 $v^k(p,m)$ 可以被写成以下两部分之和：取决于特定的消费者的函数 $a^k(p)$，以及不取决于特定的消费者的函数 $b(p)$，即可以写成：

$$v^k(p,m)=a^k(p)+b(p)m^k$$

那么就可以称该消费者具有高曼型间接效用函数。也就是说，高曼型间接效用函数可以分成两项：一项取决于价格和消费者的个体特征而不是其财富；另一项则取决于体现了所有消费者共性的关于价格的一个函数，然后乘以该消费者的财富所得到的积。

高曼型间接效用函数最为我们所欣悦的一个特殊性质是，它可以应用罗伊恒等式：

$$x_i^k(p,m^k)=-\frac{\frac{\partial v^k}{\partial p_i}}{\frac{\partial v^k}{\partial m^k}}=-\frac{\alpha_i^k(p)+\frac{\partial b(p)}{\partial p_i}m^k}{b(p)} \tag{2-17}$$

从现在起，我们令 $b_i(p)=\frac{\partial b(p)}{\partial p_i}$。那么，就某一消费者对商品 i 的需求取财富的导数，得：$\frac{\partial x_i^k(p,m^k)}{\partial m}=\frac{b_i(p)}{b(p)}$。这其中蕴含着两个重要性质。首先，给定价格 p，$\frac{\partial x_i^k(p,m^k)}{\partial m}$ 并不依赖于财富的取值。这样一来，随着财富的增加，每个消费者就会以线性速率来增加其对商品的消费，这说明其财富扩展线是一条直线。其次，$\frac{\partial x_i^k(p,m^k)}{\partial m}$ 对于所有消费者都是相同的，这意味着不同的消费者的财富扩展线是平行的。

接下来，让我们加总具有高曼型间接效用函数的消费者需求函数。将公式（2-17）在所有消费者上进行加总，可以得到总需求如下：

$$D_i(p,m^1,m^2,\cdots,m^k)=\sum_k\frac{-a_i^k(p)-b_i(p)m^k}{b(p)}=\sum_k\frac{-a_i^k(p)}{b(p)}-\frac{b_i(p)}{b(p)}\sum_k m^k$$

我们令 $m=m^1+m^2+\cdots+m^k$，则有：

$$D_i(p,m^1,m^2,\cdots,m^k)=\sum_k\frac{-a_i^k(p)}{b(p)}-\frac{b_i(p)}{b(p)}m \tag{2-18}$$

这样一来，如果所有的消费者都具有高曼型效用函数，那么需求就可以写成价格和总财富的函数。事实上，这既是必要条件，也是充分条件。[①]我们回想一下前一节介绍的两个特殊的效用函数——位似效用函数和拟线性效用函数，通过验证，可以发现这两个效用函数都是高曼型效用函数的代表。

高曼型效用函数的假设告诉我们，如果财富在消费者中的分布状况影响消费者对不同商品的总需求，那么这一总需求就不可能写成价格和总财富的函数。换句话说，只有在总需求不依赖于财富的分布时，我们才可以得到形如公式（2-18）的总需求函数。[②]

现在我们已经回答了第一个问题，如果消费者的偏好可以由高曼型间接效用函数来表示，那么总需求就可以表达为消费者的总财富水平和商品价格的函数。接下来的问题是，这一总需求函数是否满足理性这一条件呢？也就是说，如果 K 个消费者的马歇尔需求函数全部满足显示偏好弱

---

① 有关这一结果，有兴趣的读者可以参考马斯-科莱尔等（MWG）著的《微观经济理论》的命题4.B.1。
② 有关这一主题更为详尽和深入的讨论，可以参考：迪顿，米尔鲍尔.经济学与消费者行为［M］.龚志民，宋旺，解恒，等，译.北京：中国人民大学出版社，2005.

公理，那么最终的总需求函数是否同样满足显示偏好弱公理？我们来具体回答一下这一问题。

假设财富的分布规则如下：$m^k(p,m)=a_k m$，其中 a_k 表示第 k 个消费者所占总财富的比重。该规则表示第 k 个消费者在价格和财富给定的情况下所占有的财富水平。总需求根据前面的讨论，可以写为：

$$D(p,m)=\sum_k x^k(p,m^k)$$

对于任意两个价格－财富对 (p,m) 和 (p',m') 而言，若 $p\cdot D(p',m')\leq m$ 且 $D(p,m)\neq D(p',m')$，那么有 $p'\cdot D(p,m)>m'$，则总需求就满足显示偏好弱公理，这也是2.1部分讨论显示偏好弱公理所推出的自然结论。根据对显示偏好弱公理的讨论，当且仅当补偿需求定律对所有的补偿价格变化都成立时，个体消费者的行为才满足显示偏好弱公理。对于总需求而言，这一点同样成立。当且仅当补偿需求定律对所有的补偿价格变化都成立时，总需求才会满足显示偏好弱公理。问题在于，价格变化在总体上是补偿性的，并不意味着对于每个个体而言都是补偿性的。因此，可以推导出如下结论：每个个体的行为满足补偿需求定律，并不能保证总体结果同样满足补偿需求定律，因为总体上的补偿变化并不必然意味着个体的变化。

【例 2-3】 设存在两个消费者和两种商品，财富平均分配在两个消费者身上，即 $m^1=m^2=\frac{m}{2}$，m 是总财富。有两个价格向量 p 和 p′，在 p 之下相应的个体需求为 $x_1(p,\frac{m}{2})$ 和 $x_2(p,\frac{m}{2})$，在 p′ 之下相应的个体需求为 $x_1(p',\frac{m}{2})$ 和 $x_2(p',\frac{m}{2})$，如图 2-4 所示。

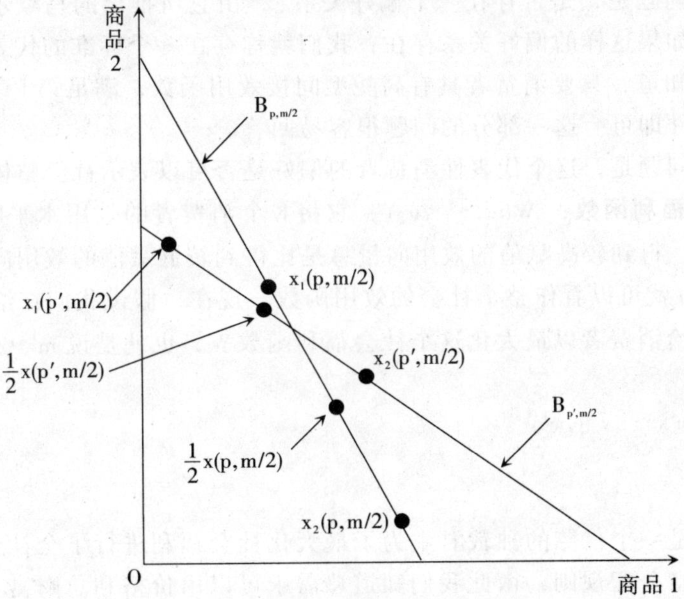

图 2-4　总需求不满足弱公理的情况

这两个个体需求都满足显示偏好弱公理，但是总需求不满足。图 2-4 表明，向量 $\frac{1}{2}x(p,m)$ 和 $\frac{1}{2}x(p',m)$ 等于两个消费者需求的平均值。根据图 2-4，我们有：

$$\frac{1}{2}p\cdot x(p',m)<\frac{m}{2}$$

$$\frac{1}{2}p\cdot x(p,m)<\frac{m}{2}$$

两边同乘以2，可以发现它们违反了显示偏好弱公理。

因此，为了使得个体满足显示偏好弱公理能够推出总需求也满足显示偏好弱公理，我们还需要更强的条件。这个条件就是**非补偿需求定律**（ULD），它与补偿需求定律类似，但是它包含的是非补偿的变化。也就是说，如果对于任一价格变化——从价格 p 变化到 p′，下式均成立：

$$(p'-p)(x(p',m)-x(p,m))\leqslant 0$$

那么，就称需求函数 $x(p,m)$ 满足非补偿需求定律。

如果消费者的需求满足非补偿需求定律，那么它必然满足补偿需求定律。与补偿需求定律不同，非补偿需求定律可以在加总之后仍然得到满足。如果每个消费者需求都满足非补偿需求定律，那么总需求函数也会满足这一定律。

我们只需要找到满足非补偿需求定律的效用函数类型，就可以得到满足显示偏好弱公理的总需求函数。显然，位似偏好满足非补偿需求定律，如果每一个消费者都具有位似偏好，那么由其所引致的总需求函数必然满足显示偏好弱公理，也即总需求必然是符合理性选择要求的。

我们要问的最后一个问题是：总需求曲线是否也可以进行福利衡量？换言之，我们怎么样才能将总需求看成从一个假想的**代表性消费者**的行为中推导出来，并且将这个消费者的福利变化看成社会总体福利的变化？我们可以把这个问题分成以下两个部分：

第一部分的问题是，是否存在一个偏好关系$\succsim$，由它所推出的马歇尔需求函数可以构成总需求函数。如果这样的偏好关系存在，我们就称存在一个标准的代表性消费者。根据前面的分析我们知道，只要消费者具有高曼型间接效用函数，满足第1章我们求马歇尔需求函数的基本条件即可。这一部分的问题很容易回答。

第二部分的问题是，这个代表性消费者的偏好是否可以表示社会整体的福利。我们假设存在一个**社会福利函数**：$W(u_1,\cdots,u_K)$，它将K个消费者的效用水平映射到实数轴上，对整个社会来说，得到较高赋值的效用向量总是比得到较低赋值的效用向量要好。如此一来，$W(u_1,\cdots,u_K)$ 就可以看作整个社会的效用函数。现在，假设我们在给定的总财富水平下，将财富分配给消费者以最大化这个社会福利函数W，也就是说 $m^1,\cdots,m^K$ 求解了以下规划：

$$\max_{m^1,\cdots,m^K}\quad W(v^1(p,m^1),\cdots,v^K(p,m^K))$$

$$\text{s.t.}\quad \sum_{k=1}^{K}m^k\leqslant m$$

这就相当于是一个仁慈的独裁君主为了最大化社会福利进行了全社会的财富再分配。这定义了一个财富分配规则，由此我们知道总需求可以由价格和总财富m的函数来表示。如果财富真的按照这样来配置，那么，不但总需求可以表述为 $D(p,m)$，而且总需求函数与代表性消费者的存在也是一致的。进一步来说，如果总需求函数可以由上述规划问题得到，那么它就有了福利意义，也即可以通过第1章对福利比较的知识介绍进行福利评价了。

有一个比较重要的社会福利函数，即**功利主义社会福利函数**。功利主义社会福利函数指出，社会福利是经济中个体消费者福利的加总。现在，假定所有的消费者都具有高曼型间接效用函数：$v^k(p, m^k) = a^k(p) + b(p)m^k$。我们使用功利主义社会福利函数，就意味着社会福利最大化的问题是：

$$\max \quad \sum_k v^k(p, m^k)$$

$$\text{s.t.} \quad \sum_k m^k \leqslant m$$

将 $v^k(p, m^k) = a^k(p) + b(p)m^k$ 代入上式，可以得到：

$$\max \quad \sum_k a^k(p) + b(p)\sum_k m^k$$

$$\text{s.t.} \quad \sum_k m^k \leqslant m$$

其结果是：当消费者具有高曼型间接效用函数时，总需求可以被看作由一个规范的代表性消费者带来的，这个代表性消费者具有间接效用函数 $v(p, m) = \sum_k a^k(p) + b(p)m$，它可以表征一个功利主义社会福利函数。实际上，无论社会福利函数的形式如何，也无论选择何种财富分配规则，只要消费者具有高曼型效用函数，那么 $v(p, m) = \sum_k a^k(p) + b(p)m$ 就总可以成为这个具有规范意义的代表性消费者的间接效用函数。

2.4　跨时需求

到目前为止，我们所考虑的消费模型都是静态的，时间从未在我们的模型中出现。对于在某一特定时间点上对消费者行为进行建模来说，该类模型具有巨大威力。但是，我们只在两个不同的时点上考虑消费者的行为也是非常有意义的，也就是说，我们对消费者的跨期需求问题很感兴趣。消费者在第一个时期里是从事借贷还是从事储蓄？他的消费是随时间递增还是递减？而这些结果又是如何受到诸如价格、利率或财富这些外生变量所影响的？幸运的是，我们可以对前面给出的静态消费模型进行改造，以对动态情况加以考虑。

2.4.1　复合商品定理

我们所提出的动态模型有两个特征：第一，消费者在其整个生命过程上取得财富，但是今天的1单位财富和明天的1单位财富对同一个消费者来说并不等同，这就要求我们找到一种衡量不同时间所获得的财富之价值的指标；第二，在每个时间阶段都有很多待售或待消费的商品，将每一种商品都纳入模型显然并不可能，所以我们必须对模型进行若干改造才可以进一步进行研究。

对于这些问题的解决方案，消费者理论已经给出了具体的答案。首先，就第二个特征而言，我们可以应用**复合商品定理**予以解决：[①]

定理 2.2：当一组商品的价格同步变化时，那么对这组商品相应的总支出可以被视为一个单一的商品。

① 关于这个定理的详细讨论，可以参见：SILBERBERG E，SUEN W. 经济学的结构［M］. 张研，译. 3版. 北京：清华大学出版社，2003：279-286.

复合商品定理有着很多重要的意义。一来它可以被用来为经济模型中经常使用的两商品模型提供合理的基础，从而只讨论我们最关心的某种商品的价格变化，把其他商品的价格变化看成“其他条件不变”中的其他条件，这可以大大简化分析。比如我们讨论面包和其他商品，其他商品包罗万象，我们可以通过假定这些商品的价格不变，专门来探讨面包的价格变化所带来的消费支出的变化，这里其他商品就可以通过复合商品定理进行设定，从而简化分析。二来复合商品定理可以用在对跨时消费需求的讨论中。由于某一特定时点的价格倾向于整体上协调变动，因此我们可以将这一特定时点下的所有商品看成一个复合商品，即“在时间t上的消费品”。这样，我们就可以将一个动态问题转化成一个静态问题，即面对诸如“今天的消费品”“明天的消费品”“后天的消费品”等来进行选择。

对于今天的1元钱和明天的1元钱价值不同这个问题，我们可以通过**折现**过程来解决。

2.4.2 折现和现值

假设你今天有1元，把它存入了银行，银行支付的利率是每年10%，那么一年后你就可以得到1.1元。反过来，如果你需要在1年后拿到1元，那么现在你应该存入银行多少钱才可以保证1年后拿到1元钱呢？这个问题比较简单，求解下面这个方程式就可以了：

$$(1+1.1)y=1$$

求得的结果是，y约为0.91元。也就是说，如果你今天存入银行0.91元，那么1年后你就可以得到1元。我们称这个0.91元就是1年后1元的**现值**（present value，PV），因为它是以当前的货币衡量1年后拿到1元这一承诺的价值。我们还可以换一种方式来看这0.91元，即把它看成1年后价值1元的消费品在当前这一时期的货币价格。换言之，如果我向你订购一个1年以后价值1元的货物，那么我现在只需支付给你0.91元即可。

现值这个概念也可以用作将多年中财富的收入流转化为其当前等价值的工具。假设当前时期为0期，这个世界持续到T期。如果消费者在每一个t期都可以得到a_t元，而利率为r且保持不变，那么这些收入流的现值可由公式（2-19）表示：

$$PV=a_0+\sum_{t=1}^{T}\frac{a_t}{(1+t)^t}=\sum_{t=0}^{T}\delta^t a_t \tag{2-19}$$

其中：$\delta=\dfrac{1}{1+r}$被称为**折现因子**。

2.4.3 两期模型

我们先给出一个简单的两期消费模型。假设消费者只生活两期：今天（时期0）和明天（时期1）。令x_0和x_1分别表示在t=0和t=1两个时期上的消费，令a_0和a_1分别表示两个时期的收入。该消费者可以以$r\geqslant 0$的利率借款或存款，这样t期消费品的价格可以表示为$p_t=\dfrac{1}{(1+r)^t}$。假设消费者在今天的消费品和明天的消费品上具有的偏好可以由效用函数$u(x_0,x_1)$表示，这个效用函数满足第1章给出的良性偏好的假定，则该消费者的效用最大化问题可以写为：

$$\max_{x_0,x_1}\ u(x_0,x_1)$$

$$\text{s.t. } x_0+\frac{x_1}{1+r}\leqslant a_0+\frac{a_1}{1+r}$$

这个约束条件的意思是消费的现值之和不会超过收入的现值之和。我们可以使用拉格朗日方法来求解这一规划：

$$\mathcal{L}=u(x_0,x_1)+\lambda(a_0+\frac{a_1}{1+r}-x_0-\frac{x_1}{1+r})$$

假设存在内点解，那么一阶条件为：

$$u_t=\frac{\lambda}{(1+r)^t},\ t\in\{0,1\}$$

$$x_0+\frac{x_1}{1+r}=a_0+\frac{a_1}{1+r}$$

这里给出了3个方程、3个未知数，因此可以用来求解需求函数 $x_t(p_1,a)$。参见图2-5，可以看到两期消费者模型和标准的消费者模型没有什么区别。

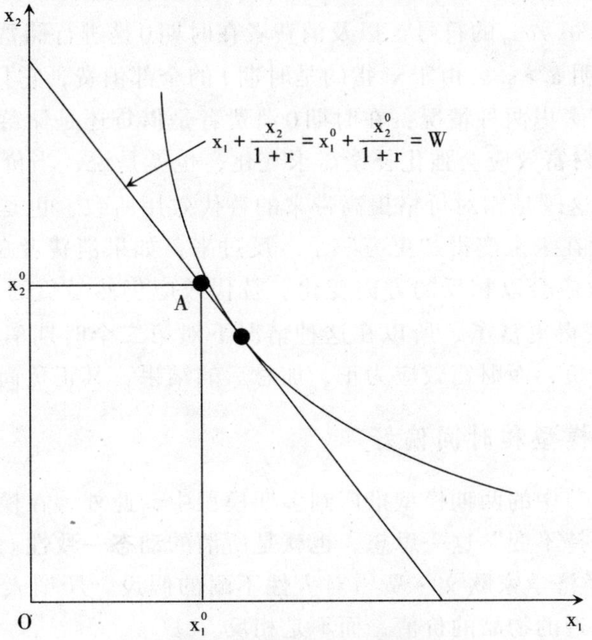

图2-5　两期消费者模型

同样，我们也可以来考虑一下这个动态模型的支出最小化问题，通过设定获得给定效用水平的最低收入流，我们可以将此问题进行如下转换：

$$\min\quad a_0=x_0+p_1(x_1-a_1)$$

$$\text{s.t. } u(x)\geqslant u$$

其拉格朗日函数由下式给出：

$$\mathcal{L}=x_0+p_1(x_1-a_1)-\lambda(u(x)-u)$$

同样，根据第1章我们对支出最小化问题的求解，我们把其解表示为 $h_t(r,u)$。我们令 $a_0(p_1,a)=h_0(p_1,u)+p_1(h_1(p_1,u)-a_1)$，表示在利率为r的情况下达到u这么高的效用，在时期0所需要的最低财富值。

最后，我们将支出最小化和效用最大化问题通过下面这个恒等式联系起来：

$$h_t(p_1,u)=x_t(p_1,a_0(p_1,u),a_1)\tag{2-20}$$

对公式（2–20）两边p取微分可得：

$$\frac{\partial h_1}{\partial p_1}=\frac{\partial x_1}{\partial p_1}+\frac{\partial x_1}{\partial a_0}\frac{\partial a_0}{\partial p_1}$$

$$=\frac{\partial x_1}{\partial p_1}+\frac{\partial x_1}{\partial a_0}(h_1(p_1,u)-a_1)$$

$$=\frac{\partial x_1}{\partial p_1}+\frac{\partial x_1}{\partial a_0}(x_1(p_1,u)-a_1)$$

使用斯勒茨基方程，我们可以看到利率变化所带来的影响。令t=1，可以将斯勒茨基方程写成：

$$\frac{\partial x_1}{\partial p_1}=\frac{\partial h_1}{\partial p_1}+\frac{\partial x_1}{\partial a_0}(a_1-x_1) \tag{2-21}$$

如果利率r下降，未来消费的价格 p_1 就会上升。我们知道，未来消费的补偿需求变化 $\partial h_1/\partial p_1 \leqslant 0$ 。事实上，它更可能是负值，即 $\partial h_1/\partial p_1 < 0$ 。财富效应则依赖于 x_1 是正常品还是劣等品，即取决于 $\partial x_1/\partial a_0$ 的符号，以及消费者在时期0是进行储蓄还是借贷，储蓄意味着 $a_1 < x_1$ ，借贷则说明 $a_1 > x_1$ 。由于 x_1 指的是时期1的全部消费，它只能是正常品。

这样，我们只需考虑两种情况：在时期0消费者是借贷还是储蓄。如果消费者在时期0进行储蓄，那么，财富效应会强化补偿需求变化，也就是说，当价格 p_1 上升，消费者会减少时期1的消费，这既是相对价格提高带来的替代效用所致，也是由于价格升高（即利率下降）使得储蓄者在未来变得“更穷”了。反过来，如果消费者在时期0进行借贷，那么替代效应和财富效应会以相反的方向变化。替代效应仍然是负的。不过，价格 p_1 上升使得消费者在未来变得更富了，所以在这种情况下对第二个时期消费的影响结果不能确定，因为替代效应为负，而财富效应为正，加总后的结果，其正负尚未可知。

2.4.4 多期模型和时间偏好

我们可以将前一节中的两期模型推广到多期模型中，此外，在模型中还要纳入“人们对跨期替代的态度保持不变”这一思想，也就是所谓的**动态一致性**。当然，我们还要借用20世纪伟大的美国经济学家欧文·费雪对**人性不耐**的假设。所谓人性不耐，是指人们总是偏爱时间上更为接近的物品的价值，而不是相反。

首先，我们将两期模型推广到多期模型中。定义从0到T期上消费的效用为：$U(x_0,\cdots,x_T)$ ，则效用最大化问题由下式给出：

$$\max_{x_0,\cdots,x_T} \quad U(x_0,\cdots,x_T)$$

$$\text{s.t.} \quad \sum_{t=0}^{T}\frac{x_t}{(1+r)^t} \leqslant \sum_{t=0}^{T}\frac{a_t}{(1+r)^t}$$

对于消费者来说，动态一致性偏好，也即对时间上跨期消费替代态度保持不变到底意味着什么？这一观念认为，你希望 t_0 时期1单位的消费换取 t_1 时期1单位的消费之意愿，应该仅依赖于你在 t_0 时期正在消费的量以及 t_0 时期和 t_1 时期之间的时间长短，即 t_1-t_0 的大小。举例来看，假设消费时间段为5年，消费者当前消费路径为：第0期，消费 $x_0=10$ 单位；第1期，消费 $x_1=20$ 单位；第2期，消费 $x_2=5$ 单位；第3期，消费 $x_3=10$ 单位；第4期，消费 $x_4=20$ 单位。如果消费者对跨期替代的态度保持不变，那么该消费者愿意在第0期放弃以换取第1期额外增加1单位消费的第0期消费数量，应该和该消费者愿意在第3期放弃以换取第4期额外增加1单位消费的第3期消费数量一样。就本例而言，动态一致性意味着，消费者偏好 $x_0=11$、$x_1=19$、$x_2=5$、$x_3=10$ 和 $x_4=20$ 这个消费路径甚于当前的消费路径，当且仅当他偏好 $x_0=10$、$x_1=20$、$x_2=5$、$x_3=11$ 和 $x_4=19$ 这个消费路径甚于当前的消费路径。

那么，人性不耐指的又是什么呢？假如你的一位朋友请你吃一顿你很喜欢的海鲜饭，但是给你一个选择：要么今天去吃，要么下周末去吃。你会选择哪一个？直觉以及很多实验证据告诉我们，几乎每一个人都会选择今天去吃。人性不耐的意思是，保持其他条件不变时，消费者宁早勿晚。换言之，今天的海鲜饭带给你的效用要大于下周末的海鲜饭带给你的效用。

可以很容易地将人性不耐和偏好的动态一致性纳入我们的消费者选择模型，只要假设该消费者的效用函数如下：

$$U(x_0,\cdots,x_T)=\sum_{t=0}^{T}\frac{u(x_t)}{(1+\rho)^t}$$

其中：$u(x_t)$ 表示在时期t消费 x_t 单位商品给消费者带来的效用；$\rho>0$ 表示该消费者的**时间偏好率**（rate of time preference）；u表示单期时消费的效用；U表示整个时间段上消费的效用。

首先来看人性不耐是如何体现的。考虑两个时期：t_0 和 t_1，满足 $t_1>t_0$ 以及 $x_{t_0}=x_{t_1}=x^*$，两期的边际效用由下式给出：

$$U_{t_0}=\frac{u'(x^*)}{(1+\rho)^{t_0}}$$

$$U_{t_1}=\frac{u'(x^*)}{(1+\rho)^{t_1}}$$

其中：$U_{t_0}-U_{t_1}=u'(x^*)\left(\frac{1}{(1+\rho)^{t_0}}-\frac{1}{(1+\rho)^{t_1}}\right)$，只要 $t_1>t_0$，那么这个差值就是正的。这就说明消费者是人性不耐的。

然后再来看动态一致性。计算该消费者在时期 t_0 和时期 t_1 间的边际替代率：

$$\frac{U_{t_1}}{U_{t_0}}=\frac{\dfrac{u'(x_{t_1})}{(1+\rho)^{t_1}}}{\dfrac{u'(x_{t_0})}{(1+\rho)^{t_0}}}=\frac{u'(x_{t_1})}{u'(x_{t_0}(1+\rho)^{t_0-t_1})}$$

由于这个边际替代率仅取决于每期的消费 x_{t_1} 和 x_{t_0} 以及两个时期之间的间隔长短（t_0-t_1），而不取决于时期本身，所以这个效用函数是满足动态一致性的。

由于上述函数满足这两个性质，所以我们总可以使用下面这个效用函数形式：

$$U(x_0,\cdots,x_T)=\sum_{t=0}^{T}\frac{u(x_t)}{(1+\rho)^t}$$

我们假设这个效用函数 $U(x_0,\cdots,x_T)$ 是严格拟凹的，在每一个分量上都是递增的和可微的，但这并不意味着 $u(x)$ 是凹函数。

在多期消费者动态选择模型中，效用最大化问题可以写为：

$$\max_{x_0,\cdots,x_T}\sum_{t=0}^{T}\frac{u(x_t)}{(1+\rho)^t}$$

$$\text{s.t.} \quad \sum_{t=0}^{T}\frac{x_t}{(1+r)^t} \leqslant \sum_{t=0}^{T}\frac{a_t}{(1+r)^t}$$

构建拉格朗日函数，假设存在内点解，其一阶条件为：

$$\frac{u'(x_t)}{(1+\rho)^t} - \frac{\lambda}{(1+r)^t} = 0$$

这意味着对于时期 t′ 和时期 t″ 来说，相切条件为：

$$\frac{u'(x_{t'})}{u'(x_{t''})} = \left(\frac{1+r}{1+\rho}\right)^{t''-t'}$$

尤其是对于相邻的两期，这个条件可以写为：

$$\frac{u'(x_{t'})}{u'(x_{t'+1})} = \left(\frac{1+r}{1+\rho}\right)^{t''-t'} \tag{2-22}$$

有了这个条件，我们就可以来问下面这个问题了，那就是在什么条件下消费会随着时间而增加？直观上来看，这主要取决于消费者和市场谁更加人性不耐，也就是如何比较 r 和 ρ 的问题。

为了便于说明，我们取时期 1 和时期 2。对于其他任何相邻的两个时期，这个分析都是一样的。根据 U(·) 的拟凹性，我们知道在 (x_1, x_2) 空间该消费者的无差异曲线必然是凸的。当 $x_1 = x_2$ 时，无差异曲线的斜率为：$-\frac{u'(x_1)}{u'(x_2)}(1+\rho) = -(1+\rho)$；当 $x_1 > x_2$ 时，这个斜率在绝对值上小于 $(1+\rho)$；当 $x_1 < x_2$ 时，这个斜率在绝对值上大于 $(1+\rho)$。相切条件（公式（2-22））是说，无差异曲线斜率的绝对值和 $(1+\rho)$ 相同。那么，如果 $1+r > 1+\rho$，也即 $r > \rho$，在最优消费点处必有 $x_2 > x_1$，意思是说消费会随着时间而增加；如果 $1+r < 1+\rho$，也即 $r < \rho$，在最优消费点处必有 $x_2 < x_1$，也就是说消费会随着时间而减少；如果 $1+r = 1+\rho$，也即 $r = \rho$，则消费不会随着时间而变化。

对 ρ 和 r 之间进行比较的意义何在呢？我们从两个时期消费相等的情况来看，消费者愿意放弃 1 单位未来的消费来换取 $\frac{1}{1+\rho}$ 单位今天的消费。通过放弃 1 单位未来的消费，消费者可以多购买 $\frac{1}{1+r}$ 单位今天的消费。这样，如果 $\frac{1}{1+r} > \frac{1}{1+\rho}$，消费者愿意放弃未来的这 1 单位消费：最优消费会随时间而递减。只要 $\rho > r$，这个条件就会成立。相反，如果 $\frac{1}{1+r} < \frac{1}{1+\rho}$，也即只要 $\rho < r$，该消费者宁可忍受也要在未来消费：最优消费随着时间而增加。总而言之，如果你比市场还要有耐心，那么消费就会随着时间而增加；但如果你比市场还要不耐，那么消费就会随着时间而缩减。

【例 2-4】（费雪式投资问题） 20 世纪美国伟大的经济学家欧文·费雪对利息理论有着精深的研究。他曾分析过这样一个问题：假设你拥有一片树林，目的是给一家造纸厂生产纸浆。每年树都会以一定的速率成长，也许开始时树生长得比较快，但随着树的成熟，生长速度不断放慢。我们的问题是：什么时候砍树最合适？是当所有的树都停止生长时吗？或者，如果你几年前买了几瓶上好的葡萄酒，放在你的酒窖里让它们变成陈年佳酿，每过一年这些酒就会在质量上变得更好一点。问题是：你打算什么时候将它们打开来喝呢？

我们用 g(t) 表示上面所提到的树木在时期 t 的价值，根据描述，我们可以自然地假设 $g'(t) > 0$，$g''(t)$ 初始时为正，最终 $g''(t) < 0$。种树的人必须考虑对树进行投资的其他方式，

我们令投资的利率为r，那么如果在时期t伐树，则收益的现值为：

$$PV = g(t)e^{-rt}$$

求收益最大化，并令 $\frac{dPV}{dt} = 0$ ，得：

$$\frac{dPV}{dt} = g(t)(-re^{-rt}) + g'(t)e^{-rt} = 0$$

简化上式最终可得公式（2-23）：

$$\frac{g'(t)}{g(t)} = r \tag{2-23}$$

在公式（2-23）中，左边就是树木的生长率，右边则是投资利润率。因此，收益或财富最大化的结果表明，当树木的生长率与投资的机会成本（用利润率衡量）相等时才应该伐树。如果其他投资带来的利润率为10%，而树木的生长率为15%，那就应该让树木继续生长，如果树木的生长率降低到10%，就可以砍伐它们了。我们通过求解公式（2-23），可以得到 $t = t^*(r)$ ，很容易证明 $\frac{dt^*}{dr} < 0$ ，这说明投资的机会成本升高会导致树在更早的时候被砍伐，虽然此时树木的生长率还是比较高的。

【例2-4】可以扩展到某些可再生资源的平均可持续产出最大化这类问题上来。很典型的例子就是我国沿海禁渔期的设置，这样可以避免过度捕捞，使鱼类在生长率较高的时候不会被捕杀，从而实现社会整体财富的最大化。

2.4.5　费雪区分定理

在前面的分析中，我们总是把消费者在每一期的收入看作外生给定的。现在，假设消费者可以选择不同的收入计划，这样在给定年份所赚得的收入也可以成为效用最大化决策的一部分。例如，每个人选择不同的职业，各种职业的收入模式会有很大区别。一个人可以高中一毕业就参加某种工作去赚钱，也可以在高中毕业后上大学或专业院校学习更多技能。一般而言，后者的收入在一开始时会比较低，但是最终会在平均水平上高于没有接受过高中以后训练的人的收入。那么，一个人如何进行决策才会实现自己的效用最大化呢？

假设一个消费者必须在两种职业之间进行选择。职业A获得的财富向量为 $a = (a_0, \cdots, a_T)$ ，职业B获得的财富向量为 $b = (b_0, \cdots, b_T)$ 。消费者应该如何选择？欧文·费雪提出了一种解决方案，被称为**费雪区分定理**：如果消费者可以自由获取信贷，那么他可以首先选择将财富最大化的收入流，然后调整消费以使得效用最大化，这样才可以达到整体的最高效用水平。换一种说法就是，消费者的生产决策（赚钱）和消费决策（糊口）是要区分开来的。消费者首先选择具有最大现值的财富向量，然后选择消费束以最大化效用，在约束条件下可以实现消费者总体效用的最大化。

自由获取信贷意味着消费者可以以利率r借入或贷出他所需要的任何数量的财富，只要满足模型中所有时期上的预算平衡，也就是说，所有消费向量需满足下式即可：

$$\sum_{t=0}^{T}\frac{x_t}{(1+r)^t} \leqslant \sum_{t=0}^{T}\frac{a_t}{(1+r)^t}$$

令 $PV_a = \sum_{t=0}^{T}\frac{a_t}{(1+r)^t}$ 和 $PV_b = \sum_{t=0}^{T}\frac{b_t}{(1+r)^t}$ ，消费者在财富a、b给定的情况下其效用最大化问题为：

$$\max_{x} \quad U(x_0, \cdots, x_T)$$

$$\text{s.t.} \quad \sum_{t=0}^{T} \frac{x_t}{(1+r)^t} \leq PV_a$$

和

$$\max_{x} \quad U(x_0, \cdots, x_T)$$

$$\text{s.t.} \quad \sum_{t=0}^{T} \frac{x_t}{(1+r)^t} \leq PV_b$$

由于偏好是局部非饱和的，故而两个规划问题中的约束条件都应为紧约束，也即等式成立。费雪区分定理的意思非常直白，我们首先确定 PV_a 和 PV_b 的大小，然后确定这两个规划问题的解即可实现该消费者的最高效用水平。

如果消费者不能自由获得信贷，那么这一区分结果就不再成立了。尤其是储蓄利率小于借贷利率的话，消费者可以获得的机会不仅取决于其财富的现值，也取决于何时取得财富。而储蓄利率小于借贷利率几乎是一般借贷的通义，所以职业选择往往千差万别，这同时也和消费者个人的人性不耐程度同市场的人性不耐程度之比较有很大关系。

基础训练

1. 如果 $e(\vec{p}, u) = z(p_1, p_2)p_3^m u$，为使这个函数成为一个合理的支出函数，$z(p_1, p_2)$ 必须满足什么条件？

2. 以下两组观察值是否满足显示偏好弱公理？

$\vec{p}^0 = (4, 2)$，$\vec{x}^0 = (1, 3)$

$\vec{p}^1 = (3, 2)$，$\vec{x}^1 = (2, 3)$

3. 如果个体的效用函数是 $u(x_1, x_2, x_3) = (x_1 - b_1)^\alpha (x_2 - b_2)^\beta (x_3 - b_3)^\gamma$，其中：$\alpha, \beta, \gamma > 0$，$\alpha + \beta + \gamma = 1$。证明：该个体的支出函数呈高曼形式。

4. 集团中每个人的间接效用函数都具有以下形式：

$v^s(\vec{p}, m^s) = c^s(\vec{p}) + d(\vec{p})m^s \quad (s = 1, \cdots, n)$

（1）证明每个人的偏好是拟位似的。

（2）推导集团需求函数 $Z(\vec{p}, M) = X(\vec{p}, m^1, \cdots, m^n)$。

（3）验证 $Z(\vec{p}, M)$ 满足斯勒茨基方程。

5. 某消费者有柯布-道格拉斯效用函数：$u = m_0^\alpha m_1^{1-\alpha}$，$0 < \alpha < 1$，市场利率为 r，初始收入为 $(\bar{m}_0, \bar{m}_1)$。试推导消费者在时期0和时期1的需求函数。

6. 表2-1表示某消费者购买的部分信息，该消费者只消费两种商品。商品2在第二年的消费属于哪一范围时，可以得出以下结论：

表2-1 **某消费者购买的信息**

商 品	第一年		第二年	
	数量	价格	数量	价格
商品1	100	100	120	100
商品2	100	100	?	80

（1）该消费者的行为是不一致的（即与弱公理相矛盾）。

（2）消费者在第一年的消费束显示出优于第二年的消费束。

（3）消费者在第二年的消费束显示出优于第一年的消费束。

（4）没有充分的信息来断定（1）、（2）和/或（3）是否成立。

（5）对于这个消费者来说，商品1（在某一价格上）是劣等品吗？假定弱公理得到了满足。

（6）对于这个消费者来说，商品2（在某一价格上）是劣等品吗？假定弱公理得到了满足。

7. 考虑一个$\mathcal{L}=3$的经济环境，以及消费集为R^3的一个消费者，假定其需求函数$x(p,w)$为：

$$x_1(p,w)=\frac{p_2}{p_3}$$

$$x_2(p,w)=-\frac{p_1}{p_3}$$

$$x_3(p,w)=\frac{w}{p_3}$$

（1）证明$x(p,w)$在(p,w)上是零次齐次的，并且满足瓦尔拉斯定律。

（2）证明$x(p,w)$违反弱公理。

[第3章]

生产者理论与局部均衡

自阿尔弗雷德·马歇尔以来，对竞争市场的分析总是先将需求行为（消费者理论）与供给行为（生产者理论）分离开来，然后再运用市场均衡的概念将二者结合起来。在本书的前两章中，我们已经探讨了现代经济学中的消费者理论，接下来我们先介绍生产者理论，然后再引入局部均衡的概念，将竞争性市场中消费者的行为与生产者的行为放在一起进行考虑。

3.1 竞争性厂商行为

在传统的新古典生产者理论中，标准模型具有以下一些特征：企业由外生给定的技术来描述，这个技术给出了将投入转化为产出的特定方式。简而言之，厂商就是一个生产函数，是一个将诸如劳动、土地、资本和原材料转化为产品的黑箱。**竞争性厂商**不但将投入的价格视为既定，也将产出的价格视为给定，它只能选择一个生产计划，也即一个从技术上可行的投入产出集，来最大化利润。这说明竞争性厂商首先是一个价格的接受者，它是众多厂商中的一个，将价格视为外生变量，这是新古典生产模型特征之一。那些可以影响产品价格情况的企业，我们将其称为不完全竞争企业，其中尤以垄断和寡头市场最为引人注目，我们将在本书第6章和第7章中对它们进行研究。对寡头市场的分析，需要运用新的分析工具——博弈论，这留待第7章处理。在本章，我们集中讨论竞争性厂商的行为，接下来继续就这种厂商的新古典模型假设进行说明。

除了刚才所提到的价格接受者的假设之外，第二个假设就是刚刚所提到的该企业的技术是外生给定的。这个假设常常受到诟病，因为技术变迁、产品革新、市场营销方式的更新是市场中常见的现象，但其实新古典生产模型还是比较灵活，能够根据这些问题改变形式，对之有所涵纳的。限于篇幅，我们不在这里就这方面的回应多作介绍。第三个假设是企业总是追求利润最大化，不仅是竞争性企业如此，垄断企业、寡头企业莫不如此。第四个假设是我们遵循马歇尔的方法，将家庭和企业彼此分离，认为家庭就是消费发生的地方，而企业就是生产发生的地方。当然，这种方法也受到不少批评，著名的华人经济学家杨小凯使用的方法就是将家庭既看作消费者也看作生产者。在本章我们则选择遵循马歇尔的方法。

所有的经济学模型都需要从现实世界进行理论抽象，作出一些简化的、不真实的假设，有关这个问题的争论由来已久，著名经济学家米尔顿·弗里德曼在1954年专门发表了一篇题为《实证经济学方法论》的文章，为经济学家使用不现实的假设作辩护。我们认为，模型使用的假设必然服从一些特定的目标，要能够凸显某些重要的效应，而忽略某些不是那么重要的效应。所以，为了便于叙述和阐释模型，我们坚持使用这些通行的假设。

3.2　生产集与技术

我们从描述企业的技术可能性开始。假设经济中有n种商品，一个**生产计划**就是一个向量 $y=(y_1,\cdots,y_n)\in\mathbb{R}^n$，其中产出则为 $y_k>0$，投入则为 $y_k<0$，第k种商品可能是产出，也可能作为投入。如果该企业既没有生产商品k，也没有把它作为投入，则 $y_k=0$。一个企业的**生产可能性集**由集合 $Y\subset\mathbb{R}^n$ 予以描述，其中任一 $y\in Y$ 都是可行的生产计划。图3-1给出了一个生产可能性集。

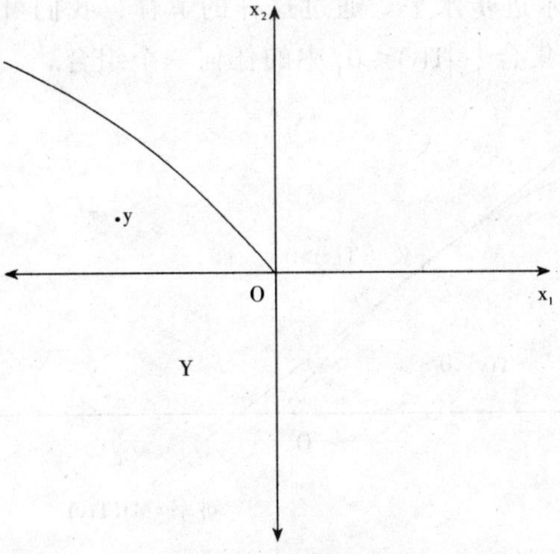

图3-1　生产可能性集

我们假设集合Y是非空闭集，这主要是为了研究的方便，闭集的要求可以确保最优生产计划的存在。我们来看生产集的一些经济特征：

第一，自由处置。如果 $y\in Y$ 表明对于任一 $y'\leqslant y$ 有 $y'\in Y$，则生产集Y满足自由处置。自由处置是说，企业额外追加投入不会造成产量降低，可以以零成本自由处理多出来的投入资源。

第二，没有免费午餐。也就是说，任何一个可行的生产计划y如果在生产集Y中，那么只要有正的产出项，就一定至少有一项是负的投入项，不允许全部都是正的产出项，天下没有不花费任何投入就可以坐享其成的美事。当然，如果 $0\in Y$，则生产集Y可以表达企业关门这种情况。也就是说，企业有权选择不使用资源，也不进行生产。

第三，规模报酬非增。如果 $y\in Y$ 意味着对于所有的 $0\leqslant\alpha\leqslant1$ 有 $\alpha y\in Y$，则生产集Y具有规模报酬非增这种性质。

第四，规模报酬非减。如果 $y\in Y$ 意味着对于所有的 $\alpha\geqslant 1$ 有 $\alpha y\in Y$，则生产集Y具有规模报酬非减这种性质。

第五，规模报酬不变。如果 $y\in Y$ 意味着对于所有的 $\alpha\geqslant 0$ 有 $\alpha y\in Y$，则生产集Y具有规模报酬不变的性质。

第六，凸性。这是微观经济学的一个基本假设，要求生产集Y是凸的。也就是说，如果 $y,y'\in Y$，$\alpha\in[0,1]$，那么 $\alpha y+(1-\alpha)y'\in Y$。这个条件包含了一类专业化收益非增的情况，排除了自亚当·斯密以来所强调的劳动分工和专业化收益递增的原理。因此，作为新古典经济学生产模型的基本假设之一，其也是备受争议。[①]这个假设意味着，如果两个"极端"的计划都是可能的，那么它们的组合也是可能的。此外，如果 $0\in Y$，那么凸性表明规模报酬非增。

另外一种表示生产可能性集的方法是使用**转换函数**（transformation function）$T:\mathbb{R}^n\rightarrow\mathbb{R}$，其中 $T(y)\leqslant 0$ 表示y是可行的，$T(y)>0$ 表示y是不可行的（如图3-2所示）。你可以把转换函数简单地看成表达一个集合的简便形式。边界点的集合 $\{y\in\mathbb{R}^n:T(y)=0\}$ 被称为**转换边界**（transformation frontier）。如何来理解转换边界呢？我们可以这样来解释：它定义了为使组合y成为可能所要求的技术进步水平。通过这样的解释，我们可以认为，在当前可获得技术水平下，我们可以生产集合 $\{y|T(y)\leqslant 0\}$ 中的任何一个组合。

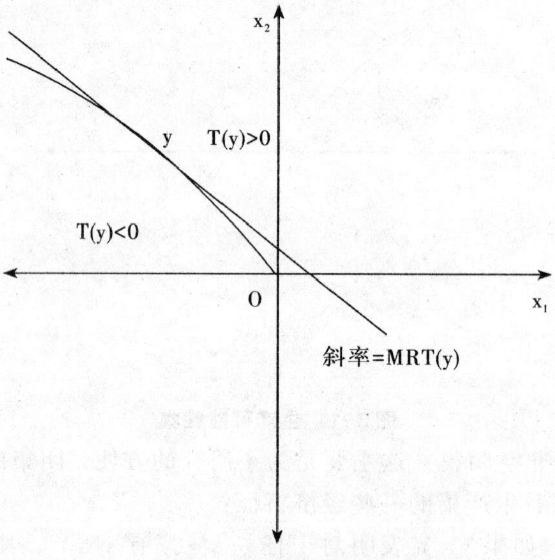

图3-2 边际转换率

当转换函数可微时，我们可以定义商品k和l之间的**边际转换率**（marginal rate of transformation）为：

$$MRT_{k,l}(y)=-\frac{\partial T(y)/\partial y_l}{\partial T(y)/\partial y_k}$$

这个边际转换率测量的是减少1单位商品l可以多得到的商品k的量。如图3-2所示，它等于在点y处的生产集边界的斜率。

① 参看由本书作者主译的《经济学中的劳动分工》（澳门大学孙广振教授著，格致出版社出版）。在这本书中，孙广振教授梳理了劳动分工的经济思想，并对新古典经济学对这一问题的忽视颇感遗憾。幸运的是，自20世纪80年代以来，在杨小凯以及其他人的引领下，有关这个领域有了多方面的进展。

使用生产集进行思考，可以得到一个非常一般化的模型，其中每种商品k要么是投入，要么是产出，必居其一。也就是说，一个企业可以既生产一种小饰品，又可以用这种小饰品来生产其他小玩意儿，而 y_k 表示这种小饰品的净产出量。一般来说，将投入和产出彼此分离开来，令 $q=(q_1,\cdots,q_L)$ 表示企业产出的向量，$z=(z_1,\cdots,z_M)$ 表示企业投入的向量。这样表示是比较方便的，当然，L+M要等于N。

如果企业只有一种产出，那么我们就可以将产出写成所使用的投入的函数，即有 $q=f(z)$。在这种情况下，我们把 $f(\cdot)$ 称为企业的生产函数。我们也可以将**边际技术替代率**（marginal rate of technological substitution）定义如下：

$$MRTS_{k,l}(y)=-\frac{\partial f(z)/\partial z_l}{\partial f(z)/\partial z_k}$$

边际技术替代率告诉我们，要想维持相同的产出水平，要用多少投入k来取代1单位投入l。

3.3　生产集下的利润最大化

3.3.1　利润最大化问题

企业的目标就是追求利润最大化。使用3.2部分给出的生产集方法，可知生产计划y的利润集。因此，企业的**利润最大化问题**（profit maximization problem，PMP）可以写成：

$$\max_y \ p\cdot y$$
$$\text{s.t.} \ y\in Y$$

由于 $Y=\{y\,|F(y)\leqslant 0\}$，这个问题可以重新写为：

$$\max_y \ p\cdot y$$
$$\text{s.t.} \ F(y)\leqslant 0$$

如果 $F(\cdot)$ 是可微的，那么这个问题可以使用标准的拉格朗日方法来求解。关于这一方法，不太熟悉的同学可以参看本书的附录。其该问题的解的图解我们将在图3-3中给出。现在，我们来构建拉格朗日函数：

$$\mathcal{L}=p\cdot y-\lambda F(y)$$

这意味着一阶条件为：

$$p_i=\lambda F_i(y^*)\qquad (i=1,\cdots,L)$$
$$F(y^*)\leqslant 0$$

和之前一样，我们可以根据λ而列出i和j的一阶条件，然后让它们相等，可得：

$$\frac{p_i}{F_i(y^*)}=\lambda=\frac{p_j}{F_j(y^*)}$$

$$\frac{F_i(y^*)}{F_j(y^*)}=\frac{p_i}{p_j}\tag{3-1}$$

由于我们已经知道严格位于Y内的点总是会造成资源的浪费，而浪费资源不可能是利润最大化的行为，所以可知约束必为紧，因此有 $F(y^*)=0$，意即利润最大化的生产计划必然满足这一等式，不会浪费任何资源。

公式（3-1）是一个相切条件，和我们在推导消费者问题中遇到的比较类似。它说的是在利润最大化生产计划 y^* 上，任何两种商品的边际转换率等于它们的相对价格之比。

图3-3给出了利润最大化问题，其中等利润线（isoprofit line）是一条斜率为 $-\frac{p_1}{p_2}$ 的向右下方倾斜的直线。我们把利润线向右上方平移，一直平移到找到相切点为止，即可找到利润最大化的解。这个点就是满足公式（3-1）的点。要注意，除非Y是凸集，否则一阶条件可能不是最大值的充分条件，这也是我们前面规定生产可能性集为凸的闭集的原因所在。一般来说，我们还需要检查二阶条件，但是如果是凸的闭集可以不用检查，图3-3中给出的生产可能性集并非凸集，因此，存在不是最大值的切点，这一点是要注意的，之所以这样画图，目的是让同学们了解生产集假设的含义所在。当Y是严格凸集，且生产集的边界在某个生产水平上也是足够平坦（即企业表现出较强的规模收益递减）时，那么证明PMP问题的解存在并不是个问题。但是，当企业的生产集非凸，也即其生产技术表现出规模收益非减时，此时你要想利润最大化，要么什么都不生产，因为产出的价格相对于投入价格来说太小了，要么就要到生产集的边界之外进行生产来提高利润，但是这对于该企业的技术而言又是做不到的。

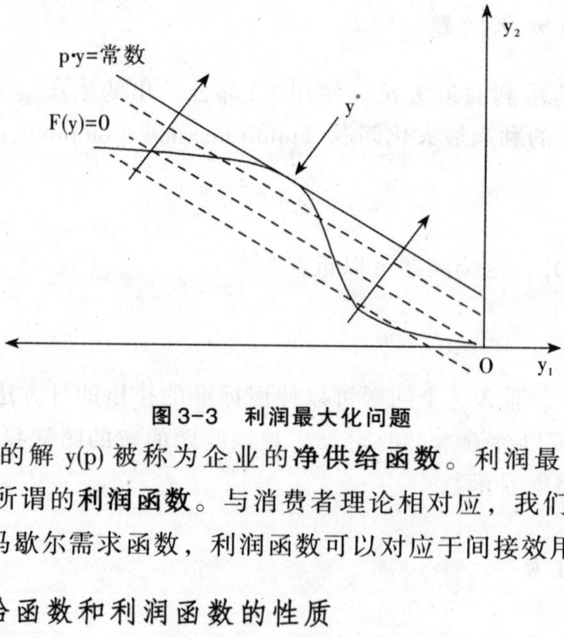

图3-3 利润最大化问题

利润最大化问题的解 y(p) 被称为企业的**净供给函数**。利润最大化问题的实值函数 $\pi(p)=p\cdot y(p)$，这就是所谓的**利润函数**。与消费者理论相对应，我们回忆一下，这里的净供给函数可以对应于马歇尔需求函数，利润函数可以对应于间接效用函数。

3.3.2 净供给函数和利润函数的性质

如同前面我们研究马歇尔需求函数和间接效用函数一样，我们在这里也要给出净供给函数和利润函数的一些性质。

令Y为企业的生产集，假设 y(p) 求解了该企业的利润最大化问题，即净供给函数。令 $\pi(p)=p\cdot y(p)$ 为相应的利润函数。净供给函数具有以下性质：

第一，y(p) 在价格p上是零次齐次的，原因和之前在消费者理论中一样，利润最大化问题的最优条件包含相切条件，而相切性不受所有价格同时同比例变化的影响。

第二，如果Y是凸集，则 y(p) 也是一个凸集；如果Y是严格凸集，则 y(p) 是一个单点。其原因和效用最大化问题也是相同的，但是要注意，效用函数被假定为拟凹是有意义的，而有时候假设Y是凸的并不总是那么合理。Y的凸性对应的是非增的规模收益。但是，很多真实的生产过程则的确在某些范围内表现出递增的规模收益。因此，凸性假设如前所述，排除了亚当·斯密提出的劳动分工和专业化的收益递增原理，这一点值得再次强调。

利润函数 $\pi(p)$ 的性质如下：

第一，$\pi(p)$ 在价格p上是一次齐次的。其原因和为什么希克斯需求函数在价格上是零次齐次的而支出函数在价格上是一次齐次的是一样的。$\pi(p)=p\cdot y(p)$，$\pi(ap)=ap\cdot y(ap)=ap\cdot y(p)=a\pi(p)$。由于所有的价格都乘以a，$a>0$，并不改变相对价格，所以最优生产计划并不会改变。然而，所有的价格乘以a，则利润也要乘以a，这就说明利润函数的一次齐次性。

第二，$\pi(p)$ 是凸的。原因和支出函数为什么是凹的是一样的。也就是说，如果产出的价格提高（或者投入下降），而且企业并未改变其生产计划，则利润就会线性地增加。然而，由于企业希望在新的价格上实现最优化，所以它的确可以做到更好。利润会以一个大于线性的速率上升。这就是凸函数的含义所在。我们来看两个价格向量p和p′，以及 $p^a=ap+(1-a)p'$。

$$
\begin{aligned}
p^a\cdot y(p^a) &= ap\cdot y(p^a)+(1-a)p'\cdot y(p^a)\\
&\leqslant ap\cdot y(p)+(1-a)p'\cdot y(p')\\
&= a\pi(p)+(1-a)\pi(p')
\end{aligned}
$$

这给出了利润函数凸性的证明。

接下来两个性质与净供给函数和利润函数都有关，值得注意的是，它们与希克斯需求函数和支出函数之间的关系非常相似。

第一，霍特林（Hotelling）引理。如果 $y(\bar{p})$ 在 $\bar{p}$ 上是单值的，则 $\dfrac{\partial\pi(\bar{p})}{\partial p_i}=y_i(p)$。这可以直接由包络定理得出。关于包络定理的内容，可以参看本书附录。利润最大化问题的拉格朗日函数为：

$$\mathcal{L}=p\cdot y-\lambda F(y)$$

由包络定理可知：

$$\frac{\partial\pi(\bar{p})}{\partial p_i}=\frac{\partial\mathcal{L}}{\partial p_i}\bigg|_{y=y(\bar{p})}=y_i(\bar{p})$$

这可以和 $\dfrac{\partial e(p,u)}{\partial p_i}=h_i(p,u)$ 相对应。换言之，商品i的价格上升所带来的利润的增加和对商品i的净用量是相等的。间接效应（相应于价格变化而重新安排生产计划的效应）可以被忽略。如果商品i是产出，则 $y_i(\bar{p})>0$，其价格提高会提高利润；如果商品i是投入，则 $y_i(\bar{p})<0$，其价格提高会降低利润。

第二，如果 $y(\cdot)$ 是单值的，且在 $\bar{p}$ 上可微，则 $\dfrac{\partial y_i(\bar{p})}{\partial p_j}=\dfrac{\partial y_j(\bar{p})}{\partial p_i}$。这是根据杨格定理可以直接得到的，因为前一个等式中每一个导数都等于 $\dfrac{\partial^2\pi(\bar{p})}{\partial p_i\partial p_j}$，故有这个性质。

第三，如果 $y(\cdot)$ 是单值的，且在 $\bar{p}$ 上可微，则 $\pi(p)$ 的二阶导数矩阵是对称的半正定矩阵，其中的项为 $\frac{\partial^2\pi(\bar{p})}{\partial p_i\partial p_j}$。$\frac{\partial^2\pi(\bar{p})}{\partial p_i\partial p_j}$ 是一个对称的半正定矩阵，该矩阵的性质是从 $\pi(p)$ 在价格上的凸性得出的。和半负定矩阵一样，半正定矩阵也有一些良好的性质，其中一个就是对角元素是非负的，即 $\frac{\partial y_i}{\partial p_i}\geqslant 0$。因此，如果产出的价格提高，则该产出的生产也会增加；如果投入的价格提高，则对该投入的利用就会减少。这就是我们耳熟能详的**供给定律**（Law of Supply）。注意，和我们在消费者理论中谈到的补偿需求定律不同，没有补偿供给定律，因为在利润最大化问题中并没有一个类似的财富效应存在。

3.4 生产函数下的利润最大化

现在，我们从3.2部分介绍的生产函数这个概念入手，来探讨利润最大化问题。事实上，一般的中级和初级微观经济学总是从介绍生产函数而不是生产集来展开生产者理论的。的确，使用生产函数来讨论生产模型有其自身的优点。为了对产出和投入进行区分，我们仍然假设产出是单一产品，用q表示，投入用z表示。与生产计划方法相类似，投入是非负向量，$z\in\mathbb{R}_+^{L-1}$。当只有一种产出时，企业的生产集可以由生产函数 $f(z)$ 来表示，$f(z)$ 给出了企业使用投入向量z而得到的产出数量。也就是说，在产出q和投入z之间有这样一种可以由生产函数表示的关系：$q=f(z)$。企业的生产集Y可以写为：

$$Y=\{(-z,q)\mid q-f(z)\leqslant 0, z\geqslant 0\}$$

接下来我们探讨单一产出情况下的利润最大化问题。令p（$p>0$）为企业产出的价格，w（$w=(w_1,\cdots,w_{L-1})\geqslant 0$）为L−1种投入z的价格。这样，$w\cdot z$ 就是使用投入向量z所带来的成本。企业的利润最大化问题可以写为：

$$\max_{z\geqslant 0}\quad pq-wz$$
$$\text{s.t.}\quad f(z)\geqslant q$$

由于 $p>0$，所以这个约束条件总是为紧的。因此，该企业的问题可以写成一个无约束最优化问题：

$$\max_{z\geqslant 0}\quad pf(z)-wz$$

由于这是一个无约束问题，所以我们不需要再构建拉格朗日函数。不过，我们确实还是要关注一下是否存在角点解，因为该企业有可能不是使用全部的投入，而只是使用其中一些。库恩–塔克一阶条件由下式给出：

$$pf_i(z^*)-w_i\leqslant 0$$

其中：对于所有的i，当 $z_i^*>0$ 时等式成立。

$f_i(z^*)$ 是投入 z_i 的边际产品，表示如果投入 z_i 增加1单位则产出会增加的量；$pf_i(z^*)$ 就是边际收益产品，表示投入 z_i 增加1单位则产出会增加的收益；而投入 z_i 增加1单位则成本增加的额度自然是 w_i。这一条件是说，在最优值上，由于增加了 z_i 一点，从而收益上的增加量要小于成本上的增加量，只有二者相等时，才有实现利润最大化的可能，否则不生产即是最优的决策。如果 $z_i^*>0$，则收益上的增加必然等于成本上的增加；如果 $z_i^*=0$，

则可能是 $pf_i(z^*) < w_i$ 这种情况，意思是多增加1单位 z_i 的投入，所带来的收益上的增加小于成本的增加量。

我们重新排列上面的最优条件，可以得到一个熟悉的相切条件。假设 z_i^* 和 z_j^* 是严格为正的，则上述条件可以重新写为：

$$\frac{f_i(z^*)}{f_j(z^*)} = \frac{w_i}{w_j}$$

这个条件是说，两种投入之间的边际技术替代率必然等于相对价格之比。这和前面我们使用生产集进行表述的情况是完全一致的。

如果投入只有一种，那么这个条件就变成了 $pf'(z^*) = w$，或者 $f'(z^*) = \frac{w}{p}$。由于投入是正的，所以 $f(z)$ 在 z 上是递增的。等利润线在 $\frac{w}{p}$ 上是向右上方倾斜的，因为 $pq - wz = k$，$q = \frac{w}{p}z + \frac{k}{p}$。这样一来，找到 $f'(z^*) = \frac{w}{p}$ 就意味着找到了等利润线和生产函数的切点。

我们把这个问题的解表示为 $z(w,p)$，把它称为**要素需求函数**（factor demand function），因为它给出了在价格 p 和 w 上应该使用多少投入。要注意，$z(w,p)$ 是 $L-1$ 维的向量。如果我们将 $z(w,p)$ 代入生产函数，就会得到 $q(w,p) = f(z(w,p))$，这就是**供给函数**或者**产出函数**。如果我们把 $z(w,p)$ 代入该问题的目标偶函数，就可以得到企业利润函数的另外一个版本：

$$\pi(w,p) = pf(z(w,p)) - wz = pq(w,p) - w \cdot z(w,p)$$

要注意，企业的净供给函数 $y(p)$ 等价于：

$$y(w,p) = (-z_1(w,p), \cdots, -z_{L-1}(w,p), q(w,p))$$

这样一来，你就可以把本节所讨论的这个模型看成前一节所讨论的模型的一种特殊情况。正是由于单一产出模型和生产计划模型之间的这种联系，所以供给函数 $q(w,p)$ 和要素需求函数 $z(w,p)$ 具有一些类似的性质。读者可以将此作为一个练习自行检验一下自己的理解程度。

3.5　成本最小化

前面我们讨论了只有一种产出的情况下企业的利润最大化问题。在价格 p 上，令 $z(w,p)$ 为企业的要素需求函数，$q(w,p) = f(z(w,p))$ 为企业的供给函数。在某一个具体的价格向量 (w^*, p^*) 上，令 $q^* = q(w^*, p^*)$。利润最大化问题的一个含义还在于，$z^* = z(w^*, p^*)$ 可以求解下面的问题：

$$\min_z \; w^* \cdot z$$

$$\text{s.t.} \quad f(z) \geq q^*$$

也就是说，z^* 是当价格为 (w^*, p^*) 时以最小成本生产 q^* 的投入束。如果企业使用 z^* 生产 q^* 来使利润最大化，那么 z^* 也就是以最小成本生产 q^* 的投入束。原因是很简单的。假设有另外一个消费束 $z' \neq z^*$ 可以使 $w^* \cdot z' < w^* \cdot z^*$ 且 $f(z') \geq q^*$，那么就有：

$$p^* f(z') - w^* z' \geq p^* q^* - w^* z^* = p^* f(z^*) - w^* z^*$$

这和我们关于 z^* 是利润最大化投入束的假设相矛盾。如果还有另外一个以比 z^* 更低的价格生产出 q^* 的投入束，那么该企业本应第一时间使用这种投入束才对。换言之，企业利润最大化的必要条件是它选择的投入束可以在既定的产出水平上最小化生产成本。

成本最小化是利润最大化的必要条件这一点指明了处理企业问题的另外一种途径。首先，对于任一产出水平 q 来说，找到在现行价格水平上生产该产出水平的成本最小化的投入束。也就是说，求解下面这个问题：

$$\min \quad w \cdot z$$
$$\text{s.t.} \quad f(z) \geq q$$

这就是所谓的**成本最小化问题**（cost minimization problem，CMP）。该问题的拉格朗日函数由下式给出：

$$\mathcal{L} = wz - \lambda(f(z) - q)$$

存在内点解的最优条件为：

$$w_i - \lambda f_i(z^*) = 0, \forall i$$

综合商品 i 和 j 的最优条件有：

$$\frac{f_i(z^*)}{f_j(z^*)} = \frac{w_i}{w_j}$$

或者这么说，该企业选择 z^* 以便设定任何两个投入之间边际技术替代率等于其相对价格之比。这个问题的解即**条件要素需求函数**，表示为 $z(w, q)$。这个函数 $z(w, q)$ 是有条件的，因为它以既定的产出水平为条件。要注意，产出价格并不决定 $z(w, q)$。这个最优化问题的值函数即**成本函数**，用 $c(w, q)$ 表示：

$$c(w, q) = w \cdot z(w, q)$$

拉格朗日乘子的最优值 $\lambda(w, q)$ 是放松约束的影子价值。如此，则 $\lambda(w, q)$ 是降低 q 所节省的边际成本，或者说是增加 q 所带来的边际成本，即 $\frac{\partial c}{\partial q} = \lambda(w, q)$。运用包络定理可以很容易证明这一点。

条件要素需求函数给出了当投入价格为 w 时生产产出 q 的最为低廉的方式。假设企业总是追求成本最小化，则该成本函数给出了生产该产出水平所需的成本。如此，我们可以根据成本函数来重新写出该企业的利润最大化问题：

$$\max_q \quad pq - c(w, q)$$

换言之，该企业的问题就是，在给定该企业选择在现行投入品价格水平上生产某一既定水平产出成本最小化的投入束，选择能够最大化企业利润的这个“某一既定”产出水平。

和之前一样，我们接下来探讨条件要素需求函数和成本函数的一些性质。我们先来看条件要素需求函数 $z(w, q)$ 的性质。

首先，$z(w, q)$ 在 w 上是零次齐次的。原因已经重复多次，因为决定 $z(w, q)$ 的最优条件是相切条件，等利润线的斜率和边际替代率并不受标量同乘某个正数的影响，因此成本最小化的点也不受它的影响。

其次，如果 $\{z \geq 0 | f(z) \geq q\}$ 是凸的，那么 $z(w, q)$ 也是一个凸集。如果 $\{z \geq 0 | f(z) \geq q\}$ 是严格凸的，则 $z(w, q)$ 是单值。

接下来，我们来看成本函数 $c(w,q)$ 的性质。

首先，$c(w,q)$ 在 w 上是一次齐次的。这可以由条件要素需求函数的第一条性质得到，$c(aw,q)=aw\cdot z(aw,q)=aw\cdot z(w,q)=ac(w,q)$。

其次，$c(w,q)$ 在 q 上非减。假设 $c(w,q')>c(w,q)$ 但是 $q'<q$。在这种情况下，$q=f(z(w,q))>q'$，因此在 w 和 q' 的成本最小化问题中，$z(w,q)$ 是可行的，这与假设 q' 是最优的相矛盾。基本而言，这个性质只是表明，如果你想生产更多产出，那么你必须使用更多投入，只要投入不免费，那么你就只能提高成本。

最后，$c(w,q)$ 是 w 的凸函数。这个论证与为什么支出函数是凹函数的论证是相同的。令 $w^a=aw+(1-a)w'$。

$$
\begin{aligned}
c(w^a,q)&=aw\cdot z\left(w^a,q\right)+(1-a)w'\cdot z(w^a,q)\\
&\geqslant aw\cdot z\left(w,q\right)+(1-a)w'\cdot z(w',q)\\
&=ac\left(w,q\right)+(1-a)c(w',q)
\end{aligned}
$$

和之前一样，第一行到第二行是最关键的，这个不等式是从 $z\left(w^a,q\right)$ 生产了产出 q，但是不是在 w 或 w' 上以成本最小化的方式做到的这一事实中得出的。

下面这几条性质则将条件要素需求函数和成本函数联系起来。

第一，谢泼德引理。如果 $z(\bar{w},q)$ 在 $\bar{w}$ 上是单值，则 $\dfrac{\partial c(\bar{w},q)}{\partial w_i}=z_i(\bar{w},q)$。对此的证明可以通过应用包络定理或使用一阶条件即可得到。

第二，如果 $z(w,q)$ 可微，则 $\dfrac{\partial^2 c(w,q)}{\partial w_i\partial w_j}=\dfrac{\partial z_j(w,q)}{\partial w_i}=\dfrac{\partial z_i(w,q)}{\partial w_j}$。

第三，如果 $z(w,q)$ 可微，则二阶导数 $\dfrac{\partial^2 c(w,q)}{\partial w_i\partial w_j}$ 的矩阵是一个对称的、半负定矩阵。对称性可以根据上面的第二条得出，半负定性则是因为 $c(w,q)$ 是凹函数。

在我们讨论生产者理论时，我们以不同的方式来探讨了利润最大化问题、现实生产计划模型、后世生产函数模型。然后，我们从相反的方面——成本最小化角度探讨了利润最大化问题。事实上，在我们给出的假设下，企业的生产集 Y、利润函数 $\pi(p)$ 和成本函数 $c(w,q)$ 所包含的信息是完全相同的。

为什么我们要不辞辛苦从多个方面来论证同一个问题的结论呢？答案在于每一种方法在不同的情况下其有用程度可能是不一样的。在具体应用中，你要能够因时因地而异，根据所研究的问题选择合适的方法。一般来说，在研究一般均衡之类的问题时，比较经常用到的是生产计划集方法。在经验研究中，成本最小化模型相对来说更能派上用场，而且在处理规模收益递增技术上，利润最大化模型就不是非常有用，反而成本最小化模型可能相对好使一些，因为只要生产函数是拟凹的，即便它表现出递增的收益，成本最小化模型依然可以得到良好的界定。成本最小化方法比较有用还体现在其他方面。比如，当产出价格 p 固定时，该企业的利润最大化问题可以用成本函数来予以表达：

$$\max_q \ pq-c(w,q)$$

当企业所定价格不固定时，这个方法也可以被使用。比如，如果企业所定价格取决于它根据某个函数 $P(p)$ 售出的数量，则该利润最大化问题可以写为：

$$\max_{q} \ P(q)q - c(w, q)$$

这样一来，当企业不是竞争性企业时，我们关于成本函数的研究也是可以被使用的。这一点是其他利润最大化方法所不具备的。

3.6 供给的加总

如果企业在最大化利润时可以将价格视为给定，那么该经济的供给面就可以进行完美的加总。在消费者需求的加总问题上，存在着令人烦扰的财富效应问题，但是由于这里没有预算约束，所以也就没有财富效应，故而这里的加总就不存在太多困难。

要加总供给，只需要加总个体供给函数即可。假设存在m个生产者，令 $y^m(p)$ 为第m家企业的净供给函数。总供给可以写为：

$$y^T(p) = \sum_{m=1}^{M} y^m(p)$$

事实上，我们甚至可以这样来看待总生产函数，把它作为某一个总生产者的生产函数。定义总生产集 $Y^T = Y^1 + \cdots + Y^M$，其中 Y^m 是第m个生产者的生产集。如此，则 Y^T 表示所有集合均被使用时可得的生产机会。现在，我们来看 Y^T 中的 y^T。这是一个总生产计划，它可以分为多个部分：$y^{T1}, \cdots, y^{TM}$，其中 $y^{Tm} \in Y^m$，$\sum_m y^{Tm} = y^T$。也就是说，它可以被分成若干部分，其中每一个部分都位于某个企业的生产集之内。取定价格向量 p^*，并考虑利润最大化总供给向量 $y^T(p^*)$。我们的问题是：$y^T(p^*)$ 能否分别满足 $y^{Tm}(p^*) = y^m(p^*)$ 和 $\sum_m y^{Tm}(p^*) = y^T(p^*)$？换言之，总生产集的利润最大化生产计划是不是和允许这些企业各自最大化利润然后将每个企业的利润最大化生产计划相加而得到的结果相同呢？答案是肯定的。

对于任何严格正的价格 $p \gg 0$，有 $y^T(p) = \sum y^m(p)$ 和 $\pi^T(p) = \sum_m \pi^m(p)$。如此，每个最大化利润的企业所得到的总利润就与从总生产集中选择利润最大化生产计划所获得的利润是相同的。

3.7 局部均衡与比较静态分析

截至目前，我们已经讨论了微观经济学中两个主要的专题——消费者理论及其需求理论和生产者理论及其供给理论。接下来，我们将这两个部分放在市场这个框架内来合而观之。我们讨论的这一市场乃是竞争性市场，在这个市场上每一个消费者和生产者都是价格接受者，也就是说个体行为人相对市场中的买者群体和卖者群体而言都是微不足道的，无法单方面影响市场价格。在这种情况下，市场参与者只能将价格视为外生给定。在第6章和第7章中，我们会放松这一假定，来研究垄断和寡头企业的行为。我们先来研究局部均衡的市场情况。所谓局部，乃是因为我们只关注整体经济中的一个小的部分，通常是关注两种商品的世界。而关于关注整个经济体所有市场的一般均衡分析，我们将在第5章中进行探讨。

3.7.1 拟线性模型的架构

在局部均衡方法中，我们假设有两种商品：一种是复合商品，也可以把它叫作计价商品，其价格为1；另一种是我们关心的商品，比如苹果之类的。我们称计价商品为m，可以把它看作钱，我们关注的商品为x。

现在，我们建立如下这个简单的模型：令 x_i 和 m_i 为消费者i对所关注的商品和计价商品之消费，注意，这里的下标表示的是消费者i。假设每个消费者都具有如下这种形式的拟线性效用：

$$u^i(m_i,x_i)=m_i+\phi_i(x_i)$$

进一步地，我们令 $u^i(0,0)=\phi_i(0)=0$，并假设对于所有的 $x_i\geqslant 0$，有 $\phi'_i>0$ 和 $\phi''_i<0$。也就是说，我们假设该消费者的效用随着对x的消费增加而提高，其消费的边际效用在下降。

由于我们已经设定m的价格为1，所以我们只需要关注x的价格即可，把它表示为p。

在经济中有J家企业，这些企业均以股份的形式为消费者所拥有。每个企业都可以根据生产函数 $c_j(q_j)$ 将m转化为x，其中 q_j 是企业j生产x的量，$c_j(q_j)$ 是生产x的 q_j 量所需要的计价商品的数量单位。如此，令 z_j 表示企业j对作为投入品m的使用，其技术因此可以设定如下：

$$Y_j=\left\{(-z_j,q_j)\middle|\, q_j\geqslant 0, z_j\geqslant c_j(q_j)\right\}$$

也就是说，你必须支出足够的商品m来生产x的 q_j 量。我们假设对于所有的j，$c_j(q_j)$ 是严格增且凸的。

为了求解这一模型，我们需要规定消费者的初始禀赋。我们假设消费者没有x的初始禀赋，但是消费者i拥有m的初始禀赋为 w_{mi}，$w_{mi}>0$，总禀赋为 $\sum_i = w_{mi}=w_m$。

3.7.2 对拟线性模型的分析

我们已经完成了对这个模型架构的描述，接下来对它进行分析。为了找出均衡，我们需要导出企业的生产函数和消费者的需求函数，并找出市场出清（markets clear）价格。

首先来看企业的利润最大化问题。给定均衡价格 p^*，企业j的均衡产出 q_j^* 必须最大化下式：

$$\max_{q_j}\ pq_j-c_j(q_j)$$

它有充分必要的一阶条件：

$$p^*\leqslant c'_j(q_j^*)$$

如果 $q_j^*>0$，则取等号。

然后来看消费者的效用最大化问题。消费者i的均衡消费向量 (x_i^*,m_i^*) 必须最大化下式：

$$\max\quad m_i+\phi_i(x_i)$$

$$\text{s.t.}\quad m_i+p^*x_i\leqslant w_{mi}+\sum\theta_j^i(p^*q_j^*-c_j(q_j^*))$$

我们知道这里的预算约束必为等式，所以我们可以将它代入目标函数求 m_i，可得：

$$\max \quad \phi_i(x_i)-p^*x_i+\left[w_{mi}+\sum\theta_j^i(p^*q_j^*-c_j(q_j^*))\right]$$

一阶条件为：

$$\phi'_i(x_i^*)\leqslant p^*$$

如果 $x_i^*>0$，则等式成立。

最后来看市场出清。如果有两个市场存在，一个市场出清了则另外一个市场自然出清，也就是说，一个市场如果实现了均衡则另外一个市场自然是均衡的。我们要找出一个价格向量，它可以使得x的总需求等于q的总供给，即 $\sum_i x_i(p^*)=\sum_j q_j(p^*)$。也就是说，该消费品市场出清了。那么，我们可以用预算等式来计算每个消费者 m_i 的均衡水平，而另外一个计价商品的市场自然会出清。我们假设所有的效用最大化问题和利润最大化问题都有内点解，则 p^*、q_j^* 和 x_i^* 可以求解下面的方程组：

$$p^*=c'_j(q_j(p)),\forall j$$

$$p^*=\phi'_i(x_i(p)),\forall i$$

$$\sum_i x_i(p^*)=\sum_j q_j(p^*)$$

要注意，j个方程确定了每个企业的供给函数。然后我们可以将它们加总得到总供给，也即第三个方程的右边。i个方程确定了每个消费者的需求函数，我们将它们加总可以得到总需求，也就是第三个方程的左边。这里之所以能够直接进行加总而不考虑消费者的财富效应，正是我们取拟线性模型的原因所在，这样可以大大简化我们建模的复杂性。第三个方程是均衡价格上供给等于需求的条件。

要注意，均衡条件既不涉及消费者的初始禀赋，也无关于他们所拥有的企业股份。如此一来，x的均衡配置和x的价格是独立于这些初始条件的。这可以直接从拟线性效用假设中得到。然而，由于计价品的均衡配置是通过运用每个消费者的预算约束而找出来的，所以计价品的均衡配置取决于初始禀赋和所有者股份额度。

我们对局部均衡作出如下描述：

第一，对于每个消费者来说，推导出他们对该消费品的马歇尔需求函数 $x_i(p)$。在消费者之间进行加总得到总需求 $x(p)=\sum_i x_i(p)$。由于每个需求曲线都是向右下方倾斜，所以总需求曲线也是向右下方倾斜的，这种加总可以通过将需求曲线水平加总得到，如图3-4所示。个体需求可以由下面这个关系来界定：

$$p=\phi'_i(q)$$

每个消费者需求曲线与纵轴相交的价格为 $\phi'_i(0)$，这个关系式还给出了个体对产出的边际支付意愿。因此，总需求曲线的截距就是 $\max_i \ \phi'_i(0)$。如果不同消费者具有不同的 ϕ_i 函数，那么不是所有的需求曲线都有着相同的截距。而且随着价格下降，总需求曲线会变得越来越平坦。

第二，对于每个企业来说，推导该消费品的供给曲线 $y_j(p)$。在企业之间加总以导出总供给 $y(p)=\sum_j y_j(p)$。对于每个企业来说，供给曲线由下式给出：

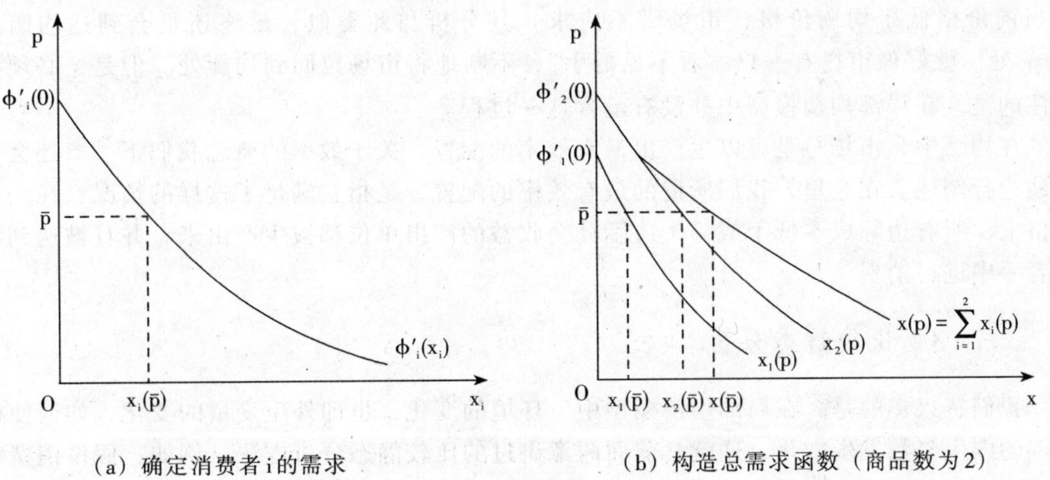

（a）确定消费者i的需求　　（b）构造总需求函数（商品数为2）

图3–4　构造总需求函数

$p=c'_j(q_j)$

这样一来，每个企业的供给曲线就是将边际成本曲线借用过来即可。因为我们假设 $c''_j(\cdot)\geqslant 0$，所以供给曲线会是向右上方倾斜或平直的。这样，总供给曲线可以再次通过水平加总得到，如图3–5所示。总供给曲线的截距即最小的 $c'_j(0)$。如果企业的成本函数是严格凸的，则总供给曲线就是向右上方倾斜的。

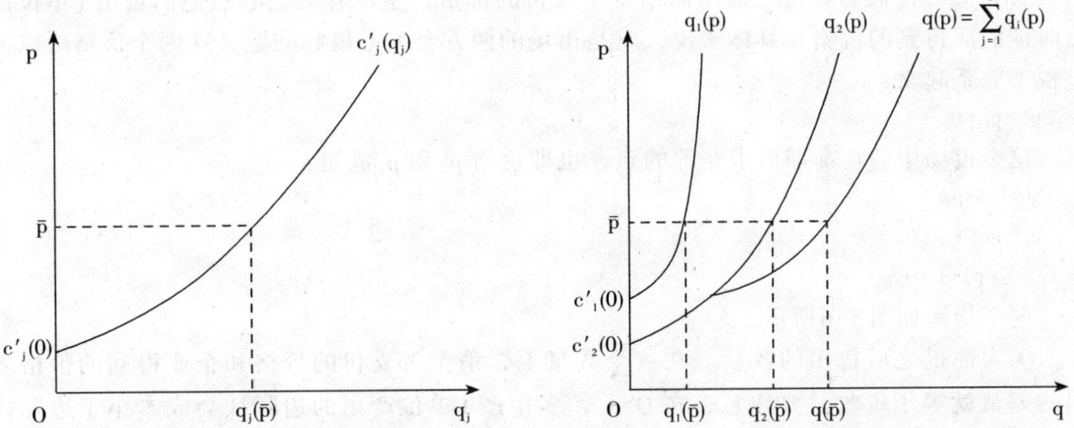

（a）确定企业j的供给　　（b）构建总供给函数（企业数为2）

图3–5　构建总供给函数

第三，找出供给等于需求的价格，即找出 p^*，使 $x(p^*)=y(p^*)$。如果商品1市场出清，则必有计价品的市场出清，供求两条曲线相交处的价格和数量组合即为均衡点。

我们对均衡如何解决这个问题略谈几句。其实，这个局部均衡模型并没有就市场何以趋向于均衡有过什么表述。下面这个故事并不是这个局部均衡模型的一部分。

假设 p^* 是x的均衡价格，但是目前的价格为 $p^+>p^*$。在这个价格上，总需求低于总供给，$D(p^*)<S(p^*)$，这就出现了供过于求的情况。由于商品x在售的单位数量大于人们愿意购买的单位数量，所以价格就有下行的压力，因为供应商为了售出商品只能降低价格。随着价格下降，供给会下降，而需求会上升，一直到达均衡点 $p=p^*$ 处。同样，我们可以假

设当前价格低于均衡价格，市场供不应求。其分析与此类似，最终还是会到达均衡点 $p = p^*$ 处。就好像市场有一只“看不见的手”，不断地将市场拉回到均衡处。但是，必须要记住的是，在局部均衡模型中并没有蕴含这一过程。

在均衡中，市场总是可以生产出最有效率的配置，关于效率的概念我们下一章还会详尽地进行阐述。在这里，我们所谓的最有效率的配置，是指它满足了这样的情况：在均衡价格上，所有边际成本低于或等于边际社会收益的产出单位都被生产出来，并且被送到消费者手中进行消费。

3.7.3 比较静态分析

我们感兴趣的是，在局部均衡模型中，环境的变化，也即外生变量的变化，如何使得模型的内生参数发生变化，这就是前面两章讲过的比较静态分析方法。例如，假设消费者的效用函数取决于一个外生参数向量 $\phi_i(x_i, \alpha)$，企业的成本函数取决于另外一个外生参数向量 $c_j(q_j, \beta)$，当然这两个向量中有些参数有可能有重叠。要注意，α 和 β 至少要包括商品的价格，当然也可能会包含像税率、消费者口味这类的其他外生变量。我们来看这一均衡价格和数量如何随着 α 和 β 的变化而变化。

最为经典的例子莫过于考察税收对商品 x 的影响。假设政府要对所售商品每一单位征收 t 单位的税收。令消费者需要支付的价格为 p_c，生产者能够得到的价格为 p_f。要注意，消费者只关心他们为获得该商品而不得不支付的价格，生产者只关心当他们售出 1 单位商品时他们所得到的价格。具体来说，就是市场的两方会关心税收问题，这两个价格可以通过税率联系起来：

$$p_c = p_f + t$$

这个市场中的均衡即供求相等的点，也即价格 p_c 和 p_f 满足：

$$x(p_c) = q(p_f)$$

$$p_c = p_f + t$$

或者 $$x(p_f + t) = q(p_f)$$

这个均衡如图 3-6 所示。

Q^t 为征税之后售出的数量。在这个数量上，消费者支付的价格和企业得到的价格之间的差值就等于税收。要注意，在 Q^t 上，多生产 1 单位产出的边际社会成本小于边际社会收益。因此，如果新的 1 单位产出被生产出来并被卖掉，那么整个社会会有所增益，这样一直到 Q^* 单位产出被生产出来为止。由于这些单位商品在有税收的情况下没有被生产和消费，所以社会蒙受了损失，这个损失就是**税收带来的无谓损失**。

我们感兴趣的一个问题是，当税收规模扩大时，消费者支付的价格将会如何变化。令 $p^*(t)$ 为企业得到的均衡价格，这样一来消费者需要支付的价格为 $p^*(t) + t$。下面的等式对于任意的水平 t 都成立：

$$x(p^*(t) + t) = q(p^*(t))$$

对 t 进行全微分，可以得到：

$$x'(p^* + t)(p'(t) + 1) = q'(p^*)p'(t)$$

$$p'(t) = \frac{-x'(p^* + t)}{x'(p^* + t) - q'(p^*)}$$

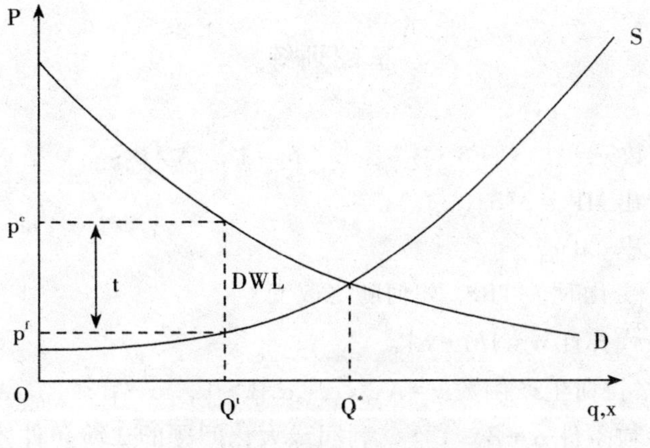

图3-6　税收条件下的局部均衡

根据定义，分子总是正的。因为 $q'(p^*)$ 是正的，分母的绝对值要大于分子的绝对值，因此 $-1<p'(t)<0$。这说明，随着税率的上升，企业得到的价格会下降，但是下降幅度小于税收的全部量。结果，消费者支付的价格也会提高，但是提高的幅度小于税收提高的幅度。进一步来说，总量必然也会下降。

我们来看刚才所导出的公式：

$$p'(t)=\frac{-x'(p^*+t)}{x'(p^*+t)-q'(p^*)}$$

在t=0上进行求值，根据弹性重新来将此重写如下：

$$\frac{dp}{dt}=\frac{-\frac{dx}{dp}\frac{p}{x}}{\frac{dx}{dp}\frac{p}{x}-\frac{dq}{dp}\frac{p}{q}}=-\frac{|\varepsilon_d|}{|\varepsilon_d|+\varepsilon_s}$$

其中：ε_d 是需求弹性；ε_s 是供给弹性。这说明，税收中转嫁给生产者的部分可以以价格降低 $\frac{|\varepsilon_d|}{|\varepsilon_d|+\varepsilon_s}$ 的形式来给出；税收中转嫁给消费者的部分以价格提高 $\frac{\varepsilon_s}{|\varepsilon_d|+\varepsilon_s}$ 的形式给出。

现在，假设政府正在考虑两种征税方案：一种是对不是那么富有需求弹性的商品征税，一种是对那些相对富有需求弹性的商品进行征税。哪一个带来的无谓损失更大呢？答案是这样的：在其他条件不变的情况下，更有需求弹性的商品具有更大的无谓损失。这是因为商品越富有需求弹性，则需求曲线越平坦。这说明更富弹性的需求曲线会以更大的数量来回应税收政策。由于这一数量上的扭曲是无谓损失的来源，所以越是富有弹性的需求曲线就越是带来更大的无谓损失。

这是否说明我们应该只对那些缺乏弹性的商品进行征税呢？也不尽然。主要原因在于，对缺乏弹性的商品进行征税对于整个社会来说可能是更好的，但是它仍然可能有着非预期的再分配效应。例如，我们可以对吸烟者进行征税，迫使他们为公路建设和学校建设付税。由于香烟需求是相对缺乏弹性的，所以这会带来相对较小的无谓损失。然而，强迫吸烟者为公路和学校付税真的公平吗？可能并不公平。在考虑税收政策效率的同时，也需要关注对公平的考察，而对于这个问题，经济学家给出的答案只是众多声音中的一个。

基础训练

1.对CES生产函数 $y=A(\delta_1x_1^\alpha+\delta_2x_2^\alpha)^{1/\alpha}$ ， $\delta_1+\delta_2=1$ ， $A>0$:

（1）证明边际产出 $MP_i=A^\alpha\delta_i[y/x_i]^{1-\alpha}$ 。

（2）求技术替代率 TRS_{12} 。

（3）当y或 x_2/x_1 变化时， TRS_{12} 如何随之改变?

（4）证明技术替代弹性 $\sigma=1/(1-\alpha)$ 。

2.对于柯布-道格拉斯生产函数 $y=Ax_1^\alpha x_2^\beta$ ， $\alpha,\beta>0$ ， $\alpha+\beta\leqslant1$ ， $A>0$:

（1）验证仅在参数条件 $\alpha+\beta\leqslant1$ 下，利润最大化问题的二阶条件才能得到满足。

（2）求要素需求函数和产品供给函数（可在结果中保留变量y）。

（3）求利润函数。

（4）验证利润函数是 (p,w_1,w_2) 的一次齐次函数。

（5）验证霍特林引理。

3.考虑一个拥有两个工厂的厂商，其工厂的成本函数分别为 $c_1(y_1)=2y_1^2$ 和 $c_2(y_2)=(y_2+1)^2$ 。

（1）在什么条件下该厂商只使用一个工厂？在什么条件下该厂商需要两个工厂同时生产?

（2）推导厂商的成本函数。

4.假设一个竞争厂商的成本函数是:

$c(w_1,w_2,y)=w_1^\alpha w_2^\beta y^\gamma$

（1）参数 α 、 β 和 γ 需要满足什么条件， $c(w_1,w_2,y)$ 才是一个典型的成本函数?

（2）求条件要素需求函数。

5.下面有三种规模报酬不变的单一生产技术，请分别推导其成本函数 $c(w,q)$ 和条件要素需求函数 $z(w,q)$ 。

（1） $f(z)=z_1+z_2$（投入完全可替代）。

（2） $f(z)=\min\{z_1,z_2\}$（里昂惕夫技术）。

（3） $f(z)=(z_1^\rho+z_2^\rho)^{1/\rho},\rho\leqslant1$（等替代弹性技术）。

[第4章]

不确定性下的选择

到目前为止，我们一直假定经济行为人面对的选择都是确定的。消费者进入超市，面对琳琅满目的商品，可以根据自己的偏好选择消费束或一揽子商品；对于生产者来说，则根据自己的技术来决定投入多少生产要素以生产利润最大的产品数量。但是还有一些情况，人们在进行选择时并不能确定最终的结果如何。比如，在未来收入、不同投资的收益以及健康状况不确定时人们该如何为退休作储蓄上的准备？企业如何选择新产品以及价格如何设定，都要看需求的状况如何，而需求状况经常是不确定的。政府部门在通胀和失业等不确定性因素的影响下该如何选择政策方案，也是不确定性下的决策问题。本章的目标就是给出一个关于不确定性条件下选择行为的模型。我们首先从冯·诺依曼-摩根斯坦期望效用模型开始，讨论这一模型的基础，然后用它来导出面对不确定性情况时偏好和选择的基本性质：对风险厌恶的测量、对不确定性前景的排序以及不确定性下选择的比较静态分析。

与很多理论模型一样，期望效用模型并非没有缺点。其中一个不足之处就是它总是将不确定性视为客观存在的风险，就像掷硬币出现正面的概率那样可以客观地知道事件发生的可能性。事实上，对于中国房价明年会不会大幅降价这种问题，我们很难给出一个客观的概率答案。为了回应这一质疑，我们引入Savage（1954）的方法来讨论不确定性下的选择[①]，它无须保证不确定前景的客观概率存在，而是认为如果这些假设可以得到满足，那么决策者必然会表现得好像是根据他所持有的主观概率来最大化期望效用一样。最后我们也介绍一下对期望效用模型的几点行为主义的批评，并对之进行讨论。

4.1 期望效用

我们首先介绍期望效用模型，这个模型最早可以追溯到18世纪的丹尼尔·伯努利那里，而正式给出模型分析的则是约翰·冯·诺依曼和奥斯卡·摩根斯坦（1944）的著作《博弈论与经济行为》。值得注意的是，他们将期望效用模型的提出仅仅看成博弈论发展的一个小小的页边注释而已。

---

① SAVAGE L J. The foundations of statistics［M］. New York：Wiley，1954.

4.1.1 奖品和彩票

这个模型的出发点是这样一个集合X：它是所有可能的奖品或者结果的集合。在很多经济问题中，X经常是货币收益的一个集合，当然也并不是所有的可能结果都是以货币表现的。如果A、B二人参加一项象棋比赛，那么最终结果只能是这样三种情况：A赢、B赢或平局，因此：

X={A赢,B赢,平局}

我们用定义在这个奖品空间或集合上的彩票或概率分布来表示一个不确定的前景(uncertain prospect)。举个例子，假设A和B具有等可能性赢得比赛，而没有平局的可能，这个不确定的前景可以写为：$p=\left(\frac{1}{2},\frac{1}{2},0\right)$；如果A占有较大赢面，B的胜率相对为低，那么也可能会出现如下这一不确定的前景：$p'=\left(\frac{5}{9},\frac{3}{9},\frac{1}{9}\right)$。

通常用概率单形（probability simplex）来描述彩票很有用，如图4-1所示。图4-1（a）是一个三维空间，其中点p代表$\left(\frac{1}{2},\frac{1}{2},0\right)$，而点p′代表$\left(\frac{5}{9},\frac{3}{9},\frac{1}{9}\right)$，基本上所有的概率向量$(p_1,p_2,p_3)$都可以在这个空间里找到对应的点①，其中的三角形就代表着具有$p_1+p_2+p_3=1$性质的点的空间。图4-1（b）表示不同数轴上的概率分配情况，如果图中p和p′向上移动，则意味着提高了第二种结果的可能性，向左下方移动则增加了第三种结果的可能性，以此类推。

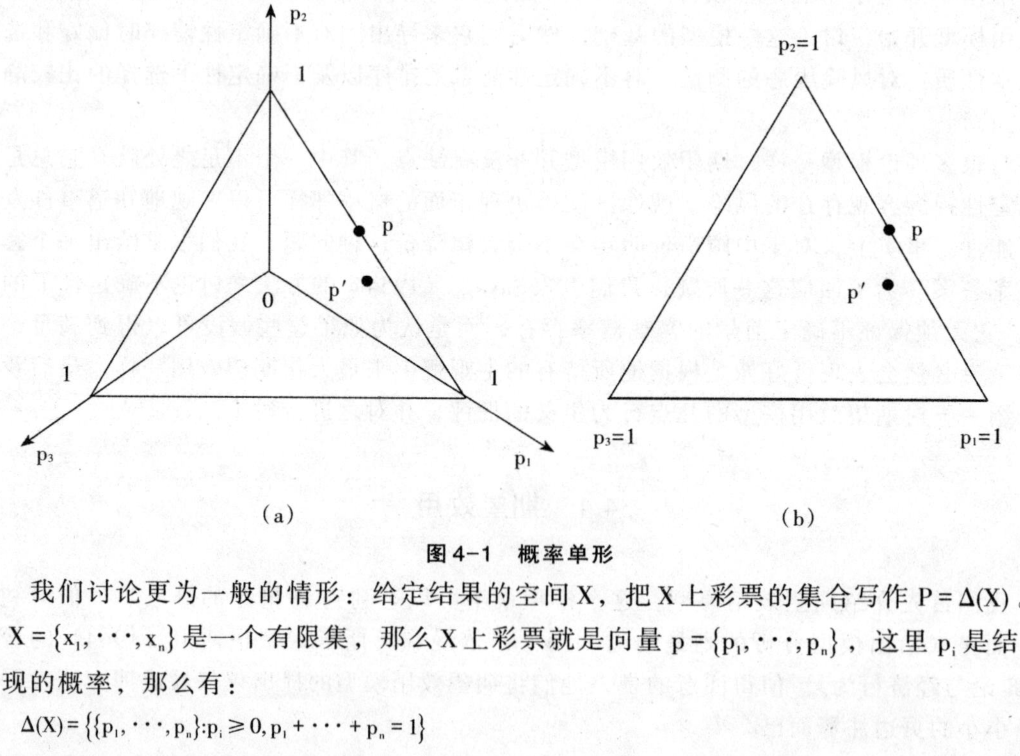

图4-1 概率单形

我们讨论更为一般的情形：给定结果的空间X，把X上彩票的集合写作$P=\Delta(X)$。假设$X=\{x_1,\cdots,x_n\}$是一个有限集，那么X上彩票就是向量$p=\{p_1,\cdots,p_n\}$，这里p_i是结果x_i出现的概率，那么有：

$$\Delta(X)=\{\{p_1,\cdots,p_n\}:p_i\geqslant 0,p_1+\cdots+p_n=1\}$$

① 当然，这里$p_1+p_2+p_3=1$是必需的条件，这也正是概率单形所要求的。

在本部分，我们先假设X是一个有限集。当然，结果的无限集也不难想象，可以用累计概率分布来处理这一情况。

给定两个彩票p和p′，它们任一凸组合也是一个彩票：$\alpha p+(1-\alpha)p'$，其中$\alpha\in[0,1]$。这就等于说，集合$P=\Delta(X)$是一个凸集。我们也可以明确将$\alpha p+(1-\alpha)p'$视为一个**复合彩票**（compound lottery）。所谓复合彩票，就是其结果还是彩票的这类彩票。比如说，我们可以先投掷硬币来决定是选择p和p′。如果正面朝上，则选择p；如果反面朝上，则选择p′。这就相当于说$\alpha=\frac{1}{2}$，当然还有$1-\alpha=\frac{1}{2}$。然后，再根据选中的p或p′来决定最终结果。我们用图4-2来表达。该图将复合彩票看成一个两阶段的过程，也表达了凸性这一数学性质。

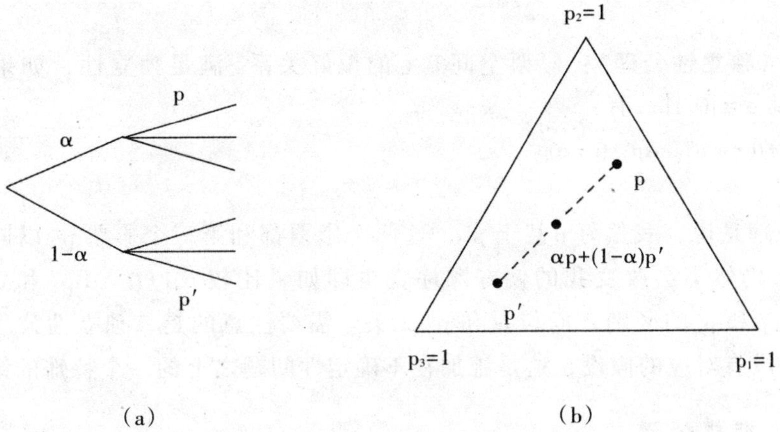

图4-2　复合彩票

4.1.2　偏好公理

对于彩票的各种结果，理性的决策者自然有其偏好，但是，出于理论的目的，此时选择的目标不再直接是这些结果，而是指向结果的彩票，也即不确定的前景。因此，我们假设决策者对于结果空间上的彩票或概率分布具有偏好。我们首先认定决策者在P上的偏好关系$\succsim$是完备的和可传递的，这一点比较好理解。完备性告诉我们，所有的彩票在偏好上都是可比的。可传递性则告诉我们，偏好关系在数量超过两个的彩票上是可以进行排序的。但是，彩票空间上的偏好毕竟还是有其特殊之处的，我们接下来需要再增加两个公理：**连续性公理**和**独立性公理**。

定义4.1（连续性公理）：彩票空间P上的偏好关系$\succsim$是连续的，如果对于任意的$p,p',p''\in P$，其中$p\succsim p'\succsim p''$，存在某个$\alpha\in[0,1]$满足：

$$\alpha p+(1-\alpha)p''\sim p'$$

连续性公理的意思是说，如果$p\succ p'$，那么在p和p′之间必然存在第三个彩票，决策者对第三个彩票的偏好仍然会甚于p′，无论p和p′之间距离多么接近。这一公理看起来似乎有点不可思议，但是的确描述了一种普遍现象。Kreps曾经举过这样一个例子来说明它：假设p是你以1的概率得到10元钱，q是你以1的概率什么都得不到，而r是你会以1的概率死掉。显然，$p \succ q$，$q \succ r$。连续性公理告诉我们，必然存在某个$\alpha \in [0,1]$，这样可以使以下两种情况对你来说无差异：一是你什么都得不到；二是你有α的概率得到10元钱，有$1-\alpha$的概率会死掉。很多人会认为这很荒谬，不过你可以想象一下这样的情况：假如我告诉你3千米之外我放了100 000元钱，你过去取就是你的，我相信你一定会毫不犹豫地骑车或者驾车出门去取。但是无论是骑车还是驾车，都有可能出现车祸导致身亡，虽然这种概率的确很低，可是不要忘记，它不为零。

给定偏好是完备的、可传递的和连续的，那么它们就可以由效用函数$U:P\to\mathbb{R}$来表征，其中当且仅当$U(p)\geq U(p')$时，$p \succsim p'$。接下来的这个公理可能更富有争议，但是却可以为我们理解U的结构给出较多的帮助。这个公理对于期望效用理论也是非常关键的。

定义4.2（独立性公理）：彩票空间P上的偏好关系$\succsim$满足独立性，如果对于所有的$p,p',p''\in P$以及$\alpha\in[0,1]$，有：

$$p \succ p' \Leftrightarrow \alpha p+(1-\alpha)p'' \succsim \alpha p'+(1-\alpha)p''$$

独立性公理是说，我偏好p甚于p'，这两个彩票都和第三个彩票p''以同样的权重进行混合，那么仍然不会改变我的偏好顺序，也即如果比较$\alpha p+(1-\alpha)p''$和$\alpha p+(1-\alpha)p'$，那么我只关心p和p'的区别，而与α和p''无关。需要注意的是，独立性公理在标准的消费者理论中并没有对应的假设，这是施加在不确定性问题之上的一个特殊的结构。

4.1.3 期望效用

我们现在引入期望效用函数。

定义4.3：效用函数$U:P\to\mathbb{R}$具有期望效用形式（或者一个冯·诺依曼-摩根斯坦效用函数），如果对于任一结果向量$(x_1,x_2,\cdots,x_n)$都有数值向量$(u_1,u_2,\cdots,u_n)$满足对于每一个$p\in P$有$U(p)=\sum_{i=1}^{n}p_i u_i$。

如果一个决策者的偏好可以用期望效用函数表示，那么我们对其在不确定结果上的偏好所需确知的只是来自那些确定结果$x_1,x_2,\cdots,x_n$的该决策者的支付是什么。

关键问题在于，期望效用函数在概率上是线性的，也即

$$U(\alpha p+(1-\alpha)p')=\alpha U(p)+(1-\alpha)U(p') \tag{4-1}$$

不难看出，这实际上就是期望效用定义中表达的性质。如果一个效用函数在概率上是线性的，那么对于每一个p、p'和α，公式（4-1）都成立，那么它必然具有期望效用形式。读者可以尝试着证明这一结果。

在标准的选择理论中，效用函数是序数性质的。具有效用函数U的决策者和一个具有效用函数$V=g\circ U$的决策者，其中g是某个增函数，具有相同的偏好。但是，这对于期望效用函数就不成立了，只有仿射变换，才不会改变期望效用函数所表征的偏好。所谓**仿射变**

换，即递增的线性变换。

定理4.1：设 $U:P\to\mathbb{R}$ 是P上的偏好关系 $\succsim$ 的期望效用表征。当且仅当存在两个标量a和b（b>0）满足 $\forall p\in P$ 有 $V(p)=a+bU(p)$，则 $V:P\to\mathbb{R}$ 是 $\succsim$ 的一个期望效用表征。

证明：设 $U:P\to\mathbb{R}$ 是P上的偏好关系 $\succsim$ 的期望效用表征，且 $U(p)=\sum_i p_i u_i$。

（$\Leftarrow$）设 $V(p)=a+bU(p)$，由于b>0，如果 $U(p')\geqslant U(p)$，那么显然 $V(p')\geqslant V(p)$，因此V也表征了 $\succsim$。此外，V具有期望效用形式，因为如果我们定义 $v_i=a+bu_i(i=1,\cdots,n)$，那么：

$$V(p)=a+bU(p)=a+b\sum_{i=1}^{n}p_iu_i=\sum_{i=1}^{n}p_i(a+bu_i)=\sum_{i=1}^{n}p_iv_i$$

（$\Rightarrow$）设V是 $\succsim$ 的期望效用表征。令 $\underline{p},\bar{p}\in P$ 满足 $\forall p\in P$ 有 $\bar{p}\succsim p\succsim\underline{p}$。这个意思是说，由于我们假设的是存在有限个彩票，因此必有"最好"的彩票和"最差"的彩票在其间。如果 $\bar{p}\sim\underline{p}$，那么在P上U和V都是不变的，这个结果不足为虑。所以我们假设 $\bar{p}\succ\underline{p}$，那么给定 $p\in P$，必存在某个数 $\lambda_p\in[0,1]$，使得：

$$U(p)=\lambda_pU(\bar{p})+(1-\lambda_p)U(\underline{p})$$

因此有：

$$\lambda_p=\frac{U(p)-U(\underline{p})}{U(\bar{p})-U(\underline{p})}$$

现在由于 $p\sim\lambda_p\bar{p}+(1-\lambda_p)\underline{p}$，所以我们有：

$$\begin{aligned}V(p)&=V(\lambda_p\bar{p})+(1-\lambda_p)\underline{p}\\&=\lambda_pV(\bar{p})+(1-\lambda_p)V(\underline{p})\end{aligned}$$

我们令 $a=V(\underline{p})-U(\underline{p})b$，$b=\dfrac{V(\bar{p})-V(\underline{p})}{U(\bar{p})-U(\underline{p})}$，可以很容易得到：$V(p)=a+bU(p)$。

4.1.4　表征定理

接下来我们要引入的一个结论就是：一个定义在P上的完备且可传递的偏好关系 $\succsim$[①]，当且仅当它满足连续性和独立性两个公理时，才可以由一个具有期望效用形式的效用函数所表征。[②]这两个公理是对人们应该如何行为所作出的一个规范性的描述，而不一定是实证性的结果。

定理4.2（冯·诺依曼-摩根斯坦，1947）：P上的一个完备和可传递的偏好关系 $\succsim$ 满足连续性和独立性，当且仅当它有一个期望效用表征：$U:P\to\mathbb{R}$。

该定理中的思想也是非常明晰的。假设有三个结果 x_1、x_2 和 x_3，因此彩票可以在二维单形中进行表征。现在我们在这个单形中画出无差异曲线，如图4-3所示。

---

① 完备且可传递的偏好关系即理性偏好关系。

② 我们限定X是有限集，如果X是无穷集，就需要对上述这一表述作出修正。为了得到期望效用，我们还需要加上一个公理——确定事件原理（Sure Thing Principle）。它是Savage（1954）在其《统计学基础》一书中提出的概念，大体上可以这么表述：如果p集中于一个子集 $B\subset X$，而且B中每一个确定的结果都优于q，那么p也优于q。

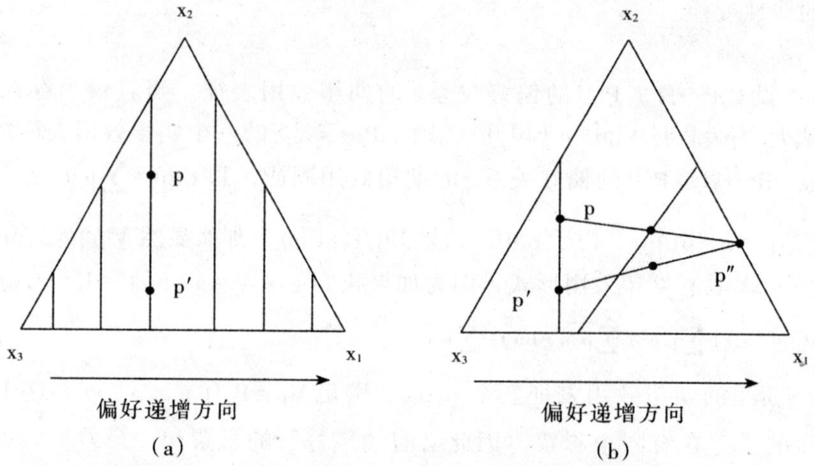

图4-3 独立性蕴含着平行的线性无差异曲线

如果决策者的偏好可以由期望效用函数来表达，那么，期望效用函数的线性性质意味着无差异曲线必然是平行的直线。何以如此呢？因为如果 $U(p)=U(p')$，那么 $U(\alpha p+(1-\alpha)p')=\alpha U(p)+(1-\alpha)U(p')$，说明 U 必然在连接 p 和 p′ 的线上是恒定不变的。这一同样的线性性质也说明无差异曲线一定是平行的。反过来说，如果 U 在概率上不是线性的，那么无差异曲线就不会是平行的直线。也就是说，给定一个效用表征，具有平行直线这种形式的无差异曲线等价于具有期望效用表征。

这一定理背后的思想是：给定其他的公理，独立性公理也就等价于具有平行直线形式的无差异曲线，因此也等价于具有可以用冯·诺依曼-摩根斯坦期望效用函数表征的偏好。

为什么独立性可以视同平行直线形式的无差异曲线呢？我们来看，如果 $p\sim p'$，那么根据独立性，有 $p\sim\alpha p+(1-\alpha)p'\sim p'$，所以无差异曲线必然是直线。如果无差异曲线不平行，那么图4-3（b）中的情况表明，$p\sim p'$，而且 $\frac{1}{2}p'+\frac{1}{2}p''\succ\frac{1}{2}p+\frac{1}{2}p''$。这显然违背独立性公理。

下面我们给出对这一定理的一个相对正式的证明，其中我们把如果 U 是 $\succsim$ 的期望效用表征则 $\succsim$ 必然满足连续性和独立性这一部分的证明留给读者，而只关注对这一定理进行证明的过程中相对比较困难的那一部分。

证明：设 $\succsim$ 满足连续性和独立性，构建一个期望效用函数 U 来表征 $\succsim$。令 $\underline{p},\bar{p}\in P$ 满足 $\forall p\in P$ 有 $\bar{p}\succsim p\succsim\underline{p}$，也即 $\bar{p}$ 是 P 中最受偏好的彩票，$\underline{p}$ 是最不受偏好的彩票。如果 $\bar{p}\sim\underline{p}$，那么任何常函数都可以表征 $\succsim$，结果就很显然了。因此，我们假设 $\bar{p}\succ\underline{p}$。

第一步：首先我们可以看到如果 $1>\beta>\alpha>0$，那么根据独立性公理有：

$$\bar{p}\succ\beta\bar{p}+(1-\beta)\underline{p}\succ\alpha\bar{p}+(1-\alpha)\underline{p}\succ\underline{p}$$

何以如此呢？对于 $\bar{p}\succ\beta\bar{p}+(1-\beta)p$，可以将左边写成 $\beta\bar{p}+(1-\beta)\bar{p}$。因为 $\bar{p}\succ\underline{p}$，独立性公理马上可以得到该不等式。对于 $\beta\bar{p}+(1-\beta)\underline{p}\succ\alpha\bar{p}+(1-\alpha)\underline{p}$，可以将左边写成 $(\beta-\alpha)\bar{p}+\alpha\bar{p}+(1-\beta)\underline{p}$，而右边可以写成 $(\beta-\alpha)\underline{p}+\alpha\bar{p}+(1-\beta)\underline{p}$，可以再次使用独立性公理得到该不等式。对于 $\alpha\bar{p}+(1-\alpha)\underline{p}\succ\underline{p}$，我们也可以用类似的办法证明得到。

第二步：现在我们说对于任一 $p\in P$，存在唯一一个 λ_p 满足：

$$\lambda_p \bar{p} + (1-\lambda_p)\underline{p} \sim p \tag{4-2}$$

因为 $\bar{p} \succsim p \succsim \underline{p}$，作为连续性的一个结果是必有某一个这样的 λ_p 存在。之前的证明可以说明这一个值是唯一的。

第三步：最后，我们称效用函数 $U(p)=\lambda_p$ 是 $\succsim$ 的期望效用表征。为了看清楚这一点，我们可以得到：

$$p \succsim q \Leftrightarrow \lambda_p \bar{p} + (1-\lambda_p)\underline{p} \succsim \lambda_q \bar{p} + (1-\lambda_q)\underline{p} \Leftrightarrow \lambda_p \geqslant \lambda_q$$

那么U是如何具有期望效用形式的呢？我们现在意欲证明的是对于任一 $\alpha \in [0,1]$ 以及 $p, p' \in P$ 有：

$$U(\alpha p + (1-\alpha)p') = \alpha U(p) + (1-\alpha)U(p')$$

我们知道：

$$p \sim U(p)\bar{p} + (1-U(p))\underline{p}$$

$$p' \sim U(p')\bar{p} + (1-U(p'))\underline{p}$$

因此，再次根据独立性公理，并进行重新排列，可以得到：

$$\begin{aligned} \alpha + (1-\alpha)p' &\sim \alpha(U(p)\bar{p} + (1-U(p))\underline{p}) + (1-\alpha)p' \\ &\sim \alpha(U(p)\bar{p} + (1-U(p))\underline{p}) + (1-\alpha)(U(p')\bar{p} + (1-U(p'))\underline{p}) \\ &\sim \alpha(U(p) + (1-\alpha)U(p')\bar{p} + (1-\alpha)(U(p) - (1-\alpha)U(p'))\underline{p} \end{aligned}$$

因此，使用U的定义有：

$$U(\alpha p + (1-\alpha)p') = \alpha U(p) + (1-\alpha)U(p')$$

这样，我们就完成了证明。

到这里，我们还要稍微多作一点扩展，主要是针对效用理论的发展历程进行一点反思。期望效用理论发展过程中的一个副产品就是它为由维克瑞、阿罗、豪尔绍尼（这三位都是诺贝尔经济学奖得主）等人提出的功利主义观点给出了辩护。功利主义社会决策的思想可以追溯到杰里米·边沁，这在第1章我们谈到效用的思想史时有所提及，而功利主义的社会福利观点，在第2章谈到需求加总的福利含义时也有涉及。功利主义者认为，一个社会应该试图最大化 $\sum_i U_i$，其中每一个 U_i 都是社会中不同个体的福利函数。显然，这种方法预先假定了个体之间的效用不但是基数性质的，而且是人际可比的。其不言而喻的一个政策主张是，如果同样给甲和乙一笔钱，带给甲的效用更高，那么乙就应该将他的钱分一部分给甲，以实现社会总福利的最大化。

这种思想在20世纪30年代不断受到抨击，伦敦政治经济学院的列昂内尔·罗宾斯就是其中的代表。1938年，当时还是哈佛大学一名本科生的亚伯拉罕·柏格森提出，即便我们无法将功利主义的方法贯彻到底，而最大化一个福利函数—— $W(U_1, \cdots, U_n)$（W在其所有分量上都是递增的）——的思想仍然是可能成立的。柏格森认为，这种方法并不需要基数性质或人际可比性，但它的确假定在所有备择项上存在一个完备且可传递的社会偏好，也需要有关**帕累托最优**的概念。[①]

在20世纪40年代期望效用理论出现之后，豪尔绍尼在20世纪50年代通过定义在不确定性结果而不是确定性结果下的社会偏好，对柏格森的方法进行了进一步的精炼。豪尔绍

① 读者们可能在经济学入门课程中已经了解过帕累托最优，它的意思是，如果甲的状况变得更好，又没有使得任何人的状况变差，这就是一件好事，所有这样的好事都发生过了，这时候的状态就是帕累托最优状态。这个概念我们在第5章还会以正式的形式引入。

尼表明，如果个人和社会都具有满足冯·诺依曼–摩根斯坦公理的偏好，那么社会选择就应该可以根据某一个社会福利函数 $\sum a_i U_i$ 而作出，其中每一个 U_i 是一个冯·诺依曼–摩根斯坦个人效用函数。在这种情况下，效用是基数的，但是不是人际可比的。不过，豪尔绍尼认为，这个问题可以通过重新调整使用这些 a_i 而得到解决。这样，冯·诺依曼–摩根斯坦方法就为古典功利主义的复苏提供了一种途径。

豪尔绍尼思考的基础是，认为社会判断应该在“无知之幕”背后作出。我们应该可以设想被置身于具有等可能机会的社会个体位置上，然后从这种立场出发来评价各种社会目标。如果我们有关社会政策的偏好来自冯·诺依曼–摩根斯坦公理的不确定性位置，那么这就可以把我们重新带到功利主义的方法上来。

4.2 风险厌恶

从本部分开始，我们讨论一种特殊情况下的期望效用，即奖品是以货币形式给出的彩票上的期望效用问题，其奖品空间X是实数轴，或者是实数轴上的一个区间。此时，彩票可以用一个累计概率分布函数F(·)表示，其中F(x)表示取得小于或等于x元的概率。

如果U是偏好的期望效用表征，那么对于所有的F有：

$$U(F)=\int u(x)dF(x)$$

我们称u为**伯努利效用函数**，U为**冯·诺依曼–摩根斯坦效用函数**。一个很自然的假设是，伯努利效用函数是递增且连续的。

4.2.1 货币彩票和风险厌恶

我们令 δ_x 表示一个退化的彩票，它赋予x以概率1。

定义4.4：如果对于任一具有期望值为 $E_F=\int xdF(x)$ 的非退化彩票F(·)，决策者（严格）偏好 δ_{E_F} 甚于F，那么该决策者就是**（严格）风险厌恶**的。

风险厌恶告诉我们，对于所有的F有：

$$\int u(x)dF(x)\leqslant u\left(\int xdF(x)\right)$$

这个数学表达式就是著名的**詹森不等式**，它是凹函数的规定性质。由此，可以得出：

定理4.3：当且仅当u是凹函数时，决策者才是风险厌恶的。

图4-4（a）给出了图形上的直觉。我们来看这样一个彩票，它对获得1元或者3元具有等可能性。然后将这一彩票和确定的得到2元这种退化彩票进行比较。很显然，如果u是凹函数，那么确定的结果更好一些；如果u是线性函数，那么它们就会给出同样的期望效用；如果u是凸函数，那么具有风险的前景要得到更高的期望效用。

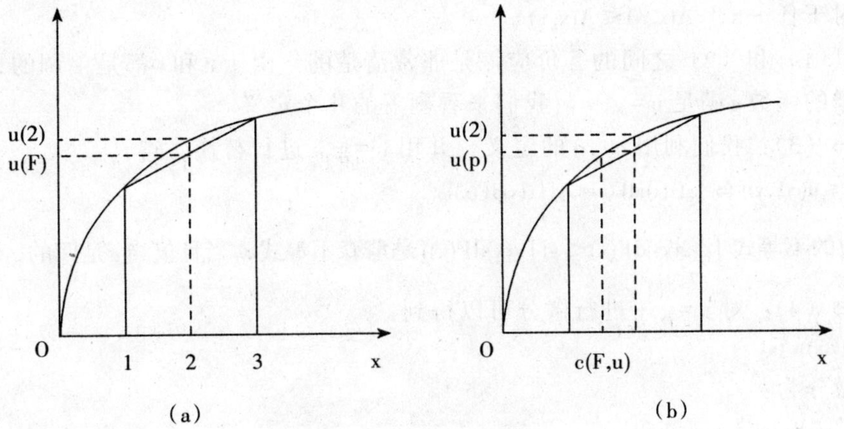

图4-4　风险厌恶图示

4.2.2　对风险厌恶的测度

对于一个风险厌恶的决策者，以1的概率得到E_F，弱优于彩票F，通常是严格优于彩票F。这就提出了一个问题：到底彩票F与多少货币量等价？

定义4.5：确定性等价c(F,u)是这样一个货币量，它满足：

$$u(c(F,u)) = \int u(x)dF(x)$$

图4-4（b）给出了该例中的c(F,u)，可以看出，只要u是凹的，就会有$c(F,u)\leqslant E_F$。

确定性等价为测度风险厌恶程度提供了一种直观的方式。假设我们有两个决策者，其中一个具有伯努利效用函数u，另一个具有伯努利效用函数v。如果对于所有的彩票F有$c(F,u)\leqslant c(F,v)$，那么我们就可以合理地认为u比v更加厌恶风险。

当然，这并不是思考风险厌恶测度问题的唯一方法，阿罗（1971）和普拉特（1964）还给出了另外一种测度风险厌恶的办法①，这是基于效用函数的局部性曲率而得到的。

定义4.6：对于任意二阶可微的伯努利效用函数u(·)，阿罗-普拉特（A-P）绝对风险厌恶系数为$A(x)=-\dfrac{u''(x)}{u'(x)}$。

接下来这个结论给出了关于“更加风险厌恶”若干个定义之间的等价性。

定理4.4（普拉特，1964）：下列有关u比v“更加厌恶风险”的定义是等价的：

（1）只要u偏好F甚于某一确定结果δ_x，那么v也同样如此。

（2）对于每一个F，$c(F,u)\leqslant c(F,v)$。

（3）函数u比v更加凹，即存在某一个递增的凹函数g使得$u=g\circ v$。

---

① 读者可参看：KENNETH J A. Essays in the theory of risk-bearing［M］. Amsterdam：North Holland Publishing Co.，1971. PRATT J. Risk aversion in the small and in the large［J］. Econometrica，1964，32（1/2）：122-136.

(4) 对于任一x， $A(x,u)\leqslant A(x,v)$ 。

证明：(1) 和 (2) 之间的等价应该是非常清楚的。由于u和v都是单调的，所以必存在某一递增的函数g满足 $u=g\circ v$ 。我们来看剩下的几个定义。

(2) ⇔ (3)：我们利用 $c(\cdot,\cdot)$ 的定义，并用 $u=g\circ v$ 进行替换，得：

$$u(c(F,u))\leqslant u(c(F,v))\Leftrightarrow \int g(v(x))dF(x)\leqslant g\left(\int v(x)dF(x)\right)$$

其中：右边的不等式 $\int g(v(x))dF(x)\leqslant g(\int v(x)dF(x))$ 是詹森不等式，当且仅当g是凹的，它才成立。

(3) ⇔ (4)：对 $u=g\circ v$ 进行微分可以得到：

$$u'(x)=g'(v(x))v'(x)$$

二阶微分为：

$$u''(x)=g''(v(x))v'(x)^2+g'(v(x))v''(x)$$

对此式两边同除以前式，我们可以得到：

$$A(x,u)=A(x,v)-\frac{g''(u(x))}{g'(u(x))}v'(x)$$

当且仅当 $g''\leqslant 0$ 时，可以得出对于所有的x有 $A(x,u)\geqslant A(x,v)$ 。

4.2.3 风险偏好与财富水平

在经济学建模中经常会遇到的一个问题，就是风险偏好如何随财富水平而变化。某富豪有200亿美元，而甲没有，那么当该富豪和甲都面对一个期望值为100美元的彩票时，富豪很可能会比甲更加喜欢有风险的彩票。这种情况可以由**递减的绝对风险厌恶**（decreasing absolute risk-aversion，DARA）而得到表示。

定义4.7：伯努利效用函数 $u(\cdot)$ 具有递减的（不变的、递增的）绝对风险厌恶，如果 $A(x,u)$ 是x的一个递减的（不变的、递增的）函数。

令 $F\oplus x$ 表示将确定货币量x加到每一个奖品上之后得到的彩票F，其中由前面的定理4.3可以看出，DARA的意思是非常清楚的。如果甲的偏好满足DARA，而且甲偏好F甚于某一个确定的货币量x，那么甲就会偏好 $F\oplus x$ 甚于确定的货币量 $x+z$ ，其中 $z>0$。或者换一种方式来看，如果甲在某个初始财富水平z上偏好F甚于x，那么甲就会在任一更高的初始财富水平 z' 上偏好F甚于x。

在财富水平上进行比较的第二种方式就是处理比例性赌局。令t表示具有累计分布函数F的某一非负随机变量，给定 $x\geqslant 0$ ，一个比例性赌局就会得到tx的支付。直观而言，你从初始财富x出发，该赌局会以随机收益率t对你进行支付。

我们可以把该随机收益率的确定性等价定义为 $\hat{t}=cr(F,x,u)$ ，满足下式：

$$u(\hat{t}x)=\int u(tx)dF(x)$$

那么， $\hat{t}$ 是这样一个收益率：它使该行为人在确定的收益 $\hat{t}x$ 与一个t的分布为F从而得到期望收益为tx的彩票之间无差异。

回到在不同财富水平上进行比较的话题，我们可能会问下面这样的问题：假如甲现在想参加一个赌局，它会以1/2的概率花掉甲10%的财富，也可能以同样的概率使甲的财富翻倍。如果甲很富有，甲会来参加这个赌局吗？对这个问题的回答与**相对风险厌恶**这一概念大有干系。

定义4.8：对于任意二阶可微的伯努利效用函数 $u(\cdot)$ ，在 x 处的**相对风险厌恶系数**为 $R(x)=-xu''(x)/u'(x)$ 。

于是有如下定理：

定理4.5：当且仅当 $cr(F,x,u)$ 在 x 上递增时，行为人才会表现出递减的相对风险厌恶，即 $R(x)$ 在 x 上是递减的。

关于这个定理的证明本书不再给出，可以参考相关的参考书。[①]注意，在DARA条件下，我们可以对前面所提的那个问题给出积极的答案。如果甲打算将其财富的10%投资在某项风险资产上，那么如果甲变得更富有了，甲也会这样做（即也会投资10%的财富到这项风险资产上）。

值得一提的还有相对和绝对风险厌恶之间的关系： $R(x)=xA(x)$ 。只要财富水平 $x>0$，就意味着如果行为人具有递减的相对风险厌恶，那么他必然会具有递减的绝对风险厌恶。同理，如果行为人具有递增的绝对风险厌恶，那么他必然具有递增的相对风险厌恶。这些结果都是很直观的。假设甲不愿意投资某一个固定数量的货币——比如20美元——到风险彩票上去，而且这20美元对应的是甲财富的1%。若甲具有递增的绝对风险厌恶，那么如果甲变得更加富有了，甲也不会愿意投资同样的20美元。而如果甲更加富有，这20美元对应于他财富的比例将不足1%，因此甲肯定不会愿意投资其财富的1%。

后面我们将讨论一些具体的应用，到时候还会继续讨论绝对和相对风险厌恶。

4.3 比较各种风险前景

现在，我们已经对效用函数的性质稍有了解，而且也作了一些比较，接下来我们看看如何尝试比较不同的彩票。

4.3.1 一阶随机占优

什么时候才可以说一个彩票比另外一个彩票给出的支付更多呢？对这个问题的回答就会导出**一阶随机占优**的思想。

定理4.6：分布G一阶随机占优于分布F，如果对于每一个 x 有 $G(x)\leqslant F(x)$ ，或者等价地，如果对于每一个非减函数 $u:\mathbb{R}\to\mathbb{R}$ 有 $\int u(x)dG(x)\geqslant\int u(x)dF(x)$ 。

① 参看马斯-科莱尔等所著的《微观经济理论》第6章C部分中的“不同财富水平的比较”。

这个定理认为这两个条件是等价的，但是在逻辑上它们却又是完全不同的两个概念。首先，对于任意的x，G比F更可能支付超过x，这是纯粹的统计学概念；其次，决策者总是认为多胜于少必然导致偏好G甚于F，这是基于偏好的概念。

证明：假设可微性对于这些函数都成立，我们可以采用分部积分：

$$\int u(x)dG(x) = u(x)G(x)\Big|_{x=-\infty}^{x=\infty} - \int u'(x)G(x)dx$$

因此有下式：

$$\int u(x)dG(x) - \int u(x)dF(x) = \int u'(x)\big(F(x) - G(x)\big)dx$$

由于 $u' \geqslant 0$，那么对于所有的x有 $F \geqslant G$，这个式子显然是正的。另外，如果在x的某个邻域有 $F(x) < G(x)$，那么我们可以找出一个非减的函数u，使得它只在x的某个邻域严格递增，而在其他地方均是常数，这样该式子对于每一个非减的u就不再是正的了。

一阶随机占优还有另外一个良好的性质。假设我们从彩票F出发构建如下一个复合彩票。首先来决定F，如果F的结果是x，那么我们可以持有第二个彩票，它有可能是递增的，但是绝不会减少x的量。这有一个例子：假设在彩票F下，结果要么是1，要么是3，二者的概率相等。只要结果是3，那么我们就再以1/2的概率增加1元钱。我们把它在图4-5中画出来。现在，如果我们令G表示该复合彩票的结果分布，那么G就会是一阶随机占优于F。实际上，反过来也是成立的。如果G一阶随机占优于F，那么我们可以从F出发，将G构造成一个复合彩票，其第二个阶段总是带来向上的移动。

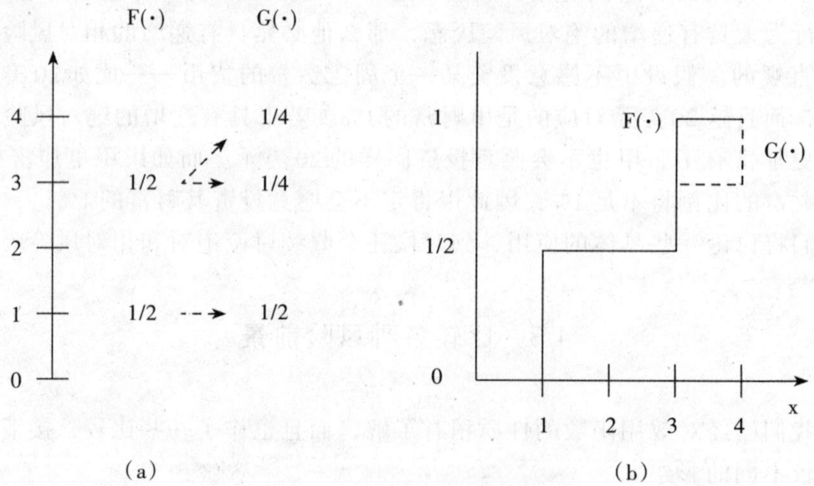

图4-5 一阶随机占优的移动

4.3.2 二阶随机占优

有关彩票的第二个问题是，什么时候一个彩票会比另一个彩票风险更小？为了将风险的差异从期望收益的差异中分离出来，我们集中比较具有同样期望收益的两个分布F和G。

定理4.7：考虑具有同均值的两个分布F和G。分布G二阶随机占优于分布F，如果对于每一个x有 $\int_{-\infty}^{x} dy \leqslant \int_{-\infty}^{x} F(y)dy$，或者等价地，如果对于每一个凹函数 $u: \mathbb{R} \to \mathbb{R}$

有 $\int u(x)dG(x) \geqslant \int u(x)dF(x)$ 。

证明：我们来证明这两个定义的等价性。为了让事情变得更简单，我们假设u是可微的，且存在某个 $\bar{x}$ 满足 $F(\bar{x}) = G(\bar{x}) = 1$ 。分部积分之后有：

$$\int u(x)dG(x) - \int u(x)dF(x) = \int u'(x)\big(F(x) - G(x)\big)dx \tag{4-3}$$

现在，由于F和G具有同均值，则另外一个分部积分说明：

$$\int u(x)dF(x) = \int u(x)dG(x) \Leftrightarrow \int F(x)dx = \int G(x)dx$$

因此，如果我们对第一个式子进行第三次分部积分，整理之后可以得到：

$$-\int u''(x)\left[\int_{-\infty}^{x} F(y)dy - \int_{-\infty}^{x} G(y)dy\right]dx$$

现在 $u'' \leqslant 0$ ，因此如果 $\int_{-\infty}^{x} F(y)dy \geqslant \int_{-\infty}^{x} G(y)dy$ ，显然整个式子都是正的，而且所有的凹函数u都表示偏好G甚于F。反过来，假设在x的某邻域， $\int_{-\infty}^{x} F(y)dy < \int_{-\infty}^{x} G(y)dy$ 。我们可以令u在x的上下都是线性的，并且在x的邻域内是严格凹的，那么该式子就是负的，而且u是一个偏好F甚于G的凹函数。

对定理4.6和定理4.7的证明严重依赖分部积分，这是证明随机占优理论的一种一般性方法。有关这方面的详细内容，可以参看Gollier（2001）①。Rothschild和Stiglitz（1970）曾引入一个很聪明的办法：从一个分布G开始，我们构造如下的复合彩票：在G实现之后，比如出现了结果x，我们往x上增加某个零均值的随机变量。Rothschild和Stiglitz将此称为“均值保留扩展”，因为当新的复合彩票（我们称之为F）具有相同的均值时，其分布会扩展得更加宽一些。图4-6就是这样的一个例子，分布G等可能地产生收益1元或3元，只要结果是3元，我们就都以1/2的概率加上或减去1元。结果当然是一个新的彩票，其概率被扩展得更宽，但需注意的是，F和G均满足上面定理中的二阶随机占优的统计性质。使用詹森不等式很容易检验，具有凹效用函数的人们不会喜欢均值保留扩展。因此，这为我们提供了另外一种二阶随机占优的特征。

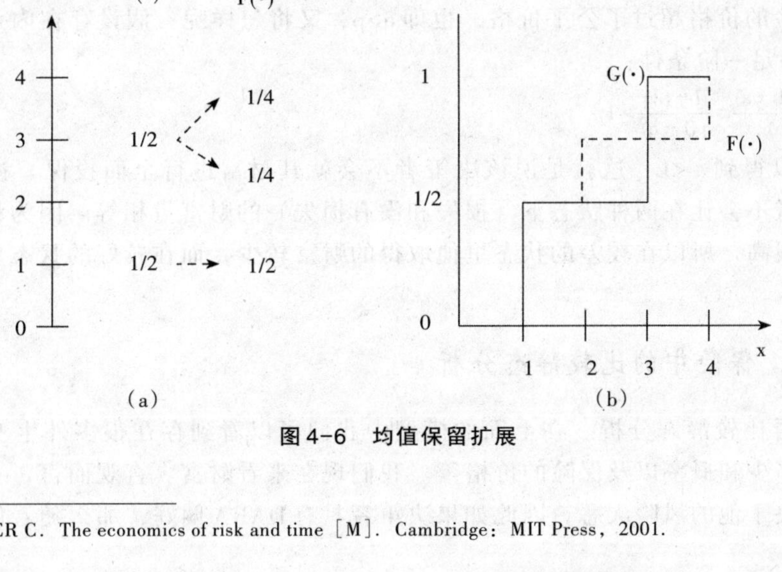

图4-6　均值保留扩展

---

① GOLLIER C．The economics of risk and time［M］．Cambridge：MIT Press，2001.

4.4 应用举例和比较静态分析

到目前为止，我们已经提出了效用函数和彩票的若干基本性质，接下来我们来介绍两个例子：保险和投资。在这个过程中，我们试着就不确定性条件下的选择问题给出一些比较静态分析的结果。

4.4.1 对保险的需求

考虑一个具有财富水平为w的决策者，他面对着这样一个概率分布：以p的概率带来L损失。为了使损失降到最低，他希望进行保险，从而将风险在人群中进行分散。一旦损失出现，他会得到a元，不过之前他需要交保险费qa元。那么他应该购买多少保险呢？

我们把这个不确定性下的最优化问题写成：

$$\max_{a} \quad U(a)=pu(w-qa-L+a)+(1-p)u(w-qa)$$

我们将目标函数对a取微分，一阶条件为：

$$\frac{dU}{da}=pu'(w-qa-L+a)(1-q)-(1-p)u'(w-qa)q=0$$

假定我们的决策者是风险厌恶的，也即效用函数u是凹的，那么这也是该规划有解的充要条件。一阶条件只是说，在出现较差状态时保险的额外1元的边际收益与损失发生的概率相乘，等于在较好状态时保险的额外1元的边际成本。

如果保险公司的期望支付恰好等于保险成本，也即q=p，那么我们就称这个保险是**公平保险**。我们可能会预期一个竞争性保险市场会提供公平保险，在这种情况下，一阶条件可以简化为：

$$u'(w-qa-L+a)=u'(w-qa)$$

这意味着该决策者应该对其财富进行全面的保险，也即令a=L。在这种情况下，他的保险覆盖可以收回风险带来的全部损失。如果保险的价格是公平的，则风险厌恶的决策者总是进行充分的保险，这一结果在很多情况下都是非常重要的。

如果保险的价格超过了公平价格，也即q>p，又将怎样呢？假设存在内点解，最优的保险覆盖a^*满足一阶条件：

$$\frac{u'(w-qa-L+a)}{u'(w-qa)}=\frac{(1-p)q}{p(1-q)}>1$$

因此可以得到$a^*<L$，这就是说该决策者不会就其财富进行全面投保。换一种说法就是，该决策者不会让在两种状态下（损失和没有损失）的财富量相等。因为将财富转到受损状态成本很高，所以在较差的状态里他取得的财富较少，而在较好的状态里他取得的财富会较多。

4.4.2 保险中的比较静态分析

接下来看比较静态分析。在上面的模型中我们可以看到存在很多外生变量，比如财富、损失的多少和概率以及保险的价格等。我们现在来看财富。直观而言，一个人的投保范围应该取决于他的风险厌恶，因此如果决策者具有DARA偏好，那么随着他变得更加富裕，应该投保更少才对。我们来看一下正式的分析：

$$\frac{d^2U}{dadw}=pu''(w-qa-L+a)(1-q)-(1-p)u''(w-qa)q$$

这个式子的符号尚不能确定，不过我们可以作一个局部的论证。如果 $\frac{d^2U}{dadw}$ 在 $a^*(w)$ 上是正的，那么对所有的 $w'>w$ 有 $a^*(w')>a^*(w)$。我们利用在 $a=a^*(w)$ 处一阶条件成立这一结论，可以求得：

$$\left.\frac{d^2U}{dadw}\right|_{a=a^*(w)}=pu'(w-qa-L+a)(1-q)\left[\frac{u''(w-qa-L+a)}{u'(w-qa-L+a)}-\frac{u''(w-qa)}{u'(w-qa)}\right]$$

这说明：

$$\left.\frac{d^2U}{dadw}\right|_{a=a^*(w)}=A(w-qa)-A(w-qa-L+a)$$

如果 $q>p$，我们就可以将主要关注放在投保水平 $a<L$ 上。我们可以得到以下结论：

定理4.8：如果 $p=q$，那么所有财富水平的决策者都会选择全部投保，即 $a^*=L$；如果 $p<q$，且决策者具有递减（递增）的绝对风险厌恶，那么决策者的投保水平 $a^*(w)$ 会随财富递减（递增）。

如果我们考虑当保险价格提高时比较静态分析的结果，可能会感到更加微妙。很直接的效应当然是对保险的需求上升，但是不要忘记，这同时也会存在收入效应。更高的保险价格使得决策者更加贫穷，这反过来可能会让他变得要么更为风险厌恶，要么减少风险厌恶。我们可以尝试着证明一下，假设 $q>p$，如果决策者具有不变或递增的绝对风险厌恶，则价格的提高总会使得他对保险的需求下降；但是如果该决策者具有递减的绝对风险厌恶，那么他对保险的需求可能事实上会呈现递增的趋势。

4.4.3 投资组合问题

我们考虑一个拥有财富w的决策者，他决定如何进行投资。摆在他面前的是两个选择：一种是安全的投资，收益固定为r；一种是有风险的投资，收益z是一个服从累计分布函数F的随机变量。他有着递增和凹的效用函数u。如果他购买风险资产的数量为a，那么投资安全资产的数量就是w-a，最终会得到az+(w-a)r。

那么他将如何分配其财富进行投资呢？他的最优化问题如下：

$$\max_a \int u(az+(w-a)r)dF(z)$$

这个问题的一阶条件为：

$$\int u'(a(z-r)+wr)(z-r)dF(z)=0$$

首先，如果决策者是风险中性的，那么 $u(x)=\alpha x$，其中 α 是某一常数，投资的边际收益将变成 $\alpha wr+\alpha a(\mathbb{E}(z)-r)$，其中 $\mathbb{E}(z)$ 是z的期望值。风险中性的投资者仅关心期望收益率，他总是最优地将其所有财富都投资到具有最高期望收益的资产上去。

现在假设 $u''<0$，很容易可以看出，决策者的最优化问题是严格凹的，因此一阶条件就可以得出最优解。这给了我们一个重要的结论：如果风险资产具有正的收益率（也即高

于r)，那么即便是一个风险厌恶的投资者仍将会投资一定的财富量到风险资产上去。我们来看一下，在a=0处，投资在风险资产上的财富量多一点点所带来的边际收益是多少，我们假设$\mathbb{E}(z)>r$：

$$u'(wr)\int(z-r)dF(z)>0$$

因此，在风险资产上的最优投资量为$a^*>0$。

4.4.4 投资组合中的比较静态分析

我们来看以下这个问题：一个更少风险厌恶的决策者是否会在风险资产上投资更多的财富？我们先来看下面两个问题：

$$\max_a \quad \int u(a(z-r)+wr)dF(z)$$

和 $$\max_a \quad \int v(a(z-r)+wr)dF(z)$$

v比u在风险资产上投资的财富更多的充分条件是：

$$\int u'(a(z-r)+wr)(z-r)dF(z)=0$$

$$\Rightarrow \int v'(a(z-r)+wr)(z-r)dF(z)\geqslant 0$$

对这个结论的证明需要用到更深入的知识，本书不再给出证明。

现在，如果u比v更加厌恶风险，那么对于某一个非减的凸函数h，有$v=h\circ u$成立。如此，则上面的第二个方程可以重新写为：

$$\int h'(u(a(z-r)+wr))\cdot u'(a(z-r)+wr)(z-r)dF(z)\geqslant 0$$

这也的确是成立的，第一项$h'(\cdot)$是正的，且在z上递增；而当$z<r$时，第二项是负的，当$z>r$时，第二项则是正的。因此，乘以$h'(\cdot)$会给正项加大了权重，给负项降低了权重。这就有下面这个定理：

定理4.9：如果u比v更加厌恶风险，那么在投资组合问题中，给定任一初始的财富水平，u在风险资产上的最优投资将少于v在其上的最优投资。

相关的一个结论是，如果u呈现出递减的绝对风险厌恶，那么具有由u表征的偏好的决策者初始财富水平越高，则对风险资产的投资越大。为了证明这一点，我们先来说明只要上述一阶条件对于某个财富水平w成立，则其左边对w的导数就是正的。也就是说，我们想知道下式是否成立：

$$\int r\cdot\frac{u''(a(z-r)+wr)}{u'(a(z-r)+wr)}\cdot u'(a(z-r)+wr)(z-r)dF(z)\geqslant 0$$

和前面一样，如果$z<r$，则上式第二项是负的；如果$z>r$，则该项是正的。第一项现在是负的，因此只要第一项在z上递减，那么该不等式就成立，而这正是DARA。

定理4.10：具有递减（不变、递增）绝对风险厌恶的决策者在更高的财富水平上会对风险资产投资更多（不变、更少）。

关于这些结论，我们都不再给出证明，更深入的探讨可以在Kreps（1988）和Gollier（2001）的研究中得到[①]，有兴趣的读者可以继续研究。

4.5　主观概率

到目前为止，我们一直没有强调一个分析中的重要主题——概率的主观性。我们所讨论的所有不确定性均是可以得到明确定义的客观风险，也就是说，我们总是以某一彩票集合P的存在为起点，分析决策者在这些彩票上的偏好。实际上，这就意味着任何两个人在看到 $p\in P$ 之后，都认为它会以确定的概率带来确定的结果。比如，我们投掷硬币，在理想的条件下，正面和反面出现的概率的确是相等的，即都是1/2。

然而，真实世界中常常不可能这样来描述不确定性。我们回到4.1.1部分所提到的两个人下象棋的例子，即便从历史上看二者的实力旗鼓相当，但是接下来这一盘棋谁胜谁负仍不可知，因为影响胜负的因素往往很复杂。再比如，苹果公司的股票价格明天是否上涨？全球温室效应是否会在100年后把整个上海淹没？其他星球上有无生命体？很显然，这类不确定性很难被纳入冯·诺依曼-摩根斯坦的世界。

那么，我们该怎么办呢？还是回到4.1.1部分象棋比赛的例子，现在规定对于谁赢谁输我们并无明确界定的客观概率。最终的三种“世界状态”（也即构成整个事件空间的三个互斥事件）是：A胜、B胜和平局。结果也是三个：A胜则A赢得奖金，B胜则B赢得奖金，平局则平分奖金。这样，我们就可以认为，每个赌博都是从世界状态集到结果集的一个映射。我们来正式地对此进行表述，令S表示世界的不同状态构成的集合，令X表示结果的集合。一个赌博（bet），或者用决策理论家的术语——一个行为（act），就是一个函数 $f:S\rightarrow X$。

现在假设我面对的是足够多的赌博或行为，以至于我可以完全从中推断出我在所有可能的行为上的偏好。我可能很自然地认为我在行为上的偏好应该满足哪些类公理，事实也的确是这样的。如果我在行为上的偏好满足了一系列与冯·诺依曼-摩根斯坦公理相类似的性质（即完备性、可传递性、连续性、确定事件原理以及其他有关替代性的两个公理），那么尽管不存在客观概率，我也必须要从这些行为中进行选择，就好像我在脑海中确实对所有世界状态存有一个概率分布 $p:S\rightarrow\mathbb{R}_+$，以及一个将结果映射到效用值上的效用函数 $u:X\rightarrow\mathbb{R}$。这就好像在说，我在比较两个行为——f和g：

$$f\succsim g\Leftrightarrow\sum_{s\in S}u(f(s))p(s)\geqslant\sum_{s\in S}u(g(s))p(s)$$

根据主观概率而证明选择行为的表征定理，要归功于Savage（1954），这是选择理论的一个重要的、标志性的发展成果，不过这一证明也是非常困难的，本书不再给出，有兴趣的读者可以参考Kreps（1988）的研究和马斯-科莱尔等所著的《微观经济理论》。值得一提的是，这些证明则是根据Anscombe和Aumann（1963）的研究给出的。[②]

① KREPS D M. Notes on the theory of choice［M］. Boulder, CO: Westview Press, 1988. GOLLIER C. The economics of risk and time［M］. Cambridge: MIT Press, 2001.

② ANSCOMBE F J, AUMANN R J. A definition of subjective probability［J］. Annals of Mathematical Statistics, 1963, 34 (1): 199-205.

Savage定理的关键之处在于，它并不假设概率的存在性；相反，概率是由行为上的偏好所导出的。因此，即便不确定性无法被清晰而客观地描述出来，但它还是可以为期望效用分析的合理性提供理论基础。

对于主观概率理论，我们还需多说几句。首先，虽然Savage并不假设必然存在一个客观概率，但是对于状态集合，他还是假设决策者是事先知晓的。而对于一些事件结果也不确定的更为复杂的情况，Savage曾特别提到他的理论只能处理**"小世界"**（small world）的情况，在这个世界里所有可能的状态都是可以预见的。但是他的这一警告并未得到经济分析的足够重视。其次，Savage的理论是关于个人决策的理论，如果有很多持主观概率信念的个人在对不确定性进行决策，我们并没有足够的理由认为他们所达成的主观概率总是一致的。尽管如此，在经济建模过程中，标准的假设仍然认为如果决策者们可以得到同样的信息，那么他们就能达成共同的主观概率。这被称为**共同先验假设**（common prior assumption），是由豪尔绍尼（1968）的研究发展出来的贝叶斯博弈所提出的。[①]它的意思大体上就是：信念的不同只是因为信息的不同造成的。在本书的第二部分会经常遇到这个假设。

4.6 行为主义的批评

偏好的期望效用表征是很多现代经济分析的核心思想。作为一种人们在不确定性条件下应该如何进行决策的规范性描述，它或许是合理的。但是，作为一种人们事实上是如何行为的描述性理论，它则一直饱受各种批评。我们这一节就给出几类这样的批评。

4.6.1 独立性公理

有很多实验结果表明，人们的行为常常会违反独立性公理。其中，最为著名的一个实验结果是由Maurice Allais（1953）给出的，即所谓的"Allais悖论"。[②]我们这里呈现的Allais实验的版本是由Kahneman和Tversky（1979）改造过的。[③]

问题1：在两个彩票之间进行选择。第一个彩票以0.33的概率得到55 000元，以0.66的概率得到48 000元，以0.01的概率得到0元。第二个彩票确定得到48 000元。

问题2：在两个彩票之间进行选择。第一个彩票以0.33的概率得到55 000元，以0.67的概率什么也得不到。第二个彩票以0.34的概率得到48 000元，以0.66的概率什么都得不到。

对这两个问题的一种比较有代表性的回答是，在第一种情况下选择确定的收益，在第二种情况下选择第一个彩票。然而，这种选择模式确实是违反独立性公理的。我们令 $u(0)=0$，第一个选择意味着 $u(48)>0.33u(55)+0.66u(48)\Leftrightarrow 0.34u(48)>0.33u(55)$，而第二个选择则意味着不等式方向是相反的。

Kahneman和Tversky将这一实验结果解释为一种确定效应：人们总是对确定的事情评价更高。在他们的文章里还有很多违反独立性公理的地方。这些实验结果带来了大量致力

① HARSANYI J C. Games with incomplete information played by "Bayesian" players: part II [J]. Management Science, 1968, 14 (5): 320-334.

② ALLAIS M. Le comportement de i'homme rationnel devant le risque, critique des postulates etxiomes de i'ecole américaine [J]. Econometrica, 1953, 21 (4): 503-546.

③ KAHNEMAN D, TVERSKY A. Prospect theory: an analysis of decisions under risk [J]. Econometrica, 1979, 71 (4): 263-291.

于寻找不确定性条件下选择模型的替代理论，从而不要求决策者的行为在概率上是线性的，也即不再是面对线性的无差异曲线。这些新理论建构出来的模型有的有公理化基础，有的则只是简单地假定某种函数形式U(p)，这种函数形式比期望效用形式要来得更为复杂，在此我们不再对这些理论进行介绍，有兴趣的读者可以参看Anand等人所编的有关理性选择和社会选择的手册，里面有最新的文献综述。[①]这些更为复杂的模型不但可以解释Allais悖论，还可以解释很多其他的问题和现象。

4.6.2 风险厌恶

与期望效用模型有关的另一个关注点是如何处理风险厌恶。正如前文所述，在期望效用模型中，风险厌恶与效用函数的凹性是一个意思，或者说与递减的边际效用是一个意思。然而，很多研究者认为，对于思考对中等规模风险的厌恶而言，这并不能给出一种合理的处理方式。原因在于，拒绝中等规模的风险则意味着效用函数的曲率更高，因此对中等规模风险的厌恶必然意味着对更大的风险有着令人难以置信的厌恶。

Rabin（2001）[②]对于这一问题曾给出数值例子。

【例4-1】假设从任一初始财富水平出发，一个期望效用最大化者总是拒绝一个50%对50%的机会输掉1 000元或者赢走1 050元的赌博，那么他必然会拒绝一个50%对50%的机会输掉20 000元或者赢走任意钱数的赌博。

【例4-2】假设从任一初始财富水平出发，一个期望效用最大化者拒绝一个50%对50%的机会输掉100元或者赢走110元的赌博，那么他必然会拒绝一个50%对50%的机会输掉1 000元或者赢走10 000 000 000元的赌博。

Rabin认为这会使人感到疑惑。他的结论是说，我们应该放弃用期望效用理论来解释中等赌注上的风险厌恶。他认为，在实际生活中，人们倾向于对损失而不是对收益赋予一个更大的权重。这样，面对50%对50%的机会输掉100元或者赢走110元，人们会更为关注输掉的部分。当赌博变成输掉1 000元或者赢走100亿元的时候，输掉这场赌博所带来的不愉快，不会像它在期望效用理论中那样同比例增加，因此这个赌博和第一个赌博是可以有不同选择的。

这种观点也从另一个侧面验证了由Kahneman和Tversky（1979）所提出的损失厌恶理论。损失厌恶理论其中一个有趣的观点是，人们的偏好取决于**参照点**——一个由此出发评价收益和损失的点。但是，这种观点却很难被予以模型化。虽然这方面对期望效用理论的批评已经有了30多年，但在模型化方面却进步很少。

4.6.3 风险与不确定性

在经济学文献中，芝加哥大学著名经济学家弗兰克·奈特对风险和不确定性进行了区分。他认为，风险是我们能够确知其概率分布的不确定性，而真正的不确定性是我们连概率分布也不知晓的不确定性。根据这一定义，冯·诺依曼-摩根斯坦理论就只是处理了风

① ANAND P, et al. Handbook of rational and social choice: an overview of new foundations and applications [M]. Oxford: Oxford University Press, 2009.

② RABIN M. Risk aversion and expected-utility: a calibration theorem [J]. Econometrica, 2000, 68 (5): 1281-1292.

险而已，并未真正涉及不确定性。另外，虽然Savage的理论并不假设决策者知道概率，但是他认为人们表现得好像对事件赋予了一个概率分布一样，从这个意义上说，他的理论也是关于风险的理论。在这样的背景下，Daniel Ellsberg在1961年给出了一个实验，提出了有名的Ellsberg悖论。

Ellsberg的实验：一个箱子里装有300个球；100个红球，200个白球和绿球。我们随机从箱子里拿出一个球：

（1）如果你正确地猜出这个球的颜色，你会得到100元，那么你愿意猜红球还是白球？

（2）如果你猜的颜色和拿出的球的颜色不同，你会得到100元，那么你会猜红球还是白球？

这个实验表明，一般人们对两种情况下的红球有着严格的偏好。然而，这违背了Savage的理论，即认为人们会表现得好像对每一事件赋予了主观概率一样。如果这个实验的被试真的有关于白球被拿到的主观概率的话，那么只要这个主观概率超过1/3，他就必然会选（白球，红球）。如果这个概率不足1/3，他必然会选（红球，白球）。挑选（红球，红球）说明白球的主观概率既严格小于1/3，又严格大于1/3。这显然是矛盾的。关于这方面的最新文献也有很多，它们尝试引入新的模型来涵盖Ellsberg悖论，有兴趣的读者可以参看相关的文献综述。①

4.6.4 框架效应

下面这个经典的实验来自Kahneman和Tversky。他们将实验对象分成两组，要求实验对象想象一下自己遇到了下述情形：爆发了一场疫病，可能会导致美国境内死去600人。

要求第一组实验对象从下列两个彼此互斥的方案中进行选择：

A.死亡400人。

B.1/3的概率是没有人死去，2/3的概率是死掉600人。

要求第二组实验对象从下列两个彼此互斥的方案中进行选择：

C.200人被救。

D.1/3的概率是600人全部被救，2/3的概率是一个人也救不了。

实验结果是，第一组中22%的人选择了A，而第二组中72%的人选择了C。实验结果显然是“有问题”的，因为按照合乎理性的标准，A和C是完全一样的备择项，而B和D也是如此。因此，对A与B、C与D的选择应该是完全一样的。实验结果说明，选择结果对于备择项的构造方式是很敏感的，也即出现了**框架效应**。

回到我们前面提到的讨论，对此给出的一种解释是参照点理论。第一组问题的参照点是每个人都死掉，而第二组问题的参照点是没有人会死，所以两组实验对象的选择才会有所不同。当然，这不是唯一的解释方式，还有一种可能是，问题的提问方式使实验对象以不同的方式思考其答案。比如，第二组问题可能会使人们更多地去关注拯救每一个人。

也有很多研究者认为，框架效应不值得大惊小怪，我们只需要更为准确地对框架进行建模即可。但是，非常遗憾，有关这些方面的理论建模一直停滞不前，这也成了理论研究

① 同样可以参看：ANAND P，et al. Handbook of rational and social choice：an overview of new foundations and applications［M］. Oxford：Oxford University Press，2009.

的难题之一。

基础训练

1.有三个人的效用函数分别是：$u_1=c$（c为正的常数），$u_2=x^{1/2}$，$u_3=x^2$。有三种可选的彩票：$L_1=[0.5;480,480]$，$L_2=[0.5;850,200]$，$L_3=[0.5;1\,000,0]$。如果要三个人分别在上述彩票中挑选一种，那么他们的选择分别是什么？

2.假设个体1的效用函数是$u_1(y)=\log(y+c)$，个体2的效用函数是$u_2(y)=y-ay^2$，这里c和a都是正的常数。有人说个体1会比个体2更加积极地购买保险，判断这种说法是否正确，并陈述理由。

3.假设有一个投资项目，有50%的机会产生2万元纯收益，50%的机会产生1.84万元净损失。某人的效用函数为$u(y)=\sqrt{y}$，拥有2万元确定的财产。

（1）证明这个人拒绝投资。

（2）如果我们组织若干个与上述完全相同的人对该项目进行联合投资，则最少需要多少人投资才是可行的。

（3）根据上一问题，当投资联合体包含多少人时，联合体的期望效用才能达到最大？

4.如果个体的期望效用函数为：

$$u(x)=Ax-Bx^2 \quad (A,B>0)$$

求阿罗–普拉特绝对风险厌恶系数，并指出其单调性。

5.将阿罗–普拉特绝对风险厌恶系数的倒数定义为个体的风险容忍（risk tolerance）系数：

$$RT(x)=\frac{1}{A(x)}=-\frac{u'(x)}{u''(x)}$$

假设个体具有线性风险容忍系数：$RT(x)=\alpha+\beta x$，证明：

（1）$\beta=0\Rightarrow u=a-be^{-x/\alpha}$。

（2）$\alpha=0,\beta\neq 1\Rightarrow u=a+bx^{1-\gamma}/(1-\gamma),\gamma=1/\beta$。

（3）$\alpha=0,\beta=1\Rightarrow u=a+b\ln x$。

（4）$\alpha>0,\beta=-1\Rightarrow u=a-b(\alpha-x)^2$。

其中：a和b是任意常数，b>0。

6.假定某安全机构正在考虑建立一个标准，用于决定是否应将某一易遭洪水危害地区的人员撤离出来。水灾发生的概率为1%。共有以下4种可能的结果：

A.没有必要撤离，也没有进行撤离。

B.进行了一次没有必要的撤离。

C.进行了一次有必要的撤离。

D.没有进行撤离，洪水引发了一场灾难。

假定该机构在确定性结果B与一张A的概率为p、D的概率为1-p的彩票之间是无差异的，而且在确定性结果C与一张B的概率为q、D的概率为1-q的彩票之间也是无差异的。并且假定该机构认为A优于D，且$p\in(0,1)$，$q\in(0,1)$。假定期望效用定理的条件得到了满足。要求：

（1）为该机构构造一个期望效用形式的效用函数。

（2）考虑两个不同的政策标准：

标准1：在洪水将发生的情形中，有90%的可能进行了人员撤离；在洪水未发生的情形中，有10%的可能进行了不必要的人员撤离。

标准2：在洪水将发生的情形中，有95%的可能进行了人员撤离；在洪水未发生的情形中，有5%的可能进行了不必要的人员撤离。

首先，推导在上面两个标准下4种结果的概率分布。然后，利用（1）中的效用函数，决定该机构将更喜欢哪个标准。

7.某人具有伯努利效用函数 $u(\cdot)$ 和初始财富 w。令彩票L分别以p和1-p的概率给出G和B的支付。

（1）若他拥有彩票，则他愿意出售该彩票的最低价格是多少？

（2）若他不拥有彩票，则他愿意为购买该彩票而支付的最高价格是多少？

（3）购买价和出售价是相等的吗？找出问题的参数条件，使得购买价和出售价相等。

（4）令 G=10，B=5，w=10，$u(x)=\sqrt{x}$。计算在这一彩票和这一效用函数下的购买价和出售价。

[第5章]

一般均衡

一般均衡分析所处理的是大量的经济行为主体，以及各种分散性的决策是如何以某种方式协调生产行为、平衡供给与需求，从而使经济体在商品和劳务上进行有效率的配置。在经济学的世界里，无论是亚当·斯密，还是边际革命的巨人杰文思和瓦尔拉斯，对于这个问题，他们给出的答案是，价格体系起着关键的协调和均衡作用，经济体中的每一个人都面临着相同的价格，这个价格包含着全部有关供求的信息，可以有效地协调分散的经济主体的决策。

现在，我们已经对局部均衡——单个市场的均衡——分析作了介绍。价格在平衡供给与需求方面卓有成效，能够让所有在现行价格下愿意购买的买者能够买到他想要的产品和劳务，也能够让所有在现行价格下愿意生产的卖者能够卖出他想销售的产品和劳务，没有剩余，也没有短缺。现在，到了我们把这种局部均衡分析扩展到一般均衡的时候了，因为局部均衡总是假设不同产品市场之间是彼此独立、互不相关的，事实上，不同市场上产品的供给和需求往往息息相关，一种商品的供给和需求往往会依赖于其他商品的价格，在这种情况下，分析所有市场同时均衡的任务就势在必行，这正是一般均衡分析的宗旨所在。针对这个任务，我们主要有两个问题需要回答：第一，这样的一般均衡是否存在？第二，如果存在，它又具有什么样的性质？

一般均衡分析中有一个时常提到的主题，在经济理论中这一主题也经常会见到，那就是竞争性价格机制可以得到其他机制所无法达到的效率结果。有关效率的概念是由维尔福雷多·帕累托（1909）和亚伯拉罕·柏格森（1938）正式予以表述并将它与竞争性均衡联系起来的。[①]直到阿罗（1951）和德布鲁（1951）提出福利定理，关于这方面的研究达到了一个顶峰。[②]这些定理表明，在帕累托效率结果和竞争性价格均衡之间本质上存在着一种等价关系。

本章首先略述一般均衡思想，从基本概念和定义开始，逐步深入分析福利定理和均衡的效率性质。然后，我们会就确定性条件下一般均衡的存在性问题给出证明。之后，我们

---

① PARETO V. Manual of political economy [J]. Economic Development and Cultural Change, 1975, 23 (3): 551. BERGSON A. A reformulation of certain aspects of welfare economics [J]. The Quarterly Journal of Economics, 1938, 52 (2): 310-334.

② ARROW K J. An extension of the basic theorems of classical welfare economics [C]. Proceedings of the Second Berkeley Symposium on Mathematical Statistics and Probability. Berkeley: University of California Press, 1951: 507-532. DEBREU G. The coefficient of resource utilization [J]. Econometrica, 1951, 19 (3): 273-292.

略述一般均衡的若干重要思想：均衡是否唯一、价格如何对均衡水平进行调节，以及这些均衡水平是否稳定、外生偏好或禀赋的变化会在何种程度上带来可预测的结果。最后，我们把生产也加入这个一般均衡模型，并略作阐释。

5.1 瓦尔拉斯模型

我们先来集中考察纯交换经济，这个经济中没有生产部门，有大量的经济主体和商品数量。每个主体都有一束商品作为其禀赋，最终每个行为人都会消费他们的商品，但是在这之前，在某些价格水平上尚且存在一些交易的机会。我们想知道，是否存在每个人都愿意以其交易他们想要的商品数量的价格水平，从而使需求恰好等于供给？在这样的价格水平上，最终的商品配置结果是否符合效率标准？它又是如何取决于偏好和禀赋的呢？接下来我们就对此进行分析。

5.1.1 模型

设经济体中有I个行为人，$i\in I=\{1,\cdots,I\}$；L种商品，$l\in\mathcal{L}=\{1,\cdots,L\}$。一个商品束就是一个向量 $x\in\mathbb{R}_+^L$。每一个行为人i具有禀赋 $e^i\in\mathbb{R}_+^L$，效用函数为 $u^i:\mathbb{R}_+^L\to\mathbb{R}$。这些禀赋和效用是这个交换经济的基本要素，因此我们将这个经济体写成：$\varepsilon=((u^i,e^i)_{i\in I})$。

假设行为人是商品的市场价格的接受者，对于这样的既定价格从何而来我们暂且不作更多的解释，稍后再来处理这个问题。价格向量为 $p\in\mathbb{R}_+^L$，所有的价格非负。

给定行为人的预算约束，每一个行为人都会选择消费束来最大化其效用。因此，行为人i就来求解下面这个规划：

$$\max_{x\in\mathbb{R}_+^L}\ u^i(x)$$

$$\text{s.t.}\quad p\cdot x\leqslant p\cdot e^i$$

这个预算约束与标准的价格理论稍有差异。回忆一下，我们在第1章遇到的预算约束是 $p\cdot x\leqslant w$，其中w是消费者的初始财富。在这里，消费者的“财富”变成了 $p\cdot e^i$，这个数量就是如果消费者将其全部禀赋悉数卖出所能得到的财富额。我们将这个预算集写成：

$$B^i(p)=\{x:p\cdot x\leqslant p\cdot e^i\}$$

5.1.2 瓦尔拉斯均衡

现在，我们来定义纯交换经济的瓦尔拉斯均衡。一个**瓦尔拉斯均衡**就是一个价格向量、每个行为人的一个消费束，满足以下条件：（1）每个消费束在既定价格下最大化了行为人的效用函数；（2）市场出清，每种商品的总需求恰好等于总的禀赋值。

定义5.1：经济体 ε 的一个瓦尔拉斯均衡即满足以下条件的向量 $(p,(x^i)_{i\in I})$：

（1）行为人最大化其效用：对于所有的 $i\in I$，$x^i\in\arg\max\limits_{x\in B^i(p)}u^i(x)$。

（2）市场出清：对于所有的 $l\in\mathcal{L}$，$\sum\limits_{i\in I}x_l^i=\sum\limits_{i\in I}e_l^i$。

5.1.3　帕累托最优

帕累托最优（Pareto optimality）这个概念要归功于意大利经济学家维尔福雷多·帕累托。本质而言，这个概念并未涉及均衡，尽管我们经常看到它们之间确有紧密的联系。它所考虑的是可行配置的集合，并将这样的一些配置从中挑选出来，即没有消费者能在不使得其他人福利变差的情况让自己的福利得到提高这样的配置。

定义5.2：如果对于所有的 $l\in\mathcal{L},\sum_{i\in I}x_l^i\leq\sum_{i\in I}e_l^i$，则配置 $(x^i)_{i\in I}\in\mathbb{R}_+^{I\cdot L}$ 是可行的。

定义5.3：给定经济体 ε，如果没有其他的可行配置 $\hat{x}$ 使得对于所有的 $i\in I$ 有 $u^i(\hat{x}^i)\geq u^i(x^i)$，且对于某一个 $i\in I$ 严格不等式成立，则可行配置 x 是**帕累托最优**的（或**帕累托有效**的）。

值得注意的是，帕累托最优这个概念对分配正义或公平基本上没有涉及。比如，在一个经济体中，一个人占有一切，其他人一无所有，也是帕累托最优的。历史中描述的“富者田连阡陌，贫者无立锥之地”同样也是帕累托有效的。帕累托有效只是说不再有“双赢”的机会，而对于社会性的贫富权衡问题如何解决却保持了缄默。

5.1.4　假设

随着进一步深入，对于消费者的偏好和禀赋，我们需要不断地论及一些假设，这里将其中一些主要的假设罗列如下：

（A1）对于所有行为人 $i\in I$，u^i 是连续的。

（A2）对于所有行为人 $i\in I$，u^i 是递增的，即只要 $x'\gg x$，就有 $u^i(x')>u^i(x)$。

（A3）对于所有行为人 $i\in I$，u^i 是凹的。

（A4）对于所有行为人 $i\in I$，$e^i\gg0$。

前面三个假设我们在消费者理论中已经比较熟悉，分别是效用函数的连续性、单调性和凹性。有些假设还是比较强的，比如单调性可以弱化为局部非饱和性，凹性可以弱化为拟凹性。最后一个假设是关于禀赋的，这是一个新的假设，而且很重要。它说明每个人对每种商品都拥有那么一点点。在接下来的工作中，我们将会看到这个假设的重要性。

5.2　图形举例

一般均衡理论一向是数理经济学家们盘踞的领域。尽管如此，仍然有很多重要的思想可以以一种简单的两人、两商品交换经济的图形方式来表达。其中，研究这样的经济体最为有用的方式，也是最为著名的方式，就是**埃奇沃思盒形图**（见图5-1）。这是为了纪念19世纪著名的经济学家F.埃奇沃思而命名的。

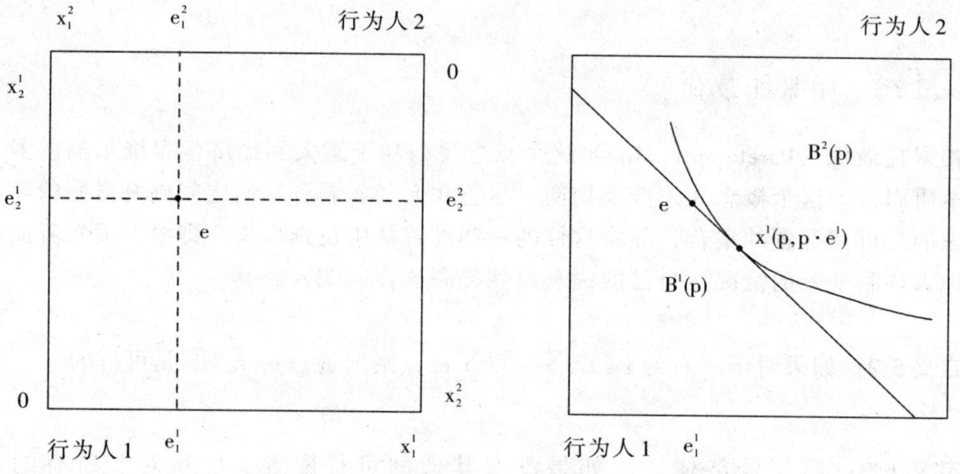

(a) (b)

图 5-1 埃奇沃思盒形图

图 5-1（a）给出了一个埃奇沃思盒形图。左下角是行为人 1 的原点，最底下的那条线是行为人 1 的 x 轴，左边的边线是他的 y 轴。在这张图里，行为人 1 的禀赋是 $e^1=(e_1^1, e_2^1)$。对于行为人 2 来说，原点在右上角，一切正好和行为人 1 的翻转过来。这个盒形图中的每一个点都代表着两种商品的一个组合，这个组合刚好穷尽了所有的商品，而未造成任何浪费。

图 5-1（b）添加进了价格。给定两种商品的价格 p_1, p_2，行为人 1 的预算线是斜率为 p_1/p_2，并通过点 e 的那条直线，这也是行为人 2 的预算线。因此，这条线把埃奇沃思盒形图划分成两个预算集 $B^1(p)$ 和 $B^2(p)$。那么，每个行为人都会将消费束在既定价格下进行效用最大化。在图 5-1（b）中，行为人 1 的马歇尔需求 $x^1(p, p\cdot e^1)$ 由我们熟悉的相切条件所表示。

如果我们改变价格，那么这两个经济主体的马歇尔需求也会改变。要注意，这里最为关键的还是两种商品的相对价格，正是它们决定了预算线的斜率。图 5-2 描述了行为人 1 随着相对价格变化而改变的马歇尔需求的轨迹。这条虚线即被称为行为人 1 的**提供曲线**（offer curve）。

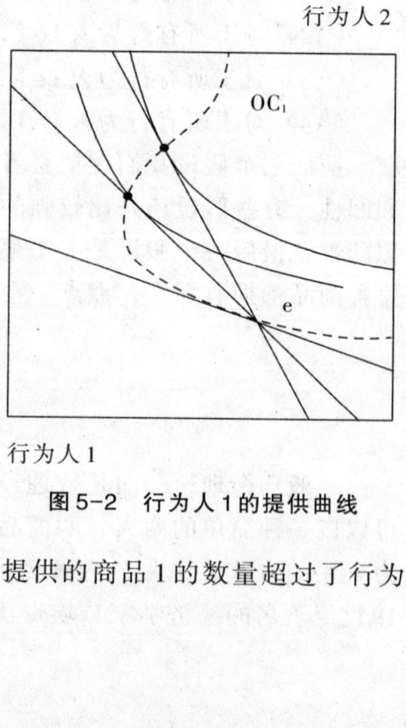

图 5-2 行为人 1 的提供曲线

瓦尔拉斯均衡要求两个行为人在给定价格下消费他们的马歇尔需求，同时这些需求也要能够彼此兼容。因此，我们所要做的就是设定相对价格，找出两个行为人的马歇尔需求，看看在这两个市场中需求是否等于供给。图 5-3（a）表示的是价格并未同时出清的两个市场的情况。在图 5-3（a）中，在给定的价格下，行为人 2 愿意提供的商品 2 的数量要少于行为人 1 想要消费的数量，因此商品 2 出现了超额需求。反过来，行为人 1 愿意提供的商品 1 的数量超过了行为人 2 需求的数量。因此商品 2 出现了超额供给。

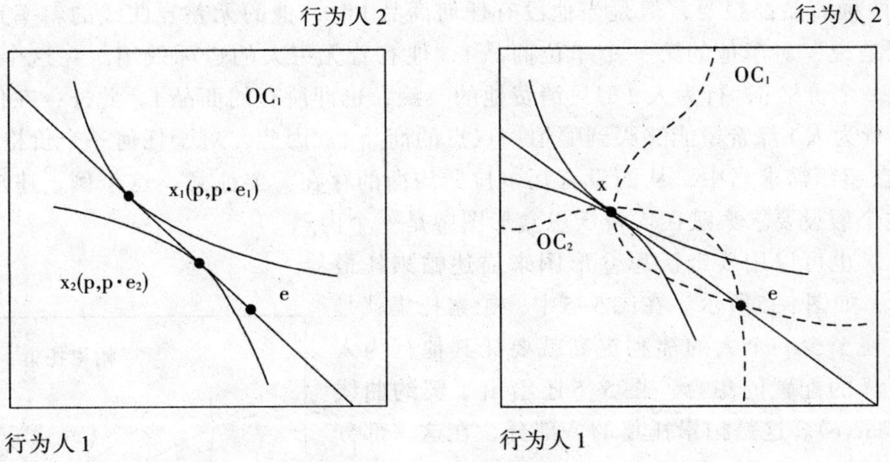

(a)　　　　　　　　　　　　(b)

图5-3　埃奇沃思盒形图中的均衡与非均衡

在图5-3（b）中，价格出清了这个市场，我们在点x处有一个瓦尔拉斯均衡。在均衡过程里，从禀赋点e开始，行为人1将商品1卖掉用来购买商品2；行为人2则反过来做。最终出现了一个点，使得两个市场都出清了。要注意，瓦尔拉斯均衡配置是两个供给曲线的交点。点x位于行为人i的供给曲线上，意味着x是在给定价格p和禀赋e的条件下行为人的马歇尔需求。点x是两条提供曲线的交点，这一点说明在既定价格下，需求彼此一致，市场出清。这正是瓦尔拉斯均衡定义中的条件（1）和条件（2）。

关于瓦尔拉斯均衡，有两个问题要问：第一，它是唯一的吗？第二，它总是存在的吗？这两个问题的答案都是否定的。图5-4（a）给出了多重瓦尔拉斯均衡的一个例子。在图5-4（a）中，给定禀赋e，两个行为人的供给曲线一共相交三次，因此就有三个瓦尔拉斯均衡。

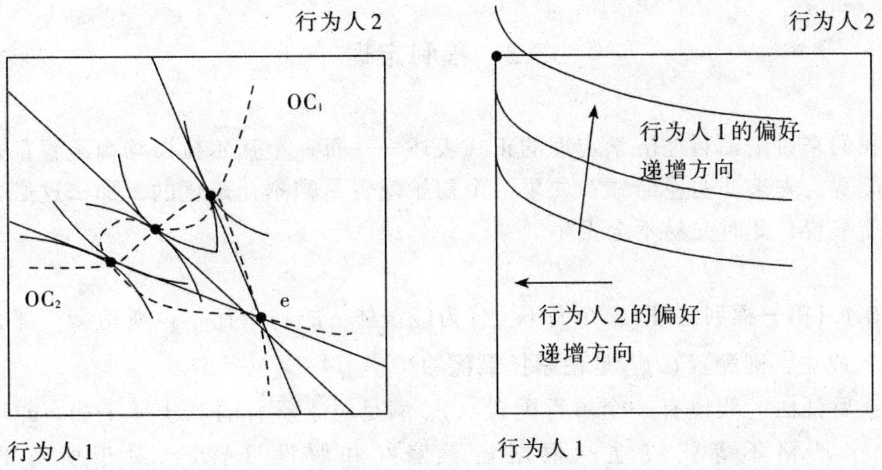

(a)　　　　　　　　　　　　(b)

图5-4　均衡的非唯一性和非存在性

图5-4（b）给出的是瓦尔拉斯均衡不存在的例子。在这个例子里，行为人2占有所有的商品1，这也是他唯一关心的商品。行为人1占有所有的商品2，但是没有任何商品1。

行为人1两种商品都想要，但是当他没有任何商品1时，他的无差异曲线的斜率是无穷大的。也就是说，对于他的第一个单位商品1，他有着无穷大的边际效用。在这个例子中，对于任何一个价格p，行为人2都只消费他的禀赋，也即所有的商品1。此外，在任何一个价格上，行为人1都希望能够买到哪怕一点点的商品1。因此，对于任何一个价格p，商品1总是处在超额需求当中，从而没有瓦尔拉斯均衡的存在。要注意，这个例子违反了假设(A4)，这个假设要求禀赋在埃奇沃思盒形图中是一个内点。

同样，也可以用埃奇沃思盒形图来描述帕累托最优的概念，如图5-5所示。在图5-5中，帕累托集就是所有满足使至少一个人的福利提高就要让其他行为人的福利下降的配置的集合。图5-5还给出了**契约曲线**(contract curve)。这是帕累托集的一部分，在这一部分里，两个行为人都偏好禀赋e。我们预期，如果行为人从其禀赋开始，想要进行一场相互达成一致的议价，那么他们会最终到达契约曲线上的一个点。

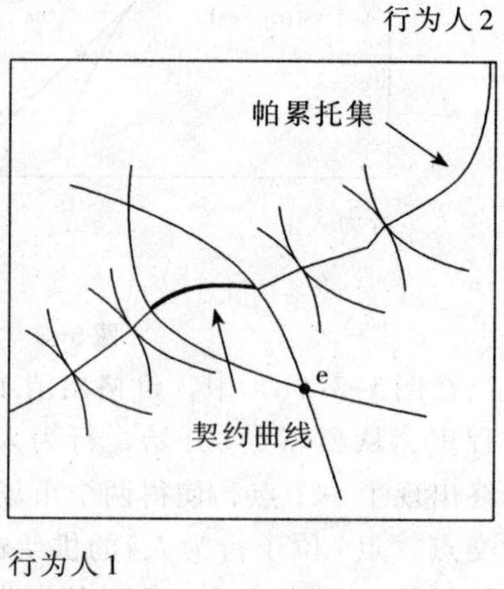

图5-5 契约曲线

图5-5还给出了一般均衡理论中以下重要结论的直观体验：**任何一个瓦尔拉斯均衡都是帕累托最优的(或位于帕累托集上)**。原因如下：在一个瓦尔拉斯均衡上，预算线将行为人的两个“一样好”集合分离开来（如图5-3（b）所示）。如此，就不可能有瓦尔拉斯结果以外的其他可能使得行为人的福利得到更多提升。因此，任何一个瓦尔拉斯均衡都是帕累托最优的。当然，这个帕累托最优集也是所有帕累托最优配置的集合，因此还有另外一种表述，那就是任何一个瓦尔拉斯均衡配置都位于帕累托集上。这个结论就是著名的**福利经济学第一定理**。

5.3 福利定理

现在我们来讨论福利经济学定理的正式表述——每一个瓦尔拉斯均衡配置都是一个帕累托最优配置。先来证明逆命题：如果一个初始配置是帕累托最优的，那么这必是一个瓦尔拉斯均衡配置，此时交易不会发生。

定理5.1（第一福利定理）： 令$\left(p,(x^i)_{i\in I}\right)$为经济体$\varepsilon$的一个瓦尔拉斯均衡。那么，如果假设（A2）成立，则配置$(x^i)_{i\in I}$是帕累托最优的。

证明：反证法。假设有一个可行配置$(x^i)_{i\in I}$满足对于所有的$i\in I$有$u^i(\hat{x}^i)\geqslant u^i(x^i)$，其中对于某个$i'$严格不等式成立。根据显示偏好和假设（A2），对于所有的$i\in I$有$p\cdot\hat{x}^i\geqslant p\cdot x^i$，且$p\cdot\hat{x}^i>p\cdot x^i$（瓦尔拉斯法则）。因此，由于价格非负，则必有至少一个商品l满足$\sum_i\hat{x}^i_l>\sum_i\hat{x}^i_l=\sum_i e^i_l$，故而$\hat{x}$是不可行的。

这一结论为亚当·斯密主张的个人追求自己的利益，最终会以某种方式使得整个社会实现最大福利后果的思想提供了形式化的支持。就分立市场的效率性质而言，这个命题给出了非常强有力的概括：尽管没有明确作出社会性协调，行为人只是最大化既定价格下各自的效用，但从社会的角度来看，最终的均衡结果却是符合效率标准的。

要注意，从一定意义上来说，这些假设还是相当弱的。给定这个交换经济模型，关于偏好的唯一假设就是单调性（而且局部非饱和性即已足够）。当然，还应予以强调的是，这个模型本身涵盖了大量夸张的隐性假设，在真实经济中，这些似乎不大可能得到满足。其中包括：(1) 所有行为人都面对着同一价格；(2) 所有行为人都是价格接受者，也即他们将价格视为既定，不相信他们的购买决策会改变价格；(3) 所有商品的市场均存在，行为人可以自由地参与这些市场。此外，到目前为止，对于一群行为人如何达成均衡价格，我们尚且未发一言。因此，你可能会拒绝对市场的有效性作出判断。

第一福利定理告诉我们，均衡结果是有效率的。下面这个结论则告诉我们，给定正确的价格和禀赋，有效率的结果就是瓦尔拉斯均衡。

定理 5.2（第二福利定理）： 令 ε 为满足假设（A1）～（A4）的经济。如果 $(e^i)_{i\in I}$ 是帕累托最优的，则存在一个价格向量 $p\in\mathbb{R}^L_+$ 使得对于 ε 而言 $(p,(e^i)_{i\in I})$ 是一个瓦尔拉斯均衡。①

要注意，第二福利定理并没有说从一个既定的禀赋出发，每一个帕累托最优配置都是一个瓦尔拉斯均衡，而是说如果我们打算从一个既定的禀赋出发，那么对于任何一个帕累托最优配置而言，总存在一种重新配置资源的方式和一套价格，使得这个配置可以成为一个瓦尔拉斯均衡结果。

虽然在实际的政策实践中，这种重新配置资源的方式要求太过苛刻，限制了这一定理的现实适用性，但是对于建模而言，它仍然不失为一个在概念上颇为有用的结果。例如，在复杂的宏观经济动态模型中，有时候很难直接确认均衡的存在性；在有些情况下，我们可以通过将帕累托最优配置挑选出来，然后证明第二福利定理的某个版本即可将模型分析进行下去。最后，我们可以看到，第二福利定理和第一福利定理不同，凸性在第二福利定理中发挥着关键作用。这只是比较技术化的一个问题，这里稍微提及一下即可。

5.4 均衡的特征

本部分我们假设效用函数可微且凹，然后使用一阶条件来描述帕累托最优配置的特征。基本的思想就是，在任一帕累托最优配置上，我们如果知道哪些条件需要得到满足，那么根据第一福利定理，也就可以知道在任一瓦尔拉斯均衡上哪些条件需要得到满足了。我们还要把帕累托最优配置集与最大化线性柏格森–萨缪尔森社会福利函数的配置集联系起来。

---

① 对这个定理的证明需要用到分离超平面定理，本书不对此进行证明。关于详细的证明，有兴趣的读者可以参看马斯–科莱尔等所著的《微观经济理论》第16章的命题16.D.1的证明。

辨识帕累托最优配置 $x=(x^1,\cdots,x^I)$ 的集合的一种方式，是求解下面这个规划：

$$\max_{x}\quad u^1(x_1^1,\cdots,x_L^1)$$

$$\text{s.t.}\quad u^i(x_1^i,\cdots,x_L^i)\geqslant \bar{u}^i\qquad (i=2,\cdots,I)$$

$$\sum x_l^i\leqslant\sum e_l^i\qquad (l=1,\cdots,L)$$

这里主要是想根据可行性和其他消费者至少要得到某一预先的效用水平这些约束条件，来最大化第一个消费者的效用。通过不断改变消费者2，…，消费者I的效用水平，我们可以找出帕累托最优配置的整个集合。

在假设（A1）～（A3）之下，所有的约束条件在解上都是紧的（如果i的效用约束是松的，那么我们就可以在所有方向上将 x^i 减少 ε，然后给 x^1 增加相同的量；如果资源约束是松的，那么我们可以要么增加 x^1，要么增加 x^i）。此外，我们还假设每个行为人都具有可微的效用函数，所以这个问题满足库恩-塔克定理所需要的条件，我们可以使用库恩-塔克条件来描述这个解。

令 λ^i 表示行为人i约束的拉格朗日乘子，令 μ_l 表示关于商品l的约束，那么库恩-塔克条件为：

$$\lambda^i\frac{\partial u^i}{\partial x_l^i}-\mu_l\leqslant 0,\ x_l^i\geqslant 0,\ (\lambda^i\frac{\partial u^i}{\partial x_l^i}-\mu_l)x_l^i=0\tag{5-1}$$

再加上“（I-1）+L个约束的每一个都是紧的”这个条件：

$$u^i(x_1^i,\cdots,x_L^i)=\bar{u}^i\quad (i=2,\cdots,I)$$

$$\sum_i x_l^i=\sum_i e_l^i\quad (l=1,\cdots,L)$$

我们假设 $\lambda^1=1$，你会看到这样表示很有用。要注意，由于每个约束条件都是在最优点上为紧，所以对于 $i=2,\cdots,I$ 有 $\lambda^i>0$，对于所有的l有 $\mu_l>0$。

在公式（5-1）中给出的库恩-塔克条件很容易被解释。我们知道，λ^i 是消费者i根据消费者1的效用来衡量的收入的边际价值。也就是说，在最优点上，从行为人i那里取走一个效用单位，会允许我们增加行为人1的效用 λ^i。同时，μ_l 是商品l的影子价格（同样也是根据行为人1的效用来体现的）。商品l的额外一单位会让我们提高行为人1的效用 μ_l 单位，而同时保持其他人的效用不变。

假设在最优点上每个消费者都消费每种商品正的数量值，所以对于所有的i,l有 $x_l^i>0$，我们可以很轻松地得到这样的结论：在任何一个帕累托有效配置上，都有以下这样的关系：

$$MRS_{kl}^i=\frac{\partial u^i/\partial x_k^i}{\partial u^i/\partial x_k^i}=\frac{\partial u^j/\partial x_k^j}{\partial u^j/\partial x_l^j}=MRS_{kl}^j=\frac{\mu_k}{\mu_l}$$

也就是说，在最优点上，针对任何一种商品，每个行为人对k、l的边际替代率必然彼此相等，且等于影子价格 μ_k 和 μ_l 之比。这恰是我们前面从埃奇沃思盒形图中得到的相切条件。

在这个可微的凹效用函数框架里，我们可以很容易地将帕累托最优配置与瓦尔拉斯均衡集联系起来。假设x是这样一个帕累托最优配置，令 $e^i=x^i$，并定义价格 $p_l=\mu_l$。给定这些价格和禀赋，我们来看消费者i所面对的最优化问题：

$$\max_{\tilde{x}^i}\quad u^i(\tilde{x}^i)$$

s.t. $p \cdot x^i \leq p \cdot e^i$

我们知道，在最优点处根据我们的假设，预算约束必为紧约束，也即满足瓦尔拉斯法则。此外，我们还可以使用库恩-塔克条件来描述这一最优值。令 $v^1, \cdots, v^I$ 表示行为人1，…，行为人I的预算约束的拉格朗日乘子，库恩-塔克条件表明，给定价格p，$x^1, \cdots, x^I; v^1, \cdots, v^I$ 求解了这I个效用最大化问题的充要条件是，对于所有的i,l：

$$\frac{\partial u^i}{\partial x_l^i} - v^i \cdot p_l \leq 0,\ x_l^i \geq 0,\ (\frac{\partial u^i}{\partial x_l^i} - v^i \cdot p_l) \cdot x_l^i = 0 \tag{5-2}$$

可以很容易看出，如果x是一个帕累托最优配置，对于每一个行为人i来说，消费 $x^i = (x_1^i, \cdots, x_L^i)$，其拉格朗日乘子 $v_i = 1/\lambda^i$ 是其一个解。为什么呢？因为给定价格 $p_l = \mu_l$ 和禀赋 $e^i = x^i$，I个效用最大化问题的库恩-塔克条件和前面所提及的帕累托问题的库恩-塔克条件是等价的。

因此，我们可以得出这样的结论：如果x是一个帕累托最优配置，且由前述帕累托问题得到的商品影子价格为 $\mu_1, \cdots, \mu_L$，则 (μ, x) 就是经济 $\varepsilon = \left((u^i)_{i\in I}, (x^i)_{i\in I}\right)$ 的瓦尔拉斯均衡。这正是第二福利定理。

为了得到第一福利定理，我们还可以走另外一条路。可以看到，如果禀赋e和价格p给定，而且每个行为人都最大化其效用，那么，在所得的作为解的消费束 $x^1, \cdots, x^I$ 上，公式（5-2）必然成立，而且每个消费者的预算约束都能得到满足。我们再来看对行为人 $2, \cdots, I$ 而言 $\bar{u}^i = u^i(x^i)$ 的帕累托问题。可以很容易看出，如果我们定义 $\mu_l = p_l$，$\lambda^i = 1/v^i$ 以及 $\bar{u}^i = u^i(x^i)$，则公式（5-1）和每一个约束条件在 $x^1, \cdots, x^I$ 上都可以得到满足。因此，任何一个瓦尔拉斯均衡都是帕累托最优的。

最后，还有一种方法来概括帕累托有效配置。在这种方法里，我们要考虑的是最大化形如 $\sum_i \beta^i u^i$ 的线性（柏格森-萨缪尔森）社会福利函数，所受的局限即一个资源约束条件。该规划为：

$$\max_{x^1,\cdots,x^I} \sum_i \beta^i u^i(x_1^i, \cdots, x_L^i)$$

$$\text{s.t.} \sum_i x^i \leq \sum_i e^i$$

给定效用函数的单调性，这一资源约束在最优值上为紧。最优性所需增加的库恩-塔克条件是：对于所有的行为人i和商品l有：

$$\beta^i \frac{\partial u^i}{\partial x_l^i} - \delta_l \leq 0,\ x_l^i \geq 0,\ (\beta^i \frac{\partial u^i}{\partial x_l^i} - \delta_l) \cdot x_l^i = 0 \tag{5-3}$$

令 $\beta^i = \lambda^i$，$\delta_l = \mu_l$，我们可以在公式（5-1）和公式（5-3）之间找到确切的对应。令 $\beta^i = 1/v^i$，$\delta_l = p_l$，我们在公式（5-2）和公式（5-3）之间可以找到确切的对应。因此，不仅帕累托最优配置和瓦尔拉斯均衡配置在福利定理的意义上彼此一致，而且也都可以最大化一个线性社会福利函数。

5.5　均衡的存在性

在瓦尔拉斯写下他的一般均衡模型后大约100年，关于这样的均衡是否确实存在成了学术界一个公认的学术话题。最早证明一般均衡模型存在性的结论是由Cassel（1924）[①]提出的，他把每种商品的总需求就是所有商品价格的函数作为一个基本前提（因此也就没有了个体效用最大化），在供给方面他采取了非常简单的线性生产函数。均衡被定义为商品价格和满足每种商品的需求恰好等于供给数量的集合。

暂时忽略供给方面，我们令 $x_i(p_1, \cdots, p_n)$ 表示商品i的总需求，它是价格的一个函数，这里的基本问题就是证明满足下式的价格向量 $p_1, \cdots, p_n$ 是存在的：

对于所有的 $i=1,\cdots,n$，有 $x_i(p_1, \cdots, p_n)=e_i$ 。

在早期文献中，基本的思想就是要求方程和未知数的数目相等，认为两者相等即有唯一解。很不幸，有的时候，这个方程的解会出现负值，这种情况是让人很不满意的，更重要的是，这个方程很可能无解或出现无穷多解，因为方程数和未知数的个数即便相同，也无法保证存在唯一解。

1951年，约翰·纳什出版了他在普林斯顿大学攻读博士学位的论文。在这篇论文里，他使用不动点定理来证明博弈中纳什均衡的存在性。此论文一经出版，一般均衡的理论家认识到也可以如法炮制证明瓦尔拉斯均衡的一般性存在。对下面这个结果的证明要归功于阿罗和德布鲁（1954）[②]。

定理5.3（瓦尔拉斯均衡的存在性）：给定满足假设（A1）~（A4）的经济 ε，必存在一个瓦尔拉斯均衡（p,x）。

对此定理的证明颇为烦琐，有兴趣的同学可以直接阅读原文或参考马斯-科莱尔等所著的《微观经济理论》的相关章节。在这里，我们只从一个相当简单且直观的两种商品情况下的证明开始，然后使用不动点定理给出一个稍微一般化的证明。

5.5.1 超额需求函数

作为分析的起点，我们先来引入超额需求函数的概念。

定义5.4：行为人i的超额需求函数为：

$$z^i(p) = x^i\left(p, p \cdot e^i\right) - e^i$$

其中：$x^i\left(p, p \cdot e^i\right)$是i的瓦尔拉斯需求函数。

那么，总的超额需求函数为：

$$z(p) = \sum_i z^i(p)$$

从超额需求函数的定义可知，如果一个价格向量 $p \in \mathbb{R}_+^L$满足 $z(p)=0$，则 $\left(p, \left(x^i\right)_{i\in I}\right)$必是一个瓦尔拉斯均衡，其中 x^i 就定义为在给定价格向量p时i的马歇尔需求函数。为什么呢？因为 $\left(p, \left(x^i\right)_{i\in I}\right)$既满足均衡定义中的个体最优部分（根据 x^i），又满足市场出清条件

① CASSEL G. The theory of social economy［M］. New York：Harcourt，Brace and Company，1924.
② ARROW K J，DEBREU G. Existence of an equilibrium for a competitive economy［J］. Econometrica，1954，22（3）：265-290.

$(z(p)=0)$。

这样，证明均衡的存在性就归结为，证明给定假设（A1）~（A4）时 $z(p)=0$ 的解存在。从本书所讲的消费者理论可知，超额需求函数必具有以下性质：

定理 5.4：假设（A1）~（A4）可以满足。那么，总超额需求函数 $z(p)$ 满足以下条件：

（1）是连续的；

（2）是零次齐次的；

（3）对于所有的 p，有 $z(p)=0$（瓦尔拉斯法则）；

（4）对于某一 $Z>0$，每一个 $l\in\mathcal{L}$ 以及所有的 p，有 $z_l(p)>-Z$；

（5）如果 $p^n\rightarrow p$，其中 $p\neq 0$ 且对于某个 l 有 $p_l=0$，则 $\max\{z_1(p^n),\cdots,z_L(p^n)\}\rightarrow\infty$。

证明：除去最后一条性质，其他各条都可以直接从马歇尔需求函数的性质推导出来。最后一条性质也不复杂，由于并不是所有的价格都为零，所以必有财富值不会为零的消费者。由于他具有严格单调偏好，所以他必然会对那些价格为零的商品有着越来越多的需求。

在下一节中，我们将会使用这些性质来证明两种商品情况下的均衡存在性。由于我们打算把 $z(\cdot)$ 视作一个函数，所以这一证明不可能是完全一般化的。一般而言，给定一套价格，行为人并不会只有唯一的一个最优消费束，因此马歇尔需求与 $z(\cdot)$ 实际上是一种对应关系，我们在后面的章节再来对此进行扩展处理。

5.5.2　直观的论证

为了得到一些直观的感受，我们考虑一下在经济中只有两种商品的情况，因此我们希望找到一个 $z(p)=0$ 的瓦尔拉斯均衡价格向量 $p=(p_1,p_2)$。由于 $z(\cdot)$ 是零次齐次的，所以我们可以放心地将商品 2 的价格标准化为 1，即 $p_2=1$。这意味着我们可以只来寻找价格向量 $p=(p_1,p_2=1)$ 即可。此外，根据瓦尔拉斯法则，对于任意的 p 都有 $z(p)\cdot p=0$，因此要想得到均衡，只要找到一个满足 $z_1(p_1,1)=0$ 的价格 p_1 就足够了。（如果这一点成立，那么根据瓦尔拉斯法则，则有 $z_2(p_1,1)=0$。）

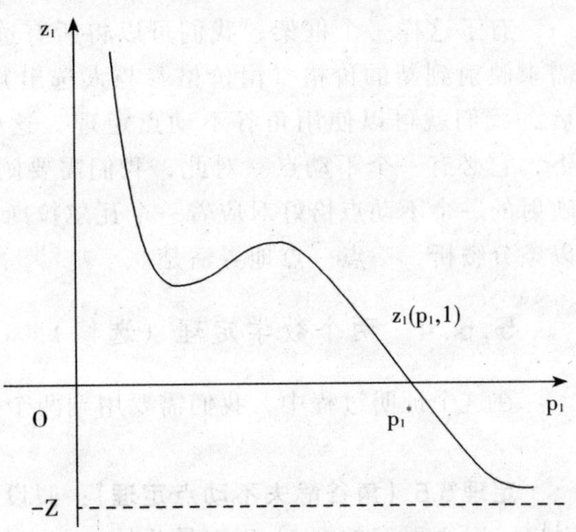

图 5-6　两种商品下瓦尔拉斯均衡的存在性

图 5-6 即把 $z_1(p_1,1)=0$ 绘成 p_1 的函数。在图 5-6 中，有三点需要注意：第一，$z_1(\cdot,1)$ 是连续的，这一点我们在之前已经证明了；第二，对于非常小的 p_1 值，$z_1(p_1,1)$ 是严格为正的；第三，对于非常大的 p_1

值，$z_1(p_1,1)$ 是负值。这样至少存在一个 p_1，使得 $z_1(p_1,1)=0$；而这个向量 $(p_1,1)$ 就是一个瓦尔拉斯均衡价格向量。

这一论证的精妙所在乃是第二点和第三点，也即当一种商品相对于其他商品变得无限便宜时，对这种更便宜的商品必有超额需求。我们可以从定理5.4中的条件（4）和条件（5）推导出这个结果。对于非常小的 p_1 值，条件（5）意味着要么 z_1 非常大，要么 z_2 非常大。然而，对相对更为昂贵的商品2来说，它的超额需求很大是不可能的，因为这样 $p_2 \cdot z_2 = z_2$ 就会非常大，而条件（4）表明，对于某个固定的Z，有 $p_1 \cdot z_1 > -Z$。因此，$p_1 \cdot z_1 + p_2 \cdot z_2 = 0$ 这个瓦尔拉斯法则就会被违反。对称的论证表明，对于很大的 p_1 值来说，$z_1(p_1,1)$ 必然是负值。

5.5.3 均衡存在性的证明（选修）

这个证明需要同学们对"对应"有所了解，对此同学们可以参看本书附录。这一证明与两种商品情形稍有差异。我们打算定义一个映射 Ψ，它将价格–总需求对 (p,x) 映射到自身。这个映射 Ψ 被定义为：它的任何一个不动点都是一个瓦尔拉斯均衡。我们需要做的事情就是证明不动点是存在的。

映射 Ψ 的定义如下：给定一个价格–总需求对 (p,x)，我们通过让行为人在给定价格下最优化来定义新的总需求。也就是说，行为人视价格为既定，并有一个马歇尔需求对应（在严格凹性条件下是函数）。可知总需求是一个非空、凸值和上半连续的价格对应。

为了得到价格的一个新的集合，我们使用一个首次由德布鲁引入的技巧。增加一个行为人，称他为"价格参与人"。他将旧的总需求视为给定，以一种明智的方式来设定价格；他的选择对应是上半连续的、凸值的和非空的总需求的对应。还有一个重要的性质，即如果在旧的价格水平上，行为人的需求刚好能够出清这个市场，那么对于价格参与人来说这就是最优的，不需要再改变价格。

有了这样一个框架，我们可以将所有选择都放在一个对应 Ψ 里，它将价格向量和总需求映射到新的价格（由价格参与人选出）和一个新的总需求（由行为人选出）上。然后，我们就可以使用角谷不动点定理。这个定理认为，在我们已经为 Ψ 设下的条件之下，它必有一个不动点（对此，我们需要阐述并理解角谷定理）。最后，我们认为，这一映射的一个不动点恰好对应着一个瓦尔拉斯均衡。这整个事情听起来很复杂，但是我们可以条分缕析，一点一点地弄清楚。

5.5.4 两个数学定理（选修）

在这个证明过程中，我们需要用到两个数学定理，第一个就是角谷静夫不动点定理。

定理5.5（角谷静夫不动点定理）：假设 $A \subset \mathbb{R}^n$ 是一个有界闭凸集，设 $f: A \Rightarrow A$ 是一个对应，对于所有的 $x \in A$，它是凸的、非空的，也是上半连续的。那么，必存在一个 $x \in A$ 满足 $x \in f(x)$。

如果你知道用于函数的布劳沃尔不动点定理，那么这个结论理解起来就不在话下了。如果你不知道布劳沃尔不动点定理，我们也尝试给出一些直观的理解。如果你觉得这个定理很难理解，也没有关系，你大可以将它就看成一个结论并记住，然后放心大胆地使用它就可以了。毕竟，数学家做的很多工作，我们并不一定完全理解其内在的过程，物理学家也不可能完全理解数学家的工作过程，但是并不妨碍我们使用他们的工作成果。对于下面这个定理，也是这样。

定理5.6：假设我们有一个连续对应 $C:Q\Rightarrow\mathbb{R}^N$，其中对于所有的 $q\in Q$，$c(q)$ 都是非空紧集，此外还假设有一个连续函数 $f:R^N\to\mathbb{R}$。考虑最大化问题 $\max f(x)\quad \text{s.t.}\ x\in c(q)$。最大值对应将会是上半连续的。这一实值函数也会是连续的。

定理5.6被称为最大值定理，有时候也被称为Berge定理，有兴趣的同学可以进一步参看马斯-科莱尔等所著的《微观经济理论》一书的附录部分关于这个定理的介绍。

5.5.5　对存在性定理的证明（选修）

我们一步一步地来证明这个存在性定理。

第一步（将价格正则化）：

在瓦尔拉斯模型中，只有相对价格才是最重要的，因此我们总是将其中一种商品的价格进行正则化。为了方便，我们将所有价格的加总之和正则化为1。定义 $\Delta=\{p\in\mathbb{R}_+^L: p_1+\cdots+p_L=1\}$ 为加总之和为1的价格向量的集合（即价格单形）。

第二步（总需求）：

我们首先定义个体的马歇尔需求，它们在价格上都是上半连续的。为了让行为人的需求对应也都是上半连续的，我们使用Berge定理。我们面临的一个小问题是，预算对应 $B^i(p)$ 在 Δ 边界的价格上并不是紧集。因此，我们可以定义这样一个紧集：

$$T=\left\{x\in\mathbb{R}_+^L: x\leqslant 2\sum_{i\in I}e^i\right\}$$

然后考虑对于每个行为人 $i\in I$ 来说下面的这个对应：

$$\psi^i(p)=\arg\max_{c\in B^i(p)\bigcap T}u^i(c)$$

$c\in B^i(p)\bigcap T$ 对 ψ^i 应对于每个行为人 i 来说都是非空且上半连续的。此外，由于 $u^i(\cdot)$ 是凹的，所以 ψ^i 是凸的。要注意，我们的假设 $e^i\gg 0$ 在这里很关键。如果对于某个 $l\in\mathcal{L}$ 有 $e_l^i=0$，则这个预算对应在 $p_l=0$ 处就不会是连续的，因此我们就无法使用Berge定理。

最后，我们来定义总需求对应：

$$\Psi^D(p)=\sum_{i\in I}\psi^i(p)=\left\{x:\exists x^1\in\psi^1(p),\cdots,x^I\in\psi^I(p)\quad \text{s.t.}\ x=\sum_{i\in I}x^i\right\}$$

可以很容易看到，给定我们关于 $\psi^1,\cdots,\psi^I$ 的知识，可知 $\Psi:\Delta\to T$ 是一个非空的、凸的、在价格上上半连续的对应。

第三步（价格参与人）：

现在我们引入一个价格参与人，其对应定义为 $\Psi^P: T\Rightarrow\Delta$，有：

$\Psi^P = \arg\max_{p\in\Delta^{L-1}} p\cdot(x-e)$

其中：$e=\sum_{i\in I} e^i$ 是总禀赋。也就是说，价格参与人选择的新的价格最大化了总超额需求（在旧的价格上）的值。要注意，Ψ^P 是非空的、凸的和上半连续的。

第四步（不动点）：

定义 $\Psi:\Delta\times T\Rightarrow\Delta\times T$ 如下：

$\Psi(p,x)=(\Psi^P(x),\Psi^D(p))$

由于非空的、凸的且上半连续的对应的笛卡尔积自身也是非空的、凸的和上半连续的，所以我们可以使用角谷不动点定理。这就给出了一个不动点 $(p^*,x^*)\in\Psi(p^*,x^*)$。

第五步（瓦尔拉斯均衡）：

现在，我们可以认为，从 (p^*,x^*) 中可知我们取得了一个瓦尔拉斯均衡，或者更准确地说，当与构成 x^* 的个体需求 $x^{1*},\cdots,x^{I*}$ 成对出现时，p^* 就是一个瓦尔拉斯均衡。

特别地，因为 $x^*\in\Psi^D(p)$，所以必存在 $x^{1*},\cdots,x^{I*}$，加总后其和为 x^*，这些个体需求具有这样的性质：$x^{i*}\in\arg\max_{c\in B^i(p)\cap T} u^i(c)$。对于均衡的个体最优化部分来说，我们需要验证的是 $x^{i*}\in\arg\max_{c\in B^i(p^*)} u^i(c)$。在这里，要注意 $p^*\in\Psi^P(x^*)$：

对于所有的 $p\in\Delta$，有 $0\geqslant p^*\cdot(x^*-e)\geqslant p\cdot(x^*-e)$。

后面这个不等式表明 $x^*-e\leqslant 0$，特别地，有 $x^{i*}<2e$。因此，$x^{i*}\in\arg\max_{c\in B^i(\bar{p})} u^i(c)$，因为如果存在 $u^i(c)>u^i(x^{i*})$ 的一个 $c\in B^i(p)$，那么对于很小的 $\lambda>0$，也有 $\lambda c+(1-\lambda)x^{i*}\in B^i(p)\cap T$，根据 u^i 的凹性，又有 $u^i(\lambda c+(1-\lambda)x^{i*})>u^i(x^{i*})$，这就推出了矛盾。

剩下的事情就是证明市场出清，即证明 $x^*=e$。根据瓦尔拉斯法则，我们有 $p^*\cdot x^*=p^*\cdot e$。因此，如果对于某种商品 l 有 $x_l^*-e_l<0$，则根据价格参与人的最优化，我们必有 $p_l^*=0$。这样，我们可以简单地用 $x_l^{*1}-(x_l^*-e_l)$ 来取代 x_l^{*1} 即可得到市场出清结果。

5.6 唯一性、稳定性和比较静态

现在，我们对一般均衡理论中的三个重要问题进行简单的讨论：

(1) 瓦尔拉斯均衡是唯一的吗？如果不是，到底有多少个瓦尔拉斯均衡存在？

(2) 瓦尔拉斯均衡在“合理的动态调整过程会收敛到均衡价格和配置”上是稳定的吗？

(3) 瓦尔拉斯均衡是否为可观察的数据施予了有意义的限制条件？比如说，如果改变均衡价格，禀赋上的变化是怎么样的？对此我们能否作出评论呢？这就是比较静态问题。

我们已经提及，前两个问题的答案基本上是否定的。一般而言，对于一个既定的偏好和禀赋而言，总是存在很多瓦尔拉斯均衡。如果没有对偏好作出更强的假设，没有理由认为动态调整过程终将收敛到一个瓦尔拉斯均衡结果上。但是与这两个问题的答案不同，第三个问题的答案则是肯定的。如果我们观察到禀赋和价格数据在某一固定集合的行为人身上发生了变化，那么我们就可以预测均衡价格和数量的变化情况。关于这方面的内容，本书不再作更深的探究，有兴趣的同学可以继续研读马斯-科莱尔等所著的《微观经济理论》关于一般均衡的章节，这本书的一般均衡部分可谓全书的精华之一，所作的介绍与解析乃是出自一般均衡的一流大家之手，功力深湛！

5.7 一般均衡中的生产

到目前为止，我们所讨论的都是交换经济这样一种特殊的情况，其中商品皆直接来自各人的禀赋。幸运的是，将企业和生产纳入我们的一般均衡模型并非难事，只要我们作出如下假定：（1）没有规模报酬递增；（2）企业是完全竞争的价格接受者。

在本节，我们给出一个纳入了生产部门的更为一般化的阿罗-德布鲁模型，重新看看福利定理和均衡存在性的问题，然后考虑一些简单的例子，从而结束本章。

5.7.1 将生产加入模型

我们仍然保留对消费者的假设，消费者 $i=1,\cdots,I$，有效用函数 $u^1,\cdots,u^I$。我们添加K个企业 $k\in K$，其生产集为 $Y^k\in\mathbb{R}^N$。每个 Y^k 都是一个生产计划集：如果 $y\in Y^k$，则 $y_l<0$ 意味着商品l作为投入来使用；$y_l>0$ 意味着商品l作为产出出现。这些企业由每家每户拥有。我们用 α^{ki} 表示i拥有的企业k的股份，那么一个生产经济就是：

$$\varepsilon=\left(\left(u^i,e^i,(\alpha^{ki})_{k\in K}\right)_{i\in I},(Y^k)_{k\in K}\right)$$

企业k将价格 $p\in\mathbb{R}^N$ 视为给定，并选择一个生产计划 $y\in Y^k$ 来求解下式：

$$\max_{y\in Y^k}\quad p\cdot y$$

定义5.5：一个瓦尔拉斯均衡就是向量 $\left(p,(x^i)_{i\in I},(y^k)_{k\in K}\right)$，它满足：

（1）企业最大化利润：对于所有的 $k\in K$，$y^k\in\arg\max\limits_{y\in Y^k}p\cdot y$。

（2）消费者最大化效用：对于所有的 $i\in I$，有：

$$x^i\in\arg\max_x u^i(x)$$
$$\text{s.t. } p\cdot(x-e^i)-p\cdot\sum_{k\in K}\alpha^{ki}y^k\leqslant 0$$

（3）市场出清：$\sum\limits_{i\in I}(x^i-e^i)-\sum\limits_{k\in K}y^k=0$。

5.7.2 关于生产的假设

我们意欲对 Y^k 作一些假设，以确保纳入生产之后均衡能够存在。最简单的假设是 Y^k 对于所有企业k来说都是凸紧集，而假设生产集是有界的似乎有些不太合理①。因此，我们这样来假设：

（A5）对于所有企业 $k\in K$，Y^k 是闭且凸的。

（A6）对于所有企业 $k\in K$，$0\in Y^k$ 且 $R^N_{--}\subset Y^k$。

① 注意，紧集是有界闭集。

要注意，这些假设排除了规模报酬递增的情况。如果 $y \in Y^k$，那么对于任何 $0<\beta<1$，βY^k 也是这样的。因此，将生产规模减下来，或者将它随意分为一些小的生产单位总是可能的。

我们还需要一个进一步的假设，以确保企业不会以某种明智的方式彼此合作，从而生产无穷数量的商品，也即确保一个企业不能用1吨铁生产出1吨钢，而另外一个企业却从1吨铁中生产出2吨钢来。德布鲁（1959）直接对总的生产可能性作出了一个假设：

（A7）如果 $Y=\sum_{k\in K} Y^k$，那么 $Y \cap -Y=\{0\}$。

有了这些假设，我们就可以继续对福利经济学的两个定理以及一般均衡的存在性进行分析了。

5.7.3 效率和存在性

可行性和帕累托效率的定义可以马上应用到生产情形上来。

定义 5.6：如果 $\sum_{i\in I}(x^i-e^i)-\sum_{k\in K} y^k \leqslant 0$，则配置和生产计划 $\left((x^i)_{i\in I},(y^k)_{k\in K}\right)$ 就是可行的。

定义 5.7：如果没有其他的可行配置和生产计划 $\left((\hat{x}^i)_{i\in I},(\hat{y}^k)_{k\in K}\right)$ 满足对于所有的 i 有 $u^i(\hat{x}^i)\geqslant u^i(x^i)$，其中至少有一个 i 严格不等式成立，那么，可行配置和生产计划 $\left((x^i)_{i\in I},(y^k)_{k\in K}\right)$ 就是帕累托有效的。

现在，我们可以给出福利经济学的那两个定理了。

定理 5.7（第一福利定理）：假设 ε 是一个生产性经济，它满足假设（A2）。如果 $\left(p,(x^i)_{i\in I},(y^k)_{k\in K}\right)$ 是 ε 的一个瓦尔拉斯计划，那么 $\left((x^i)_{i\in I},(y^k)_{k\in K}\right)$ 就是帕累托有效的。

这个定理的证明可以仿效交换经济的情形，二者没有太多差别。同学们可以课后自己来尝试做一下。

定理 5.8（第二福利定理）：假设效用函数和生产集满足假设（A2）~（A5），而且 $\left((x^i)_{i\in I},(y^k)_{k\in K}\right)$ 是一个帕累托有效配置。假设对于所有的 $i\in I$ 有 $x^i \gg 0$，那么存在一个价格向量 $p>0$、所有权股份 $(\alpha^{ki})_{i\in I,k\in K}$ 以及禀赋 $(e^i)_{i\in I}$ 满足给定的这些禀赋和所有权份额，$\left(p,(x^i)_{i\in I},(y^k)_{k\in K}\right)$ 是一个瓦尔拉斯均衡。

对这个定理的证明需要用到分离超平面定理，这一部分的内容同学们可以参看马斯-科莱尔等所著的《微观经济理论》对此的相关证明。要注意的是，这里有一个关键假设，就是生产可能性集合的凸性。这个假设可以确保我们找到可行生产计划集与总的“更优”集之间的分离超平面。我们之后只需证明这个分离超平面是一个支撑价格向量即可。

那么，关于均衡的存在性问题呢？如果我们将假设（A5）~（A7）都加进来，那么我们就可以得到下面这个定理：

定理5.9（均衡存在性）：假设 ε 是一个满足假设（A1）~（A7）的生产性经济，那么必有 ε 的一个瓦尔拉斯均衡存在。

有关这个定理的证明，本书不再给出，有兴趣的同学可以参看马斯-科莱尔等所著的《微观经济理论》对这个定理的相关证明。

基础训练

1. 一个两种商品、两个消费者的经济：个体1开始有2单位x商品和2单位y商品；个体2开始只有2单位x商品。两人的效用函数分别是：$u_1(x,y)=x+\ln y$，$u_2(x,y)=\ln x+\ln y$。试求这个纯交换经济的瓦尔拉斯均衡价格和配置。

2. 在一个两种商品、两个消费者的经济中，假设社会的初始禀赋是 $(\bar{x},\bar{y})$，消费者i的马歇尔需求是 $[x_i(\vec{p}),y_i(\vec{p})], i=1,2$。如果两个消费者都是非局部餍足的。

（1）证明：对任何价格 $\vec{p}=(p_x,p_y)\geqslant 0$，$p_x(\sum_i x_i(\vec{p})-\bar{x})+p_y(\sum_i y_i(\vec{p})-\bar{y})=0$。

（2）如果在价格 $\vec{p}^*\gg 0$ 下x商品市场出清，证明y商品市场也必然同时出清。

3. 假设经济中每个个体的间接效用函数都有拟线性形式：$v_i(\vec{p},m_i)=f_i(\vec{p})+m_i$，$\vec{p}^*$ 是一个瓦尔拉斯均衡。证明：在 $\vec{p}^*$ 附近总需求函数 $X_h(\vec{p})$ 是 p_h 的单减函数。

4. 在什么情况下契约曲线将完全落在埃奇沃思盒形图的一条边上？此时是否每个帕累托配置都对应一个瓦尔拉斯均衡（适当调整初始禀赋）？

5. 考虑一个纯交换经济。唯一的新奇点是根据下面的原则制定的一个累进税制：个人财富不再是 $p\cdot w_i$，取而代之的是，令财富超过全体平均水平的任何人将其超过平均数的数额部分都贡献出来，放入一个基金中，那些低于平均数的人则按照他们平均数以下的差额部分的大小比例从这个基金中获得一份捐助。

（1）对一个分别拥有禀赋 $w_1=(1,2)$ 和 $w_2=(2,1)$ 的两个消费者的社会，写出两个消费者的税后财富，将其表示为价格的一个函数。

（2）如果消费者偏好是连续的、严格凸的且强单调的，在给定财富以这种方式被分配的情况，超额需求函数将满足瓦尔拉斯均衡存在性定理吗？

6. 有四种商品和两个消费者。两个消费者的禀赋分别是 $w_1=(w_{11},w_{21},0,0)$ 和 $w_2=(w_{12},w_{22},0,0)$。消费者1把他的所有财富都花在商品3上，而消费者2也同样把他的所有财富都花在商品4上。确定 w_1 和 w_2 的值，以使这个经济的相应超额需求不满足显示偏好弱公理。

第二部分

市场失灵

[第6章]

垄 断

所谓垄断，就是某种商品的市场上只有一个卖者。正是由于这一点，这个卖者有市场势力设定所售商品的价格和数量。我们通过考虑垄断者应该如何定价来研究垄断这种非完全竞争市场的现象。

6.1 简单的垄断定价

企业的目标就是追求利润。不过，垄断厂商所设定的价格会影响它所能售出的商品数量。所售商品数量和设定的价格之间所存的关系是由（总）需求曲线 q(p) 来体现的。要注意，为了集中关注 q 和 p 之间的关系，我们要简化总需求函数中关于财富的变量，即先把它设定为外生参数而不予理会。

因此，垄断厂商的问题就是求解下式：

$$\max_{p} \; pq(p) - c(q(p))$$

不过，要注意，在定价和售出的数量之间存在着一一对应的关系。这样一来，我们就可以根据售出的数量而不是所定的价格重新来写这一问题。令 p(q) 为逆需求函数，也就是说，$p(q(p)) = p$。那么，该企业的利润最大化问题可以写为：

$$\max_{q} \; p(q)q - c(q)$$

一般来说，通过数量来看待这一问题，而将价格留给市场来决定，可能更为便捷一些。出于这一原因，我们使用数量决策方法。

为了使该问题的解是唯一的，我们需要目标函数严格为凹，即 $\frac{d^2\pi}{dq^2}<0$。利润对数量 q 的二阶导数由下式给出：

$$\frac{d^2}{dq^2}(p(q)q - c(q)) = p''(q)q + 2p'(q) - c''(q)$$

如果成本是严格凸的，即 $c''(q)>0$，而且需求曲线向右下方倾斜，那么 $p'(q)<0$。因此，该等式右边第二项和第三项是负的。基于此，我们不需要逆需求也是凹的。然而，它也必然不能“太凸”。一般来说，我们只需假设目标函数为凹，但不会对 p(·) 再作其他限制。的确，要确保最大的数量是有限的，我们假设最终成本相对于需求要足够大。如果需求和边际成本曲线相交，则这一定会得到满足的。

通过查看一阶导数，我们可以看到该目标函数最大化的条件。在最优数量 q^* 处，$p'(q^*)q^*+p(q^*)=c'(q^*)$。该等式的左边是增加一点产出所带来的边际收益。它由两部分组成——由于多售出1单位商品所增加的收益 $p(q^*)$（图6-1中的B区域），以及由于该企业在所售出的全部商品上降低了价格所导致的收益上的减少（图6-1中的A区域）。因此，该垄断者的最优数量正好处在边际收益等于边际成本处，其价格由需求曲线 $p(q^*)$ 给出。图6-2给出了图形解释。

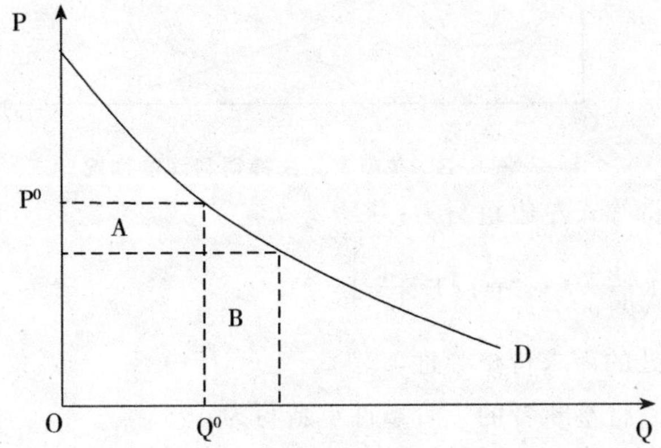

图6-1　垄断者的边际收益

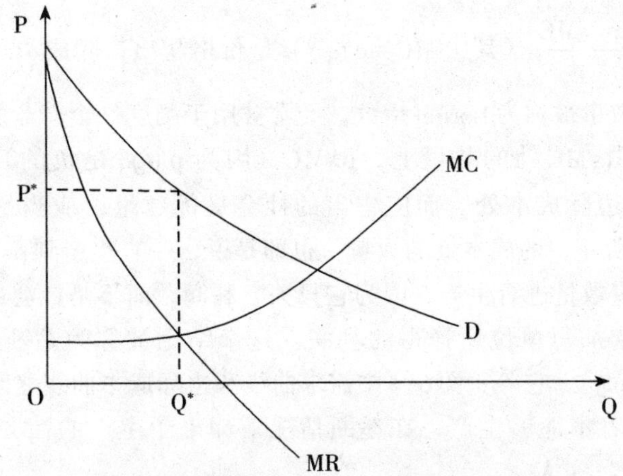

图6-2　垄断者的最优价格和数量

如果该垄断者的利润在q=0处得以最大化，那么它必然是 $p(0)\leqslant c'(0)$。其对应这样的情况：即便生产第一个单位的该产品，其成本也高于消费者愿意支付的价格。一般来说，我们假设 $p(0)>c'(0)$，以集中关注垄断者愿意生产正的产量这种情况。然而，即便我们假设 $p(0)>c'(0)$，垄断者也可能不会选择一个正的产量，而宁愿选择停产。也就是说，垄断者可能有着非常高的固定成本，以至于其只能退出这个产业。在图6-3中我们给出了这种情况的图示。这样一来，我们这样解释条件 $p(0)>c'(0)$（以及适当的二阶条件）：如果垄断者不退出这个产业，那么它会生产正的产量。

如果在正的产量上存在最大值，必然有一阶导数等于零，或者：

$$p'(q^*)q^*+p(q^*)=c'(q^*)$$

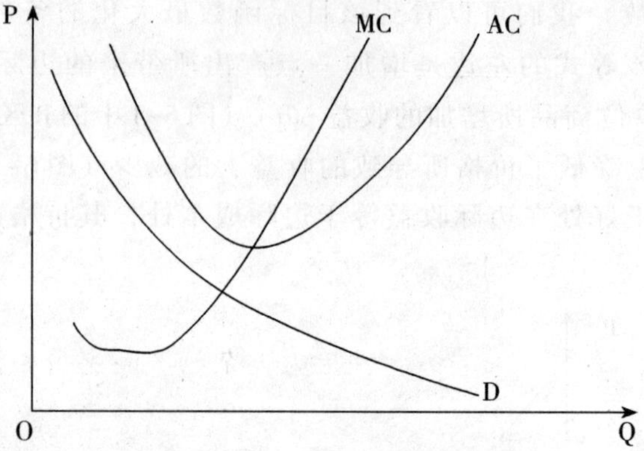

图6-3 垄断者无法挣得利润的情况

要注意，可以将等式左边重写为：

$$p'(q^*)q^*+p(q^*)=p(q^*)\left(\frac{dp}{dq}\frac{q^*}{p^*}+1\right)=p(q^*)\left(1-\frac{1}{|\varepsilon_p^*|}\right)$$

其中：ε_p^* 是 (q^*,p^*) 处的需求价格弹性。

现在，我们可以将垄断者的一阶条件重新写为：

$$\frac{p(q^*)-c'(q^*)}{p(q^*)}=p'(q^*)\frac{-q^*}{p(q^*)}=\frac{1}{|\varepsilon_p^*|}$$

最左边的数量 $\frac{p-MC}{p}$ （其中 $MC=c'(q^*)$ ）是价格超出边际成本之上的加成，表达为价格的一个分数。这个数量被称为Lerner指数，经常被用于测度一个产业的市场垄断程度。

要注意，在MR=MC处的数量上，p>MC（因为 $p'(q)q$ 是负的）。这样一来，垄断者就会将价格定在高于边际成本处。而应售出的社会最优数量，应当是消费者对最后1单位该商品的支付等于它所花费的成本处的数量。也即是说，一直生产到p=MC才可以。但是，垄断者却不会选择这么多数量进行生产，因为它只关心利润，而不是社会最优的数量。它会减少生产产量q，目的是增加每单位所挣得的利润。这个结论被称为**垄断带来的无谓损失**（deadweight loss of monopoly）。它等于图6-4中需求曲线和边际成本曲线之间、向右到最优产量的面积。这块面积代表着本能够生产，在垄断情况下却未予生产的社会剩余。

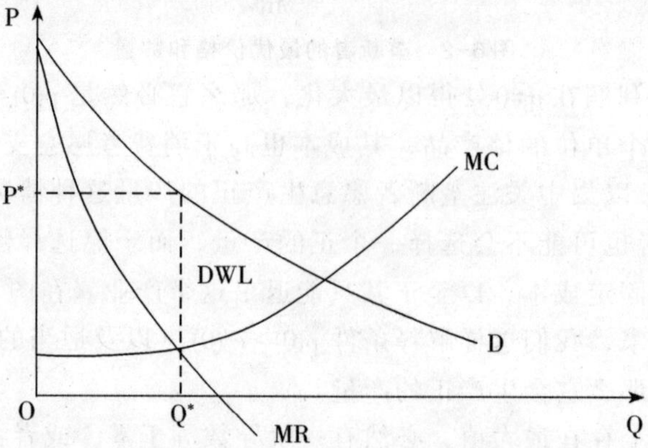

图6-4 垄断带来的无谓损失

6.2　复杂一些的垄断定价

垄断者售卖的商品数量要少于社会最优产出水平。之所以如此，乃是因为垄断者必须在相同的价格上售卖所有的商品。这样一来，如果它想挣得更多的利润，它就必须提高所有单位商品的价格，这会降低要售卖的商品数量。如果垄断者可以在某些单位商品上提高价格，但是其他单位商品保持价格不变，那么它就能挣得更高的利润，但仍然可以卖出符合效率的数量。现在，我们就来考虑两种更为复杂的垄断定价机制：非线性定价和两部收费。

6.2.1　非线性定价

我们来看垄断者可以对每一单位的所售商品收取不同价格这样一种情况，暂时假定所有消费者都是无差别的，而且消费者一旦买了该商品就不能再售出。在这种情况下，垄断者通过设计一个价格表来求解利润最大化问题。

在拟线性模型中，我们知道消费者需求函数在特定数量上的高度代表着他对该单位产出的边际效用。换言之，需求曲线的高度代表了消费者愿意为该单位产出所支付的最大值。

有了这一点在脑海里，我们就可以知道，如果垄断者打算为不同单位的产出收取不同的价格，它应该如何定价。显然，它希望将每一单位商品的价格设定在与消费者对该单位商品的最大支付意愿相等的水平上，也即等于该需求曲线在q上的高度。如果垄断者使用了一个价格不断递减的价格表，其中 $p(q)=D^{-1}(q)$，一直到需求曲线与边际成本曲线交叉的价格水平，垄断者确实是可以获取所有的社会剩余的。要注意，如果我们担心该商品只能以全部单位售出，那么单位q的价格应该由下式给出：

$$p_q=\int_{q-1}^{q}D^{-1}(q)dq$$

为了说明非线性定价，我们来看这样一个消费者，它的需求曲线为P=100−Q，假设垄断者的边际成本等于10。在90这个价格上，消费者需求10单位该商品，而该消费者在90的价格水平上是不会购买任何更多单位商品的。如果价格下降，则他会购买更多单位该商品。因此，假设垄断者在价格为90的水平上售卖前10个单位的该商品，在价格为80的水平上售卖第11～20个单位的该商品。类似地，假设垄断者在价格为70的水平上售卖第21～30个单位的该商品，在60的价格水平上售卖第31～40个单位的该商品，

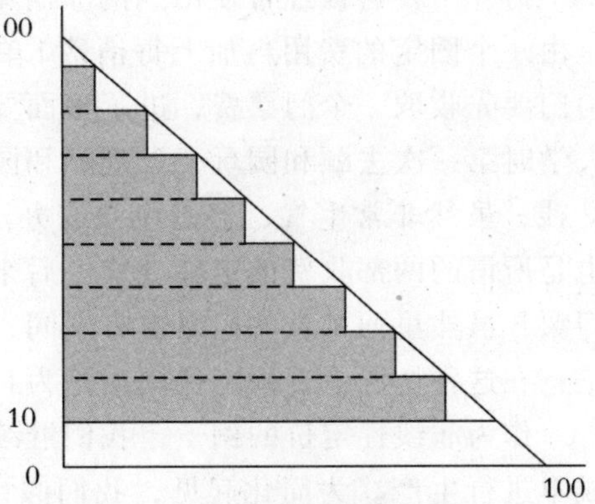

图6-5　非线性定价

在50的价格水平上售卖第41~50个单位的该商品，以此类推，直到价格达到20，售卖的单位为第71～80个单位的该商品。这就有了图6-5。

该垄断者的生产者剩余等于图6-5中的阴影面积。如此一来，随着所购买的商品单位数量的增加而降低价格，垄断者可以将消费者剩余全部剥夺。实际上，随着价格表中的步骤越来越细密，生产者剩余会逐渐趋近于需求曲线和边际成本曲线之间整个三角形的面积。这样，垄断厂商就可以为q单位的商品向消费者要价 $\int_{q-1}^{q} D^{-1}(q)dq$ ，将消费者剩余全部剥夺。

我们曾经说过，可以自己制定价格的垄断厂商只有当需求曲线在该企业平均总成本（average total cost，ATC）曲线以上时才能取得正的利润。如果该企业实行的是非线性定价，那么就不再会是这样的情况了。因为该企业的收益是图6-5中整个的阴影区域，所以，对于垄断厂商来说，即便该需求曲线全在平均总成本曲线之下，也仍然可以为他带来正的利润。例如，如果前例中的平均总成本曲线如图6-6所示，那么无论阴影区域的面积有多大，只要大于总成本的面积，即TC(90)=ATC(90)，则该垄断厂商总是可以获得正的利润。

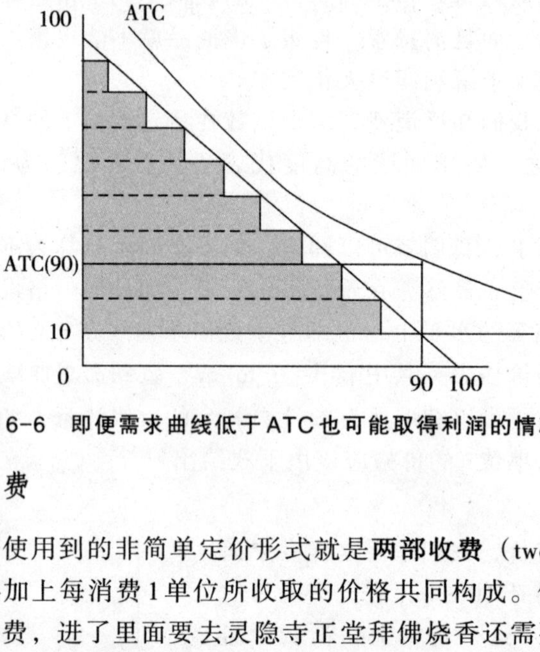

图6-6 即便需求曲线低于ATC也可能取得利润的情况

6.2.2 两部收费

另外一种会被经常使用到的非简单定价形式就是**两部收费**（two-part tariff）。两部收费是由一个固定的费用再加上每消费1单位所收取的价格共同构成。例如，杭州灵隐寺进入山门要先收取一个门票费，进了里面要去灵隐寺正堂拜佛烧香还需要另外付费。笔者在读大学时第一次去颐和园玩，发现颐和园不但收取大门的门票，而且大多数景点都要再另外交钱，虽然非常生气，但是也没有办法，这是垄断者一种典型的剥夺消费者剩余的方法，也是所谓的两部收费的定价方式。后来，笔者还发现，灵隐寺的进门票要高于颐和园的进门票，虽然里面景点的门票也有不同，但是不像进门票的差别那么大。这里，我们的问题是：在这种情况下，固定费用（称为F）和使用费（称为p）应该如何设定？

作为非线性定价的例子，我们继续假设所有消费者都是同质的，垄断者以固定的边际成本进行生产。为简化起见，我们假设MC=c，$c \geqslant 0$。我们进一步将消费者看成对产出q和计价商品具有拟线性效用。在这种情况下，我们知道该消费者的逆需求曲线为p(q)，它可以给出消费者消费q单位该商品能够得到的边际效用，该消费者消费q单位商品所得到的净收益由在这个消费数量上的消费者剩余CS(q)给出。

垄断者从两部收费（F,p）中得到的收益由F+p·q(p)给出。我们将分析分成以下两步：

第一步，对于某一个p，F应该为多少？其次，p又当如何选择？因此，先固定地取一个p，看看F应该如何设定。由于垄断者的利润在F上是递增的，所以垄断者希望尽可能大地设定F，只要还能吸引消费者来消费即可。也就是说，消费者的净收益必然至少为零。

在价格p处，消费者选择消费q(p)单位该垄断厂商生产的产品，挣得剩余CS(q(p))。因此，净剩余为CS(q(p))－F，我们要规定CS(q(p))－F≥0。这样的话，根据前述分析可知，垄断企业会尽可能地将F设定得更加大。因此，对于某一个给定的p，垄断者会设定F(p)＝CS(q(p))来最大化利润。这样做对于垄断者来说是大有深意的，因为垄断者为了剥夺消费其产品的所有消费者的消费者剩余，愿意设置这样的入门费用。

第二步就是如何选定p的水平。给定上述分析所定义的F(p)，垄断者从这一两部收费中所得到的利润为：CS(q(p))+p・q(p)。要注意，这是消费者剩余和生产者剩余的总和，如图6-7所示。从图6-7中我们可以很容易地看到，通过让使用费等于c（边际成本），固定费用等于CS(q(c))，垄断者的利润可以得到最大化。这样一来，最优两部收费就可由p=c和F＝CS(c)来实施。

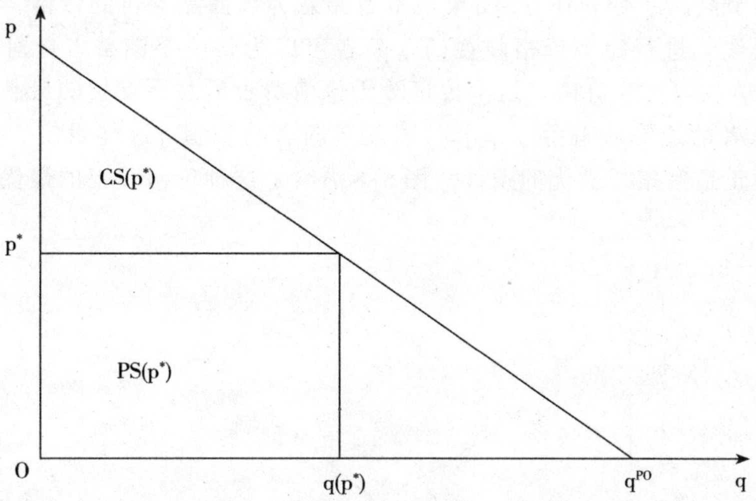

图6-7　两部收费

我们可以换一种方式来理解最优两部收费。当垄断者最优地选择F时，它实际上占有了市场所产生的全部剩余。这样一来，垄断者就有激励最大化在这个市场中产生的剩余。根据第一福利定理，我们知道总剩余是由完全竞争结果所最大化的。也就是说，当p满足p^*＝MC时，总剩余实现了最大化。这样一来，为了最大化总剩余，垄断者应该设定p=MC。如果的确做到了这一点，那么“生产者剩余”就是零。然而，垄断者设定F＝CS(q(p^*))，就以固定费用的形式抽取了全部的社会剩余。

6.3　价格歧视

在我们前面讨论的定价模式中，垄断者面对的都是同质的消费者。接下来，我们来看垄断者面对异质的消费者时将如何选择价格列表。所谓异质消费者，就是有些消费者愿意为该垄断者的产品支付较高的价格，而其他的消费者则不愿意支付较高的价格。例如，每一个航班都有头等舱和经济舱之别，同样是提供飞行服务，而且头等舱并不比经济舱舒服太多，但是价格的差别却十分惊人。此外，飞机订票也是如此，离预定起飞日期越近订票，票价越高，反之则相对低一些。一般的商务人士不可能提前几个月就预知日后的行程，所以临时订票的票价就比较高。再比如，有些人可能是郭敬明的粉丝，所以《小时代》一上映，就支付高票价去给郭敬明捧场，系列票房合计10多亿元，而对郭敬明并不感兴趣的人，则宁愿等待数月后在网络上随便看看即可，除了网络费用几乎不用支付其他过多的费用。我们把这种垄断者针对不同的消费者群体收取不同价格的定价策略称为价格歧视。常见的价格歧视有三种，分别是一级价格歧视、二级价格歧视和三级价格歧视。

6.3.1 一级价格歧视

一级价格歧视也被称为完美价格歧视，它指的是这样一种情况：垄断者能够将每一单位产品都卖到对他具有最高支付意愿的消费者手中。例如，假如有100个消费者，每一个都需要一个商品，令 p(q) 为第 q 个消费者愿意为该商品支付的价格，当然，这也正是其逆需求曲线。进行完美价格歧视的垄断者可以为每一个消费者针对其对该商品的逆需求曲线 p(q) 收取一个价格，这个价格等于该消费者所意愿支付的最高价格。在这种情况下，垄断者的边际收益等于 p(q)，因此垄断者将数量 q 这样设定，令其满足等式 $p(q)=c'(q)$，这正是帕累托最优的条件。图6-8描绘了这种价格歧视的最优值，它也是帕累托最优数量。

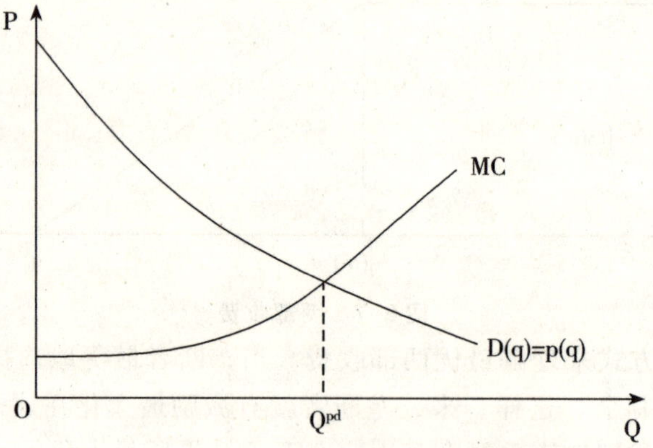

图6-8 一级价格歧视是符合效率标准的

我们可以认为，一级价格歧视适用于每个消费者对该垄断企业的产品都具有一条向右下方倾斜的需求曲线的情况。在这种情况下，垄断者要售出满足 $p^*=p(q)=c'(q)$ 的数量水平。然而，要卖给每个消费者 q_i^*，其中 $p^*=p_i(q_i^*)$，而 $p_i(q_i)$ 是个体 i 的逆需求曲线，该垄断者向该消费者收取与 q_i^* 单位产出相关联的总的消费者剩余：

$$t_i^*=\int_0^{q_i^*}p_i(s)ds$$

这样一来，该垄断者的售卖价格列表就可以由卖给每个消费者的数量和总支付列表 (q_i,t_i) 给出，如图6-9所示。

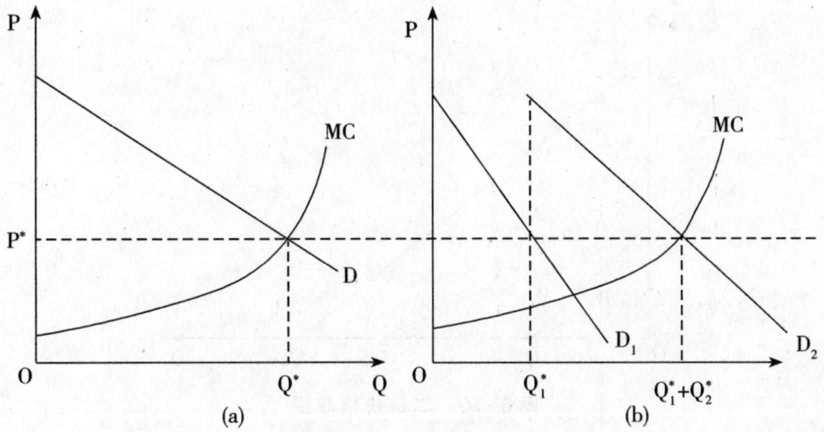

图6-9　一级价格歧视

在图6-9（a）中，我们可以看到总需求曲线，进行价格歧视的垄断者将总的数量设定为边际成本与总需求相等时对应的数量。这不像非歧视垄断厂商，非歧视垄断厂商将该数量设定为边际成本等于边际收益的数量。图6-9（b）表明该市场的需求方面由两个不同的消费者构成（即 D_1, D_2），该垄断者通过在两个购买者之间进行数量划分，使得**边际支付意愿**（marginal willingness to pay，支付意愿简称为WTP）在两个购买者之间相等且等于边际成本，即 $WTP_1 = WTP_2 = MC$，从而实现利润最大化。具体来说，每个消费者的价格设定为 t_i^*，这样，垄断者可以取得全部的剩余。

为了使一级价格歧视成为可能，垄断者必须能够区分每一个消费者的支付意愿（或需求曲线），并向每个消费者收取一个不同的价格。但是这会存在两个问题：第一，识别出每个消费者的真实支付意愿往往非常困难；第二，对每个消费者收取不同的价格，在现实中往往被视为不道德，甚至不合法。正是由于这样的问题存在，所以一级价格歧视只能是垄断厂商获得最大化利润的极端形式，是一种完美歧视的形态，有时候则是可望而不可即的。

6.3.2　二级价格歧视

与一级价格歧视这种完美的歧视不同，从事二级价格歧视的垄断者不能完美地区分消费者。例如，一家酒厂生产一种气味独特的名酒。有些人每周都喝这种酒，很喜欢它的味道，愿意为之支付高价格，而另外一些人只是一年偶尔喝上一两次这种酒，对它的评价相对低一些，不愿支付高价格。酒厂主人希望对那些经常喝这种酒的人收取高价格，而对那些不常喝这种酒的人收取低价格。这有什么问题呢？当然有问题，因为所有人都会声称自己只是偶尔喝这种酒，不是那么喜欢这种气味，从而支付低价格。因此，为了能够向前一种顾客收取高价格，向后一种顾客收取低价格，垄断者需要设计一个价格列表，使得前一种顾客不愿意假装成后一种顾客。这种定价策略就是**二级价格歧视**，有时候也被称为**非线性定价**或**甄别定价**。

我们来看一个简单的例子。假设垄断者的边际成本为零，高估价和低估价消费者的需求曲线分别为 $D_H(p)$ 和 $D_L(p)$，为了方便，我们暂且假定两类消费者的数量是相等的（如图6-10所示）。

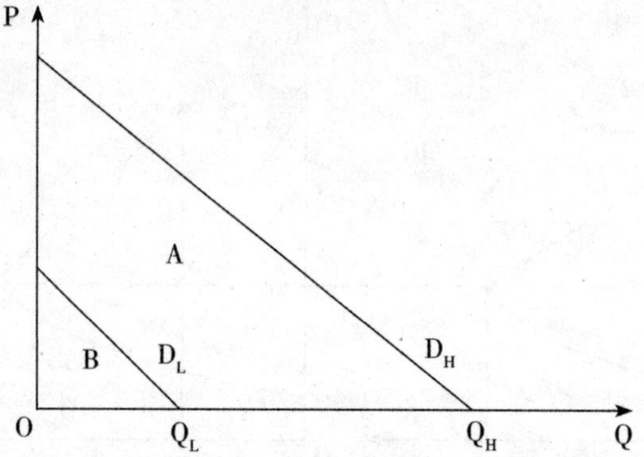

图6-10 二级价格歧视

如果该垄断者能够完美地区分两种消费者，同时实施完美价格歧视，也即一级价格歧视，那么它可以向低类型的消费者索要的总价格为区域B的面积，售给低类型的消费者Q_L单位，向高类型的消费者索要的总价格为A+B，售出的单位为Q_H。要注意，在完美价格歧视下，消费者得到的剩余只能为零。消费该商品所得到的消费者剩余恰好被消费该商品所支付的总成本所抵销。

现在来看看垄断者无法区分低类型和高类型消费者的情况。一种方法是，垄断者简单地提供这样的销售价格列表：(Q_L,B)和$(Q_H,A+B)$，让消费者来选择他们愿意接受哪一个。很显然，所有低类型的消费者会选择(Q_L,B)，因为选择$(Q_H,A+B)$带给他们的不是零的剩余而是负的剩余。但是，对于那些高类型的购买者，如果他们选择$(Q_H,A+B)$，则他们的净剩余为零；如果选择了(Q_L,B)，则他们就可以得到一个正的利润，该利润额等于从原点到Q_L上位于D_H和D_L之间的面积。这样一来，只要有机会，所有高类型的消费者都会选择称其为低类型的消费者，因为这样有利可图。

要解决这类问题，垄断者只能改变策略。具体来说，如果提供给高类型消费者的消费束与低类型消费者的消费束给高类型消费者带来的净收益是一样的，而且假定一旦二者相同则高类型消费者就不愿意再假装成低类型消费者，那么高类型消费者就会选择说真话。如果垄断者降低对高类型消费者所索取的价格，那么他们就能够从说真话中挣得更多的剩余，这会使他们真正地选择这个消费束。我们来看图6-11给出的例子。

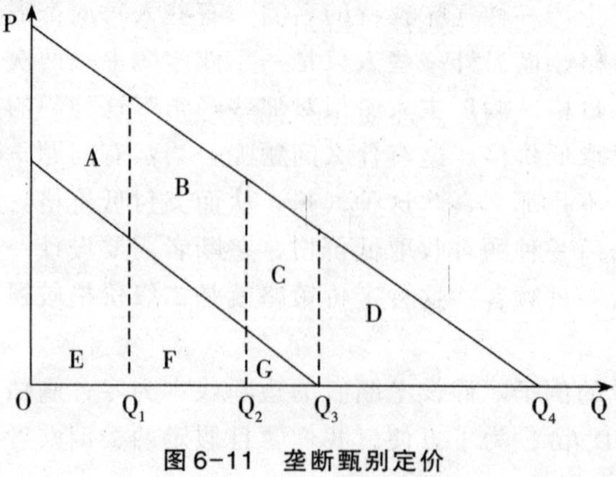

图6-11 垄断甄别定价

最优的一级定价模式是，为低类型消费者提供$\beta_1=(Q_3,E+F+G)$，为高类型消费者提供$\beta_2=(Q_4,A+B+C+D+E+F+G)$。然而，高类型消费者会偏爱$\beta_1$，因为这可以为他取得比$\beta_2$多出的剩余A+B+C。为了让高类型消费者接受所提供的商品束Q_4，垄断者只能索取E+F+G+D这么多的价格。我们称这个商品束为$\beta_3=(Q_4,E+F+G+D)$。如果垄断者的生产成本为零，那么售出β_3给高类型消费者、β_1给低类型消费者，要好于对所有消费者都售出β_1。

上一段分析中的关键点在于，垄断者必须设计一个这样的商品束，它可以使消费者选择符合自己类型的商品束。如果你希望高类型消费者选择β_3，那么最好不要有其他商品束能够提供更高的剩余。

垄断者甚至可以做得更好。假设垄断者给低类型消费者提供$\beta_4=(Q_2,E+F)$，给高类型消费者提供$\beta_5=(Q_4,C+D+E+F+G)$。由于高类型消费者从两个商品束中挣得的剩余都是A+B，所以说真话这一条就可以得到保证。垄断者可以得到利润C+D+2E+2F+G，相较于提供商品束β_1和β_3而得到2E+2F+2G+D，只要C的面积大于G的面积，垄断者即可得到更高的利润。

那么，最优的商品束供应列表又是什么样的呢？在前面的分析里，G是少售卖给低类型消费者而放弃的收益，而C是多卖给高类型消费者所得到的收益。最优的商品束在两种力量刚好彼此相抵的地方得到。在图6-11中，它们由$\beta_6=(Q_1,E)$和$\beta_7=(Q_4,B+C+D+E+F+G)$给出。

对于上述讨论内容，图6-12给出了一个更为清晰的图示，说明了最优二级定价模式。垄断者应该提供(Q_L^*,A)和$(Q_H^*,A+B+C)$这样的菜单给消费者。在这种模式下，低类型消费者选择(Q_L^*,A)，得到剩余为零。要注意，对于低类型消费者来说，Q_L^*低于其帕累托最优数量。而高类型消费者在这两个商品束上无差异，因此根据我们前面的假设，他们会选择$(Q_H^*,A+B+C)$。而在这一模式下，高类型的消费者可以得到帕累托最优数量Q_H^*，而且还可以获得正的利润。总之，由于提供给低类型消费者的数量减少了，所以垄断者取得了图6-12中的“收益”部分，但是损失了图6-12中的“损失”部分。在最优水平Q_L^*处，二者刚好相等。

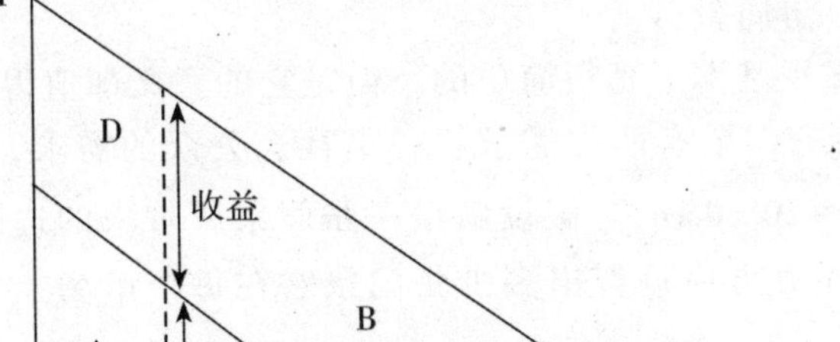

图6-12　最优二级定价模式

垄断者还要确定区分两类消费者是否值得。如果他能够如图6-12那样在价格A+B+C+D处供给 Q_H^*，并且只卖给高类型消费者，那么，我们推导出最优二级定价模式之后，必须要确保在这一模式下所得的利润2A+C+B大于只卖给高类型消费者所得到的利润A+B+C+D。显然，这取决于A和D面积的相对大小，A是在最优二级定价模式下售卖给低类型消费者所得到的利润，D是为了在 (Q_L^*, A) 也被提供时让高类型消费者购买所必须让出的部分，这个部分就是我们将在第8章中讨论的信息租金（information rent）。使用第8章的甄别模型，也可以对二级价格歧视进行分析，这里只是暂且不用信息经济学的语言略作介绍。

6.3.3 三级价格歧视

三级价格歧视指的是垄断者基于消费者的一些可以观察到的特征而对购买其商品的不同消费者收取不同的价格。例如，演唱会的票价是不同的，越是离舞台近，较为正面，价格越高，较偏较远的则价格较低。在这里，不怕消费者假装成其他类型的消费者，因为根据这些特征而进行的群体分类是大家都可以看得到的。有一次笔者去宁夏中卫沙坡头景区旅游，当地人购买门票只需5元，而外地游客则需70元。有的游客假装当地人，但是一开口说话就被识破了。事实上，购买门票经常被要求出示身份证，所以冒充是很困难的。

三级价格歧视的基本原理是很简单的。我们令 $p_1(q_1)$ 和 $p_2(q_2)$ 分别为两类消费者群的总需求，令 $c(q_1+q_2)$ 为该垄断者严格凸的生产函数。该垄断者的问题是：

$$\max_{q_1, q_2} \ p_1(q_1)q_1 + p_2(q_2)q_2 - c(q_1+q_2)$$

存在内点解的一阶条件为：

$$p'_1(q_1^*)q_1^* + p_1(q_1^*) = c'(q_1^* + q_2^*)$$

$$p'_2(q_2^*)q_2^* + p_2(q_2^*) = c'(q_1^* + q_2^*)$$

一般而言，你还需要检查一下二阶条件，不过我们简单处理，假设它们也成立即可。一阶条件表明，垄断者应该将每个市场的边际收益设定在与总的边际成本相等的地方。的确如此，我们来看最后一单位产出。如果在市场1上边际收益大于市场2上的边际收益，那么你就应该将这一单位商品在市场1上售出，反之亦然。因此，任何最优的售卖计划都必须让边际收益在两个市场上相等。而让边际收益等于边际成本这一点则是追求利润最大化的企业的共同特点，毋庸赘言。

因此，三级价格歧视基本上是很简单的，但是它的意义却值得一提。比如，我们假设“大学好声音”演唱会的门票有两类需求：一是社会公众的需求，$p_a(q_q) = 100 - q_a$；二是大学生的需求，$p_s(q_s) = 20 - 0.1q_s$。假设新增一张门票所带来的边际成本为零，那么“大学好声音”演唱会的主办方应该售出多少张门票？在每个市场上令边际收益等于边际成本，即MR=MC：

$$20 - 0.2q_s = 0$$

$$100 - 2q_a = 0$$

因此，$q_a^* = 50$，$q_s^* = 100$。社会公众的门票以50元的价格售出，而学生门票的价格则为10元。总利润为 $50 \times 50 + 100 \times 10 = 3\,500$（元）。

现在，假设“大学好声音”演唱会场馆只能容纳151个座位，要将门票全部售出，那么多少个座位售给社会公众、多少个座位售给大学生呢？

如果多卖一个座位给社会公众，则 $q_a=51$，$p_a=49$，卖给社会公众而带来的利润总额为2 499元，总利润为3 499元。如果多卖一个座位给大学生，则 $q_s=101$，$p_s=20-0.1\times 101=9.9$，售给学生而带来的利润总额为999.9元，总利润为3 499.9元。因此，将这张门票卖给大学生似乎更好，即便卖给社会公众价格更高。为什么会这样呢？答案在于边际收益。我们知道，在这两种情况下，多卖一张门票总是会降低总利润，因为多卖一张门票就要降低卖出的所有商品的价格，而这一部分所带来的利润减少要高于多卖一张门票所得到的收益。多卖给社会公众一张门票，相比于卖给大学生而言，你必须更多地降低价格。因此，将这新增的一张门票卖给大学生对演唱会主办方而言要更好一些，不是因为卖得越多越好，而是因为卖给大学生的损失反而更小。

6.4 自然垄断与拉姆齐定价

从经济学的效率观点来看，垄断不是件好事情，因为它会带来无谓损失。虽然完美的价格歧视可以达成效率标准，但是一来这种价格歧视在现实生活中很难实行，二来剩余分配上的极大不公往往也会酿成社会问题。因此，各国政府一般都会采取一些措施预防垄断。我们国家也出台了《中华人民共和国反垄断法》及《中华人民共和国反不正当竞争法》等法律措施来防止市场垄断。其实，反垄断的法律也是多种多样的。《中华人民共和国专利法》规定企业拥有的发明专利具有一定的年限，过了这个年限该专利即须公开，允许其他企业使用这种专利进行生产。

但是，也有一些垄断是政府不会去打破的，而是允许其存在，甚至发许可证允许它们运营，不过要对它们的价格进行管制。为什么政府会这样做呢？这又是一种什么样的垄断呢？经济学里将这种垄断称为**自然垄断**（natural monopoly）。自然垄断行业是指具有很高的固定成本，而可变成本比较低的产业。这意味着平均成本AC随着产出而下降。正是因为这一点，整个行业只有一家企业是比较好的，多一家企业对于这个产业来说也是多余的。常见的自然垄断行业有电力、城市燃气、自来水行业等。我们以自来水行业为例，为了为每个家庭提供自来水，企业需要净化和过滤水源，然后通过管道网络将水从自来水厂送到城市里的千家万户。而铺设和维护管道需要阻断交通、中断很多事务，需要投入大量的初始成本，但是一旦铺设完毕，多运送1吨自来水所增加的成本几乎为零。如果一个城市有四五家这样的公司，我们简直不能想象！

正是由于一个行业中有太多企业没有效率，所以才会形成自然垄断。政府许可一家企业实行垄断来提供该产品，但是要对它的价格进行管制。那么，政府该如何选择价格水平呢？我们来看图6-13。

该垄断厂商具有不变的边际成本 $c'(q)=MC$ 和正的固定成本。要注意，这表明对于所有的q有AC>MC，这是自然垄断行业的特征。

如果该垄断者不受任何管制，那么他可以定价为 P^M。要卖出的帕累托最优数量位于逆需求等于边际成本处，在图6-13中标示为 Q^E，相应的价格为 $P^E=MC$。然而，由于这

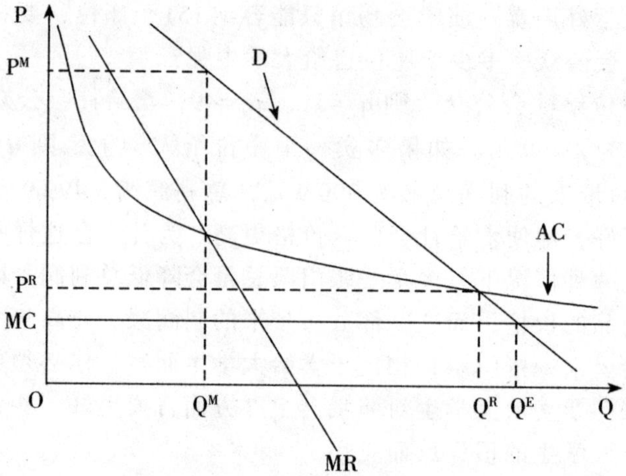

图6-13　拉姆齐定价

个价格低于AC，所以如果政府强迫他在这里定价，垄断者将无法弥补其成本。为了让垄断者能够收回成本，政府就必须允许他收取更高的价格。然而，随着价格高于AC，数量将会降到 Q^E 以下，这就带来了相应的无谓损失。如此一来，政府的任务就是在允许垄断者弥补成本和保持低价之间达成一个平衡。那么，一心想着经济效率的政府会将价格定在垄断者刚好弥补其成本的最低价格上，这个价格在图中标示为 P^R 。这个R代表Ramsey，是为了纪念伟大的经济学家弗兰克·拉姆齐。拉姆齐曾是约翰·梅纳德·凯恩斯的学生，他一生所写论文并不多，原因是他去世的时候年仅26岁，但是他的每一篇论文都是经典作品。我们把在无谓损失和允许垄断者收回成本之间达成平衡的价格称为**拉姆齐定价**。在这个例子中找出拉姆齐定价是很容易的，但是当垄断者生产大量产品，比如电力公司的电力供应，则拉姆齐定价问题就会变得相对更为复杂。拉姆齐定价是管制经济学中讨论的主要论题之一。关于这一方面的内容，本书不再作详细的介绍，读者们可以参考马斯-科莱尔等所著的《微观经济理论》的相关章节和产业组织理论方面的教材。

基础训练

1.市场的反需求函数是 $p=100/y$ ，某垄断厂商以两个工厂的生产来供给这个市场，成本函数分别是 $c_1=y_1^2+2y_1$ 和 $c_2=2y_2^2$ 。求该厂商两个工厂的最佳产量。

2.如果一个边际成本为c的垄断厂商在两个子市场上都有线性需求： $x_i=a_i-b_ip, i=1,2$ ，$a_i,b_i>0$ ，且 $a_i>cb_i$ 。试讨论该厂商在两个市场统一定价和歧视定价的社会福利。

3.假设市场的需求函数为 $p=10y^{-a}(a>0)$ ，垄断厂商的成本函数为 $c(y)=y^2$ 。在什么条件下厂商的产量为正?

4.表达式 $p^m-c'(q^m)/p^m$ 被称作垄断者的价格-成本边际（或被称作垄断力度的勒纳指数），其中， p^m 和 q^m 分别是该垄断者的产品价格和产出水平。该式用于衡量垄断者产品价格高出其边际成本（它是产品价格的一部分）的扭曲程度。

（1）证明垄断者的价格-成本边际总是等于在价格 p^m 上的逆价格需求弹性。

（2）证明若在每一产出水平上，垄断者的边际成本都为正，则在垄断者的最优产品价格上，需求必是富有弹性的（即价格需求弹性大于1）。

5.假定一个垄断者面临许多消费者。证明，在以下两种情形中，垄断者所得利润不会高于当他限定自己对每单位产品只简单地定一个价格，比如p时所得到的利润。

（1）假定每一个消费者只想买1单位或0单位的垄断者的产品，并且垄断者不能辨别任何消费者的特别偏好。

（2）假定消费者想消费若干单位的该产品。垄断者不能区分消费者的特别偏好。另外，转售该产品是无成本的，并且在垄断者将产品卖给消费者后，消费者之间存在一个买卖该产品的经济性市场。

[第7章]

博弈论基础及其在寡头市场中的应用

博弈论是对彼此独立且自利的参与人之间的互动现象进行研究的理论。它原本是数学的一个分支，如今已经成为微观经济学的主要研究领域之一。在对参与人的利益进行建模中，占统治地位的方法就是效用理论，这一理论我们已经在前面的章节中作了详细论述，而这一决策理论正是博弈论决策的基础理论。

一旦参与人有了他们的效用函数，在不确定的环境里最优的行动在概念上就很直观了——至少只要结果和它们的概率为参与人所知，他们的行为即可被简便地予以表示。然而，当这个世界包含两个或更多效用最大化的参与人，且这些参与人的行动可以影响彼此的效用时，问题就变得相当复杂了。为了研究这类情形，我们必须转向非合作博弈论。

“非合作”这个术语可能有点误导，因为它似乎暗含着该理论专门用于不同参与人利益彼此冲突的情况。事实并非如此。非合作博弈和合作博弈之间最根本的区别在于：在非合作博弈论中，用以建模的单位是个人（包括他的信念、偏好以及可能的行动），而在联盟博弈论也即合作博弈论中，用以建模的单位则是团体。在本书中，我们只探讨经济学中应用比较广泛的非合作博弈论。[①]

在本章，我们对寡头市场的学习都是基于博弈论知识。这是一个非常适于运用博弈论的领域，这些学习我们均以正式的例题形式给出，不再专章讨论。

7.1 标准式博弈

7.1.1 例子：TCP使用者博弈

让我们从一个较为简单的例子开始，为我们将乐于研究的这类现象提供一些直观的感受。想象一下，现在只有你和你的一个同事在使用互联网。网络交通受到TCP的管制，TCP的一个特点就是退避机制。如果你和你的同事将信息包发送到网络上的速率带来了拥堵，你们每一个人都退避，暂时降低速度直到拥堵缓解。这是一个正确的执行机制运作的方式。然而，一个有缺陷的机制在拥堵发生的时候就不会退出。你有两个策略：C（使用正确的执行机制）和D（使用有缺陷的执行机制）。如果你和你的同事都接受C，那么平均每个信息包的延迟就是1毫秒。如果你们两个都接受D，那么这一延迟就是3毫秒，因

① 作为博弈论的基础知识介绍，本章和下一章中所给出的定理均不给出正式的证明。有关证明的部分，有兴趣的读者可以参考：泰迪里斯．博弈论导论［M］．李井奎，译．北京：中国人民大学出版社，2015.

为网络路线会负荷过多。最后，如果你们两个有一个接受D，而另一个接受C，那么D的接受者不会产生延迟，而C的接受者则需承受4毫秒的延迟。这些结果可以在图7-1中看到。你的选项是两行，你同事的选项是两列。在每个方格中，第一个数字代表你的支付（payoff）（或者是你的延迟的负数），第二个数字代表你同事的支付。①

给定这些选项，你该如何选择，是C还是D？它是否取决于你认为你的同事会如何选择？更进一步地，从网络操作员的立场来看，他更期待两个使用者采取哪一类行为？如果网络操作员允许两个人在作决策前相互沟通，那么行为会不会有所变化？如果他们有机会与同样的对手多次面临这同一个决策，使用者的行为又将如何？这些问题的答案是不是取决于参与人自身有多理性以及他们认为其他人有多理性？

	C	D
C	-1，-1	-4，0
D	0，-4	-3，-3

图7-1　TCP使用者博弈（囚徒困境博弈）

对于诸如此类的问题，博弈论给出了答案。它告诉我们，任一理性的使用者一旦面临如此情况，都会选择D，而无论其他使用者选择什么行为。它还告诉我们，对于完全理性的参与人来说，即便他们多次一起进行这个博弈，他们还是会保持同样的行为不变。然而，如果参与人参与博弈的次数是无限的，或者不确定的，我们也可能会看到他们选择C。

7.1.2　标准式下的博弈概念

标准式也被称为策略式或矩阵式，是博弈论中关于策略互动最广为人知的表示法。用这种方式写出的一个博弈，等于将每一个参与人对世界的每一个状态都作了表达，在特殊情形下，世界的状态仅仅依赖于参与人的组合行动。对这类特殊情况的考虑可能看似无趣，然而，它表明世界的状态也依赖于环境中随机性的情况，即将在第8章中引入的所谓的贝叶斯博弈，可以在很大程度上简化为标准式博弈。事实上，对于其他博弈表达式，也存在着标准式的简化形式，比如那些引入时间因素的博弈（将在7.2部分中引入的扩展式博弈）。因为大多数关于利益的表达式可以简化成标准式，所以标准式表示法在博弈论中被视为基础。

定义7.1（标准式博弈）：一个（有限的、n人）标准式博弈是一个3元组（N,A,u），这里：

（1）N是n个参与人的一个有限集，由i来编号；

（2）$A=A_1\times\cdots\times A_n$，此处 A_i 是由参与人i可获得的行动组成的有限集。每个向量 $a=(a_1,\cdots,a_n)\in A$ 被称为一个行动组合面（action profile）；

（3）$u=(u_1,\cdots,u_n)$，此处 $u_i\mapsto\mathbb{R}$ 是参与人i的一个效用（或者支付）函数。

表达博弈的一个自然方式是通过一个n维矩阵来完成的。在图7-1中我们已经看到了二维的例子。一般而言，每一行对应着参与人1的一个可能行动，每一列对应着参与人2

① 这个博弈更为标准的名字是囚徒困境（prisoner's dilemma）博弈，在本章7.1.3.1部分我们专门讨论它。

的一个可能行动，而每一个方格对应着一个可能的结果。每个博弈者对结果的效用都被写在对应着该结果的方格里，参与人1的效用在前，参与人2的效用在后。

7.1.3 更多关于标准式博弈的例子

7.1.3.1 囚徒困境

前面我们看到了一个标准式博弈的例子，也就是囚徒困境博弈（或者TCP使用者博弈）。不过，它也表明，精确的支付数值的作用并不大。如果其中的-4被-5取代，或者每个数值再加上100，囚徒困境博弈的本质不会改变。[①]在其最为一般的形式里，囚徒困境是形如图7-2所展示的一个标准式博弈，在这里，$c>a>d>b$。[②]

在囚徒困境例子中可以任取满足下式的数值：$c>a>d>b$。

顺便提一下，"囚徒困境"这一著名的博弈论实例最初源于一个故事，这个故事与这些数值是一致的。该博弈的参与人是两个犯罪嫌疑人，而不是两个网络使用者。这两个犯罪嫌疑人被关在不同的审讯室，每个人要么选择"招认"，要么选择"抵赖"（或者换一个说法，"合作"或"背叛"）。如果支付都是非正的，其绝对值可以解释成每个陷入此情境的囚徒各自的监狱服刑时间。

	C	D
C	a，a	b，c
D	c，b	d，d

图7-2 囚徒困境博弈

【例7-1】（古诺双寡头）这个例子最早的版本是奥古斯丁·古诺（1838）给出的。有两个同样的企业，参与人1和参与人2，其都生产某种商品。假设这种生产没有固定成本，企业i生产q_i（$q_i \geqslant 0$）个单位产品的可变成本由成本函数$c_i(q_i)=q_i^2$给出，其中$i\in\{1,2\}$。需求由函数$q=100-p$表示，其中$q=q_1+q_2$。古诺是把竞争性市场环境中的企业作为基准进行讨论的，这种环境下的企业只能接受既定的市场价格p，而且也知道自己的行为无法影响市场价格。在这样的假设下，正如每一个经济学家都知道的那样，每一个企业都在价格等于边际成本处进行生产，这个解就是竞争性均衡，因此从生产决策的边际单位上得到的利润为零。在这种特定的情况下，每一个企业将会生产的数量是$q_i=25$，价格是$p=50$，每一个企业都会取得625元的利润。[③]

古诺认为这种竞争性均衡实在是太天真了，因为理性的企业应该知道，价格不会是给定的，而是由其各自的行为所决定的。比如说，如果企业1对市场价格施加了影响，生产$q_1=24$而不是$q_1=25$，那么由于需求要等于供给，而总供给将从50跌到49，价格就不得不升到$p(49)=51$，现在企业的利润就是$v_1=51\times24-24^2=648>625$。当然，如果企业1认识到它对价格会有这样的影响，那么它就不应该设定$q_1=24$，而是寻求最优的选择。但是，它的最优选择要取决于企业2将会生产多少数量。那么，企业2又会生产多少呢？显然，企

① 更一般地，在标准效用理论下，博弈对支付的任何正的仿射变换（affine transformation）并不敏感。这意味着对于任何固定的实数a（$a>0$）和b来说，我们可以用$ax+b$来替换每一个支付x。

② 在某些定义下，需要进一步作出要求，即$a>\frac{b+c}{2}$，这可以保证结果（C,C）最大化行为人效用的总和。

③ 学过微观经济学的同学会知道，边际成本是成本函数的导数，因此等于$2q_i$。将它与价格相等，可以给出两个企业的供给函数，$2q_i=p$或$q_i=\frac{p}{2}$，将两个企业的供给函数相加，即可得到市场供给，$q=p$。将它与需求相等，可以得到$p=100-p$，由此可以知道$p=50$，然后带入供给函数可以得到$q_i=25$，$i=1,2$。

业2也应该会对此深思熟虑。这样一来，我们就不得不去找到一个解，其考虑了这些理性而且精明的企业双方的行动和针对对方的行动所做的行动。

不过，我们暂时先集中关注古诺给出的标准式博弈表达。这些行动是对数量进行选择，支付是利润。因此有下面的标准式博弈表达：

参与人：N={1,2}。

策略集：$S_i=[0,\infty]\ (i\in\{1,2\})$，企业选择数量 $s_i\in S_i$。

支付：对于 $i,j\in\{1,2\}, i\neq j$：

$$v_i(s_i,s_j)=\begin{cases}(100-s_i-s_j)s_i-s_i^2 & (s_i+s_j<100)\\ -s_i^2 & (s_i+s_j\geqslant 100)\end{cases}$$

这个支付函数稍微有点微妙，因为它对于参与人选择的任何一对策略（数量）都给出了明确定义。我们隐然的假设是说价格不能低于0，因此如果所有企业共同生产的数量超过100，那么价格就会是0（因为 $p=100-s_1-s_2$），而每个企业的支付就是其成本。

7.1.3.2　共同支付博弈

有一些受到限制的标准式博弈种类值得特别关注。第一类就是**共同支付博弈**（common-payoff games）。对于每一个行动组合面来说，在这些博弈中，所有参与人都有相同的支付。

定义7.2（共同支付博弈）： 一个共同支付博弈就是在该博弈中对于所有的行动组合面 $a\in A_1\times\cdots\times A_n$ 和任何一对参与人i、j，有 $u_i(a)=u_j(a)$。

共同支付博弈也被称为**纯协调博弈**（pure coordination games）或者**团队博弈**（team games）。在这类博弈中，参与人没有利益冲突；他们唯一的挑战来自就某一行动协调一致，该行动对所有人来说都能带来最大利益。

试举一例，设想两个司机，在一个没有交通规则的乡村彼此相对行驶，而且他们必须独立地进行决策，即是在路的左边还是在路的右边行驶。如果两个人选择在同一边（左或者右）行驶，则他们会获得一个高效用，否则就会得到一个低效用。该博弈矩阵如图7-3所示。

	左	右
左	1，1	0，0
右	0，0	1，1

图7-3　协调博弈

7.1.3.3　零和博弈

在一个光谱上，如果纯协调博弈在其中一端，那么另一端就是**零和博弈**（zero-sum games），更准确地说就是**常和博弈**（constant-sum games）。与共同支付博弈不同，常和博弈基本上在两个人（尽管不必然是两个策略）博弈的情况下才具有意义。

定义7.3（常和博弈）： 满足以下条件则一个两人标准式博弈是常和博弈：如果存在一个常数c，满足对于每一个策略组合面 $a\in A_1\times A_2$，存在 $u_1(a)+u_2(a)=c$。

为了方便，以后当我们谈及常和博弈时，我们总是假设c=0，也就是说，我们在进行一场零和博弈。如果说共同支付博弈表达的是纯协调的情况，那么零和博弈表达的则是纯竞争的情形；博弈一方所得必然是另一方所失。

零和博弈的经典例子就是掷硬币博弈。在这个博弈里，博弈双方每人都有一枚硬币，独立地选择让这枚硬币正面朝上还是反面朝上。然后，两个人比较其结果。如果币面是一样的，参与人1拿走所有硬币，否则参与人2拿走所有硬币。支付矩阵如图7-4所示。

	正面	反面
正面	1，-1	-1，1
反面	-1，1	1，-1

图7-4 掷硬币博弈

石头剪刀布，提供了掷硬币博弈的一个三策略的一般化形式。这个零和博弈的支付矩阵如图7-5所示。在这个博弈中，博弈双方每一个人都可以选择石头、剪刀、布中的一个。如果双方都选择相同的行动，就没有胜者，效用为零；否则，每一个人都会胜过另外一个人或者被另外一个人胜过。

	石头	布	剪刀
石头	0，0	-1，1	1，-1
布	1，-1	0，0	-1，1
剪刀	-1，1	1，-1	0，0

图7-5 石头剪刀布博弈

7.1.3.4 性别战

一般而言，一个博弈总是既有协调方面的因素又有竞争方面的因素，囚徒困境也是如此，尽管它是以确实有些荒谬的方式来表现的。这里提及的是另外一个著名的博弈，它就包括了这两种因素，这个博弈的名称叫性别战。在这个博弈里，丈夫和妻子都想去看电影，而且可以在两部电影之间进行选择，分别是《致命武器》（Lethal Weapon，LW）和《非常恋爱》（Wondrous Love，WL）。他们当然希望一起看电影而不是各看一部，然而妻子（参与人1）更喜欢LW，而丈夫（参与人2）更喜欢WL。支付矩阵如图7-6所示。我们稍后还会回到这个博弈上来。

		丈夫	
		LW	WL
妻子	LW	2，1	0，0
	WL	0，0	1，2

图7-6 性别战博弈

7.1.4 标准式博弈中的策略

到目前为止，我们已经定义了博弈中每一个参与人可获得的行动，但是，仍然没有定义其策略集或者他可获得的诸多选择。当然，有一类策略是选择一个行动并执行，我们称这类策略为**纯策略**。我们称每一个行为者纯策略的选择所构成的组合，即一个**纯策略组合面**（pure-strategy profile）。

参与人也可遵循另外的、不是那么显而易见的策略类型：根据某一概率分布在可获得的行动集合上随机化其选择，即**混合策略**。我们这样定义一个标准式博弈中的混合策略：

定义 7.4（混合策略）：令 (N,A,u) 表示一个标准式博弈，而且对于任一集合 X，令 $\Pi(X)$ 为定义在 X 上的所有概率分布的集合。那么对参与人 i 来说，混合策略集就是 $S_i=\Pi(A_i)$。

定义 7.5（混合策略组合面）：混合策略组合面的集合即个人混合策略集的笛卡尔积，$S_1\times\cdots\times S_n$。

我们用 $s_i(a_i)$ 来表示行动 a_i 在混合策略 s_i 下被执行的概率。被混合策略 s_i 赋予正的概率的那些子行动集，被称为 s_i 的**支撑**（support）。

定义 7.6（支撑）：对于参与人 i 来说，混合策略 s_i 的支撑就是纯策略集 $\{a_i|s_i(a_i)>0\}$。

注意，纯策略就是混合策略的一种特殊情况，它在混合策略中的支撑是一个单一行动。在光谱的另一端，我们有完全混合策略。如果它有完全的支撑（也即如果它给每一个行动都赋予非零的概率），该策略就是完全混合的。

我们还没有定义在给定一个具体的策略组合面时参与人的支付，因为支付矩阵只是直接定义了那些纯策略组合面的特殊情形。但是，混合策略的一般化也是很直观的，此外还要依赖于决策理论的基本概念——期望效用。直觉上来讲，我们首先可以计算出在给定一个策略组合面时达成每一个结果的概率，然后我们还要计算出这些结果的支付的平均值，即根据每一结果的概率进行加权得到的平均值。从形式上来说，我们可以这样来定义期望效用（不堪符号之累，在本章和第8章我们都用 u_i 既来表示效用也来表示期望效用）。

定义 7.7（混合策略的期望效用）：给定一个标准式博弈 (N,A,u)，对每个参与人 i 的混合策略组合面 $s=(s_1,\cdots,s_n)$ 来说，期望效用 u_i 定义如下：

$$u_i(s)=\sum_{a\in A}u_i(a)\prod_{j=1}^{n}s_j(a_j)$$

7.2 分析博弈：从最优到均衡

我们已经定义了什么是博弈的标准式，以及其中参与人可获得的策略是什么。现在的问题是，从这种形式的博弈中可以得到什么样的启示。在单人决策理论里，主要的概念就是最优策略，也就是说，在给定的环境里最大化参与人期望支付的策略。由于环境可以是随机的，也可以是部分可观察的，并且还可能会使参与人面临各种意外情况，所以，单人的情形也可能充满不确定性。不过，在多个参与人进行互动的情况下，事情要远为复杂得多。在这种情况下，所涉的环境还包括其他的参与人，他们所有人也都希望最大化他们的支付。这样一来，对于给定的某个参与人而言，最优策略的概念就不再有意义；最好的策略依赖于他人的选择。

博弈理论家们通过确定结果的某些子集来处理这一问题，这被称为**解概念**（solution concepts）。在本部分，我们就来描述两个最为基本的解概念：帕累托最优和纳什均衡。

7.2.1 帕累托最优

让我们先来看看博弈中的最优概念。我们的问题是，能否将一个博弈的某些结果说成比另外一些更好？

这个问题很复杂，因为我们无法说明一个参与人的利益就比另外一个参与人的更为重要。也许，我们应该偏好那些所有参与人的效用总和更高的结果。然而，就像前文所提到的，我们可以使用任何正的仿射变换来改换参与人的效用函数，可以取得另外一个有效的效用函数。比如，我们可以将参与人1的所有支付再乘上1 000——这会决定参与人对博弈结果的偏好顺序。

如此一来，我们的问题就成了寻找一种方式来说明某些结果胜过另外一些，即便我们只知道根据一个正的仿射变换而得来的参与人的效用函数。想象一下，每一个参与人的效用都是一个你将获取的货币报酬，但是每一笔报酬都是以不同的货币来表示的，而且你也不知道这些货币之间的汇率到底怎样。那么，你应该偏好哪一种结果呢？其实，鉴别出最优结果通常是不可能的。当然，也有一些情况可以使你能够确定一种结果胜过另外一种结果。举个例子，获得10个单位的A货币和3个单位的B货币，要比获得9个单位的A货币和3个单位的B货币来得好，这当中我们不需要考虑汇率具体如何。我们在下面的定义里将这一直觉进行了形式化。

定义7.8（帕累托占优(Pareto domination)）：策略组合面s帕累托占优于策略组合面s′，如果对于所有的$i \in N$，$u_i(s) \geqslant u_i(s')$，并且对于所有的$u_j(s) > u_j(s')$，必存在某一个$j \in N$。

换言之，在帕累托占优决策组合面里，博弈者在不使得任何他人的福利变差的情况下，可以改善自己的福利。要知道，我们是在策略组合面上定义帕累托占优的，并不只是在行动组合面上这样做。

帕累托占优给了我们一个在策略组合面上的局部排序。这样，为了回答前面的问题，我们不能一般性地区分单个“最优”结果；取而代之的是，我们可能要有一个非可比的最适集合。

定义7.9（帕累托最优）：如果不存在另外一个策略组合面$s' \in S$帕累托占优于s，策略组合面s就是帕累托最优，或者说是严格帕累托有效的。

关于帕累托策略组合面，我们可以得出如下几个结论。首先，每一个博弈必有至少一个这样的最适结果，而且也必有至少一个这类所有参与人都接受的纯策略的最适结果。其次，某些博弈会有多个最适结果。比如说，在零和博弈中，所有的策略组合面都是严格帕累托有效的。最后，在共同支付博弈中，所有的帕累托最优策略组合面都有相同的支付。

7.2.2　定义最优反应和纳什均衡

现在，我们开始从一个个体参与人的立场来看待博弈本身，这会带我们认识博弈论中最有影响的解概念——纳什均衡。

我们第一个观察结果是，如果参与人知道了其他人打算如何进行博弈，则他的策略问题就会变得非常简单。具体而言，这和单人决策中选择效用最大化行动问题是一样的。正式地，我们定义 $s_{-i}=(s_1,\cdots,s_{i-1},s_{i+1},\cdots,s_n)$ 为没有参与人 i 的策略的策略组合面。这样，我们可以写成 $s=(s_i,s_{-i})$。如果参与人不是 i（我们称之为 -i），而打算选择 s_{-i}，那么寻求效用最大化的参与人 i 将面对的是选择其最优反应的问题。

定义 7.10（最优反应）：对于策略组合面 s_{-i}，参与人 i 的最优反应是一个混合策略 $s_i^*\in S_i$，满足对于所有策略 $s_i\in S_i$，都有 $u_i(s_i^*,s_{-i})\geqslant u_i(s_i,s_{-i})$。

最优反应不必然是唯一的。事实上，除了极端情形——只有一个最优反应，而且是纯策略——之外，最优反应的个数总是无限多的。当最优反应 s_i^* 的支撑包含两个或者更多行动时，该参与人必须在这些行动上没有差别地对待；否则，该参与人将会降低采取至少其中一个行动的概率一直到零。但是，这样的话，任何这些行动的混合也必须是一个最优反应，而不再仅仅是 s_i^* 中的某个特定的混合。同样，如果存在两个纯策略都是个体最优的，那么这两个纯策略的任一混合也必然是一个最优反应。

当然，一般而言，参与人不会知道其他参与人将会采取的策略是什么。如此一来，最优反应的概念就不可能是一个解概念——它不能识别出在一般情况下关于结果我们感兴趣的有意义的集合。不过，我们可以通过定义非合作博弈论中最重要的核心概念来弥补最优反应思想的不足，那就是纳什均衡。

定义 7.11（纳什均衡）：如果对于所有参与人 i 而言，s_i 都是关于 s_{-i} 的最优反应，则策略组合面 $s=(s_1,\cdots,s_n)$ 就是一个纳什均衡。

直观而言，纳什均衡是一个稳定的策略组合面：如果任一参与人知道了其他参与人随后将采取的策略，也没有人会愿意改变其策略。

我们可以将纳什均衡分为两类：强的和弱的，这取决于每个参与人的策略是否构成对其他参与人的策略的唯一的最优反应。

定义 7.12（强纳什均衡）：如果对于所有参与人 i，以及对于所有的策略 $s'\neq s_i$，都有 $u_i(s_i,s_{-i})>u_i(s'_i,s_{-i})$，则策略组合面 $s=(s_1,\cdots,s_n)$ 就是一个强纳什均衡。

定义 7.13（弱纳什均衡）：如果对于所有参与人 i，以及对于所有的策略 $s' \neq s_i$，都有 $u_i(s_i, s_{-i}) \geqslant u_i(s'_i, s_{-i})$，则策略组合面 $s = (s_1, \cdots, s_n)$ 就是一个弱纳什均衡。

从直觉上来看，弱纳什均衡不如强纳什均衡来得稳定，因为在前一种情况下，至少有一个参与人对其他参与人的策略的最优反应不是他的均衡策略。混合策略纳什均衡必然总是弱的，而纯策略纳什均衡可以是强的，也可以是弱的，这取决于博弈本身。

7.2.3 寻找纳什均衡

重新考虑一下性别战博弈。我们马上可以看到，它有两个纯策略纳什均衡，如图 7-7 所示。

妻子 \ 丈夫	LW	WL
LW	(2, 1)	0, 0
WL	0, 0	(1, 2)

图 7-7 性别战博弈中的纯策略纳什均衡

通过确认无论何时当参与人中的一个人采取给定（纯）策略时，其他参与人如若偏离必遭损失，我们可以验证其确属纳什均衡。

这些就是所有的纳什均衡吗？答案是否定的。尽管它们的确是纯策略均衡，但是还存在另外的混合策略均衡。一般来说，计算一个博弈的混合策略均衡是颇为棘手的。不过，这里我们还是可以表明，一旦我们知道（或者能够猜测）均衡策略的支撑，尤其是在这类小的博弈里，这一计算问题就很简单了。现在，让两个参与人随机地进行选择，而且假定丈夫的策略是以概率 p 来选择 LW，以概率 1 - p 来选择 WL。如果妻子即行动参与人，也在她的两个行动之间进行混合，给定丈夫的策略，她必须在二者之间无差异才行。（否则，根据她只会采取其行动中较好的那个，妻子转向一个纯策略将会改善境况。）那么，我们可以写出如下的方程：

$$U_{妻}(LW) = U_{妻}(WL)$$

$$2 \times p + 0 \times (1 - p) = 0 \times p + 1 \times (1 - p)$$

$$p = \frac{1}{3}$$

我们得到了这样的结果：为了使得妻子在她的两个行动上无差异，丈夫必须以 1/3 的概率选择 LW，以 2/3 的概率选择 WL。当然，既然丈夫采取了混合策略，那么他也必须在他的两个行动间无差异。根据同样的计算，我们可以得到，为了使得丈夫无差异，妻子必须以 2/3 的概率选择 LW，以 1/3 的概率选择 WL。现在，可以知道，我们的确找到了一个均衡：因为两个参与人都以使得另外一个在其行动上无差异的方式来进行博弈，所以他们都针对彼此作出了最优的反应。如同所有的混合策略均衡一样，这是一个弱纳什均衡。在这个均衡里，两个参与人的期望支付都是 2/3，这意味着每一个纯策略均衡都帕累托占优于混合策略均衡。

	正面	反面
正面	1, -1	-1, 1
反面	-1, 1	1, -1

图 7-8 掷硬币博弈

在前文中我们简短地提到，混合策略起着很重要的作用。前面这个例子可能还不是很明显，现在我们再来考虑掷硬币博弈，如图7-8所示。不难看出，在这个纯粹竞争的博弈里，没有一个纯策略是均衡的一部分。因此，在这个博弈里同样不可能存在严格纳什均衡。不过，使用前述的方法，同学们可以再次检验，必然存在一个混合策略均衡；在这个例子里，每个参与人都以0.5的概率来选择可获得的两个活动中的一个。

我们现在已经看到了两个例子，在其中我们尝试着找到了纳什均衡（性别战博弈中有三个均衡，掷硬币博弈中有一个均衡）。是我们侥幸成功了吗？纳什告诉我们并非如此。

定理7.1：有有限个参与人和行动组合面的任一博弈至少存在一个纳什均衡。[①]

对这个结果的证明稍微有些棘手，我们不打算在这里对其进行讨论，只是稍微提一下，要证明该定理需要借助数学中的不定点定理，即角谷和布劳沃尔（Kakutani & Brouwer）不动点定理[②]。

纳什定理取决于参与人的混合策略，有些博弈可能没有纯策略纳什均衡（很多博弈，比如掷硬币博弈，就只有一个混合策略均衡）。然而，当我们说一个参与人采取了混合策略纳什均衡时，其到底是什么意思呢？难道参与人真的在其掷硬币的正面和反面赋予了概率分布不成？有些人确实认为他们的确是这么做的。有一个关于混合策略的著名例子，就是足球比赛中的点球大战。具体来说，就是一个踢球的球员和一个守门员，在准备罚球。踢球的球员可以往左踢也可以往右踢，守门员可以扑向左边也可以扑向右边。当且仅当踢球的球员踢向一方而守门员扑向另一方时，踢球的球员才得分；这可以用掷硬币博弈来很好地进行建模。无论哪个参与人，任何一个纯策略都可能招致针对另一个参与人的最优反应。只有在每一个方向踢球或者扑球都以相同的概率进行，对手才无隙可乘。

当然，这种观点并非无可争议。特别地，我们可以认为每一个参与人的策略都是确定的，只是另外一方的参与人不能肯定对手的策略罢了。这确实是对混合策略的第二种可能的解释：参与人i的混合策略是其他参与人对i可能采取的每一个纯策略的估测。在均衡里，i的混合策略有着更深一层的性质，在其支撑中，每一个行动都是针对参与人i关于其他参与人策略之信念的最优反应。

【例7-2】（古诺双寡头（续））让我们再来回顾一下古诺博弈，其中需求函数为$p = a - bq$，成本函数为$c_i(q_i) = c_i q_i$，企业$i \in \{1,2\}$。当企业i相信其对手选择了产量q_j时，它所面对的最大化问题是：

$$\max_{q_i} v_i(q_i, q_j) = (a - bq_i - bq_j)q_i - c_i q_i$$

回忆下每个企业的最优反应函数，它可以由一阶条件给出，因此有：

$$BR_i(q_j) = \frac{a - bq_j - c_i}{2b}$$

这意味着每个企业都像下面这样选择产量：

$$q_1 = \frac{a - bq_2 - c_1}{2b} \text{ 和 } q_2 = \frac{a - bq_1 - c_2}{2b} \tag{7-1}$$

---

① NASH J. Non-cooperative games［J］. Annals of Mathematics，1951，54（2）：286－295.

② 详细的证明可参见：泰迪里斯．博弈论导论［M］．李井奎，译．北京：中国人民大学出版社，2015.

产量对 (q_1,q_2) 是互为最优反应的，它必然是一个古诺-纳什均衡。当我们联立求解公式（7-1）中的这两个最优反应函数时，这个结果就会给出。图7-9中给出的最优反应函数描述了我们前面求解的那种特殊情况，其中a=100，b=1，而 $c_1=c_2=10$ 。在这种情况下，唯一的纳什均衡是 $q_1=q_2=30$ 。

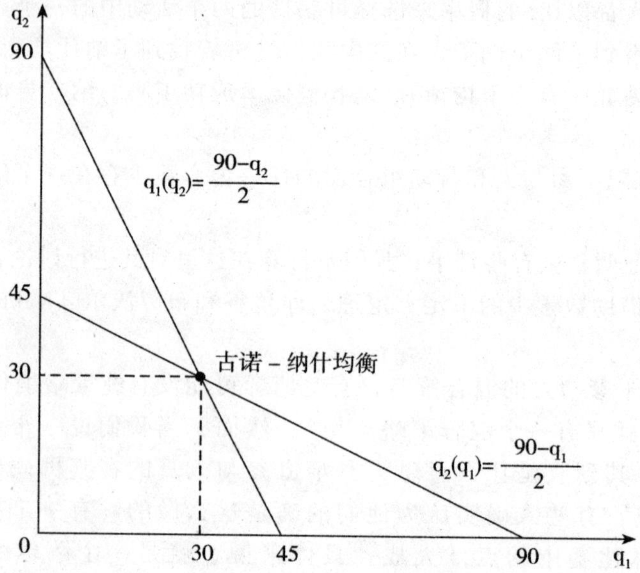

图7-9 古诺双寡头博弈：最优反应函数和纳什均衡

值得注意的是，纳什均衡与经过IESDS和可理性化过程后仅剩下的唯一策略是一致的，这也是命题5.1的结论。

【例7-3】（贝特兰德双寡头）古诺模型假设企业选择产量，而市场价格自动调整以出清需求。然而，我们也可以认为企业经常是选择价格水平，然后让消费者从中作出购买决策，而不是设定好产量，等待着市场价格来均衡需求。我们现在考虑这样一个博弈，每个企业都对无差别的产品给出一个价格。这种情况曾被约瑟夫·贝特兰德（1883）予以模型化并进行分析。

和之前一样，我们假设需求由p=100-q给出，成本函数为 $c_i(q_i)=10q_i$ ，企业 $i\in\{1,2\}$ 。显然，我们可以预期所有的购买者都会从那个出价最低的企业那里购买产品。如果价格一样，那该怎么办？我们假定如果两个企业出价相等，则两个企业平分整个市场。这给出了以下标准式博弈：

参与人：N={1,2}。

策略集：$S_i=[0,\infty]$ ，其中 $i\in\{1,2\}$ ，而企业选择价格 $p_i\in S_i$ 。

支付：为了计算支付，我们需要知道每个企业的产量是多少。给定我们对价格相等时的假设，产量由下式给出：

$$q_i(p_i,p_j)=\begin{cases}100-p_i & (p_i<p_j)\\ 0 & (p_i>p_j)\\ \dfrac{100-p_i}{2} & (p_i=p_j)\end{cases}$$

这反过来意味着支付函数可以由下式给出：

$$v_i(p_i,p_j)=\begin{cases}(100-p_i)(p_i-10) & (p_i<p_j)\\ 0 & (p_i>p_j)\\ \dfrac{100-p_i}{2}(p_i-10) & (p_i=p_j)\end{cases}$$

现在，对这个博弈的描述已经完成，我们可以尝试来计算每个企业的最优反应函数。为了做到这一点，我们从现实角度入手来作一点小小的修正：假设价格不能是任意非负的实数，而应该限制在某些较小的数值的增加上，譬如$\epsilon>0$，这意味着策略集（价格集）是$S_i=\{0,\epsilon,2\epsilon,3\epsilon,\cdots\}$。举个例子，如果我们考虑一分钱为价格增量，那么$\epsilon=0.01$，则策略集就是$S_i=\{0,0.01,0.02,0.03,\cdots\}$。我们很快就会看到当这个较少的面值$\epsilon>0$变得非常小、近乎为0时会发生什么。

我们通过穷尽可能面对的全部相关情况来导出企业的最优反应。我们从市场中只有一个垄断企业这种情况开始讨论往往很有好处。我们可以计算垄断价格，即最大化没有竞争对手的单个企业的利润时的价格。这可以通过最大化下式得到：$v_i(p)=pq-10q=(100-p)(p-10)$，其一阶条件为$110-2p=0$，由此得到最优价格$p=55$，其产量为$q=45$，利润等于2 025美元。

我们现在转过来讨论有两个企业的双寡头情况，首先考虑$p_j>55$的情况。可以很容易看出，企业i可以表现得好像没有竞争一样：只需要将价格设在垄断价格55美元的水平上即可得到全部市场份额。至此，我们可以推断，如果$p_j>55$，那么企业i的最优反应就是将价格设定在$p_j=55$上。

也可以很轻松地看到，在$p_j<10$这种情况下，企业i的最优反应是将价格设得比企业j更高一点。如果它要价$p_i\leq p_j$，则它可以在低于其成本的价格上卖出正的数量，反而会使得企业i损失货币。如果它要价$p_i>p_j$，则它什么都卖不出去，当然也没有任何损失。

现在考虑$10.02\leq p_j\leq 55$。企业i有以下三个选择项：一是设定价格$p_i>p_j$而什么也得不到；二是设定$p_i=p_j$而平分市场；三是设定价格$p_i<p_j$而得到整个市场。并不难得出结论：企业i希望以低于企业j的价格来进行销售，从而得到整个市场，这个目标可以通过将价格设定为$p_i=p_j-0.01$来实现。为了看到这一点，我们来看，如果$p_j>10.01$，那么将价格设定为$p_i=p_j$，企业i可以得到$v_i=\dfrac{100-p_j}{2}(p_j-10)$；而如果它将价格设定在$p_i=p_j-0.01$，它会得到$v'_i=(100-(p_j-0.01))((p_j-0.01)-10)$。我们可以将这两者的差值计算如下：

$$\begin{aligned}\Delta v_i=v'_i-v_i&=(100-(p_j-0.01))((p_j-0.01)-10)-\frac{100-p_j}{2}(p_j-10)\\&=55.02p_j-0.5p_j^2-501.1\end{aligned}$$

可以很容易地看出，在$p_j=10.02$处Δv_i是正的（等于0.0002）。对于所有的$p\in[10.02,55]$，它都是正的，这一点可以说明Δv_i对任意的$p_j\in[10.02,55]$有正的导数，也说明这个差值随着p_j在其定义域上的增加而变得越来越大(且是正的)，即对于所有的$p<55.02$有：

$$\frac{d\Delta v_i}{dp_j} = 55.02 - p_j > 0$$

这样我们就可以得出结论：当 $p_j \in [10.02, 55]$ 时，企业i的最优反应是要价比企业j低0.01美元，也即 $p_i = p_j - 0.01$。

为了完成这一分析，我们可以来探讨两种最终的情况：p_j =10.01和 p_j =10。需要考虑的这三个选项是：$p_i = p_j, p_i > p_j$ 或 $p_i < p_j$。当 p_j =10.01时，刚好低于企业j的价格意味着将价格设定在 p_j =10上给企业i带来零利润，这与将价格设定在任意的 $p_i > p_j$ 上是一样的。这样一来，最优反应就是将价格设定为 $p_i = p_j$ =10.01，并以较低的利润平分市场。最后如果 p_j =10，那么任何 $p_i \geqslant p_j$ 的价格选择都只能使得企业i获得零利润，而设定 $p_i < p_j$ 则会带来损失。因此，任何 $p_i \geqslant p_j$ 的价格都是当 p_j =10时的最优反应。

总之，我们可以计算得到：

$$BR_i(p_j) = \begin{cases} 55 & (p_j > 55) \\ p_j - 0.01 & (10.02 \leqslant p_j \leqslant 55) \\ 10.01 & (p_j = 10.1) \\ p_i \in \{10, 10.01, 10.02, 10.03, \cdots\} & (p_j = 10) \end{cases}$$

现在，给定企业j的最优反应是对称的，那么就不难看出存在两个纳什均衡，可以直接从下面这个最优反应函数形式中得到：对 p_j =10.01的最优反应是 $BR_i(10.01)$ =10.01，而对 p_j =10的最优反应则是 p_i =10或 $10 \in BR_i(10)$。这样，这两个纳什均衡就是：

$$(p_1, p_2) \in \{(10, 10), (10.01, 10.01)\}$$

至此，提出一个大家可能会感到困惑的地方：当一个参与人针对其对手的某一行动有超过一个最优反应时，通常哪一个会实际发生呢？在这个例子中，当 p_2 =10时，参与人1对于任何他选择的10和10以上的价格并无差异：如果 p_1 =10，则他平分市场而无利润；如果令 p_1 >10，则失去所有市场也没有利润。我们可能会试图一下子得到这样的结论：如果参与人2选择 p_2 =10，那么 $p_1 \geqslant 10$ 的任何选择和 p_2 =10一起构成了一个纳什均衡。这是不对的！不错，参与人1是在采取一个最优反应。但是如果 p_1 >10，则 p_2 =10就不会是参与人2针对 p_1 的最优反应，这一点我们可以从接下来的分析中看出。

你可以将贝特兰德博弈的结果和古诺博弈的结果进行对照，这会是一个很有意思的练习。值得注意的是，当企业选择数量（古诺）时，唯一的纳什均衡是 $q_1 = q_2$ =30。计算显示总产量 $q = q_1 + q_2 = 60$，我们可以得到需求价格p=40，而每一个企业都可以得到900美元利润。而如果企业选择的是在价格上进行竞争的话，两个可能出现的纳什均衡是，要么两个人都选择定价10美元从而得到零利润，要么选择定价10.01美元得到微不足道的一点利润额（大约0.45美元）。有意思的是，对于古诺和贝特兰德两个博弈来说，如果我们只有一个参与人，那么他总是会通过设定垄断价格（或数量）为55美元（或45个单位）而挣得2 025美元的利润。

这一分析所带来的信息颇具震撼力：一个企业可能会有垄断势力，但是如果我们多加入一个企业进行竞争，而且是在价格上进行竞争，那么这个市场就会表现出竞争的特征——如果两个企业都选择价格为10美元，那这个价格正好等于边际成本。要注意，如果我们将第三个、第四个企业加进去也不会改变这一结果；价格将会是10美元（或者几乎等同的10.01美元）不变，对所有纳什（贝特兰德）均衡中的企业来说都是如此。这和古诺竞争大不一样，在古诺竞争中只要企业的数目不是足够多的，它们就可以获得一定程度上的市场势力。

现在，你应该已经认识到，如果我们令 ϵ 比0.01美元还小，我们前面得到的结论也不会改变，我们还是有两个纳什均衡，一个是 $p_1=p_2=10$，一个是 $p_1=p_2=10+\epsilon$。显然，这两个均衡随着 ϵ 越来越小，在利润上也越来越接近，随着 ϵ 趋近于0，它们会收敛到一起。

现在，如果我们假设价格可以选定为任意实数，我们就会得到一个非常"干净"的结果：我们有唯一的一个贝特兰德-纳什均衡，其价格等于边际成本，这意味着该结果是一个竞争性解。我们在更为一般性的对称情形下对此进行证明，其中两个企业的成本都是 $c_i(q_i)=cq_i$，需求等于 $p=a-bq$，其中 $a>c$。①

命题7.1：对于 $\epsilon=0$（价格可以是任何实数），存在一个唯一的纳什均衡：$p_1=p_2=c$。

证明：首先注意到的是，在任一均衡中，对两个企业来说，$p_i\geqslant c$；否则至少一个提供低于c的价格的企业会遭受损失（等于补贴给了消费者购买其产品）。因此，我们需要证明，$p_i>c$ 不可能是任一均衡的一部分。我们可以用两步来看这一点：

（1）如果 $p_1=p_2=\hat{p}>c$，那么每一个企业都可以从降低其价格到某个 $\hat{p}-\epsilon$ 价格上获得收益（ϵ 非常小），从而以几乎相同的价格得到整个市场。

（2）如果 $p_1>p_2\geqslant c$，那么参与人2会想着偏离 $p_1-\epsilon$（ϵ 非常小），从而得到更高的利润。

不难看出，$p_1=p_2=c$ 是一个均衡：企业i针对 $p_j=c$ 的最优反应为 $p_i(c)\geqslant c$。也就是说，任何大于等于边际成本c的价格都是对其他参与人要价c的最优反应。因此，$p_1=p_2=c$ 是唯一的均衡，因为每一个人都针对其他人的选择选取了最优反应，而没有任何一个人有意愿偏离到其他价格上去。

7.3 标准式博弈的更多解概念

就像7.2部分开始时所描述的那样，我们使用解概念来从多人博弈中进行推理，根据一些原理我们从博弈结果中识别出一些我们想要的子集，而最重要的解概念就是纳什均衡。当然也还有很多其他的解概念，在这里我们会讨论其中的一部分，它们中有一些概念比纳什均衡更为严格，有些则相反，有些则不可比较。接下来，我们将介绍更多的解概念，它们只适用于标准式之外的其他博弈表达法。

7.3.1 最大最小和最小最大策略

在n人博弈中，参与人i的最大最小策略是一种最大化i的最差情形下支付的策略（不必然是唯一的，而且一般是以混合的形式）。所谓最差情形，是说所有其他的参与人都采取那些对i造成最大损失的策略。对于参与人i来说，该博弈的最大最小值（或者说安全水平（security level））就是由最大最小策略所保证的最小规模的支付。

① 条件a>c是企业能够生产正产量而不遭受损失的必要条件。

定义 7.14（最大最小策略）：对于参与人 i 来说，最大最小策略就是 arg $\max_{s_i}\min_{s_{-i}} u_i(s_i, s_{-i})$，而且其最大最小值为 $\min_{s_i}\min_{s_{-i}} u_i(s_i, s_{-i})$。

尽管最大最小策略是一个在同时行动博弈（simultaneous-move games）中才有意义的概念，但是它还可以通过下面的直觉来得到理解。一旦第一个i必须提交一个（可能是混合的）策略，而且之后其他的参与人 -i 观察到这一策略（但不是i的行动选择）从而选择他们自己的策略以最小化i的期望支付时，最大最小策略就是i的最好选择。在性别战博弈（如图7-6所示）中，每一个博弈方的最大最小值都是2/3，而且要求采取最大最小化行为的参与人执行混合策略。(你能看出为什么吗?)

虽然假设其他参与人会单独对最小化 i 的效用感兴趣显得有些不合情理，但是以下情况也是事实。若 i 采取了最大最小策略，而其他参与人随意地去选择策略，i 将仍然可以得到至少与他的最大最小值相同的期望支付。这意味着最大最小策略对于那些意欲最大化其期望效用的保守者来说，不需对其他参与人作出任何假设，最大最小策略就是一个明智的选择。这里我们不需要去问其他参与人是不是根据他们自己的利益进行理性的行为，也不需要知道他们是否是从某些已知的分布里得出其行动选择的。

最小最大策略和最小最大值，与最大最小的情况正好相反，互成对偶。在二人博弈中，参与人 i 针对其他参与人 -i 的最小最大策略，就是使得 -i 的最大支付维持在最小水平上，而且参与人 -i 的最小最大值就是最小值的那个策略。当我们打算考虑一个参与人能够在不关心其个人支付的情况下惩罚另一个人的程度大小时，这是一个有益的方式。在重复博弈中，这类惩罚是会出现的。下面是正式的定义。

定义 7.15（最小最大策略，两个博弈人）：在一个二人博弈中，博弈方i针对博弈方 -i 的最小最大策略是 arg $\min_{s_i}\max_{s_{-i}} u_{-i}(s_i, s_{-i})$，而博弈人 -i 的最小最大值就是 $\min_{s_i}\max_{s_{-i}} u_{-i}(s_i, s_{-i})$。

在 n>2 的 n 人博弈中，针对参与人 j，参与人i的最小最大策略要稍显复杂。这是因为i一般将不能保证 j 通过单边行动后会取得最小支付。不过，如果我们假设除去 j，所有的参与人对 j “联合施加压力”——而且在不止一个策略组合面可以达到让 j 获得同样的最小支付时他们能够适当地进行协调——那么，我们就可以为n人博弈的情况定义最小最大策略了。

定义 7.16（最小最大策略，n个人）：在一个 n 人博弈中，对于任何一个博弈人 j≠i，博弈人i的最小最大策略就是表达式 arg $\min_{s_{-j}}\max_{s_j} u_j(s_j, s_{-j})$ 中混合策略组合面 s_{-j} 的i的部分，此处 -j 表示除去j之外的所有参与人的集合。和前述情况一样，参与人j的最小最大值是 $\min_{s_{-j}}\max_{s_j} u_j(s_j, s_{-j})$。

如前所述，我们可以通过一个通俗的情景来给出对于最小最大值的直观感受。想象一下，参与人 -i 必须提交一个（可能是混合的）策略组合面，然后参与人 i 执行最优反应。如果参与人 -i 为了最小化 i 采取了最优反应后的期望效用，而选择他们的策略，则参与人 i 取得其最小最大值。

在二人博弈中，一个参与人的最小最大值总是和他的最大最小值相等。对于那些超过两个参与人的博弈来说，一个更弱的条件可以成立：一个参与人的最大最小值总是小于或者等于其最小最大值。(你能解释这是为什么吗?)

由于无论是参与人的最大最小策略还是他的最小最大策略都不依赖于其他参与人事实上选择的策略，所以最大最小策略和最小最大策略就以一种直接的方式产生了解概念。如果 s_1 是参与人1的最大最小策略，s_2 是参与人2的最大最小策略，以此类推下去，则我们称混合策略面 $s=(s_1, s_2, \cdots)$ 是一个给定博弈的最大最小策略组合面。在二人博弈中，我们也可以类似地来定义最小最大策略组合面。在二人博弈、零和博弈中，最小最大和最大最小策略组合面之间有着非常紧密的联系。进一步而言，这些解概念也和纳什均衡联系起来了。

定理7.2（最小最大定理(冯・诺依曼，1928))：在任一有限、二人、零和博弈中，在任一纳什均衡里[①]，每一个参与人获得一个既等于其最大最小值又等于其最小最大值的支付。

为什么最小最大定理是重要的呢？因为它证明了最大最小策略、最小最大策略和纳什均衡在二人零和博弈中是一致的。特别地，定理7.2使我们可以得出二人零和博弈里的以下结论：

（1）每个参与人的最大最小值等于其最小最大值。习惯上，参与人1的最大最小值被称为该博弈的值。

（2）对于博弈双方来说，最大最小策略的集合与最小最大策略的集合是一样的。

（3）任一最大最小策略组合面（或者同样地，最小最大策略组合面）都是一个纳什均衡。进一步而言，它们是所有的纳什均衡。因此，所有的纳什均衡有着同样的支付向量(即参与人1于其中得到博弈的值的那些向量)。

举例来说，在图7-4的掷硬币博弈中，博弈的值是0。唯一的纳什均衡由两个参与人在正反两面以同等概率随机化。对于每个参与人来说，这既是最大最小策略，也是最小最大策略。

在零和博弈中，纳什均衡可以看成策略空间构成的多维图形中的马鞍的鞍点。在鞍点上，参与人的任何偏离都会降低其效用，而提高其他参与人的效用。如果每个参与人只有两个纯策略，我们可以很容易地想象出来这种简单的情形。在这种情况下，策略组合面的空间可以被看作所有在点（0,0）和点（1,1）间正方形内的点，正方形内的每个点描述的是每个参与人的混合策略。参与人1的支付（以及参与人2的支付的相反数）实际上是一个在此正方形之上的马鞍形的、三维表面。图7-10（a）给出了一个图示例子，表明参与人1在掷硬币博弈中的期望效用是两个参与人掷正面的概率的函数。图7-10（b）在 $z=0$ 上加了一个平面，使得我们可以更容易地看出，对于

① 细心的读者可能会感到惊奇：一个1928年的定理怎么使用了“纳什均衡”这个术语？要知道，纳什的工作出版于1950年。冯・诺依曼当时使用了不同的术语体系，而且以一种不同的方法证明了这一定理；不过，本处所给的表述在现代博弈论的语境中可能更为清晰一些。

两个参与人来说，以0.5的概率掷正面是一个均衡，而两个参与人的最大最小值和最小最大值都是0。

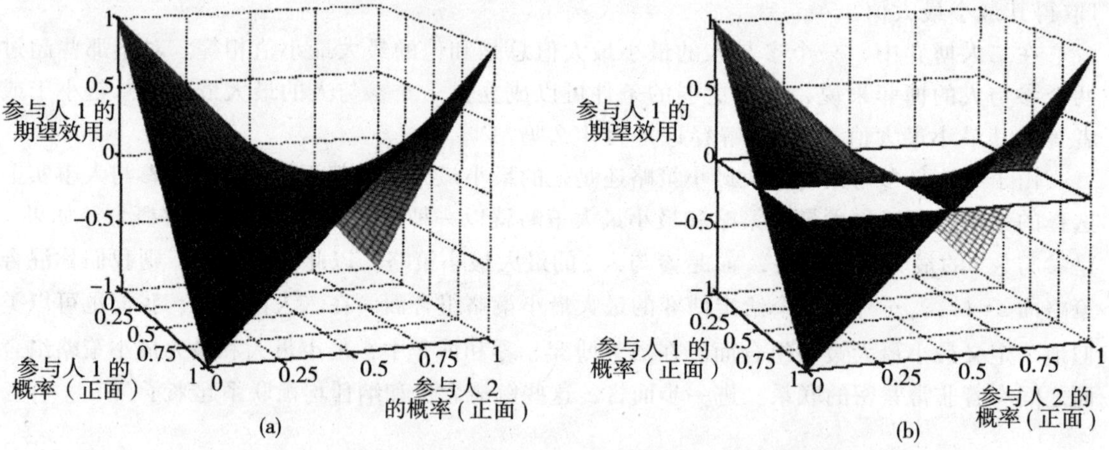

图7-10　掷硬币博弈中的鞍点，有和没有 z=0 平面的情况

7.3.2　劣策略的剔除

我们先来定义一个策略占优于另一个是指什么。直观来看，对于参与人i而言，对于剩余的其他参与人任一策略组合面，如果第一个策略为参与人i取得了比第二个策略较大的支付，我们就说一个策略占优于另一个策略。①不过，占优存在三个层级，这可以在下面的定义里得到理解。

定义7.17（占优）：令 s_i 和 s'_i 是参与人i的两个策略，而 S_{-i} 是其他参与人所有策略组合面的集合。那么：

（1）如果对于所有的 $s_{-i}\in S_{-i}$，总有 $u_i(s_i,s_{-i})>u_i(s'_i,s_{-i})$，则 s_i 严格占优于 s'_i。

（2）如果对于所有的 $s_{-i}\in S_{-i}$，总有 $u_i(s_i,s_{-i})\geqslant u_i(s'_i,s_{-i})$，而且对于至少一个 $s_{-i}\in S_{-i}$，有 $u_i(s_i,s_{-i})>u_i(s'_i,s_{-i})$，则 s_i 弱占优于 s'_i。

（3）如果对于所有的 $s_{-i}\in S_{-i}$，总有 $u_i(s_i,s_{-i})\geqslant u_i(s'_i,s_{-i})$，则 s_i 极弱占优于 s'_i。

定义7.18（占优策略）：对于一个参与人来说，如果一个策略严格（弱或极弱）占优于该参与人的其他任一策略，则该策略是严格（弱或极弱）占优的。

很显然，在策略组合面 $s_1,\cdots,s_n$ 中每一个 s_i 对于参与人i来说都是占优的（要么严格，要么弱，要么极弱，必居其一），则这一策略组合面就是一个纳什均衡。这样一个策略组合面形式，我们称之为占优策略均衡，根据强弱情况可以适当修正（严格占优、弱占优等）。一个严格占优策略中的均衡必然是唯一的纳什均衡。举个例子，我们再次考虑一下囚徒困境博弈。对于每一个参与人而言，策略D是严格占优的，事实上，(D,D)是唯一的纳什均衡。的确，我们现在可以解释这一“困境”，该困境尤其困扰着囚徒困境博弈：

① 注意，这里我们考虑策略占优乃是从一个个体参与人的角度来看的；如此，这一概念就与前面所讨论的帕累托占优概念无关。

在唯一的均衡中得到的结果，是严格占优策略中的均衡，也是唯一的非帕累托最优的结果。

在博弈论中，有占优策略的博弈扮演着重要的角色，尤其是那些专家们臆想出来的博弈。不过，在自然发生的博弈中，占优策略则是很少出现的。更常见的则是劣策略（dominated strategies）。

定义7.19（劣策略）：对于参与人i而言，如果另外的策略s'_i严格（弱或极弱）占优于s_i，则策略s_i就是严格（弱或极弱）劣的。

让我们暂时集中考虑一下严格劣策略。直观而言，所有的严格劣的纯策略都可以忽略，因为它们不可能成为对其他参与人所采取的行动的最优反应。不过，也有几个耐人寻味的细微之处。首先，一旦一个纯策略被剔除，另外一个不是劣策略的策略就可能变成劣的。而这一剔除过程可以一直持续下去。第二，一个纯策略可能会被其他纯策略的一个混合策略所占优，在这个混合策略里，任一个纯策略都没有独立地被占优。为了看清楚这一点，我们在图7-11中考虑一下这个博弈。

	L	C	R
U	3, 1	0, 1	0, 0
M	1, 1	1, 1	5, 0
D	0, 1	4, 1	0, 0

图7-11　有劣策略的博弈

列R会被剔除，因为它被列L所占优了。我们只剩下了图7-12中的博弈形式。

	L	C
U	3, 1	0, 1
M	1, 1	1, 1
D	0, 1	4, 1

图7-12　由图7-11重复劣策略R得到

在这个博弈里，M既不能被U占优也不能被D占优，但是它却被以同等概率选择U或

D的混合策略所占优。然而需要注意的是，在剔除R列之前，它也不是劣策略。在图7-13中，我们给出了最为简化的该博弈的形式，此博弈形式是从图7-12中剔除劣策略M而来。

这为我们提供了一个解概念：通过重复剔除严格劣策略，那些不会被采取的行动即赋予概率为零，经过这一过程之后余下的策略组合。注意，这是一个比纳什均衡还要弱得多的解概念——该策略组合面的集合将包含所有的纳什均衡，但是它同样也包含很多其他的混合策略。在有些博弈里，它和S将会等同，这个集合是所有可能的混合策略集合。

	L	C
U	3，1	0，1
D	0，1	4，1

图7-13　简化的博弈形式

因为重复剔除严格劣策略保留了纳什均衡，所以我们可以用这一技术来得到计算上的有利条件。在前例中，虽然还不能在新的3×3博弈里计算纳什均衡，但现在可以应用上面描述的技术，在这个2×2博弈中计算它们。在有些情况下，该方法得到的结果只剩下了一个方格；比如说，在囚徒困境博弈里，就可以遇到这种情况。在这个例子里，我们可以说这个博弈在重复剔除下是可解的。

很显然，在任一有限博弈中，经过有限次剔除，重复剔除会终结。值得担忧的是，一般来说，剔除的次序可能会影响最终的结果。可以证明的是，当我们剔除严格劣策略的时候，剔除顺序无关紧要。但是，如果我们剔除的是弱或极弱劣策略，则剔除顺序不同所得到的最后剩下的博弈形式就大不一样了。

我们应该关心占优的哪种特色呢？实际上，每一种特色都有其长处和短处，这也是为什么我们将它们全部在此展示出来的原因。严格占优可以带来表现更好的重复剔除：它可以得到一个剔除后的博弈，该博弈独立于剔除顺序，而且重复剔除在计算上也更容易处理。弱占优可以使我们得到更小的剔除后的博弈形式，但是在重复剔除之下，剔除后的博弈依赖于剔除次序。极弱占优甚至能得到比弱占优还要小的剔除后的博弈形式，但是同样地，这些剔除后的博弈也要依赖于剔除顺序。进一步而言，极弱占优并不对策略施加一个严格的次序：当两个策略是等价的时候，每一个都极弱占优于另一个。出于这个原因，这最后一种占优形式一般也被认为是最不重要的。

【例7-4】（古诺双寡头（续））回忆一下古诺双寡头的例子，不过要考虑的是这个问题更为简单的版本，即其中企业具有的是线性而不是二次型的成本函数：每个企业生产数量q_i的成本由$c_i(q_i)=10q_i$给出，其中$i\in\{1,2\}$。（用经济学的行话来说，这是边际成本恒为10并且无固定成本的情况。）我们令需求由$p(q)=100-q$给出，其中$q=q_1+q_2$。

首先来看企业1的利润（支付）函数：

$$v_1(q_1,q_2)=\overbrace{(100-q_1-q_2)q_1}^{\text{收益}}-\overbrace{10q_1}^{\text{成本}}$$
$$=90q_1-q_1^2-q_1q_2$$

企业1应该做什么呢？如果它知道企业2选择生产的数量，比如其值为q_2，那么企业1的利润就在一阶条件满足时取得了最大化。也就是说，当$90-2q_1-q_2=0$时，企业1实现了最大利润。这样，给定任一q_2的值，企业1将其数量根据下面这个函数来设定时可以最大化其利润：

$$q_1=\frac{90-q_2}{2} \tag{7-2}$$

尽管企业1的选择取决于它相信企业2会作出何种选择，只有这样的信念为真，这个式子才成立，但是公式（7–2）说明企业1绝不会选择超过 $q_1=45$ 的数量进行生产。这一点一看便知，q_2 不可能为负，所以公式（7–2）说明了 $q_1\leqslant 45$。实际上，这等于是说，任意 $q_1>45$ 的数量严格劣于 $q_1=45$。我们来看看，对于任意的 q_2，将 $q_1=45$，企业1所得到的利润为：

$$v_1(45,q_2)=(100-45-q_2)45-450=2\,025-45q_2$$

选择任一其他的 q_1 所得到的利润为：

$$v_1(q_1,q_2)=(100-q_1-q_2)q_1-10q_1=90q_1-q_1q_2-q_1^2$$

这样，我们可以从 $v_1(45,q_2)$ 中减去 $v_1(q_1,q_2)$，从而得到：

$$\begin{aligned}v_1(45,q_2)-v_1(q_1,q_2)&=2\,025-45q_2-(90q_1-q_1q_2-q_1^2)\\&=2\,025-q_1(90-q_1)-q_2(45-q_1)\end{aligned}$$

可以很容易看到，对于任意的 $q_1>45$，不管 q_2 取值如何，这个差都是正的。[①]因此，我们可以得出结论，任意的 $q_1>45$ 都严格劣于 $q_1=45$。

同样可以看出，企业2也面对着相同的利润函数，这说明任意的 $q_2>45$ 都严格劣于 $q_2=45$。这一结果可以带给我们第一轮的重复剔除过程：理性的企业只生产45个单位的商品。这也表明第一轮剔除后有效的策略空间为 $q_i\in[0,45]$，其中 $i\in\{1,2\}$。图7–14即把这一过程用图表的形式表示了出来。

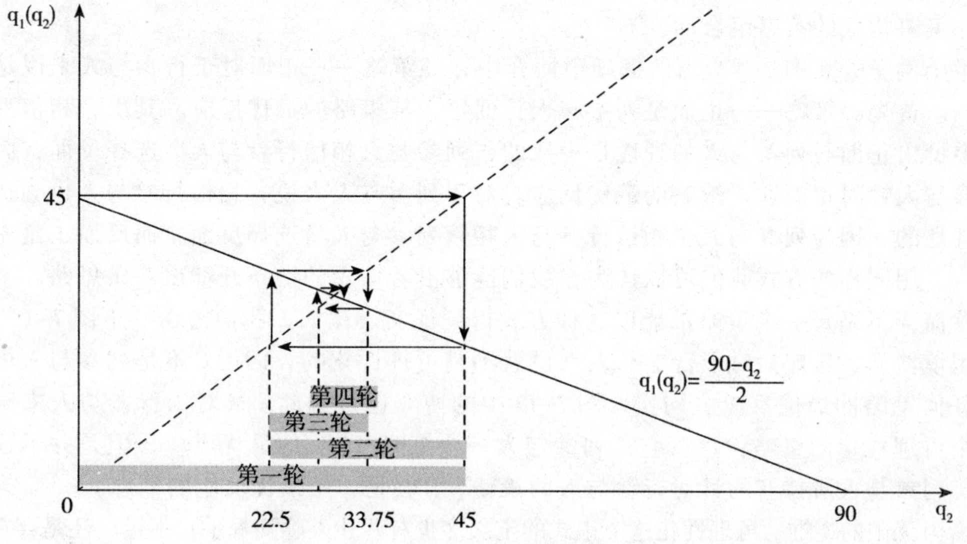

图7–14　IESDS在古诺博弈中的收敛

现在我们来看第二轮剔除。因为 $q_2\leqslant 45$，所以公式（7–2）表明企业1会选择一个不少于22.5的数量，对称的论证可以适用于企业2。因此，第二轮剔除表明，剩下的策略集是 $q_i\in[22.5,45]$，其中 $i\in\{1,2\}$。

这一过程的下一步是将策略集缩减到 $q_i\in[22.5,33.75]$，而且这一过程会不断地持续下去。有意思的是，这个剔除过程中余下的策略集会逐渐收敛于一个单一的数量选择

① 这也是很自然的，因为如果 $q_1>45$，那么 $q_1(90-q_1)<2\,025$，而且对于任意的 $q_2\geqslant 0$，$q_2(45-q_1)\leqslant 0$。

$q_i = 30$ 。为了看到这一点，请注意看我们是如何从一个剔除后的剩余策略区间到下一个策略区间的。我们首先会看到 $q_2 \geqslant 0$ ，然后利用公式（7-2）可以发现 $q_1 \leqslant 45$ ，这得到了第一轮的区间[0,45]。然后，根据这个博弈的对称性，可以得到 $q_2 \leqslant 45$ 。再次利用公式（7-2），可以得到 $q_1 \geqslant 22.5$ ，这会得到第二轮的区间[22.5,45]。我们可以在图7-14中看到这一过程的图形，其中我们用前一个区间的上（下）界来判定下一个区间的下（上）界。如果这一过程要收敛到一个区间，而不是一个点，那么根据两个企业的对称性，最终每个企业的区间只能是同时满足两个方程两个未知数的区间 $[q_{min}, q_{max}]$ ： $q_{min} = \frac{90 - q_{max}}{2}$ 和 $q_{max} = \frac{90 - q_{min}}{2}$ 。不过，这两个方程的唯一解是 $q_{min} - q_{max} = 0$ 。因此，对这个古诺博弈使用IESDS会产生对行为的一个独一无二的预测解，即 $q_1 = q_2 = 30$ ，而每一个企业可以获得的利润为 $v_1 = v_2 = 900$ 。

7.3.3 可理性化

如果一个完美的理性参与人可以无可非议地针对一个或更多完美理性的对手执行一个策略，那么这个策略就是可理性化的。非正式地说，如果参与人i的一个策略组合面是i所持有的其他参与人将会采取的策略的信念之最优反应，则该策略组合面是可理性化的。不过，问题在于i不可能对其他参与人的行动持有随意的信念——他的信念必须考虑在他关于他们的理性的认识之内，这也包括他们关于他的理性的认识，以及他们对于他关于他们理性的认识的认识，如是等等，以至无穷。一个可理性化的策略组合面是一个仅仅由可理性化策略构成的策略组合面。

举个例子，在图7-4给出的掷硬币博弈中，纯策略——正面对于行参与人来说是可理性化的。首先，策略——正面是列参与人正面这一纯策略的最优反应。其次，相信列参与人也会掷出正面与列参与人的理性是一致的：列参与人相信行参与人会选择反面，因为这是行参与人针对正面这一策略的最优反应。对于列参与人来说，相信行参与人也会选择反面是理性的，因为列参与人会相信行参与人相信列参与人将选择反面，而反面正是一个最优反应。用同样的方式我们可以认为，我们能够沿着信念的链条开辟出一条思路。

然而，不是每一个策略都能以这种方式得到证实。比如，我们考虑一下图7-1给出的囚徒困境博弈，策略C对于行参与人来说就不是可理性化的，因为C不是列参与人可以选择的任何策略的最优反应。同样，图7-11中的博弈也是如此。M对于行参与人来说也不是一个可理性化的策略：尽管它是列参与人一个策略（R）的最优反应，但是并不存在任何关于列参与人所持有的针对行参与人的策略，R会是一个最优反应的信念。

因为无限的逆推，可理性化这个正式的定义多少有些让人感到棘手；不过，还是存在一些对可理性化策略来说直观的东西。首先，纳什均衡策略总是可理性化的，因而可理性化策略（以及策略组合面）的集合总是非空的。其次，在两人博弈中，可理性化策略有一个简单的特点：它们是那些重复剔除严格劣策略后余下来的策略。在n人博弈中，也存在一些重复剔除劣策略后余下来的策略，但它们是不可理性化的。在更为一般的情况里，可理性化策略总是那些不会被重复剔除的策略，那些被剔除的策略从来不是其他参与人的任何策略组合面的最优反应。

我们现在更为正式地定义可理性化这一概念。首先，我们将定义一个每一个参与人i的（可能的混合）策略 $S_i^0, S_i^1, S_i^2, \cdots$ 的无穷序列。令 $S_i^0 = S_i$ ，这样，对每一个参与人i，该序列中的第一个元素就是所有i的混合策略集合。令CH(S)表示集合S的凸包（convex hull）：

包含S中所有元素的最小凸集。现在，我们定义 S_i^k 为所有策略 $s_i \in S_i^{k-1}$ 的集合，对此必然存在某个 $s_{-i} \in \prod_{j\neq i} CH(S_j^{k-1})$ 满足对于所有的 $s'_i \in S_i^{k-1}$ 有 $u_i(s_i,s_{-i}) \geqslant u_i(s'_i,s_{-i})$ 。也就是说，如果就 S_i^{k-1} 中任何其他策略而言 s_i 至少一样好，而其他参与人来对此 s_i 的回应有某一策略 s_{-i}，那么就可以说有一个属于 S_i^k 的策略。凸包的引入，可以让参与人i对来自 S_i^{k-1} 的其他参与人j将会接受的策略上的不确定性信念进行最优的反应。$CH(S_j^{k-1})$ 可以取代 $\prod S_j^{k-1}$ 这个定义在 S_i^{k-1} 上的概率分布集，因为后者允许考虑对j而言被某个纯策略占有的混合策略。参与人i不可能相信j会采取这样的策略，因为这样的信念与i关于j的理性的认知是不一致的。

现在我们可以将i的可理性化策略定义为 $S_i^0, S_i^1, S_i^2, \cdots$ 的交集，故有如下定义：

定义7.20（可理性化策略）：参与人i的可理性化策略是 $\bigcap_{k=0}^{\infty} S_i^k$ 。

7.3.4　关联均衡

关联均衡（correlated equilibrium）是一个可以将纳什均衡予以一般化的解概念。有些人甚至认为这是所有解概念中最为基础的解概念。①

在一个标准的博弈中，每一个参与人都会独立地混合其纯策略。比如说性别战博弈，我们在图7-15中再次把它画出来。

		丈夫	
		LW	WL
妻子	LW	2，1	0，0
	WL	0，0	1，2

图7-15　性别战博弈

我们在7.2.3部分已经看到，这个博弈有唯一的混合策略均衡，为每个参与人取得2/3的期望支付。不过，我们现在假设这两个参与人都可以观察到一次公平的抛掷硬币的结果，并将他们的策略以这一结果为条件进行选择。现在他们可以从一个更丰富的集合中进行选择，比如他们可以这样选择，"如果是正面，WL；如果是反面，LW"。的确，在这个更为丰富的策略空间里，这也构成了一个均衡；给定一个参与人采取该策略，另外一个参与人接受其他策略必然只能带来损失。进一步而言，在这个所谓的关联均衡中，每一个参与人的期望支付都是：0.5×2+0.5×1=1.5。这样，两个参与人都会比以前他们在非关联情况下混合策略均衡时得到更高的效用，在那种情况下他们各自的期望支付都是2/3。而且，这一结果也比两个纯策略均衡更为公平，因为在纯策略均衡中，受损的一方在这里可以得到更高的期望效用。关联机制是非常有用的。

上述的例子要求两个参与人都能观察到抛掷硬币的确切结果，但是在一般性的设定下这并不是必需的。普遍来看，这种设定包括具有作为共同知识的概率分布的随机变量（外部事件），以及每个参与人关于随机变量演示的私人信号。一个参与人的信号可以与随机变量的取值有所关联，也可以与其他参与人取得的信号有关联，无须对它们进行区分。标

① 诺贝尔经济学奖得主、博弈论专家罗杰·迈尔森就曾说过："如果在其他星球上也存在智能生命，那么他们中的绝大多数一定是先发现关联均衡，后发现纳什均衡的。"

准的博弈可以被视为一种特殊的退化情形，即在这种博弈中不同参与人的信号在概率上都是彼此独立的。

为了对此进行正式的建模，我们来看n个随机变量的情况。假设根据这种分布进行选择，不过只有在每个参与人的变量实现之后才揭示给他，而且参与人总是以这一取值为条件采取行动。

定义 7.21（关联均衡）：给定n人博弈$G(N,A,u)$，一个关联博弈是一个元组(v,π,σ)，其中v是一个随机变量的n元组$v=(v_1,\cdots,v_n)$，其定义域为$D=(D_1,\cdots,D_n)$，π是v上的联合概率分布，$\sigma=(\sigma_1,\cdots,\sigma_n)$是映射$\sigma_i:D_i\mapsto A_i$的一个向量，而对每一个参与人i以及每一个映射$\sigma'_i:D_i\mapsto A_i$来说，有下式成立：

$$\sum_{d\in D}\pi(d)u_i(\sigma_1(d_1),\cdots,\sigma_n(d_n))\geqslant\sum_{d\in D}\pi(d)u_i(\sigma'_1(d_1),\cdots,\sigma'_n(d_n))$$

注意，这一映射是映射到行动上的，也就是说是一个纯策略而非混合策略。我们可以允许映射到混合策略，但是这并不会扩大这种一般性，故而不再作这种拓展。

很显然，对于每一个纳什均衡，我们都可以构造一个等价的关联均衡，因为它们都会给出结果上的相同分布。

定理 7.3：对于每一个纳什均衡σ^*必有一个对应的关联均衡σ。

对这个定理的证明是比较直观的。我们可以从一个给定的纳什均衡中通过令每一个$D_i=A_i$以及令联合概率分布为$\pi(d)=\prod_{i\in D}\sigma^*_i d_i$而构造一个关联均衡。然后，我们将$\sigma_i$选择为从每个$d_i$到相应的$\alpha_i$的映射。当参与人采取策略组合面$\sigma$时，结果上的分布与$\sigma^*$下的情况是一样的。由于与$v_i$并无关系，而且没有参与人可以从偏离$\sigma^*$中获得好处，所以$\sigma$是一个关联均衡。

另外，并不是每一个关联均衡都等价于纳什均衡，性别战博弈的例子就给出了一个反例。由此可知关联均衡是比纳什均衡严格为弱的概念。

最后，我们要注意到，关联均衡可以结合在一起形成一个新的关联均衡。如果一个博弈G的关联均衡的集合不是包括一个单一元素，那么它必是有限的。实际上，关联均衡支付的任何一个凸组合自身也可以作为某个关联均衡的支付组合面而得到实现。最容易理解这一句话的方法是：假想一个公共随机装置以及它选择采取哪一个关联均衡。然后，另外一个随机数字被选中，以允许所选均衡得以实施。总之，每个参与人的期望支付都是来自这些组合起来的关联均衡的支付加权和。由于无论第一个随机装置所选概率为何，都没有参与人有动机选择偏离，所以我们可以得到关联均衡支付的任何凸组合。最后，我们可以从初始关联均衡的D和π中，简单地导出新的定义域D和新的概率分布π，从而在一步之内即可完成随机数字的生成，不需要两步来完成。

7.4 序贯行动博弈：完美信息扩展式博弈

在7.1部分中，我们假设博弈可以由标准式予以表达，使用一个矩阵表即可完成这项工作。在某种意义上，这的确也是合理的。标准式在概念上直观、清晰，大部分博弈论专家都将它视为基础。但是也有其他一些表达博弈的形式，在这一节我们就来对其进行介绍。值得一提的是，无论用何种方式来描述博弈，博弈的基本性质并不会因此而改变。

本节我们来介绍完美信息扩展式博弈，这种博弈并不假设参与人是同时行动的。扩展式博弈的纳什均衡也可以通过标准式博弈来找到，但是用扩展式来计算更为便捷。我们还会进一步来介绍一些新的解概念，比如子博弈完美均衡，这个解概念强调了博弈进行的行动顺序。

标准式博弈表达并没有纳入参与人行动顺序的概念，或者说并没有纳入时间的因素。扩展式博弈则可以将这种历时展开的结构予以表达出来。在本节，我们将讨论完全信息扩展式博弈的有限形式。

7.4.1 定义

扩展式完美信息博弈使用了图论中的树，其中每一个结点代表一个参与人的选择，每一个枝代表一个可能的行动，叶代表最后的结果，每个参与人在这个结果上有自己的效用函数，我们称这个树为博弈树。其正式定义如下：

定义7.22（完美信息博弈）：一个（有限）完美信息（扩展式）博弈是一个8元组 $G=(N,A,H,Z,\chi,\rho,\sigma,u)$，其中：

（1）N是n个参与人的集合；

（2）A是行动的集合；

（3）H是非终点选择结的集合；

（4）Z是终点结的集合，与H不交；

（5）$\chi:H\mapsto 2^A$ 是行动函数，它为每个选择结赋予一个可能行动集；

（6）$\rho:H\mapsto N$ 是参与人函数，它为每个非终点结赋予一个可以在该结点选择一个行动的参与人 $i\in N$；

（7）$\sigma:H\times A\mapsto H\cup Z$ 是后继函数，它将一个选择结点和一个行动映射进一个新的选择结或终点结上来，使得对于所有的 $b_1,b_2\in H$ 和 $a_1,a_2\in A$，如果 $\sigma(b_1,a_1)=\sigma(b_2,a_2)$，则 $b_1=b_2$ 且 $a_1=a_2$；

（8）$u=(u_1,\cdots,u_n)$，其中 $u_i:Z\mapsto\mathbb{R}$ 是参与人i在终点结Z上的实值效用函数。

由于选择结点在这个树上一目了然，所以很容易区分出结点的历史，也就是从根结点到该结点的选择序列。我们可以定义结点b的后续结，也即所有从这个b结点开始，将b作为子博弈树的根结点，之后所有的选择结和终点结。

我们来看一个例子——分享博弈。假设有兄妹二人遵守如下协议来分享父母送给他们的两个相同的礼物，礼物本身不能再细分开来。首先，哥哥（参与人1）给出分配方案：他全占两个礼物（2-0），或者妹妹全占两个礼物（0-2），或者两个人各占一个礼物（1-1）。然后妹妹的选择是接受（yes）还是拒绝（no）分配方案。如果她选择接受，则按照该方案分配礼物；如果拒绝，则两个人谁也得不到礼物。假设这两个礼物对于这对兄妹来说其价值是相等的，而且可加，那么这个博弈的博弈树如图7-16所示。

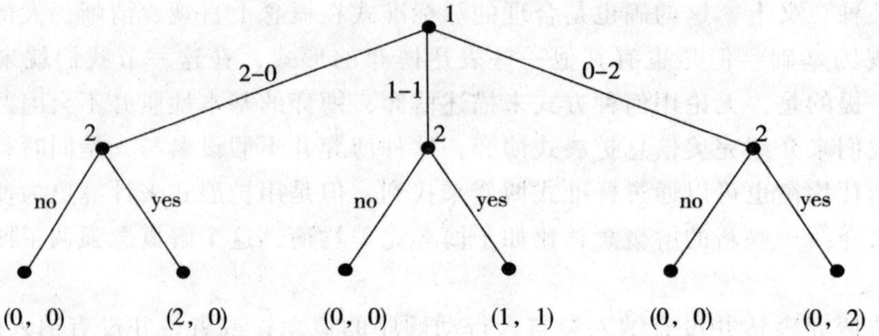

图7-16 分享博弈

7.4.2 策略和均衡

在完美信息博弈中，参与人的一个纯策略就是在属于该参与人的每一个结点上对所有应采取的行动进行完备的规定。正式定义如下：

定义 7.23（纯策略）：令 $G=(N,A,H,Z,\chi,\rho,\sigma,u)$ 为一个完美信息扩展式博弈，那么，参与人i的纯策略构成的笛卡尔积为 $\prod_{b\in H,\rho(b)}\chi(b)$。

要注意这个定义包含的微妙之处。参与人的策略要求在每个选择结点上作出一个决策，而无论给定其他选择结点，这个结点能否真的到达。在分享博弈中，这种情况一目了然，参与人1有3个纯策略，而参与人2则有8个纯策略，即

$S_1=\{2-0,1-1,0-2\}$

$S_2=\{(yes,yes,yes),(yes,yes,no),(yes,no,yes),(yes,no,no),(no,yes,yes),(no,yes,no),(no,no,yes),(no,no,no)\}$

现在我们再来看一下图7-17中给出的博弈。

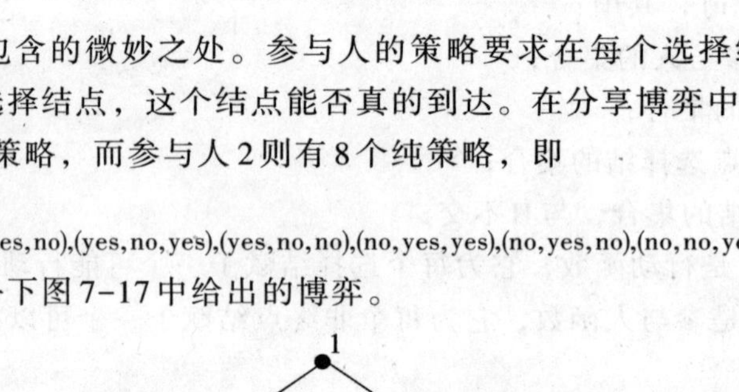

图7-17 一个扩展式完美信息博弈

为定义这个博弈的一个完备策略，每个参与人都必须在其两个选择结点上选择一个行动。这样一来，我们就可以来历数参与人的纯策略，如下：

$S_1=\{(A,G),(A,H),(B,G),(B,H)\}$

$S_2=\{(C,E),(C,F),(D,E),(D,F)\}$

值得注意的是，我们必须将策略（A,G）和（A,H）纳入进来，尽管一旦参与人1选择

了A，那么G和H并无什么实际意义。

在这个博弈中，最优反应和纳什均衡的定义与它们在标准式博弈中是一样的。实际上，这个例子阐明了每一个完美信息博弈如何转化为一个等价的标准式博弈。例如，图7-17的完美信息博弈可以转化成图7-18的标准式博弈。很显然，这两个博弈的策略空间是相同的，纯策略纳什均衡也相同。

	(C,E)	(C,F)	(D,E)	(D,F)
(A,G)	3，8	3，8	8，3	8，3
(A,H)	3，8	3，8	8，3	8，3
(B,G)	5，5	2，10	5，5	2，10
(B,H)	5，5	1，0	5，5	1，0

图7-18　由图7-17而得到的标准式博弈

从这个方面来看，对于每一个完美信息博弈而言，都必然存在一个相应的标准式博弈。然而，要注意的是，扩展式表达的历时结构会使标准式表达过于繁杂。例如，在图7-18中，有16个结果，而在图7-17中只有5个结果；在图7-17中支付（3,8）只出现一次，而在图7-18中则出现了4次。一般的经验告诉我们，虽然这种转换总是可以完成的，但是它也使得博弈的表达呈指数式膨胀。虽然扩展式博弈显得比较小巧，在内容上却与那个烦冗的标准式博弈并无差别。另外，所有的扩展式都可以转化为标准式，但是反过来并不成立。

根据我们对完美信息博弈扩展式的分析，有以下这个定理：

定理7.4：每一个（有限）扩展式完美信息博弈都有一个纯策略纳什均衡。

这可能是最早的博弈论定理，可以归为1913年Zermelo的工作，因此又被称为Zermelo定理。我们先来据此讨论一个重要的纳什均衡概念的精炼。

7.4.3　子博弈完美均衡

我们已经知道，纳什均衡在扩展式博弈和标准式博弈中是完全相同的。但是，对于扩展式而言，纳什均衡的预测力经常让人感到不如人意。我们再来看图7-16所给出来的那个完美信息扩展式博弈，在这个博弈里，有三个纯策略纳什均衡：{(A,G),(C,F)},{(A,H),(C,F)}以及{(B,H),(C,E)}。这可以通过检查该博弈的标准式表达而得到，如图7-19所示。

	(C,E)	(C,F)	(D,E)	(D,F)
(A,G)	3，8	3，8	8，3	8，3
(A,H)	3，8	3，8	8，3	8，3
(B,G)	5，5	2，10	5，5	2，10
(B,H)	5，5	1，0	5，5	1，0

图 7-19　图 7-17 博弈的均衡

然而，图 7-19 却将这个博弈的历时结构给隐去了。为了解释这一点，我们再来看图 7-20。图 7-20 也同样可以表达这些纳什均衡，我们可以对比这两幅图中的这些均衡。在图 7-20 中，我们只画出了三个纯策略纳什均衡中的两个，对于我们的比较而言，这已经足够了。

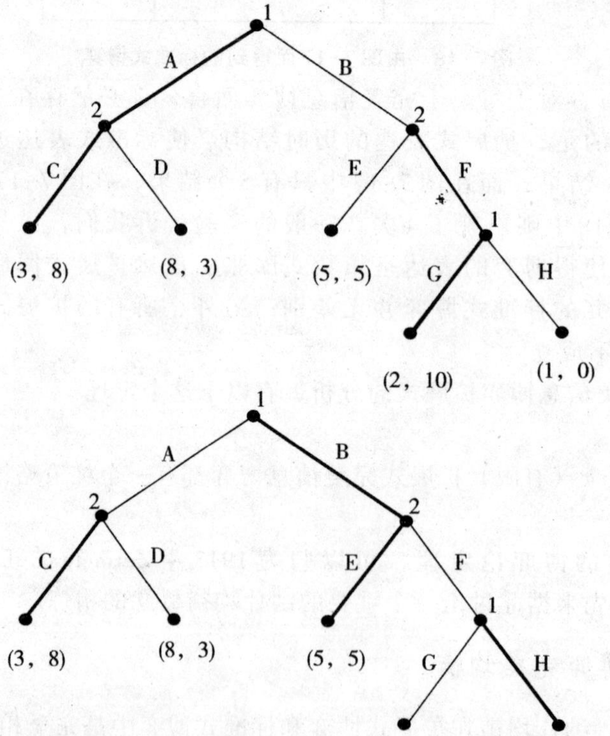

注：粗体的枝表示参与人在每个结点处的选择。

图 7-20　图 7-17 博弈中三个均衡中的两个：{(A,G),(C,F)} 和 {(B,H),(C,E)}

先来看均衡{(A,G),(C,F)}。如果参与人 1 选择 A，那么参与人 2 选择 C 会比选择 D 得到更高的支付。如果参与人 2 选择（C,E）而不是选择（C,F），那么参与人 1 会更喜欢在该博弈树的第一个结点上选择B；如果参与人选择（C,F），参与人1通过选择A可以得到支付3，而不是选择B得到支付2。因此，我们有了一个均衡。

第二个均衡{(B,H),(C,E)}就没有那么直观了。首先，要注意{(B,G),(C,E)}并不是一个均衡：参与人2针对（B,G）的最优反应是（C,F）。这样一来，参与人2选择行动E的唯一原因就是他知道参与人1会在其第二个结点上选择H。参与人1的这一行为可以看成一个威胁：通过承诺在其第二个结点上选择一个对参与人2不利的行动，参与人1可以促使参与人2不会走向博弈树第二个结点以后的部分。要注意，参与人1可以从这样的威胁中获益：通过采取（B,H）而不是（B,G），可以得到支付5而不是2。这当然对参与人1来说更好。然而，问题在于，参与人2可能不觉得参与人1的威胁是可信的：如果参与人1确实在其最后一个决策结上进行选择的话，那么实际上，选择H而不是G会减少参与人1的效用。如果参与人2选择F，参与人1真的会按照他先前的威胁而选择H吗？还是参与人1会选择G?

为了正式地表达出为什么{(B,H),(C,E)}均衡不是那么让人满意，我们再来定义一个新的均衡精炼概念，这个概念可以摆脱这类困扰。我们先引入子博弈的概念。

定义7.24（子博弈）：给定一个完美信息扩展式博弈G，以结点h为根的G的子博弈是由G中h结点的后续结点构成。G的子博弈的集合由G中任何一点为根的所有子博弈构成。

现在，我们可以来定义子博弈完美集合的概念了，这是在完美信息扩展式博弈中对纳什集合的一个精炼，它可以极大地剔除那些不合理的纳什均衡，即具有不可置信威胁的纳什集合。

定义7.25（子博弈完美均衡）：博弈G的子博弈完美均衡（SPE）是所有满足以下条件的策略组合面s：对于G的任一子博弈G′，s中G′的部分是G′的一个纳什均衡。

由于G本身也是一个子博弈，所以每一个SPE必然也是一个纳什均衡。可以这么说，SPE要比NE（纳什均衡）概念更强。也就是说，每一个SPE都是NE，但是并不是每一个NE都是SPE。而且，每一个完美信息扩展式博弈至少有一个子博弈完美均衡。

这个定义将不可置信的威胁给排除了，这样一来，图7-17的扩展式博弈就只有一个子博弈完美纳什均衡：{(A,G),(C,F)}。其他两个纳什均衡都不是子博弈完美的。对于图7-19未给出的第三个纯策略纳什均衡，同学们可以自己来证明这一点。

7.4.4　逆向归纳法

子博弈完美均衡这一概念体现了逆向归纳的原理。为了说明这一点，我们来看图7-21给出的著名的蜈蚣博弈。这个博弈是从左上的那个点开始，所以叫作蜈蚣博弈，同学们一看图形就知道了。在这个博弈中，两个参与人交替进行决策制定，在每次轮到自己行动时，选择D博弈就到此为止，除非是最后一个结点，选择A就继续下去。以图中的方式给出的支付，给出了唯一的SPE，那就是每个人都选择D。为什么呢？我们先从最后一个选择开始。很显然，在这个点上，对参与人1来说，最优的反应就是选择D。因此，在前一个结点上，参与人2的最优反应也是选择D。根据归纳，同样的论证可以适用于所有的选择结点。

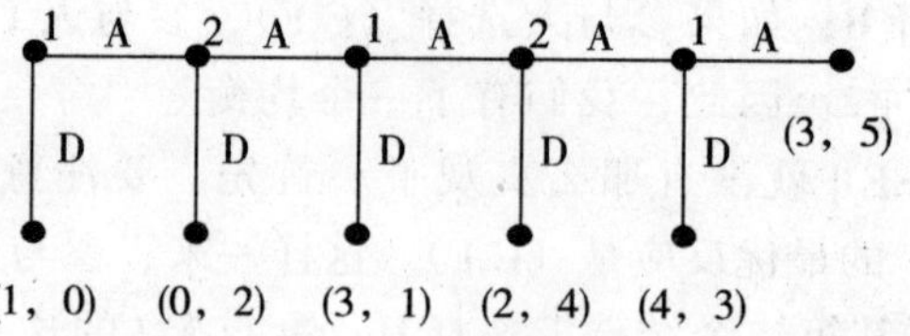

图7-21 蜈蚣博弈

蜈蚣博弈首先由Rosenthal（1981）[①]提出，他用这个博弈作为例子来说明唯一的逆向归纳解极端地令人反感，从而对我们关于参与人将如何行为的每一个直觉都提出质疑。实际上，这个博弈已经被实验检验过。该实验主要是找不同对的参与人来玩游戏。自McKelvey和Palfrey（1992）[②]的研究以来，已经有很多研究证据表明，参与人并不会按照逆向归纳所给出的预测那样行事。参与人不按照逆向归纳解行事的原因至少有两个：第一个原因是他们的确关心其他人的支付。对于很多参与人是匿名的情况，这个解释可能不那么可信，但是也不能轻易地排除。第二个原因是参与人并没有享有关于理性的共同知识。Palacios-Huerta和Volij（2009）[③]试图通过将这个博弈纳入一场象棋锦标赛，让很多排名很高的象棋选手来玩这个游戏，以检验第二个原因。和之前的证据相反，他们的实验结果显示，象棋选手中69%的人选择立刻终止博弈，而让象棋大师们来玩这个游戏时，这些大师们无一例外都选择立刻终止博弈！这个惊人的结果表明，当参与人预期大家享有关于理性的共同知识时，他们的确会采取逆向归纳解。

【例7-5】（斯塔科尔伯格竞争（Stackelberg Competition））斯塔科尔伯格双寡头博弈是一个完美信息博弈，它是古诺双寡头竞争模型的序贯行动版。首次引入这个模型并对之进行分析的是海因里希·冯·斯塔科尔伯格（1934）。该模型向我们阐明了很重要的一点：行动的顺序可能很重要，理性人会对此加以考虑。

我们来看看已经比较熟悉的古诺博弈，其中需求为 $p=100-q, q=q_1+q_2$，对于 $i\in\{1,2\}$，有 $c_i(q_i)=10q_i$。当每一个人都将其他人的产量视为固定（同时行动博弈）时，我们已经通过最大化每个参与人的利润函数求得了最优反应函数，因此每一个参与人i都求解下式：

$$\max_{q_i}\ (100-q_i-q_j)q_i-10q_i$$

最优反应由一阶条件给出，我们可以将之写为：

$$q_i(q_j)=\frac{90-q_j}{2}$$

我们现在对这个博弈微小而重要的细节作一点修改，假设参与人1首先选择 q_1，参与人2在他选择 q_2 之前观察到了参与人1的选择。我们先从分析这个博弈的逆向归纳解开始分析。

从参与人2已知 q_1 来最大化其利润这一条件可知，参与人2会遵守其最优反应函数这一点应该是很清楚的，因此序贯理性表明：

$$q_2(q_1)=\frac{90-q_1}{2} \tag{7-3}$$

这不仅可以从参与人2有关于 q_1 的信念这一点推出，也可以从这一信念事实上正是出

① ROSENTHAL R W. Games of perfect information, predatory pricing and the chain store paradox [J]. Journal of Economic Theory, 1981, 25 (1): 92-100.

② MCKELVEY R D, PALFREY T R. An experimental study of the centipede game [J]. Econometrica, 1992, 60 (4): 803-836.

③ PALACIOS-HUERTA I, VOLIJ O. Field centipedes [J]. American Economic Review, 2009, 99 (4): 1619-1635.

于对 q_1 的观察结果而得来。这的确是首先考虑参与人2的逆向归纳的结论，因为参与人2的行动是那些先行于终点结的行动。要注意到，在这个博弈中有无穷多个终点结，又有无穷多个信息集先行于终点结。特别地，每一个关于 q_1 的不同选择都是参与人的一个不同的信息集。尽管如此，由于具有完美信息，而且针对参与人1的每一个选择参与人2的最优选择都是非常明确的，所以逆向归纳方法还是非常适用的。

现在我们假设存在关于理性的共同知识。那么，参与人1应该做什么呢？他还是会简单地在某一个既定的关于 q_2 的信念上最大化其利润，因为参与人1确切地了解一个理性的参与人2将会如何针对他关于 q_1 的选择而行动：参与人2会使用公式（7-3）来选择 q_2。这也就意味着，理性的参与人1会以“固定”的 q_2 来取代其利润函数中参与人2的最优反应，从而选择 q_1 来求解下式：

$$\max_{q_1}\left[100-q_1-\left(\frac{90-q_1}{2}\right)\right]q_1-10q_1 \tag{7-4}$$

在这一最大化问题和我们在3.1.2部分给出的古诺例子中所求解的最大化问题之间有着根本的差别，这个差别就在于参与人在他们进行选择时知道些什么。在古诺博弈中，每个参与人都不知道其他参与人在作什么选择，因此每个参与人都设定了一个信念，并且最大化其利润函数。相反，在这里，参与人2在作选择时知道参与人1生产了多少，根据理性共同知识，因此参与人1也知道参与人2会理性地选择 q_2，这一选择正是根据公式（7-3）给出的最优反应函数得出的。

参与人1的这个解可以由公式（7-4）中的一阶条件给出，该式为：

$$100-2q_1-45+q_1-10=0$$

可以得到 $q_1=45$。那么，利用参与人2的最优反应，我们有 $q_2=22.5$。其最终的利润为 $\pi_1=(100-67.5)\times45-10\times45=1\,012.5$，$\pi_2=(100-67.5)\times22.5-10\times22.5=506.25$。回想一下，在原初的（同时行动）古诺博弈例子里，产量和利润分别为 $q_1=q_2=30$ 和 $\pi_1=\pi_2=900$。我们可以得出结论，当两个参与人都通过设定产量进行竞争时，如果一个参与人可以首先行动，他将会享受到先行者优势（first-mover advantage）。

我们已经知道，如果策略剖面经过逆向归纳而未被剔除，那么这个剖面是子博弈完美均衡，当然也一定是纳什均衡。在这里，有一个值得强调的简单却重要的地方，即当我们写下纯策略纳什均衡策略对时，我们必须谨慎、正确地描述出这些策略：参与人2具有信息集的连续统，每一个都表示一个特定的对 q_1 的选择。这表明，逆向归纳解可以取得以下这个纳什均衡：$(q_1,q_2(q_1))=\left(45,\dfrac{90-q_1}{2}\right)$。但是，写下 $(q_1,q_2)=(45,22.5)$ 并不是在确定一个纳什均衡，因为 $q_1=45$ 不是 $q_2=22.5$ 的最优反应。我们必须就每一个信息集给出 q_2，这样才是斯塔科尔伯格博弈中定义明确的策略，在这种情况下，我们把它定义为 $q_2(q_1)=\dfrac{90-q_1}{2}$。

为了阐述在这个具有连续策略集的子博弈完美均衡的应用，我们来看图7-22给出的这个颇富启发性的博弈树。参与人1具有无穷多选择（一个连续统），由图7-22中的弧表示，而每个选择都会带来一个真子博弈。参与人1的每一个选择 q_1 都是参与人2的一个信息集，该信息集是无穷多终点结（连续统）的前行集，这些终点结都与特定的 q_1 和参与人2的选择 q_2 相联系。参与人i的支付是 $(100-q_1-q_2)q_i-10q_i$ 。

同样，在图7-23中，我们也可以颇富启发性地给出同时行动古诺博弈。我们画出包括所有参与人1可以做出的对 q_1 的选择的参与人2的信息集，从而描述出古诺博弈的同时性质，其间参与人2是在观察不到参与人1的选择情况下作出自己的选择的。

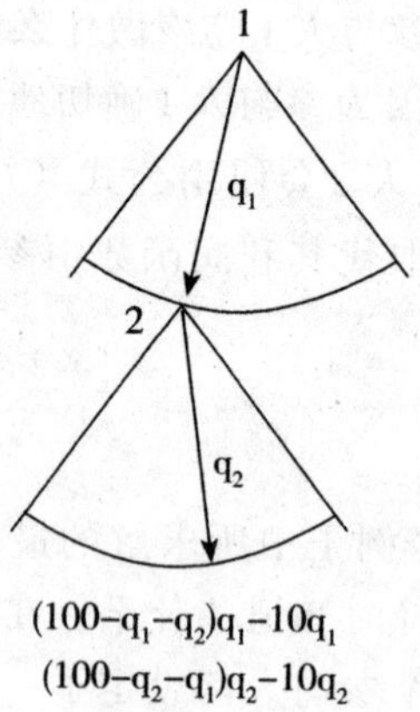

图7-22 斯塔科尔伯格双寡头博弈

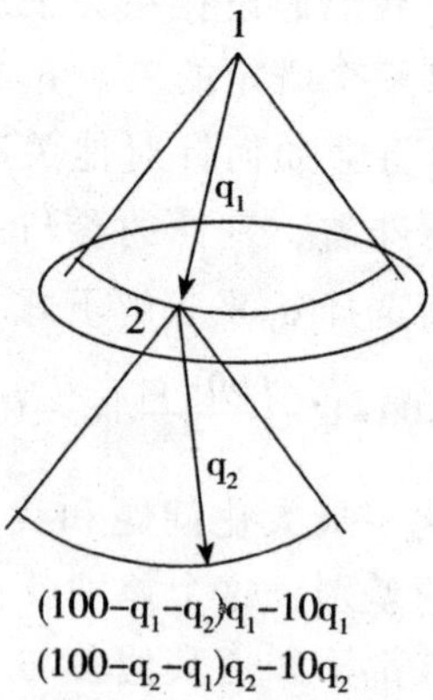

图7-23 古诺双寡头博弈

在古诺博弈中，我们从7.2.3部分的例7-2中的分析可以知道，$q_1=q_2=30$ 是唯一的纳什均衡。因为每一个子博弈完美均衡都是一个纳什均衡，又由于整个博弈是古诺例子中唯一的真子博弈，所以 $q_1=q_2=30$ 也是古诺博弈中唯一的子博弈完美均衡。

此时，有一个问题要问：$q_1=q_2=30$ 这个结果是否也是斯塔科尔伯格博弈的纳什均衡结果呢？答案可能让人感到吃惊，$q_1=q_2=30$ 的确也是斯塔科尔伯格博弈的纳什均衡结果。我们来看斯塔科尔伯格博弈中下面这个策略：$q_1=30$ 以及对于任意关于 q_1 的选择有 $q_2(q_1)=30$ 。这两个策略互为最优反应，说明它们构成了一个纳什均衡。有两件事需要注意：第一，我们必须为每一个信息集指定 q_2，因为它在斯塔科尔伯格博弈中是一个定义明确的策略，在这种情况下，对每一个 q_1 我们将它定义为 $q_2(q_1)=30$ 。第二，只有在均衡路径上它们才是互为最优反应对。也就是说，以 $q_1=30$ 为条件，$q_2=30$ 是最优反应，对每一个 q_1 以 $q_2(q_1)=30$ 为条件，则 $q_1=30$ 是最优反应。这一要求在均衡路径上互为最优反应的条件是所有纳什均衡所必需的。

然而，正如我们使用逆向归纳法所看到的，对于参与人2而言，**无条件策略**（unconditional strategy）$q_2=30$ 并不符合序贯理性，因为它对于 $q_1\neq30$ 这样的偏离均衡路径的情况来说绝不是一个最优反应。参与人2唯一满足序贯理性的策略是：

$$q_2(q_1)=\frac{90-q_1}{2}$$

这意味着 $q_1=45$ 和 $q_2=\frac{90-q_1}{2}$ 构成了斯塔科尔伯格博弈唯一的子博弈完美均衡。

7.5 扩展式博弈的推广：不完美信息博弈

前面我们已经讨论过扩展式博弈，在该博弈的每一个结点上，参与人选择其行动。这表明，参与人知道他们所在的结点，对之前无论是自己还是其他参与人的选择具有完备的记忆。也正是出于这样的原因，我们称它为完美信息博弈。然而，我们并不总能对参与人和其所处的环境作出这样严格的假设。在很多情况下，参与人可能对其他参与人所采取的行动只具有部分知识，甚至完全没有任何知识，或者对于过去的行动只有有限的记忆能力。这就需要我们引入新的博弈类型。对于这个新的博弈，限于本书的难度定位，我们只给出定义和策略，并与之前适用于完美信息的均衡进行比较，而不再介绍新的均衡概念。

7.5.1　定义

不完美信息扩展式博弈可以用来解决这类博弈所遇到的情况：在这类博弈里，每个参与人的选择结点都被划分为若干个信息集，如果两个选择结点在同一个信息集中，则在这个结点上进行选择的参与人无法就自己身处在二者哪一个结点上作出区分。

定义 7.26（不完美信息博弈）：一个不完美信息扩展式博弈是一个9元组 $(N,A,H,Z,\chi,\rho,\sigma,u,I)$，其中：

（1）$(N,A,H,Z,\chi,\rho,\sigma,u)$ 是一个完美信息扩展式博弈。

（2）$I=(I_1,\cdots,I_n)$，其中 $I_i=(I_{i,1},\cdots,I_{i,k_i})$ 是 $\{b\in H:\rho(b)=i\}$ 上的等价关系，$\{b\in H:\rho(b)=i\}$ 具有这样的性质：只要存在一个 j 满足 $b\in I_{i,j}$ 和 $b'\in I_{i,j}$，即有 $\chi(b)=\chi(b')$ 以及 $\rho(b)=\rho(b')$。

要注意，为使得选择结点真正可区分，我们要求在一个信息集内的每个结点上的行动集必须相同，否则，参与人就可以自己来辨识不同的结点了。这样，如果 $I_{i,j}\in I_i$ 是一个等价关系族，我们就可以准确无误地使用符号 $\chi(I_{i,j})$ 来表示参与人 i 在信息集 $I_{i,j}$ 内的任一结点上可以获得的行动集。

我们来看图7-24给出的这个不完全信息扩展式博弈。在这个博弈里，参与人1有两个信息集：一个集合包括顶端的一个选择结点，一个集合包括底下的两个选择结点。要注意，在底下的第二个信息集中的两个选择结点上，参与人1有着相同的可能行动集。这说明，参与人在面对l和r之间的选择时并不清楚参与人2是选择了A还是选择了B。

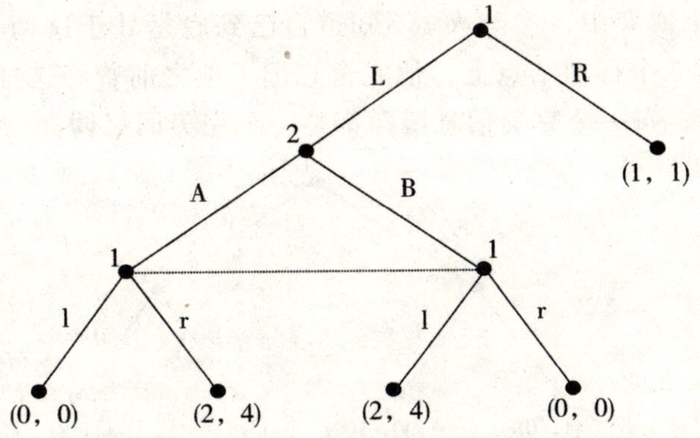

图7-24　不完美信息博弈

7.5.2 策略的定义

在不完美信息博弈中，参与人的一个纯策略要在该参与人每一个信息集中在可以进行选择的诸多行动中选择一个出来。

定义 7.27（纯策略）：令 $G=(N,A,H,Z,\chi,\rho,\sigma,u,I)$ 是一个不完美信息扩展式博弈。那么，参与人 i 的纯策略由 $\prod_{I_{i,j}\in I_i}\chi(I_{i,j})$ 这个笛卡尔积构成。

这样，完美信息博弈就可以被视为不完美信息博弈的一种特殊情况，只不过它的每一个信息集都是一个单点罢了。

我们再来看图 7-1 给出的标准式囚徒困境博弈，现在我们由图 7-25 给出其等价的不完美信息博弈的扩展式表达。

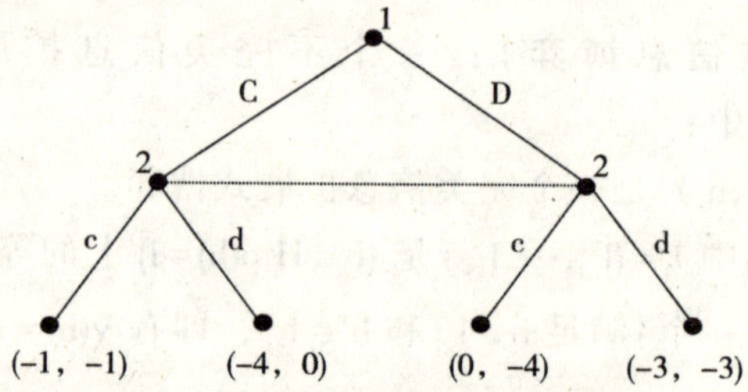

图 7-25 扩展式囚徒困境博弈

要注意，我们完全可以让参与人 2 先进行选择，然后让参与人 1 再进行选择。

我们知道，完美信息博弈对于表达这类囚徒困境博弈显然不够用。从这个例子我们看到，一个标准式博弈可以转换为一个等价的不完美信息博弈。但是，这个例子多少有些特殊，因为囚徒困境博弈是有占优均衡解的，这是一个特殊的纯策略纳什均衡。而对于不完美信息博弈来说，这种情况一般不大会出现，通常我们还必须要考虑混合策略。

一般而言，在博弈论中，除理性之外，我们还对参与人获取信息的能力有所要求，基本上我们所讨论的博弈都是完美回忆博弈（games of perfect recall）。所谓完美回忆，直观而言，就是在这些博弈中，没有参与人会遗忘在他行动之前他所了解的任何信息，他能够确切地记得他自己曾采取的行动。我们来看一个不完美回忆博弈的例子，如图 7-26 所示。在图 7-26 这个博弈中，参与人 1 不知道自己到底是处于这两个结点上的哪一个，无法作出判断，在第二个行动结点上，他完全忘记了他之前曾经选择过 L，这就是不完美回忆的表现。很显然，每一个完美信息博弈都是一个完美回忆博弈。

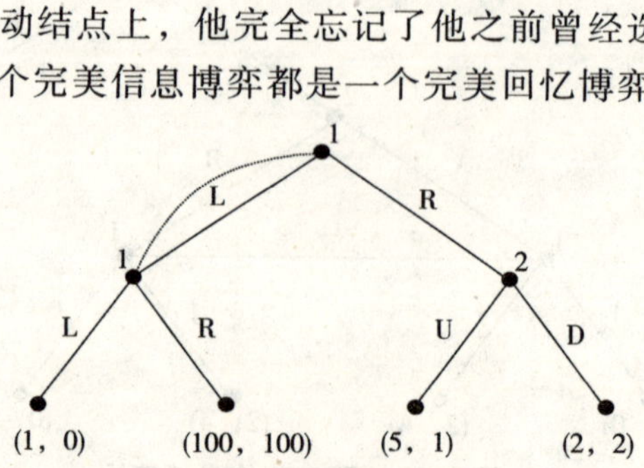

图 7-26 不完美回忆博弈

我们已经看到，对于完美信息博弈而言，纳什均衡的概念就显得过于弱了，子博弈完美均衡的概念似乎更好一些。问题在于，这一基本思想能否运用到不完美信息博弈上。现有的博弈理论告诉我们，答案是肯定的。

我们回想一下，在一个子博弈完美均衡中，我们要求每个参与人的策略都是每个子博弈中的最优反应，而不仅仅是在整个博弈中如此。我们立刻可知，这个定义并不适用于不完美信息博弈。我们来看图7-27。

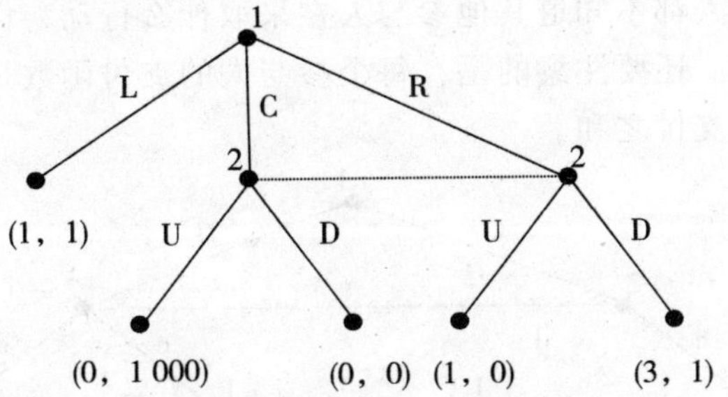

图7-27　不完美信息博弈

可以看出，参与人1的纯策略为{L,C,R}，参与人2的纯策略为{U,D}。这个博弈有两个纯策略纳什均衡（L,U）和（R,D）。这个博弈的子博弈有哪些呢？显然它只有一个子博弈，那就是它自身。对这个博弈进行分析，可知（R,D）是唯一的子博弈完美均衡，而我们的分析并不能使用之前讨论子博弈完美均衡时的逆向归纳法。这说明，子博弈完美均衡的概念对于不完美信息博弈来说有些过于粗略，因此需要引入一些新的均衡概念，比如序贯均衡，本书不打算对此进行深入讨论，有兴趣的读者可以参看Myerson的《博弈论：矛盾冲突分析》的相关章节。①

7.6　重复博弈

在动态博弈中，有一类博弈被称为重复博弈。在这类博弈中，某一个给定的博弈（经常被看作以标准式呈现）要由同一个参与人集合重复进行多次。被重复的一次，即成为一个阶段博弈。例如，图7-28就描述了两个参与人进行了两次囚徒困境博弈。

	C	D
C	−1，−1	−4，0
D	0，−4	−3，−3

⇒

	C	D
C	−1，−1	−4，0
D	0，−4	−3，−3

图7-28　两阶段囚徒困境博弈

重复博弈的这种表征尽管直观，但也存在若干模糊之处。博弈各方是否能看到其他博弈人早前的行动？他们是否记得他们所曾了解的知识？每个阶段博弈的效用设定之后，整个重复博弈的效用又是多少？

① MYERSON R B. Game theory：analysis of conflict［M］. Cambridge，MA：Harvard University Press，1991.

我们分两步来回答这些问题。首先考虑博弈重复有限次，而且次数为大家共知的情况。然后，我们再考虑博弈重复无限次，或者虽然有限但是次数未知的情况。

7.6.1 有限次重复博弈

消除有限次重复博弈在语义上的模糊性的一种方法是将其写成一个扩展式的不完美信息博弈。图7-29描绘了一个以扩展式表达的重复两次的囚徒困境博弈。要注意的是，它满足在每次剔除中参与人都不知道其他参与人在采取什么行动，但是事后却能认识到对方采取了什么行动的假设。还要注意的是，每个参与人的支付函数是可加的，也就是说，它表示为两个阶段博弈的支付之和。

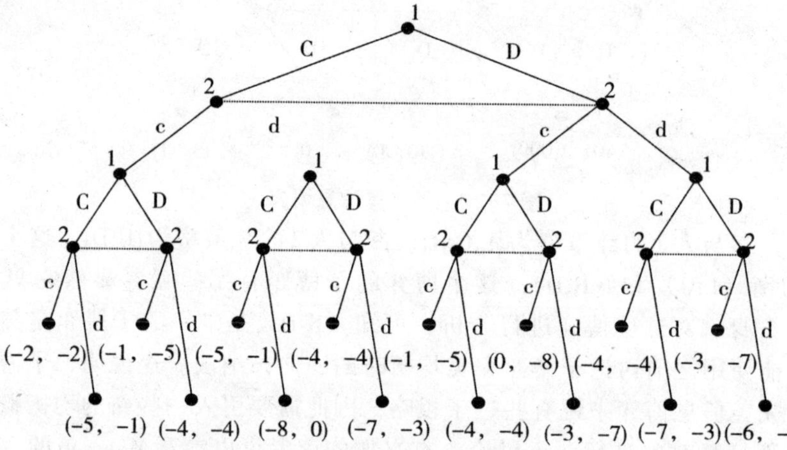

图7-29 扩展式两阶段囚徒困境博弈

扩展式还可以让我们更清楚地看到，重复博弈的策略空间要比阶段博弈的策略空间来得大。当然，在重复博弈的每一个阶段参与人总是采取相同的策略，也是重复博弈中的一个策略；这种无须记忆的机械性策略，被称为**稳态策略**（stationary strategy），是博弈的扩展式表征中的一个行为策略。但是一般而言，在一个阶段博弈中采取的行动（或行动的混合）取决于截止到该阶段的博弈的历史。由于在无限重复博弈中这一事实的确起着特别重要的作用，所以我们下一节再来进行进一步的讨论。事实上，在无限重复次数可知的情况下，我们还会再次遇到逆向归纳现象，该现象我们在引入子博弈完美均衡的时候第一次遇到。现在来考虑有限次重复的囚徒困境博弈。再次需要指出的是，在最后一轮，背叛是一个占优策略，而无论在此之前发生过什么。这是共同知识，之前各轮行动的选择不会影响最后一轮中的博弈情况。如此一来，在倒数第二轮博弈中，还是会出现同样的情况，即背叛是占优策略。同样，根据归纳法，可以认为在这种情况下只有一个均衡，那就是总是背叛。然而，与蜈蚣博弈中的情况一样，这种观点不但在经验和实验上容易受到攻击，而且在理论上也很容易受到攻击。

7.6.2 无限重复博弈

当无限重复博弈转换为扩展式时，结果应当是一个无限的博弈树。因此，支付就不可能连接到终点结，它们也不能被定义为每个阶段博弈支付的总和（一般来说这个和会是无限的）。定义无限重复博弈中参与人的支付有两种一般性的方法，第一种是以极限形式求阶段博弈的平均支付。①

定义7.28（平均报酬）：对于参与人i，其支付的一个无穷序列为 $r_i^{(1)}, r_i^{(2)}, \cdots$，那么i的平均报酬为：

$$\lim_{k\to\infty}\frac{\sum_{j=1}^{k} r_i^{(j)}}{k}$$

对一个参与人来说，在某个确定的博弈时点，其未来折现报酬为其紧接着那个阶段博弈的支付之和，再加上经过某一个不变的因子进行折现之后的未来报酬之和。这是一个递归定义，因为未来报酬会再为前面得到的支付赋予比后面得到的支付更高的权数。

定义7.29（折现报酬）：对于参与人i，其支付的一个无穷序列为 $r_i^{(1)}, r_i^{(2)}, \cdots$，而折现因子 $\beta \in [0,1]$，那么i的未来折现报酬为 $\sum_{j=1}^{\infty}\beta^j r_i^{(j)}$。

这个折现因子可以以两种方式来解释。第一种是说，它可能表达了这样一个事实，即参与人更为关心他近期的福利，而非长期的福利。另外一种是说，它可能是假设参与人关心未来和关心现在是同样的，只不过在任一阶段上博弈停止的概率总是存在；而 $1-\beta$ 就代表了这一概率。以上两种观点接受哪一种并不影响对博弈的分析。

现在，我们来看无限多次重复博弈中的策略空间。以无限多次重复囚徒困境博弈为例进行考虑，我们已经知道，在这个博弈中，除了稳态策略，还有很多策略，其中一个最有名的策略就是**一报还一报**（tit-for-tat，TfT）**策略**。TfT策略具体是指参与人从合作开始，之后在j+1轮选择其他参与人在j轮所采取的行动。除了简单且易于计算之外，这个策略还因其难以被打败而著称。在好几次著名的重复囚徒困境竞争性博弈中，这个策略都是最大的赢家。②

由于策略空间如此之大，所以就有了一个很自然的问题，我们是否可以刻画出该重复博弈的所有纳什均衡？例如，如果折现因子足够大，两个参与人都采取TfT策略就是一个纳什均衡。但是还有无穷多个其他的策略组合。比如，我们来看**触发策略**（trigger strategy），其是TfT策略的一个更加严格的版本。在触发策略中，参与人以合作开始，但是只要其他参与人背叛，那么这个参与人就选择从此之后永远背叛。我们可以再次看到，对于足够大的折现因子而言，触发策略不仅自身可以形成一个纳什均衡，而且也可以和TfT策略一起形成一个纳什均衡。

博弈论中的无名氏定理可以帮助我们理解一个无限多次重复博弈的所有纳什均衡构成的空间。之所以称其为无名氏定理，是因为这个定理最初是由谁提出来的一直不为大家所知。这个定理是通过回答一个相关联的问题而对我们有所帮助的，它并没有刻画均衡策略

---

① 细心的读者会注意到，在这个定义中有一个潜在的困难之处，因为极限可能不存在。通过使用定义8.3（1）中求所有求职者最大化效用的极限值而不是平均支付的极限，我们可以将该定义进行扩展以涵盖这种情况。

② 参见：阿克塞尔罗德．合作的进化［M］．吴坚忠，译．上海：上海人民出版社，2007．这本书是行为博弈领域的经典之作，主题是合作的产生和进化。作者以组织的两轮"重复囚徒困境"竞赛为研究对象，发现在两轮竞赛中胜出的都是最简单的策略"一报还一报"。这一策略简洁、明晰，具有善良性、宽容性、可激怒性和策略性，其出色的竞赛表现为我们了解个人、组织和国家间合作的产生和进化提供了积极的前景，其结论在社会科学的诸领域均产生了广泛、深刻的影响，被广泛征引。

组合面，而是描述了这些组合面所得到的支付。大致而言，它的意思是，在一个无限多次重复博弈中，均衡中可获得的平均报酬的集合，正是那些在单一阶段博弈中混合策略下可以得到的支付对，其中对混合策略的限制条件是每个参与人的支付至少为他在其他参与人针对他采取最小最大策略时所将取得的量。

我们正式地将这个定理写出来，来看任何一个n参与人博弈 $G=(N,A,u)$ 和任何一个支付组合面 $r=(r_1,r_2,\cdots,r_n)$ 。令：

$$v_i=\min_{s_{-i}\in S_{-i}}\max_{s_i\in S_i}u_i(s_{-i},s_i)$$

也就是说，v_i 是参与人i的最小最大值，即当其他参与人采取最小最大策略来针对他时他的效用值，而且他也采取了自己的最优反应。

在给出定理之前，我们得先给出几个定义：

定义 7.30（可执行性）：如果 $\forall_i\in N,r_i\geqslant v_i$ ，则支付组合面 $r=(r_1,r_2,\cdots,r_n)$ 是可执行的。

定义 7.31（可行性）：如果存在非负的有理数值 α_a 满足对于所有的i，我们可以将r表达为 $\sum_{a\in A}\alpha_a u_i(a)$ ，其中 $\sum_{a\in A}\alpha_a=1$ ，则我们称支付组合面 $r=(r_1,r_2,\cdots,r_n)$ 是可行的。

换言之，如果一个支付组合面在G中是结果的一个有理数下的凸组合，则称该支付组合面为可行支付组合面。

定理 7.5（无名氏定理）：考虑任一n参与人标准式博弈G和任一支付组合面 $r=(r_1,r_2,\cdots,r_n)$ 。

（1）如果r是具有平均报酬的无限多次重复博弈G的任一纳什均衡s的支付组合面，那么对于每一个参与人i来说，r是可执行的。

（2）如果r既是可行的，又是可执行的，则r是具有平均报酬的无限多次重复博弈G的某一纳什均衡的支付组合面。

本书我们不再给出这个定理的证明，有兴趣的读者可以参看其他更深一点的博弈论教材。①

【例7-6】（勾结寡头）具有奖惩策略的重复博弈均衡有一个最值得赞誉的应用，那就是运用到对寡头企业间的暗中勾结行为的研究中。很多发达国家都禁止企业达成明确限制竞争的合约。1890年，美国《谢尔曼反托拉斯法》第1款规定：任何“旨在限制贸易的秘密协议”都是非法的，包括限定价格的这类合约。然而，在竞争者之间不会真正会面或讨论磋商的情况下，我们是否就能确定他们不会通过某种隐性的方式彼此意会而设定价格呢？

对重复博弈策略的运用，对于企业来说可谓信手拈来，不需要讨论或者达成一个明确的合约，它们就可以通过其关于支持勾结策略的信念来完成反竞争的行为。它们进行的是隐性的或暗中的勾结。为了证明这一点，我们来看古诺双寡头问题。在这个模型中，这两个企业的每一个的生产成本都等于 $c_i(q_i)=10q_i$ ，而需求由 $p=100-q$ 给出，假设这个市场

① 有关无名氏定理证明的部分，有兴趣的读者可以参见：泰迪里斯.博弈论导论［M］.李井奎，译.北京：中国人民大学出版社，2015.

博弈在时期t=1,2,⋯上重复进行，具有某一折现因子$\delta\in(0,1)$。

在前面的双寡头例子中，我们求解过该阶段博弈的纳什–古诺均衡，即$q_1^*=q_2^*=30$，这个最终的均衡市场价格是p=40，每个企业的利润为$v_i^*=900$。我们也可以得出结论，古诺利润的加总小于垄断利润的加总。实际上，如果企业各自生产$q_1=q_2=22.5$，那么每个企业都可以挣到$v_i=(100-45)\times22.5-10\times22.5=1\,012.5$的利润，这只有垄断利润的一半。如果这些企业能够签订一个合约，限制阶段博弈的产量为$q_i=22.5$，那么它们一定会这样做以提高利润。现在，我们继续来看与前面讨论的重复囚徒困境博弈所提出的奖惩策略相类似的情况，这样的策略可以让这些企业彼此协调，在垄断利润上进行生产，而使这一行为是一个自执行的子博弈完美均衡，不需要达成违反《谢尔曼反托拉斯法》的捆绑性合同。

首先，我们必须知道企业是如何彼此合作来瓜分垄断利润的，这将由数量对q_1^C和q_2^C来决定。我们知道，为了获得垄断利润，我们必有$q_1^C+q_2^C=45$，才能给出p=55的价格水平。为了让这个例子变得更有意思一些，我们来看这样一个市场分割：$q_1^C=22$，$q_2^C=23$。这当然是不对称的，它说明阶段博弈的利润为$v_1^C=(55-10)\times22=990$和$v_2^C=(55-10)\times23=1\,035$。

其次，按照无限重复囚徒困境博弈例子中的逻辑，我们知道这些企业策略的一般形式应该是什么样的。每个企业i都在第一时期采取q_i^C。在每一个t>1时期，如果之前的序列采取的只是产量对(q_1^C,q_2^C)，则每个企业都采取q_i^C，而如果任何其他的历史出现，则每个企业都转而采取触发静态纳什均衡$q_i^*=30$。

最后，我们需要确认的是，没有企业愿意偏离既定策略。认识到有两类历史在这里再次有了帮助，即那些在均衡路径上的历史，它们遵守(q_1^C,q_2^C)的序列，以及那些偏离均衡的历史，它们遵守其他的产量序列。这样一来，使用一阶段偏离原则，就可以检查出无论是遵守还是偏离均衡路径，都没有参与人愿意从其既定的子博弈完美均衡策略上偏离开。

很容易可以看到，没有参与人愿意偏离既定的行为从而离开均衡路径。原因在于，在任一阶段偏离均衡路径，参与人i总是期待参与人j采取$q_j^*=30$，而$q_i^*=30$是这一选择的最优反应。因此，在离开均衡路径历史中某一个阶段上的偏离会带来一个即刻的损失，而没有为未来收益留出空间，因为一旦触发策略启动，那它就是独立于历史的。这样一来，对于δ的任一取值，不会存在偏离均衡路径的诱惑。

现在我们来确认一下：没有企业愿意偏离均衡路径。回想一下，在均衡路径上，每个企业都选择q_i^C而得到v_i^C的每期（平均）支付。要注意，在每一个阶段，这两个企业没有一个采取静态最优反应。我们来回忆一下7.2.3部分中得到的最优反应函数：

$$BR_i(q_j)=\frac{90-q_j}{2} \tag{7-5}$$

从公式（7–5）中可以看出，企业1针对$q_2^C=23$的最优反应是$BR_1(23)=33.5$，而企业2针对$q_1^C=22$的最优反应为$BR_2(22)=34$。因此，每个企业i都可以在任一给定的时期通过偏离q_i^C而获益，其代价是损失了未来合作结果以及此后永远变成纳什–古诺均衡而带来的收益流。

进一步而言，我们知道，在阶段博弈上，对于每个企业i来说，最富有诱惑力的偏离的确就是选择其静态最优反应，我们将此表示为$q_i^d=BR_i(q_j^C)$。从前面的计算可以看出，对于企业1来说，我们有$q_1^d=33.5$和$q_2^d=34$。这使偏离企业给出的一阶段偏离支付为：

$$v_i^d=(100-q_i^d-q_j^C)q_i^d-10q_i^d$$

对于企业1来说就是 $v_1^d=(100-33.5-23)\times 33.5-10\times 33.5=1\,122.25$，对于企业2来说是 $v_2^d=(100-23-34)\times 34-10\times 34=1\,122$。

我们现在可以检查一个企业不喜欢偏离由子博弈完美均衡策略导出的既定均衡路径之条件了。这个在均衡路径上的阶段博弈的支付用 v_i^C 表示，从最优偏离中得到的支付为 v_i^C，从纳什-古诺结果中得到的支付为 v_i^*。因此，如果下面的不等式成立，则企业i不会打算偏离：

$$\underbrace{v_i^C}_{\text{由合作得到的当前支付}}+\underbrace{\frac{\delta v_i^C}{1-\delta}}_{\text{如果合作则可得到的未来支付}}\geqslant\underbrace{v_i^d}_{\text{从最佳背叛中得到的当前支付}}+\underbrace{\frac{\delta v_i^*}{1-\delta}}_{\text{如果背叛则可得到的未来支付}}$$

经过一些代数运算，可以得到：

$$\delta\geqslant\frac{v_i^d-v_i^C}{v_i^d-v_i^*}\tag{7-6}$$

我们可以通过计算每个企业的“临界”（cutoff）折现因子来继续推算，这种计算是将刚才计算出来的阶段博弈支付带入公式（7-6）中的每个企业。这一计算可以得到每个企业的 δ_i 值，它是一个最低的折现因子，对于这样的折现因子，该企业不会试图偏离均衡路径。具体而言，$\delta_1\geqslant\frac{1\,122.25-990}{1\,122.25-900}=0.595$ 和 $\delta_2\geqslant\frac{1\,122-1\,035}{1\,122-900}=0.392$，很好地反映了偏离的诱惑。企业1在任一阶段都可以从偏离中获得比企业2更多的利益，而企业1在后续支付的下降中所遭受的损失也比企业2的少。出于这个原因，企业1对未来的估价要高于企业2，因此要使这对策略成为自执行的子博弈完美均衡，必有一个更高的折现因子。

在我们总结这个例子时，有两个方面值得重申。一方面，如果这两个企业可以尝试着共享其信念而绝口不谈任何合约，那么它们还是可以设法规避那些反竞争的规则和管制措施的。我们可能对此会有所怀疑：在企业与企业之间没有任何沟通的情况下，这样的信念真的能够如此良好地收敛吗？不过，当反对勾结与反竞争行为的规则并不适用时，企业真的可以借助这类奖惩策略而非可执行的合约完成暗中勾结的过程。

另一方面，可能更有迷惑性的是，我们从历史中得知，即便这类勾结性的合约得以达成，企业之间还是存在偶发性的价格战，此时勾结性行为可能会在面临多次失败之后才会被采用。①我们的分析表明，价格战乃是偏离均衡路径行为的一种例子，因此如果企业真的打起了价格战，这反而会让人感到困惑。也就是说，如果勾结性行为作为一个子博弈完美均衡是可持续的，那么就不会有企业愿意在任一阶段上偏离均衡路径。那么，为什么企业还要打价格战呢？一种可能的解释是，由于诸如真实的生产产量并不那么容易观察到，所以它们无法很容易地侦知到偏离信息。

7.7　关于支付的不确定性：贝叶斯博弈

到目前为止，我们讨论的所有博弈形式均假设所有参与人均对博弈的展开了如指掌。具体来说，就是参与人的数量、每个参与人可采取的行动以及与每一行动向量相关联的支付，都被假设为参与人间的共同知识。要知道，即便在不完美信息博弈中也是如此；参与人的确切行动不是共同知识，但是博弈本身则是共同知识。而本节介绍的贝叶斯博弈

---

① 在重复古诺模型中，正是“产量战”引起了价格的下降。

（Bayesian games）或不完全信息博弈则非如此，它代表着参与人对正在进行的博弈抱有不确定性的那一类博弈。①这一不确定性可以表示为在各种可能的博弈集合上的一个概率分布。我们要作出以下两个假设。

（1）所有可能的博弈均有相同数量的参与人，对每个参与人有着同样的策略空间；他们仅在支付上有所差异。

（2）不同参与人的信念是后验的，通过对个人私有信号的共同先验信念为条件得到。

第二个假设颇为主要，我们稍后还会回到这一问题上来。第一个假设不是特别具有约束性，尽管它被列为第一个假设，在位置上靠前。我们可以假设参与人对于一个博弈可能具有多种其他类型的潜在不确定性——到底有多少参与人参加博弈，每个参与人的可选行动有哪些，以及所处情境的其他方面大概情况如何等。看起来我们似乎已经通过将这些不确定性类型排除出去，从而严格限制了讨论的内容。但事实并非如此，我们只不过是通过对问题的重新表述而将这些其他类型的不确定性最终简化成关于支付的不确定性而已。

比如说，假设我们想对以下情境建模：一个参与人对其他参与人可采取的行动数量不确定。我们通过给这个博弈加入其他无关行动，从而可以将这种不确定性简化为对支付的不确定性。例如，考虑下面的两人博弈，其中行参与人不知道其对手是否仅有两个策略——L和R，还是也有第三个策略C（如图7-30所示）。

	L	R
U	1，1	1，3
D	0，5	1，13

(a)

	L	C	R
U	1，1	0，2	1，3
D	0，5	2，8	1，13

(b)

图7-30　行参与人可能面临两种博弈情境

现在我们用一个扩大的版本来取代图7-30（a）中那个较小的博弈，其中我们加入了一个新的列C（如图7-31所示）。

	L	C	R
U	1，1	0，-100	1，3
D	0，5	2，-100	1，13

图7-31　扩大行参与人策略情境的博弈

显然，新加入的列被其他列占优，从而绝对不会进入任何纳什均衡解（或其他任意合

① “不完美信息”与“不完全信息”这两个术语很容易混淆，要多加注意。

理的解概念）中。事实上，最初那个博弈的纳什均衡与扩大版博弈的纳什均衡之间毫无二致。这样，关于策略空间的不确定性就转换为支付的不确定性。

使用相同的策略，可以发现，将博弈其他方面的不确定性简化为支付的不确定性是可行的。这并不是一个数学上的命题，因为我们并没有给不确定性的所有可能形式一个数学的概括，不过这种简化确已被证明对所有一般形式的不确定性都可行。

有关贝叶斯博弈的第二个假设是共同先验假设（common-prior assumption）。如此一来，一个贝叶斯博弈就不仅定义了博弈中的参与人的不确定性，也定义了他们对于其他参与人有关该博弈的信念的信念，事实上这是一个嵌套信念的整体无穷层级（也就是所谓的认识类型空间（epistemic type space））。共同先验假设是对应用性的范围给出限制的主要假设。虽然如此，我们还是给出了这样的假设，因为它可以让我们明确表达贝叶斯博弈中的主要思想，如果没有这一假设，我们所关注的这个主题就会变得无比复杂，从而不太适合在这里进行讨论。实际上，绝大多数（不是全部）博弈论中的研究工作都会作出这一假设。

7.7.1 定义

有几种不同的方法可以给出贝叶斯博弈的定义，我们只列出其中的三种，而这三种是等价的。关于更多微妙的定义本书将不再进行讨论。我们选择这三种定义，是因为它们的表述分别适用于不同的框架，从而为这一类博弈的内在结构给出了不同的直觉。

7.7.1.1 信息集

首先，我们给出的定义是建立在信息集上的。在这个定义里，贝叶斯博弈由以下三个方面构成：一个博弈集合，集合内的博弈仅在其支付上有所差异；定义在这些博弈上的共同先验信念；对每个参与人而言，对博弈集合的一个划分结构（partition structure）。

定义 7.32（贝叶斯博弈：信息集）：一个贝叶斯博弈是一个4元组 (N,G,P,I)，这里：

（1）N是参与人的集合。

（2）G是一个N人博弈集合，其中每一个博弈都满足以下条件：如果 $g,g'\in G$，那么对于每一个 $i\in N$，g 中的策略空间和 g′ 中的策略空间是相同的。

（3）$P\in\prod(G)$ 是这些博弈上的共同先验信念，此处 $\prod(G)$ 是G上所有概率分布的集合。

（4）$I=(I_1,\cdots,I_N)$ 是G的划分的一个n元组，n元组中的分量代表每一个参与人。

图7-32给出了一个贝叶斯博弈的例子，图7-33给出了其扩展式的表达。它由4个2×2博弈（硬币匹配（MP）、囚徒困境（PD）、协调博弈（Coord）和性别战博弈（BoS））构成，每一个参与人的划分由两个等价类组成。

7.7.1.2 自然行动的扩展式

表达共同先验信念的第二种方法是假想一个特别的参与人，我们称之为自然（nature），由他来进行概率选择。我们可以将自然的选择视为在参与人行动上的任意

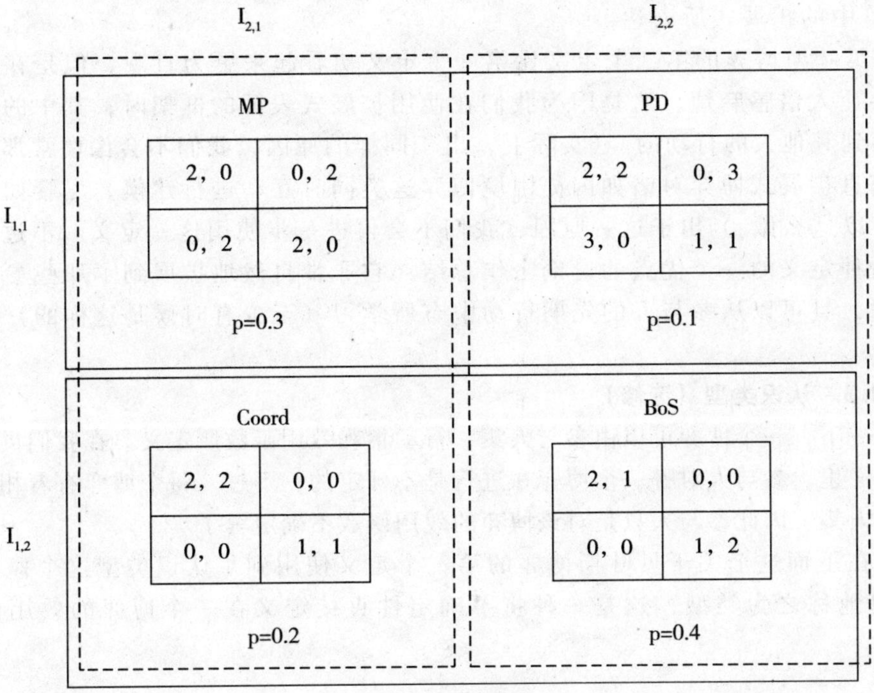

图 7-32　贝叶斯博弈

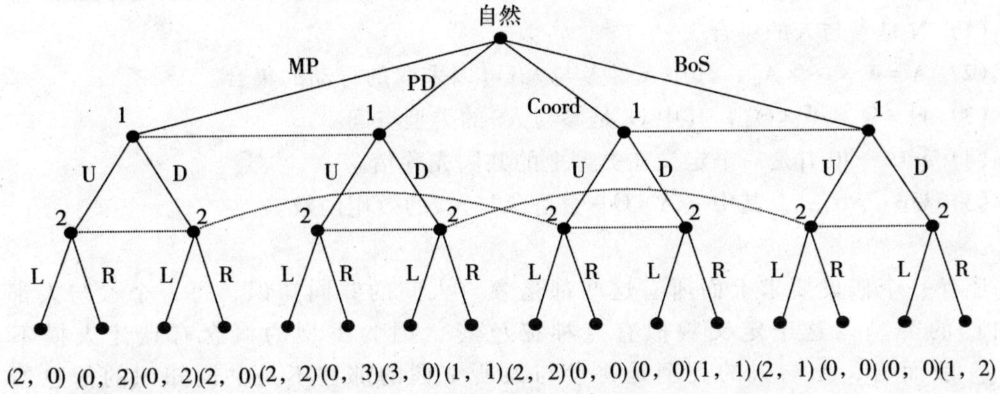

图 7-33　用扩展式表示的图 7-32 中的贝叶斯博弈

分派，不失一般性，我们假设自然在博弈开始之前已经作好了其全部选择。自然没有效用函数（或者换一种说法，可以认为他有一个不变的效用函数），他具有以一种共同知晓的方式进行随机化的唯一策略。参与人对于自然的选择可以获得个人信号，这些信号由其信息集以一种标准的方式进行表示。参与人没有额外更多的信息。具体而言，信息集可以表达这样一个事实：参与人在不了解其他人的选择时进行他们的选择。这样，我们可以将不完全信息博弈简化为不完美信息博弈，尽管每个人都可能会有先行机会。自然的这些先行机会只要求对现有定义进行很小的改动，即给定自然的行动，用其期望值取代支付。[①]例如，图 7-32 中的贝叶斯博弈可以

① 注意，关于这一扩展式博弈的特定结构说明，我们并没有受到纳什均衡精炼问题的困扰。因为行为人没有除自然之外的其他人所做的选择的先验信息，所以所有纳什均衡也都是序贯均衡。

由图7-33中的扩展式所表达。

尽管贝叶斯博弈的第二个定义比第一个定义初看起来更为直观，但是在使用过程中它又会让人倍感麻烦。这是因为我们在使用扩展式表征的框架时，其中的参与人是无法观察到其他人的行动的。（实际上，出于同样的原因，我们不会像惯常那样，使用不完美信息扩展式博弈对诸如囚徒困境博弈这类同时互动进行建模，尽管如果我们想的话也可以这么做。）出于这一原因，我们不会再进一步使用这一定义。不过，我们还是以对这种定义的一个优点的讨论来作总结：它非常自然地扩展到了那些参与人具有序贯行动，且可以从参与人的先期行动中有所学习（至少有时候是这样的）的贝叶斯博弈中。

7.7.1.3　认识类型（选修）

回忆一下，一个博弈可以由参与人集、行动集和效用函数所定义。在我们贝叶斯博弈的第一定义里，参与人对哪一个博弈在进行是不确定的；不过，每个博弈有着相同的行动集和参与人集，因此参与人只是对该博弈的效用函数不确定罢了。

我们在下面这个关于贝叶斯博弈的第三个定义使用到了认识类型这个概念，或者我们简单地称之为类型，这是一种将不确定性直接定义在一个博弈的效用函数上的方法。

定义7.33（贝叶斯博弈：类型）：一个贝叶斯博弈是一个5元组 (N,A,Θ,p,u)，这里：

（1） N是参与人的集合。

（2） $A=A_1\times\cdots\times A_n$，其中$A_i$是参与人i可以采取的行动的集合。

（3） $\Theta=\Theta_1\times\cdots\times\Theta_n$，其中 Θ_i 是参与人i的类型空间。

（4） $p:\Theta\mapsto[0,1]$ 是一个定义在类型上的共同先验信念。

（5） $u=u_1,\cdots,u_n$，其中 $u_i:A\times\Theta\mapsto\mathbb{R}$是参与人i的效用函数。

还有一个假设要求上面所有这些都是参与人间的共同知识，每一个参与人都知道其自己的类型。这个定义貌似有点神秘色彩，因为类型的概念有点让人摸不着头脑。一般而言，参与人的类型是将参与人所掌握的那些不是共同知识的信息给一网打尽的一种说法。这样做通常可以事半功倍（比如，参与人对其私人支付函数的知识即可囊括在"类型"一词之内而无须赘述），而且它还能涵盖了关于其他参与人支付的信念、关于其他参与人对该参与人自身支付的信念的信念，以及任何更高阶的信念。

我们可以从类型这个概念中得到更多的洞识，只需将7.7部分伊始给出的其他表述联系起来即可。我们再来看图7-32中的贝叶斯博弈。对于每一个参与人，我们都有两种类型，分别相对应于两个信息集。我们将参与人1的行动表示为U和D，将参与人2的行动表示为L和R。我们称第一个参与人的类型为 $\theta_{1,1}$ 和 $\theta_{1,2}$，第二个参与人的类型为 $\theta_{2,1}$ 和 $\theta_{2,2}$。这些类型上的联合分布如下：$p(\theta_{1,1},\theta_{2,1})=0.3$，$p(\theta_{1,1},\theta_{2,2})=0.1$，$p(\theta_{1,2},\theta_{2,1})=0.2$，$p(\theta_{1,2},\theta_{2,2})=0.4$。第一个参与人的条件概率是 $p(\theta_{2,1}|\theta_{1,1})=3/4$，$p(\theta_{2,2}|\theta_{1,1})=1/4$，$p(\theta_{2,1}|\theta_{1,2})=1/3$ 以及 $p(\theta_{2,2}|\theta_{1,2})=2/3$。两个效用函数在图7-34中给出。

a_1	a_2	θ_1	θ_2	u_1	u_2
U	L	$\theta_{1,1}$	$\theta_{2,1}$	2	0
U	L	$\theta_{1,1}$	$\theta_{2,2}$	2	2
U	L	$\theta_{1,2}$	$\theta_{2,1}$	2	2
U	L	$\theta_{1,2}$	$\theta_{2,2}$	2	1
U	R	$\theta_{1,1}$	$\theta_{2,1}$	0	2
U	R	$\theta_{1,1}$	$\theta_{2,2}$	0	3
U	R	$\theta_{1,2}$	$\theta_{2,1}$	0	0
U	R	$\theta_{1,2}$	$\theta_{2,2}$	0	0

a_1	a_2	θ_1	θ_2	u_1	u_2
D	L	$\theta_{1,1}$	$\theta_{2,1}$	0	2
D	L	$\theta_{1,1}$	$\theta_{2,2}$	3	0
D	L	$\theta_{1,2}$	$\theta_{2,1}$	0	0
D	L	$\theta_{1,2}$	$\theta_{2,2}$	0	0
D	R	$\theta_{1,1}$	$\theta_{2,1}$	2	0
D	R	$\theta_{1,1}$	$\theta_{2,2}$	1	1
D	R	$\theta_{1,2}$	$\theta_{2,1}$	1	1
D	R	$\theta_{1,2}$	$\theta_{2,2}$	1	2

图7-34 图7-32中贝叶斯博弈的效用函数 u_1,u_2

7.7.2 策略与均衡（选修）

现在，我们已经定义了贝叶斯博弈，接下来我们需要解释如何对这些博弈进行推理分析。我们使用前面给出的认识类型定义来进行推演，因为这种定义在机制设计中运用得最为广泛，而机制设计是贝叶斯博弈的一个主要应用领域。以下定义的所有概念也可以用其他两个贝叶斯博弈定义来表达。

首要任务是定义贝叶斯博弈中参与人的策略空间。我们回忆一下，在一个不完美信息扩展式博弈中，纯策略就是从信息集到行动集的一个映射。在贝叶斯博弈中，这个定义也是类似的：纯策略 $\alpha_i:\Theta_i \mapsto A_i$ 是从参与人i所具有的每个类型到如果具有该类型他会采取的行动的一个映射。我们也可以以同样自然的方式来定义混合策略，即将混合策略定义为纯策略上的概率分布。和之前一样，我们把i的混合策略写为 $s_i \in S_i$，这里 S_i 是i的所有混合策略集。我们可以进一步地把 $s_j(\alpha_i|\theta_j)$ 表示为，在混合策略 s_j 给定参与人j的类型为 θ_j 时，该参与人j采取行动 α_j 的概率。

接下来，由于我们已经定义了不确定性的生成环境，所以我们可以暂时不需要重新考虑参与人的期望效用。在贝叶斯博弈框架中，有三类有用的期望效用概念：事后、事中和事前。第一类是根据参与人所有的确切类型进行计算的；第二类考虑的是参与人知道其自身类型但不知道其他参与人类型的情况；在第三类中，参与人对任何的类型都不了解。

定义7.34（事后期望效用）：在一个贝叶斯博弈 (N,A,Θ,p,u) 中，参与人i的事后期望效用可以定义为：

$$EU_i(s,\theta)=\sum_{a\in A}\left(\prod_{j\in N}s_j(\alpha_j|\theta_j)\right)u_i(a,\theta)$$

这里参与人的策略由s表示，参与人的类型由θ给出。

在这种情况下，唯一的不确定性是关于其他参与人的混合策略，因为参与人i的事后期望效用是根据其他参与人的确切类型计算出来的。当然，在一个贝叶斯博弈中，没有参与人会知道其他人的类型，但这并不能阻碍我们给出上述定义，只是它可能会使有些读者质疑这个定义的有用性罢了。我们还会看到，不管是在定义其他两个期望效用概念上，还是在定义一个专门的均衡概念上，这个期望效用概念都是非常有用的。

定义 7.35（事中期望效用）：在一个贝叶斯博弈 (N,A,Θ,p,u) 中，参与人 i 的事中期望效用可以定义为：

$$EU_i(s,\theta_i)=\sum_{\theta_{-i}\in\Theta_{-i}}p(\theta_{-i}|\theta_i)\sum_{a\in A}\left(\prod_{j\in N}s_j(a_j|\theta_j)\right)u_i(a,\theta_i,\theta_{-i})$$

或者可以等价地定义为：

$$EU_i(s,\theta_i)=\sum_{\theta_{-i}\in\Theta_{-i}}p(\theta_{-i}|\theta_i)EU_i(s,(\theta_i,\theta_{-i}))$$

这里 i 的类型为 θ_i，参与人的策略由混合策略组合面 s 给出。

这样一来，i 必须考虑其他参与人的每一类型指派 θ_{-i} 以及每一个行动组合面 a，目的是估计出他的效用函数 $u_i(a,\theta_i,\theta_{-i})$。他必须根据两个量对其效用函数值进行加权：一是给定他的类型为 θ_i，其他参与人类型为 θ_{-i} 的概率；二是纯行动组合面 a 在给定参与人所有混合策略和类型时得以实现的概率。（由观察可知，参与人的类型可能会是相关的。）由于定义在混合策略上的不确定性已经在事后情形里进行了处理，所以我们也可以将事中期望效用写成 $EU_i(s,\theta)$ 项的加权和。

最后，还有一个事前情形需要考虑。这里，我们是在无法观察到任何参与人的类型的情况下，在联合混合策略 s 下计算 i 的期望效用。

定义 7.36（事前期望效用）：在一个贝叶斯博弈 (N,A,Θ,p,u) 中，参与人 i 的事前期望效用可以定义为：

$$EU_i(s)=\sum_{\theta\in\Theta}p(\theta)\sum_{a\in A}\left(\prod_{j\in N}s_j(a_j|\theta_j)\right)u_i(a,\theta)$$

或者可以等价地定义为：

$$EU_i(s)=\sum_{\theta\in\Theta}p(\theta)EU_i(s,\theta)$$

也可以等价地定义为：

$$EU_i(s)=\sum_{\theta_i\in\Theta_i}p(\theta_i)EU_i(s,\theta_i)$$

这里参与人的策略由混合策略组合面 s 给出。

接下来，我们可以定义最优反应了。

定义 7.37（贝叶斯博弈中的最优反应）：参与人 i 对混合策略组合面 s_{-i} 的最优反应集由下式给出：

$$BR_i(s_{-i})=\arg\max_{s'_i\in S_i}EU_i(s'_i,s_{-i})$$

注意，BR_i 是一个集合，因为对于i而言，可能有很多策略会取得同样的期望效用。BR可以根据i的事前期望效用计算出来这一点看起来有点奇怪。不过，把 $EU_i(s)$ 写成 $\sum_{\theta_i \in \Theta_i} p(\theta_i)EU_i(s,\theta_i)$，可以看到 $EU_i(s'_i,s_{-i},\theta_i)$ 并不取决于如果其类型不是 θ_i 的话i所采取的策略。如此一来，我们实际上正在独立地进行一个最大化计算，最大化的是i以他可能具有的每一类型为条件的事中期望效用。直观来讲，如果某一行动在获得了信号之后是最优的，那么它也是为收到信号之后该怎么做而提前作出的最优的、有条件的计划。

现在我们可以来定义贝叶斯-纳什均衡如下：

定义 7.38（贝叶斯-纳什均衡）：一个贝叶斯-纳什均衡是一个满足 $\forall i, s_i \in BR_i(s_{-i})$ 的混合策略组合面。

这正是我们在7.2部分中给出的纳什均衡的定义：每一个参与人都对其他参与人的策略作出了最优反应。当然，与纳什均衡不同的地方在于，贝叶斯-纳什均衡是建立在最优反应和期望效用的贝叶斯博弈定义上的。可以看出，如果参与人的策略不能就每种可能的策略给出定义，则我们是无法以这种方式来定义均衡的。对于某一给定的参与人i，他为了实施对其他参与人-i的最优反应，必须知晓每个参与人就其每一可能的类型将会采取何种策略。没有这一信息，估计出定义7.37中方程里的 $EU_i(s'_i,s_{-i})$ 项是不可能的。

基础训练

1. 一个两人同时博弈的支付矩阵如图7-35所示，试求纳什均衡。是否存在重复剔除劣战略均衡？

		乙		
		左	中	右
甲	上	2，0	1，1	4，2
	中	3，4	1，2	2，3
	下	1，3	0，2	3，0

图7-35　支付矩阵（一）

2. 有两个公司各需要雇用一名新职员。公司i提供的工资是 w_i，满足 $0.5w_1 < w_2 < 2w_1$。有两个谋职者同时得到这一消息，他们清楚每人只有一次申请机会，而一个人不能同时到两家公司去应聘。如果两个人申请了不同的公司，他们都会得到那里的工作；如果两个人同时去一家公司应聘，人事主管会用掷硬币的办法雇用其中一个，而另一个则什么工作也得不到。

（1）写出这两个谋职者间博弈的支付矩阵。

（2）求纳什均衡。

3. 考虑一个信息不完全的二人博弈：甲、乙同时行动；甲只有一种类型，但乙有两种可能的类型：$\Theta_2=\{\theta_2,\theta'_2\}$；甲不了解对方是哪一类，但他相信对方为 θ_2 和 θ'_2 的概率分别为p和1－p。在乙的两种可能类型下，双方的可选战略和支付矩阵如图7-36所示。试说明p的大小如何影响贝叶斯均衡。

		乙 类型 θ_2 左	乙 类型 θ_2 右	乙 类型 θ'_2 左	乙 类型 θ'_2 右
甲	上	1，1	0，0	0，0	0，0
甲	下	0，0	0，0	0，0	2，2

图7-36 双方的可选战略和支付矩阵

4.两家公司共同建立了一个合资公司，公司i在其中所占的股份比例为 $s\in(0,1)$，公司j则拥有另外 $(1-s)$ 的股份。假设现在两家公司决定中止它们的合作关系，它们确定了这样一个方案：由公司i提出它对现在合资公司的总资产估价P，公司j接下来可以有两个选择——以金额 sP 买断对方在合资公司中的股份s，或者以价格 $(1-s)p$ 将手中的股份卖给对方。假设双方对该合资公司的估价 v_i 是相互独立的，公司i不知道公司j的估价 $v_j(i\neq j)$，仅知道 v_j 均匀地分布于区间（0,1）。求该博弈的完美贝叶斯均衡。

5.拍卖一件物品。竞标者1对该物品的估价为3，而竞标者2对该物品的估价为5。每一个竞标者都可以出价0、1或2。如果竞标者i比竞标者j的出价要高，则i赢得该物品，并按他的出价付款，同时失败者无须付款。如果两个竞标者出价相同，则通过掷硬币来决定谁是胜利者，然后胜利者得到该物品并按他的出价付款，而失败者无须支付任何东西。

（1）以矩阵形式表述该博弈。

（2）存在哪个竞标者有严格劣势策略吗?

（3）通过剔除劣战略，最终剩下的策略是什么?

6.考虑一个两人博弈，支付矩阵如图7-37所示。求该博弈的所有纳什均衡，并用支付函数的方法来验证。

		参与人2 A	参与人2 B
参与人1	A	2，1	0，0
参与人1	B	0，0	1，2

图7-37 支付矩阵（二）

[第8章]

信息经济学I：逆向选择、信号发送与信息甄别

在新古典经济学的消费者理论和企业行为理论中，消费者对于商品的各项特征拥有完美信息，而厂商则对他们所需要的投入的生产效率拥有完美信息。正是因为这一点，才可以分别来发展消费者需求理论和生产者供给理论，然后将二者结合在一起来实现市场出清。但是，在现实生活中，这一假设可能过于理想化，并且不现实。我们希望扩展消费者和生产者理论，使之涵纳不完美信息的情形。接下来的两章，我们就来讨论这类信息不对称问题。有关这类问题的模型分成两类：一类是在签约之前或签约之中出现的信息不对称问题；另一类是在签约之后才发生的信息不对称问题。本章来讨论前一类信息不对称问题，第二类问题我们将在第9章中进行讨论。

8.1 逆向选择

在很多经济情况中，关于产品质量或其他重要的特征存在着不确定性。这类情况被称为隐藏信息：个人或一个集体有私人信息，即对于相关的经济方面的特征，他比别人有拥有更多的信息。我们可以把这类问题看成两个经济行为人之间的一场博弈，其中一个博弈参与人拥有事关双方利益的信息，而另一方则不拥有。这样的现实问题可谓不胜枚举。在讨论垄断厂商的第6章里，垄断厂商与政府管制部门就是这样的两个博弈参与人，垄断厂商对于自己的成本更为了解，而政府管制部门在这方面则处于信息劣势。俗语云："走遍南京到北京，买的没有卖的精。"这说的也是这种情况。每年大学生毕业之际，招聘企业与毕业生们也是这样的一种博弈关系。毕业生对自己的能力的了解程度可能更高，但是招聘企业往往无法充分了解一个初出茅庐的毕业生。在这些情况里，拥有私人信息的一方可能会利用他的信息优势采取策略性的行为，以为自己谋取利益。比如，在买卖东西这个例子里，卖方总是喋喋不休地告诉买者，自己的产品很好，花费了很高的成本，他所声称的这一成本一定远高于其产品的真实成本，卖出较高的价格可以使卖者获利更丰。也就是说，在这类博弈中，信息优势的一方会利用他的这一优势攫取信息租金。当然，买者也会意识到这一点，从而拼命压价以降低卖者的信息租金。

这样的信息不对称会带来一个问题，即所谓的逆向选择问题，它会使市场部分地或全部地陷于崩溃，尽管如果进行交易则可以实现的潜在利益是很大的，但仍然无法使对双方有着潜在利益的交易得以达成。我们用阿克劳夫（Akerlof，1970）的二手车市场的经典例

子来阐述逆向选择问题。[①]假设市场上只有两种类型的汽车，一种是好车，另一种是差车（“柠檬品”）。两车的比例是这样的：差车和好车平分秋色，即一辆车为差车的概率π为1/2。假设在这个市场上，卖者和买者都是风险中性的，而且潜在的买者要比二手车的数量多。买者愿意花10万元买一辆好车，而对差车他只愿意支付5万元。如果好车能卖9万元，那么差车3万元卖者就愿意脱手。

首先，我们来考虑无人知道一辆车到底是不是好车这种情况。那么，买者愿意为具有平均质量的一辆汽车所支付的价格为：

对买者的价值=$\pi\times$（差车对买者的价值）+（$1-\pi$）$\times$（好车对买者的价值）=7.5（万元）

卖者的保留价格是他赋予一辆具有平均质量的车的价值，即

E[对卖者的价值]=$\pi\times$（差车对卖者的价值）+（$1-\pi$）$\times$（好车对卖者的价值）=6（万元）

由于在二手车市场上买者之间进行的是贝特兰德竞争，所以市场价格为7.5万元，而所有卖者都愿意交换他们的车。

现在，我们考虑一下这种情况：只有卖者了解他的车的质量如何，而买者在进行一辆二手车买卖时无法区分它的质量。因此，买者就必须要问自己：“这个人为什么愿意把车卖给我？”假设一辆汽车在7.5万元这个价位上，这是买者愿意为一辆具有平均质量的汽车支付的价格。很显然，所有拥有差车的卖者都愿意在这个价格上售出自己的汽车。然而，那些拥有好车的卖者是不愿意卖出自己的车的，因为他们希望的价格最低也要在9万元。这样一来，二手车的交易只能在5万元的价格水平上成交，而且只有差车才会被交易。这就带来了福利上的损失，因为如果好的二手车能达成交易，就会从中实现1万元的潜在收益，但是这最终因为交易没有达成而没能实现。阿克劳夫认为，逆向选择可以解释为什么新车和二手车之间在价格上的差异，要比使用年限所带来的使用价值的实际差别大那么多。一辆二手车，哪怕刚刚买回去，没有行驶多少里程，一旦重新进入交易，其价格要比新车低出很多，原因就在于此。

认识到这一点，我们现在可以来看看逆向选择问题的模型化结构了。我们将会看到，质量水平更高的话，逆向选择会导致市场陷入局部的崩溃状态，尽管如果交易达成存在着潜在的收益。这是因为“差的商品淘汰了不那么差的商品，以此类推，接着淘汰了中等的商品，然后又淘汰了不那么好的商品”（Akerlof，1970）。

8.1.1 模型

假设一个市场中有m个卖者和n（n>m）个买者，m和n都足够多。假设每个卖者拥有一单位某商品。卖者商品的质量根据区间$[\underline{q},\bar{q}]$上的分布函数F而分布，这里$0<\underline{q}<\bar{q}$。我们假设F是一个均匀分布[②]，即

$$F(q)=\begin{cases}0, & q<\underline{q}\\ \dfrac{q-\underline{q}}{\bar{q}-\underline{q}}, & \underline{q}\leqslant q\leqslant \bar{q}\\ 1, & q>\bar{q}\end{cases}$$

① 参见：AKERLOF G A. The market for “lemons”: quality uncertainty and the market mechanism [J]. Quarterly Journal of Economics，1970，84（3）：488-500. 作者乔治·阿克劳夫（George Akerlof）因其这篇开创性的论文而于2001年与麦克·斯宾塞（Michael Spence）和约瑟夫·斯蒂格利茨（Joseph Stiglitz）一起获得了诺贝尔经济学奖。后两位的思想我们将在本章和下一章中学习到。

② 本书附录会对此作进一步介绍。

其密度函数为：

$$f(q)=\begin{cases}0, & q<\underline{q}\\ \dfrac{1}{\bar{q}-\underline{q}}, & \underline{q}\leqslant q\leqslant \bar{q}\\ 0, & q>\bar{q}\end{cases}$$

卖者最大化伯努利效用函数的期望效用：[①]

$$v(q,t)=\alpha qx+t \quad (0<\alpha<1)$$

其中：$x\in\{0,1\}$是所拥有的商品数量；q是该商品的质量；t是卖者拥有的金钱数。

也就是说，卖者自己拥有质量为q的一件商品，其保留价格为αq，这里的α表示卖者自己对质量q的评价。

每个买者至多购买1单位的该商品。他们最大化其伯努利效用函数的期望效用：

$$u(q,t)=qx+t$$

也就说，每个买者都愿意为质量q的一件商品支付最多q的货币。[②]

8.1.1.1　完全信息

我们从一个基准模型开始分析。在这个基准模型中，卖者和买者都可以观察到产品的质量如何，即信息是完全的。对于每一质量水平q，卖者都可以观察到，这样我们就可以把市场进行区分。假设一个卖者，他拥有一个质量为q的产品。因为$\alpha q<q$，所以卖者对这一商品的评价要低于买者。因此，如果交易得以达成，则双方可以获得的潜在收益为$(1-\alpha)q$。

在这里，我们首先澄清一些概念。

定义8.1（完全信息条件下的市场均衡）：在一个市场均衡中，下列条件必然满足：

（1）所有的市场参与者视价格为既定，最大化其效用。

（2）所有产品$q\in[\underline{q},\bar{q}]$均可实现市场出清：

$$X(p^*,q)=X^s(p^*,q)=X^d(p^*,q)$$

第一个条件是说，所有市场参与者都是理性自利的，并且他们的行为不会影响价格水平。第二个条件是一个标准的市场出清假设：在均衡价格水平p^*上，质量水平为q的市场上交易的商品数量$X(p^*,q)$必然使得在这个价格上对该产品的需求$X^d(p^*,q)$等于在这个价格水平上对该产品的供给$X^s(p^*,q)$。

由于潜在的买者要多于产品的数量（n>m），所以每个卖者可以对q质量的该产品索取一个价格来剥夺全部的剩余。[③]因此，在均衡中，这个市场会在$p^*(q)=q$的价格水平上于

---

① 回忆一下：一个期望效用最大化者在面对由随机变量所描述的一个彩票$\tilde{x}=(x_1,x_2,\cdots,x_n;p_1,p_2,\cdots,p_n)$时，具有一个冯·诺依曼-摩根斯坦效用函数：

$$U(\tilde{x})=\sum_{i=1}^{n}p_i u(x_i)$$

其中：p_i是结果x_i的概率；$u(\cdot)$是该行为人的伯努利效用函数。

如果该彩票包含的是一个连续的随机变量$\tilde{x}$，其结果$x\in[\underline{x},\bar{x}]$，根据分布函数F而分布，其密度函数为f，则期望效用为：

$$U(\tilde{x})=\int_{\underline{x}}^{\bar{x}}u(x)f(x)dx$$

本部分为简化起见，假设个体行为人都是风险中性的，即$u''(\cdot)=0$，而冯·诺依曼-摩根斯坦效用仅取决于描述了可能结果的随机变量的期望值。

② 我们假设，买者在金钱上没有受到约束，因此他们可以支付任何一个价格p而取得该商品，但是会降低其效用-p那么多。

③ 买者彼此之间处于贝特兰德竞争中，因为并不是所有买者的需求都可以由其他卖者满足。

每个质量水平q上都实现出清，所有的产品都会换手给他人：

$$\int_{\underline{q}}^{\bar{q}} X(p^*(q),q)f(q)dq = m$$

要注意，最后的结果是帕累托最优的，这是因为交易所能实现的利益全部都实现了，卖者严格好于交易之前，而买者并没有比无交易发生时变得更差。[①]在完全信息（complete information，CI）下，交易所实现的剩余为：

$$S^{CI} = \int_{\underline{q}}^{\bar{q}} m(1-\alpha)qf(q)dq = m(1-\alpha)E[q] = m(1-\alpha)\frac{\bar{q}+\underline{q}}{2}$$

命题8.1：完全信息条件下，在市场均衡中：

（1）所有商品都可以得到交易；

（2）$p^*(q)=q$；

（3）$S^{CI} = m(1-\alpha)\frac{\bar{q}+\underline{q}}{2}$。

这个市场均衡可以带来帕累托最优配置。

8.1.1.2 不完全但对称的信息

现在我们来考虑这样的情况：买卖双方都（对称信息）不知道待交易产品的质量如何（不完全信息）。由于商品质量在交易时双方都无法进行判断，所以这些产品可以看成没有差别的。这样，在市场上进行交易的产品，其价格就只有一个（即只有一个市场，而不是像完全信息条件下有$q\in[\underline{q},\bar{q}]$个市场）。对于卖者所拥有的产品，其期望质量水平为：

$$E[q] = \int_{\underline{q}}^{\bar{q}} qf(q)dq = \int_{\underline{q}}^{\bar{q}} \frac{q}{\bar{q}-\underline{q}}dq = \left[\frac{q^2}{2(\bar{q}-\underline{q})}\right]_{\underline{q}}^{\bar{q}} = \frac{\bar{q}^2-\underline{q}^2}{2(\bar{q}-\underline{q})} = \frac{(\bar{q}-\underline{q})(\bar{q}+\underline{q})}{2(\bar{q}-\underline{q})} = \frac{\bar{q}+\underline{q}}{2}$$

为简单起见，我们假设卖者的保留价格为$\alpha E[q] = \frac{\alpha(\bar{q}+\underline{q})}{2}$。

1.供给面

只要市场价格低于卖者的保留价格$\alpha E[q]$，就不会有人愿意售出商品。相反，只要市场上给出的价格高于保留价格，则所有的卖者都会乐于将其手中的产品卖出，供给为m。如果市场价格等于卖者的保留价格，则他们在售卖与保留之间就会表现出无差异的特征，供给会处于[0,m]之间。因此，该商品的供给为：

$$X^s(p)\begin{cases} =0 & (p<\alpha E[q]) \\ \in[0,m] & (p=\alpha E[q]) \\ =m & (p>\alpha E[q]) \end{cases} \tag{8-1}$$

那么，对于所供应的商品，其期望质量水平是多少呢？由于信息是对称的，所以，在价格为p上进行供给的该商品，其期望质量水平（我们用Q(p)来表示）等于全部卖者所拥有的所有产品的期望质量水平，即在卖者愿意售出的任一价格p上都为E[q]。如果没有商品售出，那么质量水平是多少也无所谓了。

$$Q(p)\begin{cases} \text{无定义} & (p<\alpha E[q]) \\ =E[q] & (p\geqslant\alpha E[q]) \end{cases} \tag{8-2}$$

① 这也是从福利经济学第一定理中推导出来的。回忆一下，该定理告诉我们，如果市场是完全竞争的，并且有完全信息（即市场是完全的），则竞争性均衡必然是帕累托最优的。

2．需求面

买者无法对卖者提供的商品进行区分。不过，由于是对称信息的情况，所以他们知道卖者也不知道这些商品的质量。此外，买者知道卖者方面的质量分布F，并且了解卖者的偏好。基于这一信息，买者对市场上现行价格p下售卖的商品其期望质量形成自己的认知信念，我们将之表示为$Q^e(p)$。如果$Q^e(p)>p$，则n个买者都想购买一单位该商品，这是很显然的。因此，在这样的价格上，需求量可以写为$X^d(p)=n$。与之相对，如果$Q^e(p)<p$，那就不会有人来买该商品，从而出现$X^d(p)=0$。最后，如果$Q^e(p)=p$，那么买者对于买不买都没有什么感觉了，则需求量$X^d(p)\in[0,m]$，唯一的条件是这个量与买者的最优化行为是相一致的。总结如下：

$$X^d(p)\begin{cases}=n & (Q^e(p)>p)\\ \in[0,m] & (Q^e(p)=p)\\ =0 & (Q^e(p)<p)\end{cases} \tag{8-3}$$

3．市场均衡

为了表达信息不完全的情况，我们需要对我们的均衡概念进一步予以丰富：①

定义8.2（不完全信息下的市场均衡）：在一个市场均衡里，下面这些条件必须予以满足：

（1）所有市场参与者都会最大化他们的期望效用，并视价格为既定。

（2）市场出清：

$$X(p^*)=X^s(p^*)=X^d(p^*) \qquad \text{(MC)}$$

（3）市场参与者具有理性预期：

$$Q^e(p)=\begin{cases}Q(p) & (X^S(p)>0)\\ \underline{q} & (\text{其他})\end{cases} \qquad \text{(RE)}$$

这最后一个条件，意思是说买者能够正确地预期到卖者的行为，因此可以计算出市场上在任意给定价格下商品的期望质量。这意味着，对于任何卖者愿意提供正的数量该商品的价格，有$Q^e(p)=Q(p)$。对于没有人愿意供应商品的那些价格，$Q(p)$是没有意义的，因为不可能算出其期望价值。

在我们的模型中，要求价格$p\geqslant 0$。如我们所见，卖者的行为可以用公式（8-1）中的价格来完美地予以概括。然而，要使用公式（8-3）来概括买者的行为，我们还需要在$X^S(p)=0$处的价格下给$Q^e(p)$赋予一个值。为了更周详地考虑我们的模型，我们再增添一个假设。对于那些没有商品供应的价格，买者此时只需要简单地把质量设在最低水平上就可以了，即对于$X^S(p)=0$处的所有价格，有$Q^e(p)=\underline{q}$。由于买者拥有该商品的期望效用大于卖者的保留价格，即$\alpha E[q]<E[q]$，所以所有单位的该商品均存在正的期望得益。由于在完全信息下，且n>m，所以每个卖者可以为其商品定价$p^*=Q^e(p^*)=Q(p^*)=E[q]$，从而攫取全部的期望剩余，这亦满足条件（RE）。在这一均衡价格上，所有的卖者都会卖出其商品，故有$X^S(p^*)=m$。由于$n>m>0$，所以，使供给和需求相等的唯一办法就是

① 这个定义其实并不是很严格，严格的定义需要使用博弈论框架。但对我们来说，这已经足够了。我们分析的这个模型，属于博弈论中不完全信息博弈类型，我们通常需要使用贝叶斯均衡的概念。通过第7章的介绍，大家应该都已经比较熟悉了。

$X(p^*) = X^S(p^*) = X^d(p^*) = m$。这满足了条件（MC）：任何位于0和n之间的需求，即等于m（m<n）的需求，与最大化行为是一致的，因为买者在价格 $p^* = E[q]$ 上表现得无差异。在不完全但却对称的信息条件下，由交易所创造出来的这个剩余和完全信息条件下的情况相等：$S^{IS} = S^{CI}$，我们用IS表示不完全但对称的信息，用CI表示完全信息。在我们的模型里，我们假设效用在质量为大家所知之前即已可由买卖双方各自评价得到，这就是所谓的"事前"（ex ante）。这样，我们就有了一个事前帕累托最优配置（ex ante Pareto optimal allocation）。①

命题8.2：在不完全但对称的信息条件下，以下条件成立时，市场均衡存在：

（1）所有的商品都得到了交易；

（2）$p^* = E[q] = \dfrac{\bar{q} + q}{2}$；

（3）$S^{IS} = S^{CI} = m(1-\alpha)\dfrac{\bar{q} + q}{2}$。

这一市场均衡带来了一个事前帕累托最优配置。

现在，对我们的分析作一下总结。我们可以看到，引入不完美信息，本质上并没有带来无效率的结果。交易的所有利益都可实现，尽管在商品质量上存在着不确定性。真正关乎根本的，是信息对称与否。

8.1.1.3 不对称信息

在不对称信息的情况下，卖者知道他所拥有的商品的质量q，但是潜在的购买者却不了解这一质量的情况（即不对称信息）。由于买者无法分辨商品的质量如何，所以所有卖者的商品对于卖者来说都是完全可以彼此替代的，在他们的眼中所有卖者的产品都一样，这样他们就会给市场的所有商品一个统一的市场价格。

1．对商品的供应

我们回想一下，拥有质量为q的商品的卖者，其内心中的保留价格为 $\alpha q, 0<\alpha<1$。在一个既定的市场价格p下，只有卖者所面对的市场价格 $p \geqslant \alpha q$ 时，他才会愿意把这个商品卖出去，这等价于 $q \leqslant p/\alpha$。因此，在这个价格p上，所有拥有质量不大于 p/α 的商品的卖者才会售卖这种商品，而其他的卖者则会选择继续持有其商品。图8-1即说明了如何获得那些愿意在价格p水平上售出商品的卖者占全部卖者的人数比重。其中图8-1（a）给出了密度函数f。所有那些拥有其质量不超过 p/α 的商品的卖者，占总卖者的比重为m，它等于小的曲线盒子的面积比上包含它的大盒子的面积。每个盒子的面积都可以被视为分布函数F。例如，大盒子的总面积等于1，$F(\bar{q}) = 1$，因为所有卖者拥有的都是不超过最大可能质量 $\bar{q}$ 的产品。这样，分布函数F就可以让我们直接测算所有卖者中 $q \leqslant p/\alpha$ 的卖者比例了，即

$$F(p/\alpha) = \int_{q}^{p/\alpha} f(q)dq$$

① 很显然，获得了商品的买者，事后发现质量 $q<p^*$，则他的效用自然要比交易没有发生时要差（而卖者当然是变得更好了），因此这个均衡配置是不符合事后帕累托最优的（ex post Pareto optimal）。

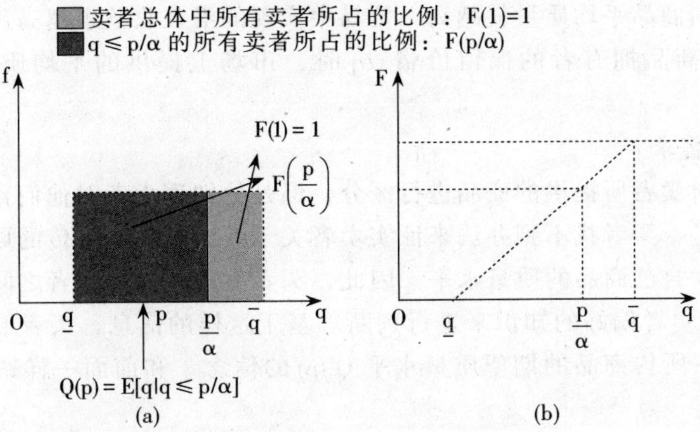

图8-1 在价格p上供应商品的卖者比例

由于F在（1）中给出的是均匀分布，所以我们可以计算价格水平p下所供应的商品数量：

$$X^s(p)=mF(p/\alpha)=\begin{cases}0 & (p<\alpha\underline{q})\\ \dfrac{m(p-\alpha\underline{q})}{\alpha(\bar{q}-\underline{q})} & (\alpha\underline{q}\leqslant p\leqslant\alpha\bar{q})\\ m & (p>\alpha\bar{q})\end{cases}\tag{8-4}$$

为了计算在价格p上供应的商品的期望质量，我们需要计算给定 $q\leqslant p/\alpha$，该商品的期望质量：$Q(p)=E(q|q\leqslant p/\alpha)$。我们首先写下条件密度函数：

$$g(q|q\leqslant p/\alpha)=\begin{cases}\dfrac{f(q)}{F(p/\alpha)}=\dfrac{\alpha}{p-\alpha\underline{q}} & (q\leqslant p/\alpha)\\ 0 & (q>p/\alpha)\end{cases}\tag{8-5}$$

由于在价格水平 $p>\alpha\bar{q}$ 上，所有的商品都可以被提供，所以，在市场上得到交换的商品，其期望质量即等于无条件期望值 $Q(p)=E[q]=\dfrac{\underline{q}+\bar{q}}{2}$。对于 $p<\alpha\underline{q}$ 的情况，则没有商品会被提供。在价格水平 $p\in[\alpha\underline{q},\alpha\bar{q}]$ 上，被提供的商品的期望质量为：

$$Q(p)=E(q|q\leqslant p/\alpha)=\int_{\underline{q}}^{p/\alpha}qg(q|q\leqslant p/\alpha)dq=\int_{\underline{q}}^{p/\alpha}\frac{\alpha q}{p-\alpha\underline{q}}dq$$

$$=\frac{\alpha\left(\dfrac{p^2}{\alpha^2}-\underline{q}^2\right)}{2(p-\alpha\underline{q})}=\frac{p+\alpha\underline{q}}{2\alpha},\ p\in[\alpha\underline{q},\alpha\bar{q}]\tag{8-6}$$

因此，供给表为：

$$Q(p)\begin{cases}\text{无定义} & (p<\alpha\underline{q})\\ =\min\left\{\dfrac{p+\alpha\underline{q}}{2\alpha},\dfrac{\underline{q}+\bar{q}}{2}\right\} & (p\geqslant\alpha\underline{q})\end{cases}\tag{8-7}$$

我们可以看到，在不对称信息情况下，市场上供应的商品数量 $X^s(p)$，以及所供应商品的平均质量 $Q(p)$，都取决于市场的价格。在价格p上，处在边际上的卖者提供的商品质量水平为 p/α。如果这个价格上升，则数量和平均质量都会上升，因为较高质量商品的卖者现在发现售出其商品也是划算的，这就会推高处在边际上的卖者所提供的质量，并增加了市场上的销售数量。此外，卖者对其商品质量的内心评价标准即α越低，在既定的价格下市场上提供的商品平均质量就越高，贸易中实现的潜在收益也越高。只有当市场价格超过了最高质量商品拥有者的保留价格 $\alpha\bar{q}$ 时，市场上提供的平均质量才会达到最高水平。

2．对商品的需求

买者并不能对卖者所提供的商品进行区分，但是他知道卖者对他们自己的商品质量是了解的。不幸的是，买者找不到办法来证实卖者关于其商品质量宣传的可靠性，任何一个卖者都有可能夸大自己商品的质量水平。因此，买者就需要借助卖者之间的商品质量分布 F，以及他们关于卖者偏好的知识来进行判断。基于这样的信息，买者形成了他关于市场上在现行价格 p 下所售商品的期望质量水平 $Q^e(p)$ 的信念。和前面一样，我们可以把需求写成：

$$X^d(p)=\begin{cases}=n & (Q^e(p)>p)\\ \in[0,n] & (Q^e(p)=p)\\ =0 & (Q^e(p)<p)\end{cases} \tag{8-8}$$

3．市场均衡

该市场均衡的定义，与定义 8.2 给出的不完全但对称信息的情况是一致的。也就是说，在市场均衡中，下面这些条件必须得到满足：

（1）所有市场参与者在价格既定的情况下都最大化了其期望效用。

（2）市场出清：

$$X(p^*)=X^S(p^*)=X^d(p^*) \qquad \text{(MC)}$$

（3）市场参与者具有理性预期：

$$Q^e(p)=\begin{cases}Q(p) & (\text{当p满足}X^S(p)>0)\\ \underline{q} & (\text{其他})\end{cases} \qquad \text{(RE)}$$

接下来，我们来看看是否存在这样一个市场均衡，其中进行贸易的商品数量为正。我们来检视一下 $X(p^*)>0$ 是否能够与这些均衡条件相互兼容、一致。

条件（MC）告诉我们，在均衡中，$X(p^*)=X^S(p^*)=X^d(p^*)$。

根据公式（8-4），我们知道当且仅当 $p>\alpha\underline{q}$ 时，有 $X^S(p)>0$，否则，就没有卖者愿意提供这种商品。因此，在均衡中：

$$p^*>\alpha\underline{q} \tag{8-9}$$

根据公式（8-8），我们知道当且仅当 $Q^e(p^*)=p^*$ 时，市场才会在一个正的数量上出清。如果 $Q^e(p^*)>p^*$，则买者有超额需求，即 $X^d(p^*)=n>m\geqslant X^S(p^*)$；如果 $Q^e(p^*)<p^*$，则买者有零需求，即 $X^d(p^*)=0$；如果 $Q^e(p^*)=p^*$，则条件（MC）可以被满足，因为对于任意 p^* 值，有 $X^d(p^*)\in[0,n]$，$n<m$，而 $X^S(p^*)\in[0,m]$，均取决于 p^*。

因此，在均衡中：

$$Q^e(p^*)=p^* \tag{8-10}$$

条件（RE）与公式（8-10）一起，意味着在均衡中：

$$Q(p^*)=Q^e(p^*)=p^* \tag{8-11}$$

因此，利用公式（8-11）、公式（8-9）及公式（8-4），有：

$$\min\left\{\frac{p^*+\alpha\underline{q}}{2\alpha},\frac{\underline{q}+\bar{q}}{2}\right\}=p^* \tag{8-12}$$

第一种情况：$p^*=\frac{\underline{q}+\bar{q}}{2}=\min\left\{\frac{p^*+\alpha\underline{q}}{2\alpha},\frac{\underline{q}+\bar{q}}{2}\right\}$。当且仅当 $p^*\geqslant\alpha\bar{q}$，这种情况才会出现。再加上 $p^*=\frac{\underline{q}+\bar{q}}{2}$，则参数α定然取值为 $\alpha\leqslant\frac{\underline{q}+\bar{q}}{2\bar{q}}$。我们要检查的最后一个条件是公式（8-9），因为在均衡中要想有正的供给量，必须有 $p^*>\alpha\underline{q}$：$p^*=\frac{\underline{q}+\bar{q}}{2}>\frac{\underline{q}+\underline{q}}{2}>\alpha\underline{q}$，因为 $0<\alpha<1$。

第二种情况：如果 $\alpha>\frac{\underline{q}+\bar{q}}{2\bar{q}}$，则有 $p^*=\frac{p^*+\alpha\underline{q}}{2\alpha}=\min\left\{\frac{p^*+\alpha\underline{q}}{2\alpha},\frac{\underline{q}+\bar{q}}{2}\right\}$。这表明，$p^*=\frac{\alpha\underline{q}}{2\alpha-1}$。我们再一次检查一下公式（8-9）：

$$p^*=\frac{\alpha}{2\alpha-1}\underline{q}>\alpha\underline{q}$$

因为 $p^*>0$ 且由此可得 $\frac{\alpha}{2\alpha-1}\underline{q}>\alpha\Leftrightarrow 1>\alpha$。

总结而言，即

$$p^*=\begin{cases}\frac{\underline{q}+\bar{q}}{2} & \left(\alpha\leqslant\frac{\underline{q}+\bar{q}}{2\bar{q}}\right)\\ \frac{\alpha\underline{q}}{2\alpha-1} & \left(\alpha>\frac{\underline{q}+\bar{q}}{2\bar{q}}\right)\end{cases} \tag{8-13}$$

将 p^* 插入公式（8-4），第一种情况可以使所有商品都得到交易，因为 $p^*\geqslant\alpha\bar{q}>\alpha\underline{q}$，对于 $\alpha\leqslant\frac{\underline{q}+\bar{q}}{2\bar{q}}$，有 $X(p^*)=X^S(p^*)=X^d(p^*)=m$。

那么，所产生的剩余为 $S^{AI}=S^{IS}$。换言之，如果卖者对其自己的商品评价标准充分低，即较低的α，那么不对称信息就不会带来逆向选择问题了。而在对称信息条件下，所有的商品都会得到售卖，所有的潜在收益也都可以通过贸易得到实现。

在第二种情况下，就不是所有的卖者都可以在均衡里实现贸易的机会了。对于 $\alpha>\frac{\underline{q}+\bar{q}}{2\bar{q}}$，有 $X(p^*)=X^S(p^*)=X^d(p^*)=m\frac{2(1-\alpha)\underline{q}}{(2\alpha-1)(\bar{q}-\underline{q})}<m$。

所产生的剩余低于对称信息情况下的结果：

$$S^{AI}=\int_{\underline{q}}^{p^*/\alpha}(1-\alpha)qf(q)dq=\frac{p+\alpha\underline{q}}{2\alpha}=S^{IS}=m(1-\alpha)\frac{\bar{q}+\underline{q}}{2} \tag{8-14}$$

在第二种情况下，卖者对其自己的商品评价标准如此高（即较高的α），以至于高质量商品的所有者不愿意在低质量商品进行贸易的较低价格上进行售卖。由于卖者对其商品有着私人信息，所以逆向选择的问题就会出现，较高质量的商品不会在市场上进行贸易。

这样，我们可以给出以下命题：

命题8.3：在不对称信息条件下，当且仅当 $\alpha \leqslant \frac{\underline{q}+\bar{q}}{2\bar{q}}$，所有商品均可得到交易的市场均衡才会存在，则：$p^* \geqslant \alpha\bar{q} > \alpha\underline{q}$，且有 $S^{AI} = S^{IS}$。

如果 $\alpha > \frac{\underline{q}+\bar{q}}{2\bar{q}}$，则：$X(p^*) = m\frac{2(1-\alpha)\underline{q}}{(2\alpha-1)(\bar{q}-\underline{q})} < m$，$p^* = \frac{\alpha\underline{q}}{2\alpha-1}$，且有 $S^{AI} = \frac{p+\alpha\underline{q}}{2\alpha} < S^{IS}$。

与完全信息的情况以及不完全但对称信息的情况相比，在不对称信息情况下，只有当 $\alpha \leqslant \frac{\underline{q}+\bar{q}}{2\bar{q}}$ 时所有商品均得到交易的市场均衡才会存在（如图8-2（b）所示）。只要买者和卖者对质量的评价标准与此有异，逆向选择就会把较高质量的商品从市场中排除出去（如图8-2（a）所示）。这使得交易的好处不能全部实现，将所实现的剩余从 S^{IS} 降低到了 S^{AI}。卖者和买者对质量的评价标准越是一致，也就是说，α 越接近于1，逆向选择的问题就越严重。

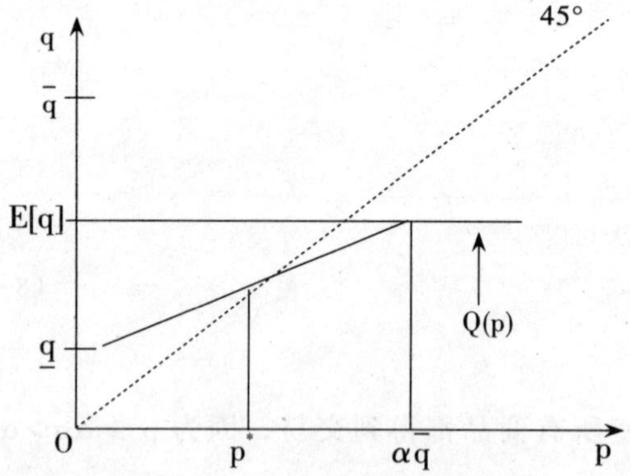

（a）只有部分交易发生的均衡

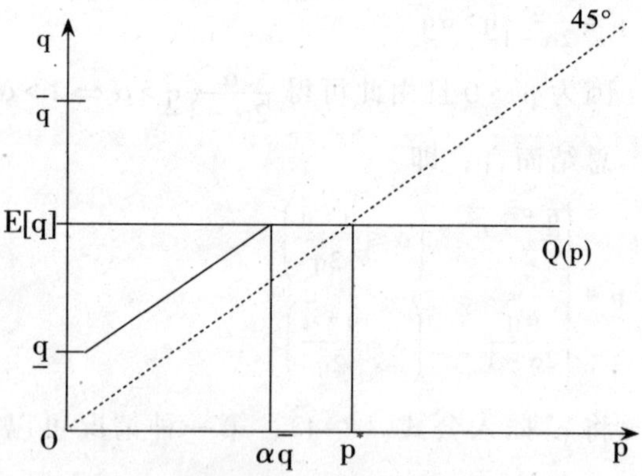

（b）所有交易均发生的均衡

图8-2 不对称信息下的市场均衡

从我们到目前为止所推导出来的结果中可以看出，逆向选择问题会在市场上排除质量较高的商品进行交易。对于 $p < \alpha\bar{q}$ 的价格而言，市场上所提供的商品的平均质量 q(p)，是低于待售的全部商品的平均质量 E[q] 的。由于对于买者来说，在商品质量上存在着不确定性，所以一个价格不得不去适应所有的商品。然而，在低于 $\alpha\bar{q}$ 的价格水平上，拥有较高质量商品的卖者不想将其出售，这就降低了市场上出售的商品的平均质量。这就从逻辑上证实了阿克劳夫的直觉，较劣的商品会排除那些中间质量的商品，继而会排除那些高质量的商品，最后整个市场上只有最劣的商品才会被用来出售。这就是逆向选择的结果。

对此，有一些可能的解救办法。一种是卖者为买者提供售后保修。这就允许买者对商品进行核验，如果质量和卖者所称的不一致，那么就可以将它退还给卖者。接下来，我们来研究另外一种降低质量不确定性的方法——信号发送机制。

8.2 信号发送

在8.1部分我们已经看到，信息不对称可以带来逆向选择问题。由于存在私人信息，市场上信息劣势一方没有能力来评价信息优势一方所提供的产品和劳务，双方互动的结果是高质量的产品和劳务退出市场，造成潜在的贸易收益无法实现的局面。然而，在很多情况下，具有信息优势一方会想方设法来克服这一问题，因为揭示自己的信息并让对方相信，对自己是有利可图的。有关这方面的工作，我们称之为信号发送模型，是由斯宾塞（Spence，1973）首先提出的。①

Spence模型讲述的是一个劳动市场上的例子。求职者要把他们的人力资本卖给企业，很显然，这些人对自己的能力比那些他们打算申请求职的公司有着更多的信息，这样，信息不对称问题就出现了。Spence模型的基本思想是：越是具有高生产力的求职者，越愿意投资于一个价格不菲的信号，以把自己和其他那些低生产力的求职者区别开来。不过，为了使这一信号变得可信，取得这一信号必须要足够昂贵，以至于低生产力的求职者较难模仿才行。因此，高生产力的求职者要想成功地发送信号，一个先决条件就是这个信号要对那些低生产力的人来说足够昂贵才行。换言之，生产力与信号的昂贵程度是正相关的，这样，信息劣势一方才能够通过信号来判断求职者的能力如何。

一种可能的信号就是求职者的教育水平。我们来集中讨论教育这种信号功能，而忽略教育对可市场化的人力资本的影响，假设教育对所求的工作并没有生产效率方面的影响，而只具有信号发送功能。举个例子，假如有人申请一个工程师的职位，他不仅和大家一样，都具有工程师资格，而且还拿到过古印度语方面的考试证书，那么，这个信号或许会显示出他是一个非常聪明的人，学习如此难学的古印度语要比别人花费的时间和金钱都更少。因此，他会是一个生产力较高的工程师，因为那些生产力较低的求职者可能没有他那么聪明。这样一来，就把他和其他求职者区分开来了。至于古印度语的学习是不是有助于工程师的工作，在本模型中则不需要考虑。

8.2.1　Spence模型

假设有n个求职者，m（m≥2）家企业。求职者中具有高能力的人数为 x_h ，比例为 $\lambda \in (0,1)$ ，具有低能力的人数为 $x_l < x_h$ ，比例为 $1-\lambda$ 。所有的求职者和企业都是风险中性的。

1.企业

每家企业都能雇用某一数量的工人。一家企业的利润是总收入减去雇用工人们所应支付的工资后获得的总利润，每个工人所带来的利润额是由该工人的生产力x减去其工资水平w而得出来的，即

$$\pi(x,w) = x - w \tag{8-15}$$

2.工人

工人把教育作为一种信号进行投资。获得某一教育水平y的成本，对于不同类型的工人来说是不一样的，即对于 $i = l,h$ ，其成本为 $c_i y$ 。这里有一个关键的假设，对于高生产力的工人来说，其教育的成本要比那些低生产力的工人小。

假设2.1： $c_h < c_l$ 。

我们还假设教育对一个工人的生产力本身是没有影响的。

① SPENCE M. Job market signaling［J］. Quarterly Journal of Economics，1973，87（3）：355-374.

假设2.2：教育并不影响工人的生产力价值x。

如前所述，这个假设只不过是为了简化模型而已，它可以让我们集中考虑教育的信号发送功能。我们可以很容易地将这个模型进行扩展，以涵盖更为现实的假设，即教育可以提高工人的人力资本。

现在，工人的效用即可由所得到的工资减去信号发送的成本而得到。对于不同类型的工人 $i=l,h$ ，有：

$$u_i(w,y)=w-c_i y \tag{8-16}$$

最后，我们还要假设工人的保留效用是一样的，并将其标准化为零：$\bar{U}_h=\bar{U}_l=0$ 。这就排除了逆向选择问题将更有生产力的工人挤出市场的情况。

假设2.1确保工人们的无差异曲线相互只能交叉一次，如图8-3所示。这个特征被称为**单交叉性**（single-crossing）**条件**或**Spence-Mirrlees条件**。在信号发送模型，乃至更为一般的不对称信息模型分析里，这是一个非常重要的要素。

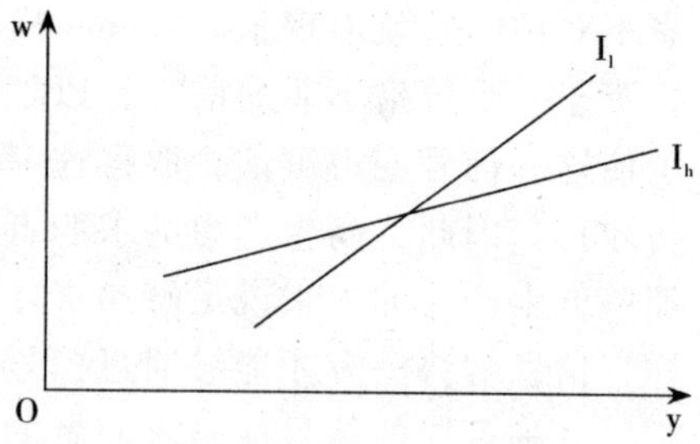

图8-3 高生产力（I_h）和低生产力（I_l）求职者的无差异曲线

8.2.2 无信号发送的基准模型

我们先来看工人不能发送信号时的情况，即对于 $i=l,h$ ，有 $y_i=0$ 。在这种情况下，企业是无法区分不同的求职者的。我们在此应用一下不完美信息下市场均衡的定义。所有工人都愿意接受工资 $w\geqslant 0$ 的工作，因为所有工人的保留效用都为零，所以只要所给工资大于等于零，这项工作就是可以接受的。因此，企业之间对工人的竞争，会使均衡工资等于工人整体上的平均生产力。

$$w^{NS}=\lambda x_h+(1-\lambda)x_l \tag{8-17}$$

企业的期望利润为零，而工人的效用为：

$$u_h^{NS}=u_l^{NS}=\lambda x_h+(1-\lambda)x_l \tag{8-18}$$

因此，可以实现的福利水平为：

$$\begin{aligned} V^{NS}&=n\left[\lambda u_h^{NS}+(1-\lambda)u_l^{NS}\right]+mE\left[\pi(w^{NS},x)\right]\\ &=n\left[\lambda x_h+(1-\lambda)x_l\right] \end{aligned} \tag{8-19}$$

这样，我们就有命题8.4。

命题8.4：如果工人没有可能进行信号发送，那么所有的工人都只能得到相同的工资水平 $w^{NS}=\lambda x_h+(1-\lambda)x_l$ ，所得到的福利水平为 $V^{NS}=n\left[\lambda x_h+(1-\lambda)x_l\right]$ 。

所有的求职者都会被雇用，因为市场工资的水平要高于工人的保留效用。此外，每个求职者的生产力都超过市场工资的水平。因此，这个配置是帕累托有效的，我们无法在不降低任何其他的市场参与者的福利情况下而提高某一市场参与者的效用。

需要说明的是，在没有信号发送的情况下，帕累托有效不一定总能实现。我们来对此稍作解释。假设只有固定数量的工作，比如每个雇主仅能雇用一个工人，且 $\lambda n<m<n$ 。

这样，工作的总岗位数就比高生产力的工人人数多。和之前一样，我们假设保留效用为零，因此平均的工人生产力水平 $\lambda x_h+(1-\lambda)x_l$ 就超过了保留工资。由于工人现在是在为工作岗位而进行竞争，所以市场工资水平也应当为保留工资水平，即 $w=0$。假设所有 n 个求职者都来申请工作，而雇主随机地选择 $m<n$ 个工人，且雇主不能区分工人的能力。那么，最终的结果就不会是帕累托最优的。最优的效率标准会要求高生产力的求职者能够被雇用，他们的保留工资水平和其他求职者是一样的，但是却能够创造出企业的利润。然而，在我们这个均衡结果里，有些高生产力的求职者并没有得到工作，因此该均衡并没有达到帕累托最优标准。

8.2.3　信号发送模型

现在，我们来看工人们可以投资于教育，而在进入劳动市场之前能够取得信号发送功能这种情况。

时序：

（1）求职者观察到自己的生产力水平 $x_i\in\{x_l,x_h\}$。

（2）求职者选择教育水平 $y\in[0,\infty)$。

（3）企业观察到求职者的教育水平，然后和每个求职者签订合约，其工资水平为 $w(y)$。

（4）求职者对所面对的合约进行选择。

（5）支付实现。

在开始我们的分析之前，我们应该再次就均衡定义进行申明：

定义 8.3（信号发送下的市场均衡）：在一个市场均衡中，下列条件必须要被满足：

（1）所有求职者在给定企业的行为下最大化其效用。

（2）企业具有理性预期，即关于求职者行为的信念与求职者实际上的情况是一致的。

（3）每个企业取得零期望利润。

这第一个条件对应的是我们已经看到的情况。最后一个条件我们需要再多费些笔墨。它体现出来的思想是，企业在均衡中最大化的是期望利润。企业无法观察到一个求职者的生产力，但是它可以看到求职者所取得的教育水平 y。因此，$m\geqslant 2$ 家企业会分别给一个工人进行出价，这就有了竞争，为教育水平为 y 的工人提供的合约为 $w(y)$。然后，工人来选择所给工资水平最高的合约，如果它们所提供的工资水平是一样的，那就从中随机地进行选择。我们不再对这个竞价的过程进行建模，这是一个典型的贝特兰德模型。因此，零期望利润的结果正是贝特兰德模型中的均衡结果。由于当企业设定工资水平时工人的教育投资属于沉没成本，所以零利润这个条件意味着企业在均衡中乃是在最大化期望利润：给定求职者的行为，以及所有其他企业对工人行为具有的正确预期，竞争会使得那些具有正利润的可能性从均衡中被排除出去。

对于均衡而言，有两种可能的逻辑上的结果。一种结果是，企业的合约条款建立在教育水平的取得上。这所产生的结果是，工资可以让求职者通过选择适合自己的教育水平而自然地分成不同的群体，如此才是各自的最优选择，这样就可以将“高水平”和“低水平”工人进行区分，这就是所谓的**分离均衡**（separating equilibrium）。另外一种结果是，企业的合约条款使每个求职者发现接受相同的条款才是最优的，从而使所有的工人彼此混同起来，无法在均衡中进行区分，这就是所谓的**混同均衡**（pooling equilibrium）。

8.2.3.1 分离均衡

那么，在何种条件下，信号发送可以成功地分离低能力和高能力的工人呢？我们假设企业持有这样的信念，即存在一个临界的 y^* 满足下面的情况：

如果 $y < y^*$，则该工人具有低能力 x_l 的概率为1；如果 $y \geqslant y^*$，则该工人具有高能力 x_h 的概率为1。

给定这些信念，企业会在工资合约上进行竞争，以便那些具有高能力的工人会接受企业较高的工资要约，低能力的工人只接受企业较低的工资要约。因此，如果工人可以正确地预期到最终的工资表：

$$w(y)=\begin{cases} x_l & (y<y^*) \\ x_h & (y \geqslant y^*) \end{cases}$$

那么，他们的最优反应会是：

（1）不选择 $y=y^*$，因为 $y=y^*$ 已经可以得到和更高的教育水平相同的高工资了；

（2）如果获取信号 $y=y^*$ 的成本超过了 $w(y^*)=x_h$，那么就选择 $y=0$；

（3）如果获取信号 $y=y^*$ 的成本低于 $w(y^*)=x_h$，那么就选择 $y=y^*$。

为了成功地对工人进行分离，并使企业的信念得到确认、证明，也即对于高能力的工人让他们选择 $y=y^*$，对于低能力的工人让他们选择 $y=0$，都是最优的，那就需要让低能力的工人模仿高能力的工人发送信号的代价非常高昂才行。这就是说：

$$u_h(x_h,y^*)=x_h-c_hy^* \geqslant u_h(x_l,0)=x_l \tag{8-20}$$

$$u_l(x_l,0)=x_l \geqslant u_l(x_h,y^*)=x_h-c_ly^* \tag{8-21}$$

图8-4对此给出了说明。

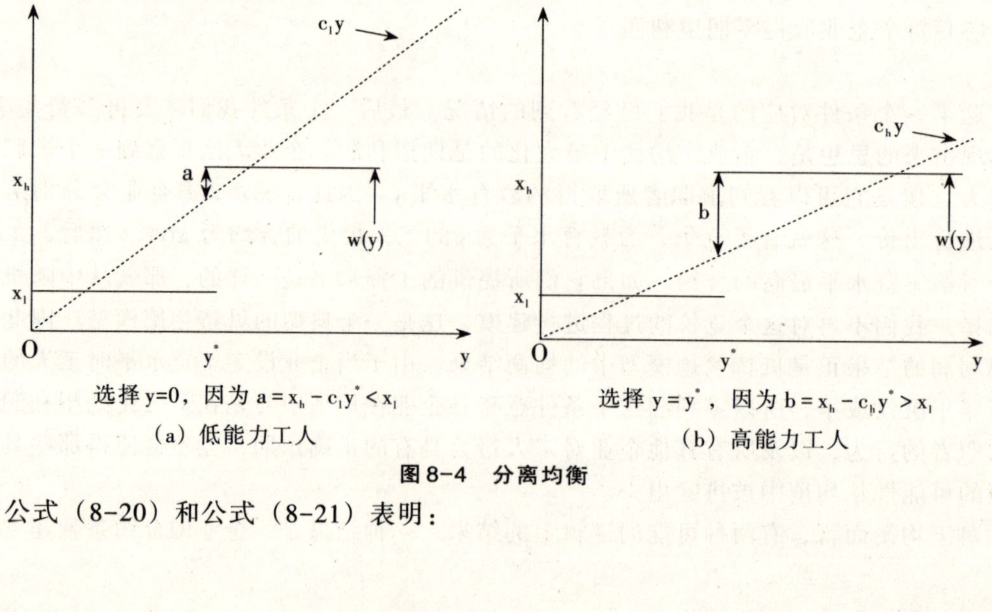

图8-4 分离均衡

公式（8-20）和公式（8-21）表明：

$$\frac{x_h - x_l}{c_l} \leqslant y^* \leqslant \frac{x_h - x_l}{c_h} \tag{8-22}$$

公式（8-22）连同上面所述市场参与者的行为，可知使公式（8-22）成立的临界值 y^* 满足我们的均衡条件：求职者在给定的工资表下最大化他们的效用；企业发现他们的信念得到了证实，获得了零利润。这就有命题8.5。

命题8.5（分离均衡）：在一个分离均衡中，企业为工人提供的工资为：

$$w(y) = \begin{cases} x_l & (y < y^*) \\ x_h & (y \geqslant y^*) \end{cases}$$

如果发送信号的临界值满足下面这个条件，即存在一个分离均衡：

$$\frac{x_h - x_l}{c_l} \leqslant y^* \leqslant \frac{x_h - x_l}{c_h}$$

在这样一个均衡里，高能力的工人可以成功地将自己与那些低能力的工人区分开来，这是因为他们所发送的信号y包含有助于使他们分离的信号。如果信号发送超过了临界值 y^*，这对企业的利润和工人的工资都不会产生影响，但是却提高了高能力工人发送信号的成本。因此，如果把这一临界值设定在最低水平 $y^* = (x_h - x_l)/c_l$ 上，这个分离均衡就可以实现最高的福利水平，这说明分离均衡可以有很多个，但是最优的是这一个。我们把命题8.5与命题8.4相对比，会发现以下情况：

（1）因为 $w^{NS} = \lambda x_l + (1-\lambda)x_l > x_l$，所以低能力的工人不发送信号更好。

（2）高能力工人在不发送信号的情况下是提高还是恶化了自己的福利水平，取决于下式的不等号方向：

$$w^{NS} = \lambda x_l + (1-\lambda)x_l \gtreqless u_h(x_h, y^*) = x_h - c_h y^*_l$$

举个例子，如果 $\lambda = 1/2$，$x_h = 2$，$x_l = 1$，$c_h = 1/2$，$c_l = 3/4$，那么 $y^* \geqslant 4/3$，$w^{NS} = 3/2 = 9/6 > 2 - 4/6 = 8/6 \geqslant x_h - c_h y^*$。

如果我们根据严格的功利主义福利标准，会发现分离信号发送均衡相对于无信号的基准情形而言总是会造成一定的福利损失：

$$V^{SE} = n\left[\lambda(x_h - c_h y^*) + (1-\lambda)x_l\right] + m0 = V^{NS} - n\lambda c_h y^* \tag{8-23}$$

这就有了命题8.6：

命题8.6（分离均衡的福利结果）：分离均衡相对于无信号的基准情形而言总是会造成一定的福利损失。阻止个体进行信号发送，可以但不必然会带来帕累托改进。

在我们的工人求职模型中，教育纯粹是一个信号发送的手段，不具有任何生产性的价值。这就表明，教育可能会带来高工资，但不是因为其对生产力的影响，而只是因为它是一个信号。对于高能力的工人来说，教育的边际私人价值是正的，而对于整个社会而言，教育的边际社会价值总是零。

8.2.3.2　混同均衡

还有一种情况是这样的，企业持有这样的信念：存在一个临界的教育水平，满足下面的条件：

如果 $y<y^*$，则该工人为低能力 x_l 的概率为1；如果 $y\geqslant y^*$，则该工人为高能力 x_h 的概率为 λ，为低能力 x_l 的概率为 $1-\lambda$。

给定这样的信念，企业在工资要约上进行竞争，使得具有教育水平 $y\geqslant y^*$ 的工人接受的工资水平为 $\lambda x_h+(1-\lambda)x_l$，教育水平为 $y<y^*$ 的工人接受的工资水平为 x_l。这个结果在工资表上表示，即

$$w(y)=\begin{cases}x_l & (y<y^*)\\ \lambda x_h+(1-\lambda)x_l & (y\geqslant y^*)\end{cases}$$

如果所有求职者发现取得 $y\geqslant y^*$ 的教育水平是最优的，那么这样的信念就会自己得到证实。在正确地预期到上述工资表之后，求职者的最优反应将会是：

（1）不选择 $y>y^*$，因为 $y=y^*$ 已经可以得到和更高的教育水平相同的高工资；

（2）选择 $y=0$，如果取得信号 $y=y^*$ 所花费的代价超过了 $w(y^*)=\lambda x_h+(1-\lambda)x_l$；

（3）选择 $y=y^*$，如果取得信号 $y=y^*$ 所花费的代价低于 $w(y^*)=\lambda x_h+(1-\lambda)x_l$。

因此，要使企业的信念得到证实，所有工人的类型在教育水平信号 $y=y^*$ 上必然混同，而没有人会选择教育水平 $y=0$，也即

$$u_h(\lambda x_h+(1-\lambda)x_l,y^*)=\lambda x_h+(1-\lambda)x_l-c_hy^*\geqslant u_h(x_l,0)=x_l \tag{8-24}$$

$$u_l(\lambda x_h+(1-\lambda)x_l,y^*)=\lambda x_h+(1-\lambda)x_l-c_ly^*\geqslant u_l(x_l,0)=x_l \tag{8-25}$$

图8-5说明了这种情况。

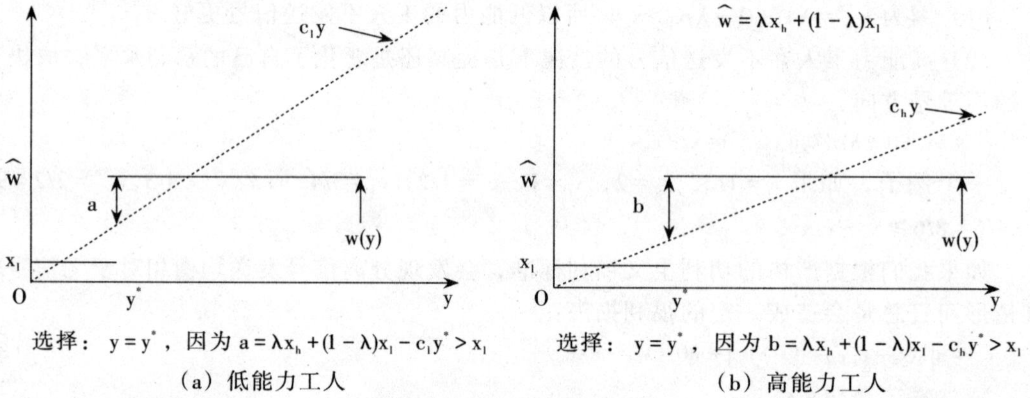

图8-5　混同均衡

公式（8-24）和公式（8-25）意味着：

$$\lambda\frac{x_h-x_l}{c_l}\geqslant y^* \tag{8-26}$$

公式（8-26）和上述有关市场参与者的行为描述表明，使公式（8-26）成立的任一临界值 y^* 必然满足我们的均衡要求：求职者在给定他们所面临的工资表时最大化其效用；企业发现它们的信念得到了证实，并获得零利润。这就有了命题8.7。

命题8.7（混同均衡）：在一个混同均衡里，工人可以得到工资表如下：

$$w(y)=\begin{cases}x_l & (y<y^*)\\ \lambda x_h+(1-\lambda)x_l & (y\geqslant y^*)\end{cases}$$

如果这个信号的临界水平满足下面这个条件，则混同均衡存在：

$$\lambda\frac{x_h - x_l}{c_l} \geqslant y^*$$

在这个均衡里，企业需要求职者达到一个具体的教育水平，然后才提供与求职者平均能力相等的工资水平。这一教育水平就其本身而言并没有什么信息可以提供，因此也没有什么有意义的信号得到发送。然而，对于工人来说，投资于这样的教育水平仍然是合乎理性的，因为这样可以得到的工资水平还是比低能力工人的工资水平要高一些的。

事实上，和分离均衡一样，这样的混同均衡也有无穷多个。临界水平 y^* 的提高，并不会对企业的利润有所影响，也不会对工人的实际工资有什么影响，但是提高了工人发送信号的成本。因此，如果最低的临界水平 $y^*=0$ 一旦设定，则我们就可以得到福利最高的混同均衡。我们把这一结果与无信号发送的基准情况进行对比，会发现不发送信号可以带来帕累托改进。只要具有正的教育临界水平，即 $y^*>0$，那么混同均衡相对于无信号发送的基准情况就会造成一定的福利损失：

$$V^{PE} = n\left[\lambda x_h + (1-\lambda)x_l - \lambda c_h y^* - (1-\lambda)c_l y^*\right] + m0 = V^{NS} - n\left[\lambda c_h + (1-\lambda)c_l\right]y^* \tag{8-27}$$

当然，$y^*=0$ 的混同均衡是帕累托有效的。这就有了命题8.8。

命题8.8（混同均衡的福利结果）：临界水平为 $y^*>0$ 的混同均衡相对于无信号发送的基准情况总会带来一定的福利损失。临界水平为 $y^*=0$ 的混同均衡是帕累托有效的。阻止个人进行信号发送总会带来帕累托改进。

值得一提的是，信号发送模型有一个不那么吸引人的特征，那就是它常常会有多个均衡。这就使得使用这样的模型对经济行为作出精准的预测，或对政策建议给出较好的福利评价，存在着很大的困难。我们处理这类问题的方法是，使用均衡精炼来排除一些不合理的均衡，这一方面的内容在第7章中曾有涉及。相应的处理方法可以参看 Gibbons (1992)、泰迪里斯（Tadelis，2013）对直观标准的论述。[①]此外，不对称信息下模型分析的预测结果对于具体的博弈环境非常敏感，其中一个关键的细节就是博弈的时序。到底是信息优势一方先行动，还是信息劣势一方先行动，其对结果会有较大的影响。在8.3部分中，我们会分析另外一类模型，在这类被称为甄别模型的结构里，信息劣势的一方首先行动。

8.3　甄别模型

在8.2部分我们看到，信息优势一方（即求职者）可以通过信号发送（即代价不菲的教育）来传递私人信息（即求职者的能力大小）给信息劣势一方（即企业）。还有另外一种可能性，那就是信息劣势一方先行动，通过巧妙地设计合约，使信息优势一方根据自己的选择来揭示自己的私人信息。这就是所谓的“甄别”（screening）。

---

① GIBBONS R. Primer in game theory［M］. London：Pearson，1992. 泰迪里斯. 博弈论导论［M］. 李井奎，译. 北京：中国人民大学出版社，2015.

我们先来看一则大家耳熟能详的关于所罗门王断案的圣经故事：

两个女人争夺一个婴儿并告到了所罗门那里。一个女人说："陛下，我和这妇人同住一个房间。我生了一个孩子，三天后这妇人也生了一个孩子，房间里再没有别的人。夜里这妇人睡觉的时候，把自己的孩子压死了。她半夜醒来，趁我睡着，把我的孩子抱去，把她已经死去的孩子放在我的怀里。天亮要喂奶的时候，我才发现怀里的孩子是死的，仔细一看，发现并不是我的孩子。"另一个女人赶紧说："不对，活着的孩子是我的，死的孩子才是她的。"她们吵得不可开交。

所罗门说："好。现在把这孩子劈成两半，一半给这个妇人，一半给那个妇人。"一个女人同意，另一个女人坚决反对："陛下把这孩子给她算了，千万不可杀他！"所罗门知道心疼孩子的女人一定是孩子的亲生母亲，就把孩子判给了她。

所罗门王的断案，向我们阐释了甄别机制的内在逻辑。他给两个妇人提供了一个选择的机会：要么把孩子劈为两半，一人一半，要么就放弃要孩子的权利。这一选择的结果会向我们揭示出谁是真正爱这个孩子的人，这就使所罗门王能够把孩子还给其真正的母亲。

所罗门王断案这个例子中的思想与甄别模型的思想是基本一致的。不过，后者假设个人所涉及的推理要更加复杂一些。每一个人都面临着信息劣势一方所给出的各类合约，他们知道自己选择哪一份合约将会带来何种结果。对于信息劣势一方的挑战就是设计出这些种类的合约，使信息优势一方觉得揭示出自己的私人信息才是合乎理性的。

我们借用8.2部分中的求职一例来对信号发送模型与甄别模型进行区分。在信号发送模型中，信息优势一方首先行动，即求职者选择一个受教育水平，然后企业发出工作合约。在甄别模型中，信息劣势一方首先行动，即企业先给出各类工作合约，然后求职者来选择受教育水平。接下来，我们仍然使用8.2部分中的劳动市场例子来阐述甄别模型。

时序：

（1）企业首先给出各类工作合约 $\gamma=(w,y)$。

（2）求职者私下观察到自己的生产力水平 $x_i\in\{x_l,x_h\}$。

（3）求职者选择一个受教育水平 $y\in[0,\infty)$。

（4）求职者选择适当的工资合约接受。

（5）支付得到实现。

企业无法观察到求职者的生产力水平，也即无法观察到求职者的能力大小，但是他们可以在雇用这些人时看到他们的受教育水平。由于企业是以工人们的受教育水平为条件而确定工资水平的，所以合约会采取以下这种方式：合约 $\gamma=(w,y)$ 规定了教育水平为 y 的工人可以取得的工资水平。在这个模型中，企业首先行动，因此我们有必要再次澄清市场均衡的含义。

定义 8.4（甄别模型中的市场均衡）：在甄别模型的市场均衡中，下面这些条件必须要被满足：

（1）所有个人都最大化了他们的期望效用。

（2）每一家企业都在均衡合约中取得零期望利润。

（3）给定其他的企业提供的均衡合约，一家企业取得正期望利润的合约是不存在的。

要注意，和信号发送模型相比，有关市场均衡的定义在细节上有如下两个变化：

一是理性预期。在信号发送模型中，求职者首先行动，选择其受教育水平，这是建立在他们关于企业工资政策环境的预期之上的。我们已经看到，效用最大化选择取决于企业是如何看待具有某一受教育水平的工人的。为了把求职者的选择与企业随后的工资设定行为联系起来，我们要加上一个理性预期条件。在甄别模型中，企业首先行动，我们就可以直接通过核验企业期望利润而确定利润最低化的合约选择。因此，我们不再需要分别来检查理性预期这个条件了。

二是利润最大化。在市场均衡中，所有的市场参与者都在最大化期望效用或利润。在信号发送模型中，我们可以把零利润条件作为在均衡中最大化期望利润的一条捷径，因为在企业设定工资水平时，工人的教育投资已经是沉没成本，而企业间的竞争会使得正利润没有可能。求职者正确预期到了均衡工资，要么选择 $y=0$，要么选择 $y=y^*$。然而，在甄别模型中，单独一个零利润条件尚不足以确保利润最大化。因为时序是反过来的，所以企业现在可以积极地影响求职者的教育水平选择。我们马上就会看到，即便所有其他企业都只取得零期望利润，但仍有可能有一家企业是有利可图的。这与企业在给定其他市场参与者行为的条件下最大化自己的利润这一条是矛盾的。因此，我们需要再增添第三个条件，那就是不存在有利可图的对均衡合约的偏离。

和信号发送模型一样，甄别模型也在逻辑上存在两种可能的结果，即分离均衡和混同均衡。

8.3.1　分离均衡

如果企业设定的合约带来了分离的结果，那么零利润条件会明确指定，高能力的工人所接受的工资必然为 $w_h=x_h$，低能力的工人所接受的工资为 $w_l=x_l$：

$$w_h^*=x_h \qquad w_l^*=x_l \tag{8-28}$$

让我们从对低能力工人的教育要求 y_l 开始进行分析。假定所有的企业都给出这样的出价：$\gamma'_l=(w'_l=x_l,y'_l>0)$，那么，一家企业通过给出 $\gamma''_l=(w''_l=x_l-c_ly_l+\epsilon,y''_l=0$ 这样的要约会取得有利可图的偏离。所有低能力的工人都会得到稍稍多出的 $+\epsilon$ 的好处，因此总是会接受这家企业的要约，而这家企业也会得到 $n(1-\lambda)(c_ly_l-\epsilon)$ 这么多的利润，这也是所有低能力工人所节省下来的教育成本。但是，这样就违背了我们的第三个条件，也即均衡条件。因此，在市场均衡中，对低能力工人的教育要求必然为零，即

$$\gamma_l^*=(w_l^*=x_l,y_l^*=0) \tag{8-29}$$

图8-6对此给出了说明。对于任何一个 $y'>0$ 的满足零利润条件的合约 γ'_l，当它对低能力的工人形成吸引时，必然存在一个有利可图的偏离，其区间在零利润线以下，穿过 γ_l 低能力工人无差异曲线以上的部分。要想使分离取得成功，合约 $\gamma_h=(w_h,y_h)$ 要对高能力的工人有吸引力才可以，但是这个合约又要对低能力的工人没有什么吸引力，这一点是必要的，高能力的工人要更为偏好合约 γ_h，胜过对 $\gamma_l=(w_l,y_l)$ 的偏好。换言之，企业必然担心的是其合约是否激励兼容，即这些合约是否为工人设定了“正确”的激励，使他们根据自

己的类型来自我选择。正式地，这可以由所谓的激励兼容约束来体现：

$u_h(\gamma_h)=w_h-c_h y_h \geqslant u_h(\gamma_l)=w_l-c_h y_l$ (IC:h)

除了确保对高能力的工人的激励兼容外，还有：

$u_l(\gamma_l)=w_l-c_l y_l \geqslant u_l(\gamma_h)=w_h-c_l y_h$ (IC:l)

这个条件是为低能力的工人准备的。我们来看图8-6。

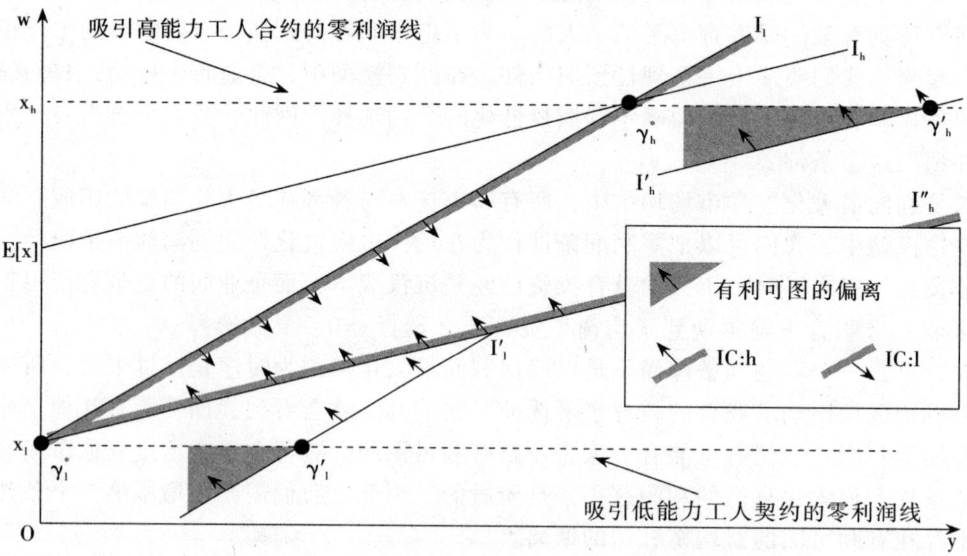

图8-6 分离均衡

在图8-6中，对于I''_h左上方的合约，（IC:h）条件是可以得到满足的，I''_h是高能力工人通过低能力工人均衡合约的无差异曲线。这里，再次出现了满足（IC:l）的有利可图的偏离，也即位于I_l右下方和零利润线以及只吸引高能力工人的零利润线以上的合约，这个I_l是穿过低能力工人均衡合约的无差异曲线，而这里的合约还要去除I_l和零利润线交点的γ_h。综合公式（8-28）和公式（8-29）以及条件（IC:l），在$\gamma_l^*=\left(w_l^*=x_l, y_l^*=0\right)$和$\gamma_h$之间面临选择的低能力工人，只要下式成立，其就一定不会选择γ_h：

$$u_l(\gamma_l^*)=x_l \geqslant u_l(\gamma_h)=x_h-c_l y_h$$
$$\Leftrightarrow y_h \geqslant \frac{x_h-x_l}{c_l} \tag{8-30}$$

我们可以很容易地看出，合约$\gamma_h=\left(x_h, y_h>\frac{x_h-x_l}{c_l}\right)$是不可能成为均衡的。通过降低一点教育水平要求，仍然可以实现分离的效果，但是该企业可以有利可图。因此：

$$\gamma_h^*=\left(x_h, y_h^*=\frac{x_h-x_l}{c_l}\right) \tag{8-31}$$

我们已经表明，上面这个合约不会允许出现其他有利可图的分离合约。作为最后一步，我们需要验证对于一个混同均衡来说，无利可图的偏离也是存在的。在所有工人类型都接受的混同合约γ'下，企业最高可以支付$w'=\lambda x_h+(1-\lambda)x_l$。由于$w'>w_l^*=x_l$，所以如果它的条件是$y'=0$，那么所有低能力的工人也会接受这样的合约。高能力的工人只有当下式成立时，才会转而接受这样的合约：

$u(\gamma_h^*)<u(\gamma')$

$$\Leftrightarrow x_h - c_h\frac{x_h - x_l}{c_l} < \lambda x_h + (1-\lambda)x_l$$

$$\Leftrightarrow 1 - \frac{c_h}{c_l} < \lambda \tag{8-32}$$

这样，只要 $\lambda \geqslant 1 - c_h/c_l$，就没有有利可图的偏离存在了。公式（8-32）的经济直觉是，如果高能力工人的比例比较高，那么所有求职者的平均生产力接近于 x_h。那么，无教育条件要求且支付的工资等于其平均生产力的混同合约，就会比那些可以提供更高工资但要求增加教育投资 y_h^* 的合约更受偏好。

我们已经表明，对于 $\lambda \geqslant 1 - c_h/c_l$，合约组合 (γ_l^*,γ_h^*)（其中，$\gamma_l^* = (w_l^* = x_l, y_l^* = 0)$，$\gamma_h^* = \left(w_h^* = x_h, y_h^* = \frac{x_h - x_l}{c_l}\right)$）满足所有的均衡条件：工人最大化他们的效用，企业取得零利润，没有其他合约可以偏离以达到有利可图的目的。在图8-7中，我们给出了对这一结果的说明；否则，分离均衡并不存在，这一点可以参看图8-8。正如图8-7和图8-8所示，通过 I_h^* 的高能力工人的无差异曲线与y轴相交，交点在E[x]以下，而吸引两类工人的分离合约 γ^P 是存在的，这是因为 I'_h 和 I'_l 分别在 I_h 和 I_l 的左上方，而且这样的合约可以使企业获得正的期望利润。

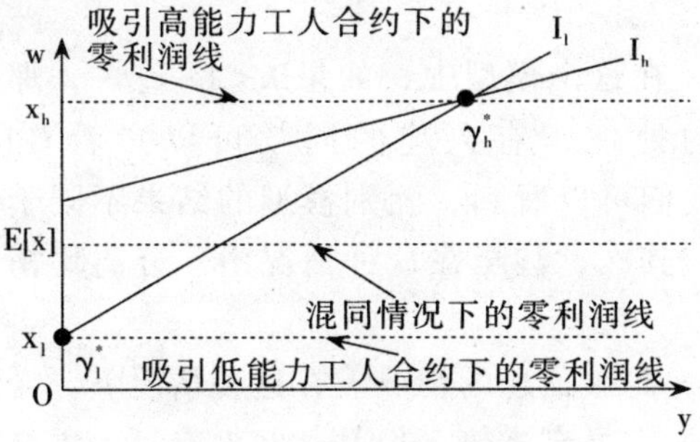

图8-7　分离与混同均衡

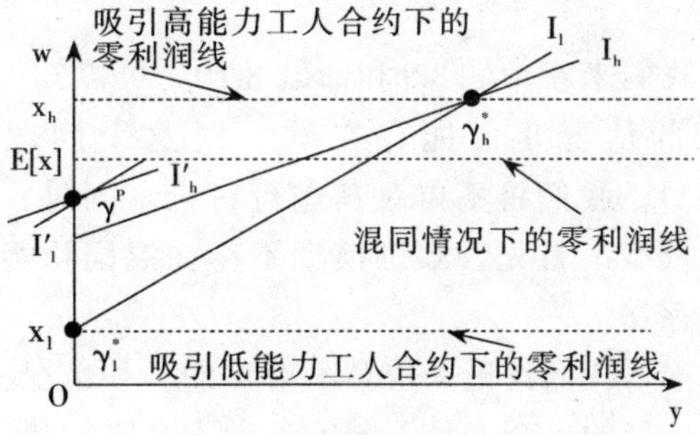

图8-8　分离均衡之不存在

这样，我们就有了命题8.9：

命题8.9：如果 $\lambda \geqslant 1 - c_h/c_l$，那么 $\gamma_l^* = (x_l, 0)$ 且 $\gamma_h^* = \left(x_h, \frac{x_h - x_l}{c_l}\right)$ 的分离市场均衡存在。

8.3.2　混同均衡

另外一个均衡，即混同合约 λ^P 一定会带来零期望利润。因此，其工资水平必然等于求职者的平均生产力：$w^P = \lambda x_h + (1-\lambda)x_l$。然而，正如我们将要表明的那样，对于这样的合约下任何的教育水平要求 y^P，存在一个合约 γ' 被高能力的工人严格偏好于 $\gamma^P = (w^P, y^P)$，但是却不为低能力的工人所严格偏好。如果分离成功，那么提供工资水平 $w' = x_h$ 这样的合约是有利可图的，也即如果下面两个式子成立的话：

$$u_h(\gamma') = x_h - c_h y' \geqslant \lambda x_h + (1-\lambda)x_l - c_h y^P = u_h(\gamma^P)$$

$$\Leftrightarrow y' \leqslant \frac{(1-\lambda)(x_h - x_l)}{c_h} + y^P \tag{8-33}$$

和 $$u_1(\gamma')=x_h-c_1y'<\lambda x_h+(1-\lambda)x_1-c_1y^P=u_1(\gamma^P)$$

$$\Leftrightarrow y'>\frac{(1-\lambda)(x_h-x_1)}{c_1}+y^P \qquad (8-34)$$

这样的 y' 总是会存在的，因为 $\frac{(1-\lambda)(x_h-x_1)}{c_1}<\frac{(1-\lambda)(x_h-x_1)}{c_h}$。这样，对于企业来说，在均衡条件下给出一个混同合约就是不可能的事情了，因为它总是会被一个严格有利可图的分离合约所击败。图8-9对此作出了说明。如果所有企业都给出了满足零利润条件的混同合约 γ^P（即如果混同是成功的），那么一个企业通过给出分离合约 γ' 就可以单独获利。这就更加说明我们的第三个条件——均衡条件是非常有必要的，这个条件可以确保在给定其他人的行为的情况下，所有的市场参与者都会最大化其期望效用或利润。于是，我们给出命题8.10：

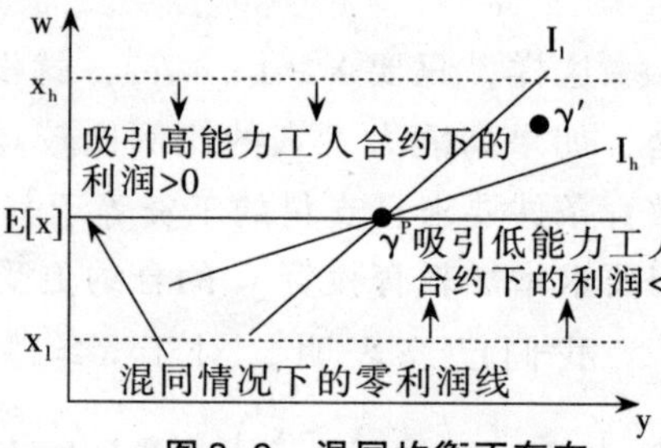

图8-9 混同均衡不存在

命题8.10：没有具有混同合约的市场均衡存在。

我们来看命题8.9和命题8.10。可以知道，在这个模型中，如果 $\lambda<1-c_h/c_l$，那么无均衡的情况是可能存在的。对这个问题的处理，有兴趣的同学可以参看Gibbons(1992)，我们将不再对其进行讨论。同时，我们可以看到，甄别模型的结果不同于信号发送模型。首先，甄别模型不存在混同均衡；其次，甄别在这种情况中，分离均衡也可能不存在。

本章我们讨论了信息不对称的一种情况——隐蔽信息的情况。在这种情况下，合约各方在信息的占有上是不同的，一方具有优势，一方具有劣势。但是，并没有哪一方会在签约之后增加这种既有的信息不对称程度。在第9章中，我们要放松假设，讨论另外一类信息不对称模型，即委托-代理模型。

基础训练

1. 假设一个边际生产率为θ的人在不受雇用时靠个体劳动的收入是 $\bar{y}=(1-d)\theta$；人们的边际生产率是区间 $[\alpha,1+\alpha]$ 上的均匀分布。假设厂商无法识别公认的劳动生产率，实行平均工资制度：$y=1/2+\alpha$。

（1）给定d和α，哪些人会选择个体劳动，哪些人会选择受雇为厂商工作？求这两种人在人群中的比例。

（2）当d很小时，将出现什么样的情况？

2. 某人要出售一块金矿石。按市价，这块矿石的含金量为θ%，它能卖100θ元。这个人拥有一份某技术检验权威机构的检验证书，表明他的矿石含金量在2%～20%之间。假设潜在的买主都是风险中立的。

（1）这块矿石能卖多少钱？如果它的含金量事实上是15%（但买主和卖主都不知道这

点），它的卖价又是多少？

（2）如果这个人本身是一个金矿石专家，他甚至有一个毫无成本的办法能探测到矿石精确的含金量。假设法律规定，在黄金买卖中任何说谎的人都将遭受终身监禁，所以这个专家可以选择告诉或者不告诉买主真实的含金量。假设所有人都知道这些事实，分析这个人的战略和最终卖价。

（3）如果别人并不清楚这个人是否知道矿石的精确含金量，只是猜测他知道和不知道实情的概率是50%，情况又会怎样？

3.一个公司新生产一种洗发水，质量非常好，不幸的是消费者在使用前认为这种洗发水质量好的概率仅是50%。假设市场上有1 000个消费者，消费者愿意为1瓶好洗发水出价30元，但不肯出一分钱买质量不好的洗发水。公司生产洗发水的单位成本是18元。假设有两个时期，每个时期每个消费者都愿意购买一瓶洗发水，且一旦使用后，消费者便知道了洗发水的质量。公司可以用电视广告宣传自己的产品，但消费者认为电视上的宣传与产品的实际质量毫无关系，并且公司也明白这一点。在下列问题中，忽略跨时期贴现问题。

（1）如果允许作电视广告，解释为什么公司可能仍会花钱作这种丝毫不影响产品形象和不提升需求的广告。

（2）如果公司决定作电视广告，它愿意出的广告费用将在什么样的范围内？

（3）如果市场的消费期增至3期以上，广告费的范围将如何变化？

4.假设只有一家企业和一个消费者。企业的产品可能是高质量的，也可能是低质量的，是高质量的概率为 λ 。消费者在购买前不能观测到质量高低，且消费者是风险中立的。消费者对高质量产品的评价是 v_H ，对低质量产品的评价是 v_L 。生产高（H）、低（L）质量产品的成本分别为 c_H 和 c_L 。消费者最多愿意消费1单位该产品。最后，企业的价格受到管制，管制价格为p。假设有 $v_H > p > v_L > c_H > c_L$ 。

（1）给定价格水平p，在什么条件下消费者会购买该产品？

（2）假设在消费者决定是否购买之前，企业（知道产品类型）可以进行广告宣传。广告并不直接传达任何信息，但是，消费者可以观测到企业在广告上的总支出，记为A。存在分离性完美贝叶斯均衡吗？（也就是说，在均衡中，消费者能够理性地预期到不同质量水平的企业会选择不同的广告水平吗？）

5.假设 $r(\cdot)$ 是连续且递增的函数，而且存在 $\hat{\theta} \in \{\underline{\theta}, \overline{\theta}\}$ 使得：对于所有 $\theta > \hat{\theta}$ 有 $r(\theta) > 0$ ；对于所有 $\theta < \hat{\theta}$ 有 $r(\theta) < 0$ 。令工人类型 θ 的密度函数为 $f(\theta)$ ，且对于所有 $\theta \in \{\underline{\theta}, \overline{\theta}\}$ ，都有 $f(\theta) > 0$ 。证明：在工人类型不可观知的情形下，竞争均衡必定是帕累托无效率的。

[第9章]

信息经济学II：委托-代理问题

在第8章中，我们讨论了在签约之前或过程之中存在不对称信息所带来的后果。比如，如果一方拥有对其他签约方相关的信息，而其他各方不具有这样的信息，这就会出现逆向选择问题。在本章中，我们将会讨论相关的私人信息在签约之后方才出现的情况。这种信息不对称为机会主义行为大开方便之门，由它所带来的问题，我们常常以委托-代理关系来对之进行分析：一方是代理人，他受另一方（委托人）的委托来行为，合约所指向的目的是要达成委托人的目标。然而，代理人和委托人由于其利益不同，所以在目标上也有差别，代理人会打起自己的小算盘，不肯为委托人出力，甚至暗中为自己谋利益而置委托人的利益于不顾。而委托人又无法轻而易举地判定代理人的行动是否合乎自己的要求。在这里，有两类信息不对称可能会出现：

（1）隐藏信息：代理人就事关委托人利益的那些方面有更多、更好的信息，比如在某一个地区从事公司销售工作的地区销售经理，很可能会比他的上司对自己所管辖的地方销售市场有着更深的认识。

（2）隐藏行动（道德风险）：代理人采取的行动会影响委托人的效用，但是这一行动很难为委托人所监督。例如，雇员在工作中努力多少、工作质量如何，是很难为雇主所完全地予以监督的，在这种情况下，委托人就只能依靠雇员的工作成果（如产出业绩、工作中造成的事故多少等）来对他进行评判。

本章就来研究这类问题，我们使用委托-代理框架来试图回答“怎么样让你的经理人干得更起劲”“怎么样在生产过程中确保生产的质量”等类的问题。我们先从只有两种行动的情况开始谈起。

9.1 只有两种行动的道德风险模型

假设有一个委托人，比如一个企业的老板，他想雇用一个代理人，即成为这个企业的员工，来完成某项工作。代理人在完成这项工作时，可以选择努力程度 $e\in[l,h]$。较高的努力程度 $e=h$ 会给代理人带来效用上的一定损失，其代价为 $\psi_h=\psi$；而如果采取较低的努力程度 $e=l$，就不会有什么负效用，即 $\psi_l=0$。该项工作的结果 $q\in Q$ 是随机的。下面，我们分别来处理不同的情况，即在不同的关于可能的产出值Q的集合之假设下出现的情况：

（1）两个可能的结果：$Q=\{q_L,q_H\},q_L<q_H$。

（2）n个可能的结果：$Q=\{q_1,q_2,\cdots,q_n\},q_1<q_2<\cdots<q_n$。

我们进一步假设委托人是风险中性的，其效用等于其利润：

$$\prod(q,w)=q-w$$

其中：q是所实现的产出；w是支付给代理人的工资。

假设代理人是一个冯·诺依曼-摩根斯坦效用最大化者，具有伯努利效用u(w)，其中$u'(\cdot)>0$且$u''(\cdot)<0$，即代理人是风险厌恶型的。此外，我们还假设代理人的效用在收入和努力成本上是可分的：

$$U(w,e)=u(w)-\psi_e$$

委托人发出要约给代理人。假设代理人的保留效用，也即他接受要约来该企业工作的机会成本为$\bar{U}$。为了简化分析，我们将这个$\bar{U}$标准化为零。此外，我们还假设如果雇用不到代理人，则委托人的利润为零。

博弈的规则和时序如下：第一步，委托人给求职的代理人发来一份合约。第二步，代理人可以选择拒绝这个合约，这样委托人重回上一步，再向其他求职者发去合约；代理人也可以选择接受这份合约，这就进入第三步。第三步，如果代理人接受合约，他选择努力程度$e\in[l,h]$。第四步，产出$q\in Q$实现，由合约规定的报酬在此时进行支付。

9.2　两结果的基础模型之变形

在这个经过改编的基础模型里，任务产出有两个可能的值$Q=\{q_L,q_H\}$，为了简化起见，我们假设$q_L=0<q_H=1$。随着代理人努力程度的增加，生产出高产出的概率就更高了：

$$p_h\equiv P_r(q=1|e=h)>p_l\equiv P_r(q=1|e=l)>0$$

9.2.1　对称性信息基准与最优解

首先，我们来考虑对称信息这种基准情形。在这种情况下，代理人选择的努力水平是可观察的，可以由实施合约的法院所验证。委托人和代理人之间的合约可以将他们的货币转移支付建立在任何可观察和可验证的变量之上。在对称信息情况下，这一合约明确规定工资是实际努力水平以及所实现的产出q的函数，即$w(e,q)$。如果合约中磋商的努力水平$\hat{e}$得到实施，而且高产出得到了实现，那么委托人支付的工资水平为$w_1=w(e=\hat{e},q=1)$；如果出现的是低产出，那么委托人支付的工资水平为$w_0=w(e=\hat{e},q=0)$。我们使用下面的符号来概括这个合约，即$Y=[e,w_0,w_1]$，其中e是合约实施的努力水平，即代理人实际上会选择的水平。如果低产出或高产出得到了实现，那么所付工资即为w_0或w_1。

总而言之，委托人和代理人此时所面临的环境是最让我们感到满意的，他们可以避免所有的签约问题。他们可以在签约阶段即对要实施的努力水平，比如$\hat{e}$，达成一个协议，因为实际中付出的努力水平e并不会隐藏起来，而是能为签约各方观察到。这就是说，对于违约行为，法院有足够的证据对之进行严厉的惩罚。在对称性信息基准之下，代理人会如约实施努力水平$e=\hat{e}$；否则，一旦背约，即要面临极大的惩罚，即如果$e\neq\hat{e}$，或准确地说，前者小于后者，则$w(e,q)=-\infty$，而委托人则要支付其所承诺的工资

水平 $w\left(\hat{e},q\right)$。

为了确定最优合约 $Y^{SI}=\left[e,w_0,w_1\right]$①，委托人所给出的这个要约必须能最大化他的利润，同时满足**个体理性**（individual rationality，IR）**约束**。IR约束确保了代理人愿意接受这个合约，即代理人从该合约中所得到的期望效用必然和他的机会成本至少一样高。也就是说，委托人是在求解下面这个规划：

$$\max_{e,w_0,w_1} \quad p_e(1-w_1)+(1-p_e)(-w_0) \qquad (P:SI)$$

$$\text{s.t.} \quad p_e u(w_1)+(1-p_e)u(w_0)-\psi_e \geq \bar{U}=0 \qquad (IR)$$

我们可以分两步来求解这一问题：

第一步，对于每一个可能的努力水平，我们分别确定其工资水平，这就是实施这种努力水平对委托人来说的最低成本。

第二步，利用得自第一步的实施成本，我们找出最大化委托人利润的努力水平。

先来看努力水平e=h时的情况。由于该合约是以代理人所采取的实际努力水平为条件的，所以委托人只需要确定该代理人愿意接受要求其采取e=h努力水平的合约即可。为了尽可能地将工作压到最低，委托人将会选择 w_0 和 w_1，以便代理人的参与约束是紧的，即个体理性约束条件的符号是等号而不是小于号。这个讲法有点把委托人都当成了周扒皮的意味，周扒皮的长工们在接受周扒皮给出的工资与离开他去别的地主家所得到的报酬至少一样多；否则，这些长工们还是会选择离开周扒皮的。

因此，我们可以写出拉格朗日函数：

$$\mathcal{L}=p_h(1-w_1)+(1-p_h)(-w_0)-\lambda\left[\psi-p_h u(w_1)-(1-p_h)u(w_0)\right]$$

其中：λ是IR约束的拉格朗日乘子。其一阶条件为：②

$$\frac{\partial\mathcal{L}}{\partial w_1}=-p_h+\lambda p_h u'(w_1)=0\Leftrightarrow\lambda=\frac{1}{u'(w_1)} \tag{9-1}$$

$$\frac{\partial\mathcal{L}}{\partial w_0}=-(1-p_h)+\lambda(1-p_h)u'(w_0)=0\Leftrightarrow\lambda=\frac{1}{u'(w_0)} \tag{9-2}$$

$$\frac{\partial\mathcal{L}}{\partial\lambda}=p_h u(w_1)+(1-p_h)u(w_0)=\psi \tag{9-3}$$

很容易可以查验最大值的二阶条件也是满足的。

公式（9-1）和公式（9-2）可以得到下面这个最优化条件：

$$\frac{1}{u'(w_0)}=\frac{1}{u'(w_1)}\Leftrightarrow w_0=w_1 \tag{9-4}$$

这是因为 $u''\neq0$。委托人是风险中性的，而代理人是风险厌恶的，因此为代理人提供完全的保险是最优的，即 $w_0=w_1=w$。还有一种方法也可以得出这一点，我们来看签约各方在 (w_0,w_1) 空间里的无差异曲线。委托人的无差异曲线（由于他是风险中性的，所以这条线是直线）的斜率为：

$$\frac{dw_1}{dw_0}=-\frac{1-p_h}{p_h} \tag{9-5}$$

代理人的无差异曲线的斜率为：

$$\frac{dw_1}{dw_0}=-\frac{(1-p_h)u'(w_0)}{p_h u'(w_1)} \tag{9-6}$$

① 这里，SI上标表示对称信息情形，即symmetric information的缩写。
② 要注意，这个努力水平是固定的，我们是在 w_0 和 w_1 上最大化期望利润。

假设 $w_1 > w_0$，而且IR约束为紧（图9-1中的点A）。由于代理人的效用函数是严格凹的，即 $u''(\cdot)<0$，所以我们有 $u'(w_1)<u'(w_0)$，因此代理人在高产出状态和低产出状态的工资之间的边际替代率，低于委托人相应的边际替代率：

$$-\frac{1-p_h}{p_h}\underbrace{\frac{u'(w_0)}{u'(w_1)}}_{>1}<-\frac{1-p_h}{p_h} \tag{9-7}$$

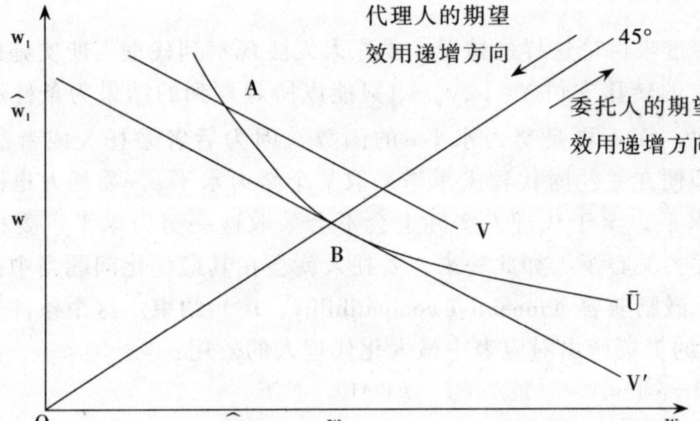

图9-1　完全保险（$w_0=w_1=w$）是最优的

这样，委托人可以降低 w_1，由 $p_h dw_1$ 而降低期望工资支付。对于维持代理人处于期望效用水平 $\bar{U}=0$，工资 w_0 是必需的，提高这个 w_0，仅可推高期望工资水平约 $(1-p_h)dw_0<p_h dw_1$。正如我们在图9-1中很容易即可以看出的那样，委托人可以将代理人置于相同的无差异曲线之上，只要 $w_0 \neq w_1$，即可移动到更高的无差异曲线上来改善自己的福利。因此，完全的保险，即 $w_0=w_1=w$，是最优的（图9-1中的B点）。

利用上述的结果，我们可以推导出最优工资水平。委托人选择 $w_0=w_1=w$，因此IR约束为紧：

$$u(w)-\psi=0 \Rightarrow w_0=w_1=w^{SI}(h)=u^{-1}(\psi)$$

再来看e=l的情况。这个过程和上面所述的那个颇为类似。代理人仍然会就其工资上的波动而得到充分的保险，委托人会设定 $w=w_0=w_1$，因此IR约束条件为紧：

$$u(w)=0 \Rightarrow w_0=w_1=w^{SI}(l)=u^{-1}(0)$$

接下来我们来找出要规定实施的利润最大化努力水平。我们将委托人的期望利润进行比较，可以看到，对于委托人来说，当且仅当期望利润为正时，实施努力水平e=h是最优的：

$$p_h-w^{SI}(h)\geqslant 0 \tag{9-8}$$

从较多的努力中可以得到的收益超过了委托人的成本：

$$\underbrace{p_h-p_l}_{\text{从努力水平e=h而非e=l中所得到的收益}}\geqslant\underbrace{w^{SI}(h)-w^{SI}(l)=u^{-1}(\psi)-u^{-1}(0)}_{\text{单位产出上努力的成本}} \tag{9-9}$$

否则，如果 $p_l-w^{SI}(l)\geqslant 0$，则实施努力水平e=l是最优的；如果 $p_l-w^{SI}(l)<0$，则压根就不给出要约。要注意，在对称信息情况下所得到的最优解是帕累托最优的：委托人的利润得到了最大化，而代理人的福利也未曾降低。这样，努力的社会效率水平是可以切实达到的。这就有了命题9.1：

命题9.1：在对称信息条件下所得到的最优配置是帕累托最优的：风险中性的委托人为风险厌恶的代理人提供完全的保险（这是有效率的风险配置），并实施符合社会效率水平的努力水平（这是有效率的努力水平选择）。

9.2.2 不对称信息情形和次优

现在，我们转过来讨论这样的情况：委托人无法观察到代理人所实施的努力水平。这样，在合约中规定的转移支付 $Y=[e,w_0,w_1]$ 只能以所观察到的结果为条件进行支付，即工资仅仅是q的函数，而不再是努力水平e的函数，因为后者委托人或者法院是观察不到的。其结果是，即便在签约时代理人承诺采取某个努力水平e，委托人也同样要根据产出结果来确定工资水平，至于代理人实际上会不会采取这一努力水平，委托人既然观察不到，也就不大愿意去关心了。如此一来，委托人就会在其最优化问题当中面对另外一个新增的约束条件——**激励兼容**（incentive compatibility，IC）**约束**。这个条件告诉我们，努力水平e必然在给定的工资产出对应表中最大化代理人的效用：①

$$\max_{e,w_0,w_1} \ p_e(1-w_1)+(1-p_e)(-w_0) \qquad \text{(P:AI)}$$

$$\text{s.t. } p_e u(w_1)+(1-p_e)u(w_0)-\psi_e \geqslant \overline{U}=0 \qquad \text{(IR)}$$

$$e\in \arg\max_{e'} p_{e'}u(w_1)+(1-p_{e'})u(w_0)-\psi_{e'} \qquad \text{(IC)}$$

如果我们来分别思考一下个体的努力水平问题，会发现IC约束是很容易理解的。实际上，我们还是采用前面使用过的两步法来求解委托人的规划问题，这种办法是比较有用的。

首先来看实施的努力水平为e=h的情况。写出e=h情况下的IC约束：

$$e\in \arg\max_{e'} p(e')u(w_1)+[1-p(e')]u(w_0)-\psi_{e'}$$

$$\Leftrightarrow p_h u(w_1)+(1-p_h)u(w_0)-\psi \geqslant p_l u(w_1)+(1-p_l)u(w_0)$$

很显然，固定的工资水平 $w=w_1=w_0$ 是无法完成这个过程的。那么，代理人从工资中得到的效用，即 $u(w)$，与到底是实现了高的产出还是低的产出是没有关系的，因此他会选择最小化努力所带来的负效用的努力水平，即e=l。由于关于代理人的努力水平存在着不对称信息，所以在实施e=h这样的努力水平时，完全的保险并不可行。委托人需要借助所实现的产出来作为指示信号，以判别代理人实际上采取的努力水平是什么。我们将上面的激励约束重新写出来，就可以发现，委托人一定要在低产出工资水平所得到的效用与高产出工资水平所得到的效用之间制造差别，从而使得代理人确实选择e=h：

$$p_h u(w_1)+(1-p_h)u(w_0)-\psi \geqslant p_l u(w_1)+(1-p_l)u(w_0)$$

$$\Leftrightarrow (p_h-p_l)(u(w_1)-u(w_0))\geqslant \psi$$

显然，这一约束在最优点上是紧的。

接下来，我们使用代入法来求解这一问题。这需要利用IR和IC两个约束在最优点处为紧这个事实。IC约束告诉我们，为了实施e=h，委托人必须将工资水平进行设定以满足：

---

① 我们用AI来表示信息不对称情形，即asymmetric information的首字母缩写。

$$u(w_1)-u(w_0)=\frac{\psi}{p_h-p_l} \tag{9-10}$$

再利用IR约束条件的紧性，我们可以得到：

$$u(w_0)=\frac{\psi-p_h u(w_1)}{1-p_h} \tag{9-11}$$

将它带入公式（9-10）中，可以得到：

$$u(w_1)-\frac{\psi-p_h u(w_1)}{1-p_h}=\frac{\psi}{p_h-p_l}$$
$$\Leftrightarrow u(w_1)=\psi+\psi\frac{1-p_h}{p_h-p_l}=\psi\frac{1-p_l}{p_h-p_l} \tag{9-12}$$

这样可得：

$$u(w_0)=u(w_0)-\frac{\psi}{p_h-p_l}=-\psi\frac{p_l}{p_h-p_l} \tag{9-13}$$

要注意，在不对称信息条件下，高产出状态下所得到的工资水平超过了对称信息条件下的固定工资水平：

$$w_1^{AI}(h)=u^{-1}\left(\psi\frac{1-p_l}{p_h-p_l}\right)>w^{SI}(h)=u^{-1}(\psi) \tag{9-14}$$

而在低产出状态下，工资水平则低于对称信息条件下的固定工资水平：

$$w_0^{AI}(h)=u^{-1}\left(-\psi\frac{p_l}{p_h-p_l}\right)<w^{SI}(h)=u^{-1}(\psi) \tag{9-15}$$

由于存在收入上的风险，即高努力水平也有可能得到低产出，所以代理人在其得到一般的补偿之外，还需要再取得一个风险上的溢价方可满足。由IR约束条件，我们有：

$$\psi=p_h u\left(w_1^{AI}(h)\right)+(1-p_h)u\left(w_0^{AI}(h)\right) \tag{9-16}$$

由于 $u''<0$，所以我们知道：

$$p_h u\left(w_1^{AI}(h)\right)+(1-p_h)u\left(w_0^{AI}(h)\right)<u\left(p_h w_1^{AI}(h)+(1-p_h)w_0^{AI}(h)\right) \tag{9-17}$$

这是由效用函数的严格凹性得到的。综合公式（9-16）和公式（9-17），我们可以得到：

$$\psi<u\left(p_h w_1^{AI}(h)+(1-p_h)w_0^{AI}(h)\right)$$
$$\Leftrightarrow \underbrace{u^{-1}(\psi)}_{=C^{SI}(h)}<\underbrace{p_h w_1^{AI}(h)+(1-p_h)w_0^{AI}(h)}_{=C^{AI}(h)} \tag{9-18}$$

这是因为 u^{-1} 是单调递增的。也就是说，在不对称信息条件下，实施e=h的期望成本 $C^{AI}(h)=p_h w_1^{AI}(h)+(1-p_h)w_0^{AI}(h)$，超过了在对称信息条件下实施同样努力水平所需要的期望成本 $C^{SI}(h)=w^{SI}(h)=u^{-1}(\psi)$。

然后再来看实施努力水平e=l的情况。这种情况比较容易分析。像对称信息条件下那样，给出完全保险的工资水平 $w_0=w_1=w^{SI}(l)$，代理人显然会选择e=l，而不是高成本的高努力水平e=h。因此，激励约束在实施低努力水平时并不是紧的。

接下来，我们的任务就是找出利润最大化的努力水平来实施。如果不规定出代理人效用函数的函数形式，我们是无法完成第二步并导出最优合约的。但是，即便不能详细地完成这最后一步，我们还是可以就合约结果作出一些一般性的评价。在不对称信息条件下，合约的结果被称为次优解，因为它需要满足附加的激励约束条件，因此并不总是和最优解相对应的。作为这一附加约束的结果，不对称信息条件下的合约结果可能达不到帕累托效率标准，那么，这会带来无效率的风险分担，或者带来无效率的低努力水平。

首先来看风险分担。由于委托人是风险中性的，而代理人是风险厌恶的，所以有效率的风险分担应该是委托人对代理人进行完全的保险。在不对称信息条件下，完全保险只有在低努力水平e=l得到实施时才是唯一可行的；否则，代理人就需要暴露在收入风险之中，为的是使他能够实施较高的努力水平e=h。这就带来了风险和激励之间的权衡：要么是有效率的风险分担，即对代理人的完全保险，要么就是为了让代理人采取高努力而进行适当的激励，二者择一，鱼与熊掌不可兼得。

其次来看实施的努力水平。正如我们已经看到的那样，实施低努力水平e=l，与在对称信息条件下所花费的是一样多的。因此，只要对称信息条件下最优合约要求e=l，那么在不对称信息条件下委托人也会选择实施e=l，这一点可以参看图9-2。这样，他在此举非社会最优时也不需要停止自己的业务，也不会实施一种比社会效率标准要求更高的努力水平。然而，与对称情形相比，委托人需要代理人承担一些风险，以在不对称信息下实施e=h。如上一段所述，委托人必须要就此对代理人进行风险溢价补偿。结果，所实施的努力水平就无法与最优的努力水平相提并论了。在图9-2中可以看出，给定委托人在对称信息下实施e=h（即社会最优）的参数值，他会发现在不对称信息条件下实施e=l的努力水平会是最优的。原因在于，在对称信息条件下实施e=l的成本与在不对称信息条件下是一样的，而在实施e=h努力水平时二者则是有所差别的。因此，努力水平e=h的期望利润可能会低于e=l于不对称信息条件下的那些期望利润水平，即便在对称信息条件下，委托人的期望利润在e=h处可以得到最大化时也是如此。这显然不是帕累托最优的，因为该委托人所得到的期望利润水平，要低于对称信息条件下的情况，而代理人可以得到相同的期望效用水平 $\bar{U}$ 。

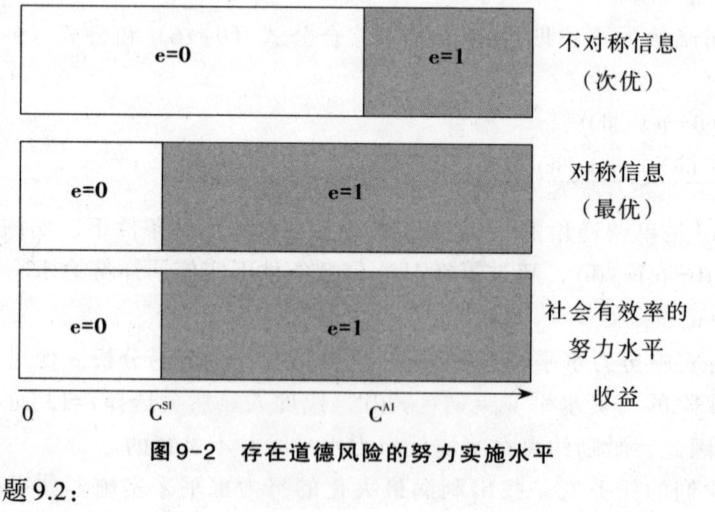

图9-2　存在道德风险的努力实施水平

这就有了命题9.2：

命题9.2：在不对称信息条件下取得的次优配置可能无法满足帕累托最优标准：

（1）如果高努力e=h得到实施，则风险分担是无效率的，因为风险厌恶的代理人并没有由风险中性的委托人予以完全保险；

（2）即便高努力水平e=h是社会最优的，低努力水平e=l可能也会得到实施。

9.3 n种结果的两种行动道德风险模型

在这个道德风险模型的变形里，我们假设委托人的任务产出可以取n种不同的值：

$Q=\{q_1,q_2,\cdots,q_n\}$

其中：$0<q_1<q_2<\cdots<q_n$。

每一努力水平 $e\in\{l,h\}$ 会在这n种可能的产出水平上引出一个概率分布 $p^e=\left(p_1^e,p_2^e,\cdots,p_n^e\right)$，其中 p_i^h 和 p_i^l 表示产出 $q_i,i\in\{1,\cdots,n\}$ 分别在e=h和e=l之下的概率取值。而对于每一个概率分布，则有 $\sum_{i=1}^{n}p_i^e=1$。我们假设对于所有的 $i\in\{1,\cdots,n\}$ 以及 $e\in\{l,h\}$，有 $p_i^e>0$。我们假设高努力水平e=h，会比低努力水平e=l带来更高的期望产出：

$$\text{努力水平为h的期望产出}=\sum_{i=1}^{n}p_i^h q_i>\sum_{i=1}^{n}p_i^l q_i=\text{努力水平为l的期望产出} \tag{9-19}$$

9.3.1 对称信息基准和最优解

我们再一次首先考虑对称信息基准情形，其中代理人的努力水平选择是可以被观察到的。

为了确定最优合约 $Y^{SI}=[e,w_1,\cdots,w_n]$，委托人会求解以下规划问题：

$$\max_{e,w_1,\cdots,w_n}\quad \sum_{i=1}^{n}p_i^e(q_i-w_i) \qquad \text{(P:SI)}$$

$$\text{s.t.}\quad \sum_{i=1}^{n}p_i^e u(w_i)-\psi_e\geqslant\overline{U}=0 \qquad \text{(IR)}$$

与两结果的情况一样，我们以如下两步来求解这一问题：

首先，对于每一个可能的努力水平，我们分别确定其工资水平，也即实施该努力水平对委托人来说最低的成本是多少。

其次，利用从第一步中推出来的实施成本，我们找出可以最大化委托人利润的努力水平。

我们来看实施努力水平 $e\in\{l,h\}$。这一合约是以代理人的实际努力为条件的，所以委托人只需要考虑代理人的IR约束即可。显然，在最优点上，这个条件是紧的。我们可以为每一种努力水平 $e\in\{l,h\}$ 写出它们的拉格朗日函数：

$$\mathcal{L}=\sum_{i=1}^{n}p_i^e(q_i-w_i)-\lambda\left[\psi_e-\sum_{i=1}^{n}p_i^e u(w_i)\right] \tag{9-20}$$

其中：λ是IR约束条件的拉格朗日乘子。其一阶条件为：

$$\frac{\partial\mathcal{L}}{\partial w_i}=-p_i^e+\lambda p_i^e u'(w_i)=0,\ i=1,\cdots,n\Leftrightarrow\lambda=\frac{1}{u'(w_i)} \tag{9-21}$$

$$\frac{\partial\mathcal{L}}{\partial\lambda}=\sum_{i=1}^{n}p_i^e u(w_i)=\psi_e \tag{9-22}$$

很容易可以检查到，其二阶条件是满足最大解的要求的。

与两结果的情况一样，n个一阶条件公式（9-21）会得到对于所有 $i\in\{1,\cdots,n\}$ 的最优

性条件 $1/u'(w_i)$，这个值是不变的，因此最优工资水平也是不变的：$w_1=w_2=\cdots=w_n$。这样，风险中性的委托人为风险厌恶的代理人提供完全的保险就是最优的。因此，为了实施努力水平 $e\in\{l,h\}$，委托人要选择不变的 $w(e)=w_1(e)=w_2(e)=\cdots=w_n(e)$，以使得IR约束条件为紧：

$$e=h:\quad u(w)-\psi=0\Rightarrow w^{SI}(h)=u^{-1}(\psi)$$

$$e=l:\quad u(w)=0\Rightarrow w^{SI}(l)=u^{-1}(0)$$

接下来，我们来找出利润最大化的努力水平来予以实施。给定模型参数的数值，我们就可以比较实施e=h和e=l所得到的利润水平，由此确定最优合约。我们可以很容易地将命题9.1的结论拓展到n个结果的情形上来：最优合约实行的是一个帕累托最优配置，这个配置既有有效率的风险分担，又有有效率的努力水平得到选择。

9.3.2 不对称信息情形和次优解

现在我们来考虑这样一种情况，其中委托人无法观察到代理人实际选择的努力水平。为了使代理人选择自己所希望他选择的努力水平，委托人必须在他的最优化问题中考虑代理人的激励兼容约束：

$$\max_{e,w_1,\cdots,w_n}\ \sum_{i=1}^{n}p_i^e(q_i-w_i)\qquad\text{(P:AI)}$$

$$\text{s.t.}\quad \sum_{i=1}^{n}p_i^e u(w_i)-\psi_e\geqslant\overline{U}=0\qquad\text{(IR)}$$

$$e\in\arg\max_{e'}\sum_{i=1}^{n}p_i^{e'}u(w_i)-\psi_{e'}\qquad\text{(IC)}$$

与两结果的情况一样，我们也分两步来求解这一问题：

首先，对于每一个可能的努力水平，我们分别确定其工资，这是实施该努力水平带给委托人的最低成本。

其次，利用上一步所得到的实施成本，我们来找出能够最大化委托人利润的努力水平。

先来看实行e=l这样的努力水平的情况。在固定工资情况下，代理人的IC约束条件是很容易满足的，但是并不为紧。在其他条件相同的情况下，代理人总是偏好更少的努力，因此，委托人可以使用与在对称信息情况下一样的合约来实施e=l这样的努力水平：

$$w^{AI}(l)=w^{SI}(l)=u^{-1}(0)\qquad(9\text{-}23)$$

然后再来看e=h这样的努力水平。代理人的IC约束为：

$$\sum_{i=1}^{n}p_i^h u(w_i)-\psi\geqslant\sum_{i=1}^{n}p_i^l u(w_i)$$

$$\Leftrightarrow\sum_{i=1}^{n}\left(p_i^h-p_i^l\right)u(w_i)\geqslant\psi$$

我们可以将（P:AI）中的规划问题写成拉格朗日函数的形式，要注意IR和IC约束条件都是紧的，这一点和9.3.1部分是一样的，即IC约束是由工资水平之差 w_1-w_0 来确定的，IR约束条件是通过确定 w_0 来确定工资水平的。

$$\mathcal{L}=\sum_{i=1}^{n}p_i^e(q_i-w_i)-\lambda\left(\psi-\sum_{i=1}^{n}p_i^h u(w_i)\right)-\mu\left[\psi-\sum_{i=1}^{n}(p_i^h-p_i^l)u(w_i)\right]$$

其中：λ是IR约束条件的拉格朗日乘子；μ是IC约束条件的拉格朗日乘子。其一阶条件为：

$$\frac{\partial\mathcal{L}}{\partial w_i}=-p_i^h+\lambda p_i^h u'(w_i)+\mu(p_i^h-p_i^l)u'(w_i)=0,\ i=\{1,\cdots,n\} \tag{9-24}$$

$$\frac{\partial\mathcal{L}}{\partial\lambda}=\sum_{i=1}^{n}p_i^h u(w_i)=\psi \tag{9-25}$$

$$\frac{\partial\mathcal{L}}{\partial\mu}=\sum_{i=1}^{n}(p_i^h-p_i^l)u(w_i)=\psi \tag{9-26}$$

同样，可以很容易地检查出来其二阶条件也是满足的，可以确保所求解为最大值解。重新将公式（9-24）写成：

$$\frac{1}{u'(w_i)}=\lambda+\mu\left(1-\frac{p_i^l}{p_i^h}\right),\ i\in\{1,\cdots,n\} \tag{9-27}$$

公式（9-27）中的结果给出了，如果委托人实施高努力水平e=h，则最优的工资计划表的大体特征是什么。由于拉格朗日乘子λ和μ是正的常数，所以工资水平 w_i 是与似然比（likelihood ratio，LR）p_i^l/p_i^h 成比例的。

那么，我们怎么来解释这个似然比呢？这个似然比是统计学中的一个重要工具。为了让大家理解如何才能解释它，我们来看下面这个问题。一名医生对一名病人进行了检查，然后给出了诊断。假设有n个不同的病症之可能集合 $\{d_1,\cdots,d_n\}$。如果这名病人是健康的，则在这些病症的集合上的概率分布由 $p^h=\left(p_1^h,\cdots,p_n^h\right)$ 来给出，而如果这名病人确实得了病，则这些病症集合上的概率分布即由 $p^s=\left(p_1^s,\cdots,p_n^s\right)$ 给出。一旦观察到某个特定的病症集实现之后，比如说 d_4 中的病症出现了，那么这名医生就可以通过观察似然比 $LR=p_4^h/p_4^s$，来判定如果病人是健康的话这些病症更容易发生，还是他生病了这些病症更容易发生。如果 $LR>1$，在概率分布 p^h 而不是 p^s 下该病症集更可能会被观察到。因此，LR越高，这名医生就越有信心判定 p^h 是背后真正的概率分布，这名来看病的病人是健康的。相反，如果 $LR<1$，那么在概率分布 p^s 而不是 p^h 下该病症集更可能会被观察到。LR越小，这名医生就越有信心认为 p^s 是背后真正的概率分布，这名病人生病了的原因就越充分。

现在回到我们的委托-代理框架上来，委托人面对的是同样的推断问题。在代理人实施了高努力水平这种情况更可能时，他希望用高工资这种形式来为代理人提供相应的报酬补偿（即 p^h 是真正的潜在概率分布）。在代理人不太可能实施高努力水平的情况下，选择惩罚他，但是要知道这种惩罚是建立在委托任务的结果是低产出的基础上的，而低产出并不一定是代理人偷懒，也有可能是他运气不好，虽然实施了高努力水平，但仍然得到了低产出这种结果。

那么，假设现在实现的结果是 q_{i+1} 而非 q_i，对工资水平来说又会发生什么情况呢？

（1）如果 $\frac{p_i^l}{p_i^h}>\frac{p_{i+1}^l}{p_{i+1}^h}$，公式（9-27）的右边在 w_i 的情况下就小于在 w_{i+1} 的情况下。因此：

$$\frac{1}{u'(w_i)}<\frac{1}{u'(w_{i+1})}$$

$$\Leftrightarrow 0<\left(u'(w_i)-u'(w_{i+1})\right)\frac{1}{u'(w_i)u'(w_{i+1})}$$

$$\Leftrightarrow u'(w_{i+1})<u'(w_i)$$

$$\Leftrightarrow w_{i+1}>w_i \qquad (\because u''(\cdot)<0)$$

（2）如果 $\frac{p_i^l}{p_i^h}<\frac{p_{i+1}^l}{p_{i+1}^h}$，我们有 $w_i>w_{i+1}$。

（3）如果 $\frac{p_i^l}{p_i^h}=\frac{p_{i+1}^l}{p_{i+1}^h}$，我们有 $w_i=w_{i+1}$。

有一点需要提出：当利润提高时，工资也应该提高，上述结果并没有给出评论，而这正是产出结果对于代理人的努力水平所具有的信息性所在。理论上来说，委托人会关注这种状态下的工资水平：该状态允许他对偷懒者和没有偷懒的人作出最好的区分。然而，由于代理人是风险厌恶的，所以委托人就需要支付给代理人一笔较大的风险溢价来使他选择高努力水平。委托人不大关注这样的情况，即在该状态下所有的人都得到工资，而这一状态的似然比是最低的，委托人会根据对潜在状态的信息解释程度，来扩大工资水平。

关于工资要随着利润增加，有一个充分条件，那就是对于所有的 $i\in\{1,\cdots,n-1\}$，当利润水平由 q_i 移动到 q_{i+1} 时，似然比是单调递减的。这个性质就是著名的**单调似然比条件**（monotone likelihood ratio condition，MLRC）。于是，我们有命题9.3：

命题9.3：如果委托人实施高努力水平，而且如果似然比 p_i^l/p_i^h 在 i 上是递减的，则工资水平随着所实现的利润而递增，也即概率分布 p^h 和 p^l 满足单调似然比条件。

现在，我们来对最优合约的特征描述一下。为了解真实的工资水平，我们来执行第二步，对 e=h 和 e=l 下的利润水平进行比较，这就要求对模型的参数具体规定其数值。不过，我们可以给出一些分析性的结论来进行。公式（9-27）的结果表明，工资水平一般来说并不是一个常数。因此，如果委托人实施高努力水平 e=h，那么这个配置不是帕累托最优的，因为风险分担是无效率的。和信息对称的情况一样，代理人处在其保留效用的水平上，这一点可以由 IR 的紧约束来体现：

$$\sum_{i=1}^{n} p_i^h u(w_i)-\psi_e=\overline{U}=0 \tag{9-28}$$

然而，由于代理人被暴露在一定程度的风险之下，所以委托人必须对此作出补偿，这就是要给他提供比对称信息情况下更高的期望工资总和。因此，实施 e=h 对于委托人来说比对称情况下要更为昂贵。与之形成对比的是，实施 e=l 所花费的成本，对称信息和不对称信息的情况是一样的。给出参数的取值，委托人会发现，在对称信息下，实施 e=h 是最优的，也是社会最优的，但是在不对称信息条件下，情况就会有所差别，如果高努力水平 e=h 的收益无法补偿给代理人提供在工资之上再加上风险溢价所增加的成本，那么，委托人会克制住不来实施 e=h。因此，低的努力水平即便在高的努力水平是有效率的情况下也可能会得到实施，如图9-2所示。

9.4　模型的扩展：努力和产出的多个维度

我们已经查看了两种行动模型中存在n种可能结果的情况，我们还可以把这种情况扩展到可能结果的连续统上，即扩展到 $Q=[\underline{q},\bar{q}]$ ，$\underline{q}<\bar{q}$ 。同样，似然比在确定工资计划表的形式上是非常关键的，有关这方面的内容可以参看Laffont和Martimort（2002）。[①]此外，我们这个模型还可以扩展努力水平的维度，也可以把努力水平以连续统的形式来呈现。这方面的知识，除了刚才提到的Laffont和Martimort（2002）之外，还可以参看Bolton和Dewatripont（2005）[②]的相关章节。这两本书是这个领域中最杰出的学者所撰，而且比马斯-科莱尔等所著的《微观经济理论》要稍晚，内容更为全面，值得深入研究。

基础训练

1.假设委托人的效用函数是 $V=x-y(x)$ ，代理人的效用函数是 $U=2(y(x))^{1/2}-a$ ，其中 $y(x)$ 是对代理人的支付， a 是代理人的努力成本；代理人的努力水平为 a 时随机产量的分布密度函数为 $f(x,a)=e^{-x/a}/a\quad(x\geqslant 0)$ 。

（1）如果委托人能无成本地观察到a值，求委托人的最优合约。

（2）是否在一阶随机占优的意义上增加产量？

（3）分布密度函数 $f(x,a)$ 是否满足凸分布函数条件和单调似然比条件？

（4）如果委托人不能观察到a值，他只有依照产量x来决定对对方的支付，那么最优激励支付函数是什么？

2.假设你拥有一个杂货铺，并雇用一个人替你照看它。这个雇员的效用水平依赖于他能得到的工资y和他付出的努力水平a：

$$U(y,a)=\sqrt{y}-a$$

他可选的努力水平有两种： $a=3$ 或者 $a=0$ 。假设这个雇员的保留效用是0。你是一个风险中立者，目标是尽力使商铺营业额x达到最大。针对以下情况，考虑你的工资支付政策。

（1）雇员的努力 $a=3$ 时，商铺营业额 $x=270$ ； $a=0$ 时， $x=70$ ，你可以毫不费力地监视雇员的工作。

（2）商铺的营业结果与（1）的假设相同，但你无法知道雇员是怎样工作的。

（3）除了雇员的努力水平外，商铺的营业结果还受某些外在因素的影响。假设有三种可能的营业额：0、100和400，而你和雇员都发现一定努力投入下实现各种营业结果的概率存在如表9-1所示的规律。

如果你看不到雇员的努力水平，你的最优激励合约是什么？保持（3）的假设，如果你是一个风险厌恶者，讨论最优合约会有什么不同？

---

① LAFFONT J J，MARTIMORT D. The theory of incentives：the principal-agent model［M］. Princeton，N.J.：Princeton University Press，2002.

② BOLTON P，DEWATRIPONT M. Contract theory［M］. Cambridge，MA：MIT Press，2005.

表 9-1 **最优契约激励**

	0	100	400
a=3	0.2	0.4	0.4
a=0	0.4	0.4	0.2

3.考虑下面的道德风险模型，企业主是风险中性的，代理人的偏好定义在他收入的均值和方差以及他的努力水平 e 上：期望效用为 $E(w)-\phi\,var(w)-g(e)$ ，其中 $g'(e)=0$ ；对于 $e>0$ ，有 $(g'(e),g''(e),g'''(e))\gg 0$ ； $\lim_{e\to\infty}g'(e)\to\infty$ ；可能努力水平为 $e\in\mathbb{R}_+$。条件利润（以 e 为条件）是正态分布的，其中均值为 e ，方差为 σ^2 。

（1）仅考虑线性补偿方案 $w(\pi)=\alpha+\beta\pi$ 。证明：给定 $w(\pi)$ 、e 和 σ^2 ，代理人的期望效用为 $\alpha+\beta e-\phi\beta^2\sigma^2-g(e)$ 。

（2）推导出 e 可观知情形下的最优合约。

（3）推导出 e 不可观知情形下的最优线性补偿方案，求 β 变化的效应和 σ^2 变化的效应。

4.考虑下列道德风险模型，其中 $e\in[0,\bar{e}]$ ，两个结果为 π_H 和 π_L ，且 $\pi_H>\pi_L$ 。 π_H 的条件概率为 $f(\pi_H|e)$ 。给出一阶方法有效的充分条件。

[第10章]

外部性与公共物品

10.1 何谓外部性?

在本书的前半部分，我们曾证明，竞争性市场最终会带来帕累托最优配置，市场能够确保那些对商品评价最高的人得到它，那些生产商品所费成本最低的人生产它，从而在这个社会中没有人可以不以他人为代价而提高自己的福利。这为我们给出了第一和第二福利定理——市场可以有效率地配置商品；任何一个有效率的配置都可以由适当的事前财富转移方式而得到。但是，我们之前一直谈论的商品都是所谓的“私人品”，也就是说，它们只能由一个人来消费，而且这个人对该商品的消费对其他人的效用并无影响。但是，这种商品无法涵盖所有的情况。比如，我们来考虑一下制作五香馒头的馒头店。之前，我们说每个人购买的馒头数量要使得多消费一个馒头所带来的边际收益刚好等于这个馒头的价格，而每个企业也会生产馒头直到多生产一个所带来的边际成本刚好等于其价格。那么，在均衡中，多吃一个馒头的边际收益也就等于多生产一个馒头的边际成本。但是，我们来看看下面这种情况。那些路过馒头店的人享受了五香馒头带来的扑鼻香气，但是这一享受并没有被纳入价格计算中。这样一来，在均衡里，多一个馒头的边际社会收益就等于人们从吃馒头以及闻馒头香味中所得到的收益。然而，由于购买馒头的人并没有考虑提供给那些没有购买馒头的人闻到的香味，所以在均衡价格里多加一个馒头的总边际收益就会超过边际成本。从一个社会的视角看，五香馒头是生产少了。

我们还可以来看一个负外部性的例子。其中，最为典型的关于负外部性的例子就是污染这种情况了。假设浙江海宁皮革城有一家工厂生产和售卖皮革，在生产过程中要产生废气和废水，每个生活在海宁皮革工厂周边的人们都深受其苦。消费者愿意为皮革支付的价格乃是由穿着皮革所带来的收益决定的。因此，在市场均衡中，生产一件皮革的边际成本就等于穿着这件皮革所带来的边际效用，但是市场并没有将带给皮革工厂周边人们的由污染而造成的损害成本计算在价格之内。这样一来，从社会的角度来看，市场上的皮革不是太少而是太多了。

另外一种思考具有外部成本或收益的商品的途径，就是把这类商品视为公共物品。公共物品可以为不止一个消费者所消费，可以根据是否能排除他人使用它们以及对其的消费是否具有竞争性而进行分类，而排他性和竞争性正是公共物品的两个特征。举例来说，国防这种公共物品既是非排他也是非竞争的公共物品，这种公共物品又被称为纯公共物品。一个国家的军队为这个国家的所有居民都提供保护。它是非排他的，因为你不能将一个人从国家的保护中单独地予以排除；它又是非竞争的，因为一个享受国防保护的人并不影响国防对其他人的有效性。雾霾天气是一种典型的非竞争性公共物品，也许称它为公共坏品更恰当，因为一个人吸入这种空气，并不大能够减弱其他人消费它的“能力”。钱塘江桥也是一个非竞争性的公共物品，当然这要在一定的通行能力之内，但是，如果你只让一部分人使用它，那么它又是可以排他的。另外一个例子是付费的有线电视，这个例子也很具有代表性。一个人使用华数数字电视并不会阻止其他人收看华数数字电视，但是通过干扰其信号可以让那些不付费的人收看不到这些电视节目和点播。

外部性和公共物品的例子有很多重叠，很难区分什么是外部性，什么是公共物品。这两个范畴只是我们讨论那些非私人物品的不同方式，也可以根据它们是否具有竞争性以及是否具有排他性来思考不同的案例。基于此，我们给出一个下面这样的矩阵来归类商品的属性，这一分类是由迄今为止唯一的女诺贝尔经济学奖得主埃莉诺·奥斯特罗姆给出的（见表10-1）。

表10-1 **商品属性的分类**

	非竞争性	**竞争性**
非排他性	（纯）公共物品	共有资源
排他性	俱乐部物品	私人物品

私人物品（private goods）就是这样的商品：一个人消费了，则其他人就不可能再消费，这是具有竞争性的极端情况，拥有它的人有权阻止其他人对其进行消费。当消费是非竞争的，但是却排他时，比如钱塘江桥的例子，这样的商品有时被称为**俱乐部物品**（club goods）。因为俱乐部物品是可以排他的，因外部性而带来的非效率常常能够由向那些想消费俱乐部物品的人们进行收费而得到解决，比如可以收过桥费或者是交年费等。**纯公共物品**（pure public goods）如国防，其消费是完全非排他和非竞争的。**共有资源**（common-pool resources，CPR）是诸如国家森林或者国家湿地公园这类商品，其消费是具有竞争性的，但是很难阻止人们消费它们。其实，蔚蓝的天空、清新的空气，又何尝不是这类共有资源！对于纯公共物品和共有资源而言，市场很难有效地配置资源。我们先来考虑一种简单的双边外部性，然后来详细研究纯公共物品和共有资源。

10.2 双边外部性

当一个消费者的福利或者企业的生产可能性直接地受到经济中另外一个行为人的行动影响，而且这种相互作用不可能由市场的价格机制予以调节进行补偿时，**外部性**（externality）就出现了。这个定义有一个重要特征，那就是“直接地”这个修饰语，这是因为我们打算在真正的外部性和所谓的金钱上的外部性之间进行区分。例如，我们以咖啡店的例子来看三种外部效应：第一，路过咖啡店的消费者可能从咖啡店的香味中得到效用。无论人们是否参与到咖啡市场上来，这一事实并不会不成立。第二，如果咖啡的气味足够沁人心脾，那么咖啡店就能够对它卖的咖啡收取更高的费用，咖啡价格提高，会对那些买咖啡的人带来不良效应，因为他们必须为咖啡支付更多的钱。我们称此类效应为金钱上的外部性，因为它通过价格机制可以得到解决。这类外部效应不是真正的外部性，也不会出现我们在真正的外部性身上所看到的效率扭曲。第三，咖啡店旁边的其他建筑可能会提高租金。如果真是这种情况，那么咖啡店就对咖啡市场以外产生了影响，这个影响可以由对附近其他建筑的租金支付来体现。这是不是一种外部性，取决于具体的情况。例如，如果你在咖啡店开张之前，挨着咖啡店有一栋写字楼，它开张之后卖咖啡可以提高你的租金收入，那么你就算是获得了来自咖啡店的外部收益，显然，咖啡店提高了你的资产的价值。相反，如果你不拥有这栋写字楼，而是在咖啡店开张之后购买这栋建筑，那么你就得为这栋写字楼付出更高的价格，而这是挨着咖啡店的建筑的一个合理的价位。这种情况就更像是金钱上的外部性而非真正的外部性。

我们使用下面的例子来说明外部性模型。假设有两个消费者，i=1,2。在经济中有L种商品可以进行交易，其价格向量为p，这两个消费者的行为不会影响这些商品的价格，也即消费者们是价格接受者。我们再进一步假设消费者i具有初始财富w_i。

每个消费者不仅在他消费的商品上具有偏好，而且还在由消费者1采取的某一行动h上具有偏好，也即

$$u_i\left(x_1^i, \cdots, x_L^i, h\right)$$

h是那些对第一个人来说不会带来直接的货币成本的活动。例如，它可能是很大声在家吹笛子。吹笛子本身是没有成本的。为了吹笛子，就必须得先买笛子，而笛子则可被视为x^i中的一种商品。

从消费者2的角度来看，h表达的是消费者1行为的外部性。在这个模型里，我们假设：

$$\frac{\partial u_2}{\partial h} \neq 0$$

这样一来，在这个模型中外部性就是这样的：h影响了消费者2的效用，但是并没有被市场价格涵盖进去。例如，h是第一个人吹笛子的时间量。

令$v_i(p, w_i, h)$为消费者i的间接效用函数：

$$v_i(w_i, h) = \max_{x_i} \ u_i(x_i, h)$$

$$\text{s.t.} \ \ p \cdot x^i \leqslant w_i$$

我们还要再作出一个假设，即偏好拟线性于某个计数商品。如果不这样假设，那么外部性的最优水平就要取决于消费者的财富水平，这显然会使分析更为复杂。

当偏好为拟线性时，消费者的间接效用函数取以下形式：

$$v_i(w_i, h) = \bar{\phi}_i(h) + w_i$$

由于我们关心的是效用对h而非p的表现，所以我们可以先不管效用函数中的价格变量，也即我们令$\phi_i(h) = \bar{\phi}_i(p, h)$，视价格p为一个常量。我们将假设该效用在h上是凹的：$\phi_i''(h) < 0$。

现在，我们来推导竞争性均衡的结果，并证明它不是帕累托最优的。消费者1如何来选择h呢？函数v_1给出了在某一h水平下该消费者所能取得的最高效用。这样一来，为了最大化效用，该消费者应该选择h。那么，该消费者将会为了满足下面这个充要条件而选

择h，当然这要假设存在内点解：

$\phi'_1(h^*)=0$

即便消费者2的效用取决于h，它也无法影响对h的选择。于是问题就出现了：什么才是社会最优的h水平呢？社会最优水平的h将会最大化所有消费者的效用总和，由于我们假设效用函数是拟线性形式的，所以可以将效用简单地相加：

$\max_h \ \phi_1(h)+\phi_2(h)$

这个存在内点解的最大值的一阶条件为：

$\phi'_1(h^{**})+\phi'_2(h^{**})=0$

其中：h^{**} 即为h的帕累托最优数量。

在内点解的情况下，社会最优水平要求这两个消费者对h的边际效用之和为零。另外，外部性的水平只取决于第一个人的效用。这样一来，外部性的水平将不再是社会最优水平。在 $h^*>h^{**}$ 这种情况下，对于消费者2来说，这一外部性当然是不好的，也就是说，h太多了。在 $h^*<h^{**}$ 这种情况下，对于消费者2来说，这一外部性就是好的，但h又太少了。我们把这两种情况分别在图10-1和图10-2中给出。

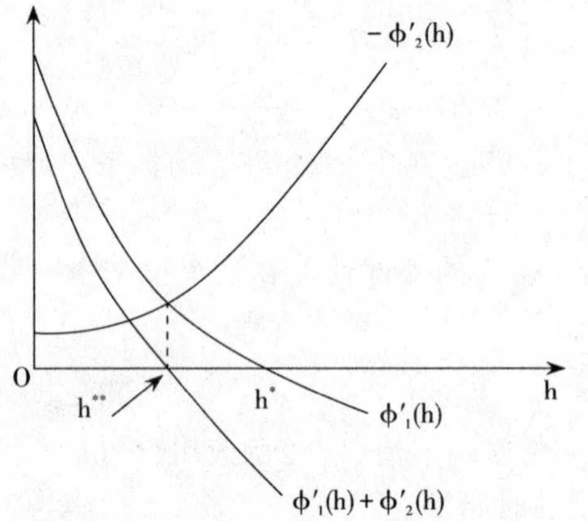

图10-1　负外部性：$h^*>h^{**}$

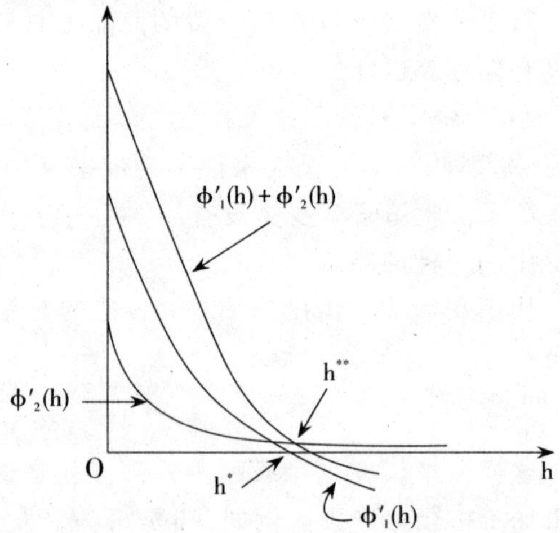

图10-2　正外部性：$h^*<h^{**}$

要注意，社会最优并不是说外部性可以完全消除的最优，而是说在这个社会最优上两个消费者的边际收益之和等于零。在存在负外部性的情况下，第一个人的边际收益在此处等于第二个人的边际成本。在正外部性的情况下，二人的边际收益之和等于零。

负外部性的最优水平要大于零，这一条即便在污染外部性、动植物物种濒临灭绝等方面也是成立的。当然，如何评估污染和动植物物种灭绝的危害，依然是一个很棘手的问题。一般来说，那些产生了外部性的人（即污染者）认为的外部性的最优水平要大于那些受害者（即被污染者）所认为的最优水平。

10.2.1　外部性问题的传统解决方式

解决外部性有两种传统的方式，即配额和征税。配额可以为外部性产品施加一个最大限额（或最小限额）。征税可以为生产者生产外部性产品施加一个成本。正的税收可以降低外部性的产生，负的税收（补贴）可以提高外部性的产生。

我们先来看配额。假设活动h产生了一个负外部效应，以致私人选择的数量h^*要高于社会最优数量h^{**}。在这种情况下，政府可以简单地规定配额来阻止生产超过h^{**}。在存在正外部性的情况下，政府可以要求消费者1生产至少h^{**}单位的外部性活动，尽管这样的做法在实际操作中甚少见到，但是在理论上是可以的。

然而，配额这种方案说起来简单，做起来就不是那么简单了，因为它需要政府来执行配额政策，这就涉及对生产者的监督，而这可能是非常困难且成本高昂的。如果我们能够对市场稍作调整，从而使它能够很好地解决外部性问题，那就最好了。有一种著名的方案，叫庇古税方案，通过对外部性产品h的生产征税，或许可以来实现这样的调整。

假设消费者1每生产一单位h就要付税t_h，那么，他的最优化问题就是：

$$\max \phi_1(h) - t_h h$$

其一阶条件为：

$$\phi'_1(h^t) = t_h$$

这样一来，令$t_h = -\phi'_2(h^{**}) > 0$，就可以让消费者1选择$h^t = h^{**}$，从而选择社会最优水平，如图10-3所示。

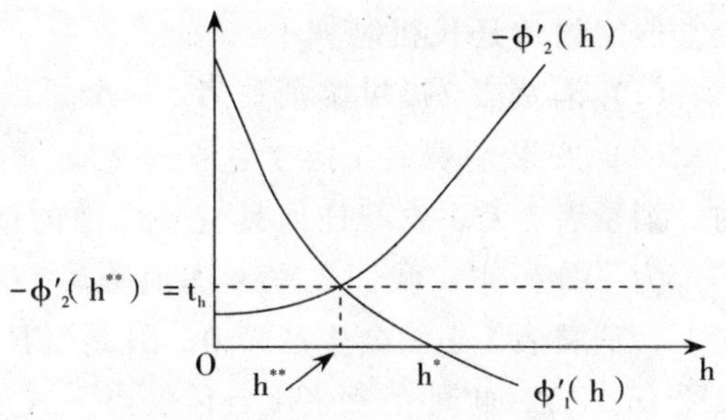

图10-3 对h征税以选择h^{**}

要注意，适当的税收额度应当等于在h的最优水平上的边际外部性。通过迫使消费者1支付这么多的税收，要求他将外部性内部化。也就是说，当外部性处在社会最优水平h^{**}上时，他必须支付施加给消费者2的边际成本。当税率以此种方式设定时，消费者1就选择了帕累托最优水平的外部性。

在正外部性情况下，要实现外部性的帕累托最优水平，这个税收额就是负值。当他将施给其他消费者的收益内部化时，他就会选择最优的h水平。

对于政府而言，还有一个等价的方法，即支付给消费者货币，让他减少外部性的生产。在这种情况下，该消费者的目标函数为：

$$\phi_1(h) + s_h(h^* - h) = \phi_1(h) - s_h h + s_h h^*$$

通过设定$s_h = -\phi'_2(h^{**})$，可以选定社会最优的活动水平h。

要注意，关键是直接对外部性的生产活动进行征税。如果你想减少汽车尾气的污染，你必须是对污染征税，而不是对汽车征税。对汽车征税不会实现最优的污染水平，因为它并不会影响污染的边际倾向，这样就会扭曲人们的汽车购买决策。同样，如果你想让一个拖拉机生产厂家减少污染，你就应该对污染征税，而不是对拖拉机进行征税。对拖拉机进行征税一般来说会使该厂家减少生产，但是它不一定会使污染得到减少。

还需要注意的是，税收和配额会实现最优性，但是这个结果取决于政府确切地知道外部性生产活动的正确水平。此外，它还要求政府拥有关于消费者偏好的详细知识，而这些在现实生活中往往不太可能实现。

10.2.2 科斯定理：讨价还价和界定产权

关于外部性问题，还有一种不同的方法，它依赖于该问题的当事各方彼此协商，达成一个解决方案。我们将看到，这种解决方案如果想要取得成功，则要确保产权得到清晰界定。消费者1有权利生产h吗？如果有，有多少？消费者2能够阻止消费者1生产h吗？如果能，又能阻止多少？有一个以科斯定理[①]命名的结论，对此回答得颇为出人意料：只要产权得到了清晰的界定，当事双方即可以某种方式进行协商，使产生外部性的活动之最优水平得到实现。

例如，假设消费者2有权享受一个不受外部性侵扰的环境。也就是说，消费者2有权利阻止消费者1从事活动h。而且，这一权利是可以被写进合约的。消费者2可以将这一权利卖给消费者1，从而让消费者1产生h_2单位的活动h，自己得到某一转移支付T_2。两个消费者将就T_2的大小和h_2的数量进行讨价还价。[②]

为了确定这一讨价还价的结果，我们首先需要具体规定讨价还价的机制。也就是说，谁在何时做什么，其他消费者可能的回应是什么，以及每一回应之后会发生什么。[③]

假定讨价还价机制如下：

（1）消费者2提供给消费者1一个要约合同，具体规定了T_2和h_2。

（2）如果消费者1接受这个要约，该结果即得到实施。如果消费者1不接受这一要约，消费者1无法生产任何具有外部性的产品，即h=0。

为了分析它，我们先来考虑消费者1会接受哪一个要约（h,T）。由于在缺乏合约的情况下，消费者1必然会生产h=0，因此当且仅当它给出了比h=0更高的效用时消费者1才会接受(h_2,T_2)，也即消费者1当且仅当下式成立时才会接受要约：

$$\phi_1(h)-T\geqslant\phi_1(0)$$

这正是第8章中提到的激励兼容约束。给定这个对可接受要约集合的约束条件，消费者2为了求解以下问题将会选择(h_2,T_2)：

$$\max_{h,T}\ \phi_2(h)+T$$

$$\text{s.t.}\ \ \phi_1(h)-T\geqslant\phi_1(0)$$

由于消费者2偏好更高的T，所以这个约束条件在最优解处必为紧，即等式成立。这样一来，该问题就变成了：

$$\max_{h}\ \phi_1(h)+\phi_2(h)-\phi_1(0)$$

这个问题的一阶条件为：

$$\phi'_1(h_2)+\phi'_2(h_2)=0$$

而这正是定义了h的社会最优水平的那个条件。如此一来，消费者2选择$h_2=h^{**}$，使用该约束条件有$T_2=\phi_1(h^{**})-\phi_1(0)$，要约$(h_2,T_2)$会被消费者1接受。这样，这个讨价还价过程即实现了社会最优。

现在，我们假定，消费者1有权生产任意数量的这种具有外部性的产品。我们还是使用相同的讨价还价机制。消费者2给了消费者1一个要约(h_1,T_1)，其中下标表示消费者1在这种情况拥有权利。不过，一旦消费者1拒绝该要约，他就可以选择想生产多少就生产多少具有外部性的产品，这意味着他会选择生产h^*。这样一来，这种情况和前一个例子之间唯一的变化就是一旦合约无法达成将会发生什么。

---

① 有关科斯定理，罗纳德·科斯本人有不同的意见。请参见：李井奎.黑板经济学和真实世界的经济学［J］.社会科学战线，2014（1）：69-76.该文对科斯定理的思想背景进行了全面梳理。

② 这里使用下标2，是因为我们将它与具有权利生产其想生产的外部性这种情况区分开来，该种情况下我们使用下标1。

③ 根据第7章的博弈论知识，我们可以认识到这里的所为其实就是建立一个博弈。

在此情况下，消费者2的问题是：

$$\max_{h,T} \quad \phi_2(h)+T$$

$$\text{s.t.} \quad \phi_1(h)-T \geqslant \phi_1(h^*)$$

我们已经知道，这个约束为紧，因此消费者2选择 h_1 和 T_1 来最大化：

$$\max \quad \phi_1(h)+\phi_2(h)-\phi_1(h^*)$$

这也是在 $h_1=h^{**}$ 处最大化的，因为一阶导数是相同的。唯一的差别在于转移支付。这里，$T_1=\phi_1(h^{**})-\phi_1(h^*)$。

在这两种情况下，由于产权配置不同，将具有不同的分配结果。在消费者2具有产权的情况下，转移支付要大于消费者1具有产权的情况。之所以如此，乃是因为当非讨价还价的结果是迫使消费者1生产零单位外部性产品时消费者2处在一个更好的讨价还价位置之上。然而，要注意，在拟线性框架下，计数商品的再分配对于社会福利并无影响。

无论产权谁属，讨价还价过程总可以导致帕累托最优配置，这就是科斯定理的一个例子：如果外部性的贸易可以达成，那么讨价还价会带来一个有效率的结果，而不需要考虑产权界定给哪一方，只要能够清楚地得到界定。要注意，产权清晰、可实施，对于该定理的运行是非常基础的。如果在谁将有权利进行污染（或不许污染）上存在争议，那么讨价还价可能不会带来效率结果。对于效率，还要有一个附加条件，即讨价还价过程本身必须还得是无成本的。这样一来，我们就可以将所谓的科斯定理进行如下表述：

定理 10.1（科斯定理）：无论产权谁属，只要交易费用足够低，帕累托最优配置总可达致。

值得注意的是，在这个定理中，政府并不是必须要了解个体消费者，它只需要界定好产权并予以执行就好。然而，这又是非常关键的。所以，科斯定理要求有一套清楚的法律以及公正无私且高效独立的司法体系，这是科斯定理的隐含前提，也是良好的市场得以运行的制度基础。

10.2.3　外部性和市场的缺失

外部性问题也常被称为“市场的缺失”问题。为什么这么称呼它呢？我们来看一下下面的例子。

假设有一个关于h的市场，即假设消费者2有权利阻止所有的活动h，但是可以将这一权利转卖给消费者1，价格是1单位h要价 p_h。在这种情况下，要决定卖出多少权利，消费者2要最大化下式：

$$\phi_2(h)+p_h h$$

若存在内点解，其一阶条件为：

$$\phi'_2(h)=-p_h$$

这隐含着一个供给函数：$h_2(p_h)$。

在决定要买入多少权利上，消费者1要最大化：

$$\phi_1(h)-p_h h$$

如果存在内点解，一阶条件为：

$\phi'_1(h)=p_h$

这里隐含着一个需求函数 $h_1(p_h)$。

市场出清条件为 $h_1(p_h)=h_2(p_h)$，或者 $\phi'_1(h^m)=-\phi'_2(h^m)$，均衡为 h^m。要注意，这正是所定义的外部性活动的最优水平 h^{**} 的方程。这样一来，如果我们可以创造一个缺失的市场，那么这个市场就会实现外部性活动的帕累托最优水平。

这个结论取决于价格接受者的假设，在这种情况下这个假设当然是不太合理的。但是，在多数关于外部性的真实市场上，这并非是一个不合理的假设，因为一般来说生产者和消费者的人数还是很多的，比如空气污染这样的外部性，产出污染和遭受污染的人数都很多。在可交易污染权证这样的情况下，这是一种基本的方法。政府为污染权创造了一个市场，一旦缺失的市场被创造出来，这个市场就会以实现最优外部性产品产出水平的方式来运行。

10.3 公共物品和纯公共物品

上面我们所举的这个例子是只有两个消费者的外部性情况。我们再来思考一下有着众多消费者的情况。在这类情况下，可以将生产外部性的活动看成一个公共物品。公共物品是由不止一个消费者消费的商品。正如我们前文所述，公共物品可以有很多形式。基本上来说，区分它们最有用的方法是看消费这种商品是不是具有竞争性（即一个人消费它是不是影响另外一个人对它的消费）以及消费它是不是具有排他性（即一个人消费该商品就会阻止其他人再来消费它）。我们现在开始对纯公共物品进行研究。所谓纯公共物品，即既没有竞争性，又没有排他性的公共物品。一人对该商品的消费不会影响其他人对其的消费，而排除其他人消费它也很困难，甚至是不可能的。最好的例子就是国防。

很多商品是公共物品，但是并非纯公共物品，因为消费它们要么是竞争性的，要么是排他性的，不像纯公共物品那样，二者都不具备。例如，公共牧场或者所有人都可以进入的公共渔场，就是这样的例子。越多人使用这种资源，每个人从中得到的收益就越少。这类资源被称为**共有资源**。我们在10.4部分中将介绍共有资源的例子。

如果公共物品只是具有排他性但不具有竞争性，则称这种公共物品为**俱乐部物品**。比如，你可以排斥他人进入你公司或学校的公共停车场，但是你公司或者学校的人对此却是可以自由进入的。在你是否能够让别人对公共物品进行付费上，排他性是至关重要的。例如，当我们无法排斥他人对国防进行消费时，我们该如何期待别人自愿为一个像国防这样的纯公共物品进行付费呢？如果没有被排斥的威胁，那么人们总是会想搭别人的便车，让别人为国防买单，而自己坐享其成。另外，在俱乐部物品的情况下，比如你们公司的公共停车场，那些没有公司停车卡的人就不能驶入，这会使外面的人无法使用这一公共停车场，只有你们公司的人——可以看成一个俱乐部的成员——可以享用它，而自己公司的人对这个停车场是曾付过费的，虽然这种付费可能会是以公司的名义而非个人的名义作出的。

最后，不是所有的公共物品都是“好的”（后文为与公共坏品相对应，称“好的”公共物品为公共好品)，你也会看到一些公共坏品，比如污染、路况超差的公路、过度放牧的牧场等。不过，仍然可以对公共坏品进行再定义，比如，对于污染这种公共坏品，我们可以将清理污染或者减少污染看成公共好品。笔者2014年回老家过春节，发现整个华北平原都被雾霾笼罩着，但是还是有很多人放鞭炮。雾霾就是公共坏品，但是我们可以将减少雾霾看成提供公共好品。笔者写了一首诗歌，批判了那些不顾雾霾仍然燃放爆竹的人："回首神州成雾国，中原北望霾如山；众人犹作等闲看，爆竹声里甲午年。"诗虽不好，但是也体现了一个经济学者的忧思和批判。笔者呼吁身边的亲朋好友能够有所节制，尽量少在春节期间燃放烟花爆竹，但是收效甚微，最常听到的回答是："大家都这么干，又不少我一个，少我一个也少不了多少雾霾。"对公共物品的研究，内在隐含着深刻的"囚徒困境"思想，我们使用的模型同样可以用于对公共坏品的分析。

10.3.1　纯公共物品

我们来看下面这个纯公共物品的简单模型，仍然假设有I个消费者，L个商品。偏好关于某一个计数商品w呈拟线性形式。令x表示公共物品的数量。在这种情况下，间接效用函数取下面这种形式：

$$v_i(p,x,w)=\bar{\phi}_i(p,x)+w$$

与双边外部性的情况一样，我们不是对价格感兴趣，因此令 $\phi_i(x)=\bar{\phi}_i(p,x)$。假设 ϕ_i 是二次可微的，且在所有x>0上均为凹的。若为公共好品，则有 $\phi'_i>0$；若为公共坏品，则有 $\phi'_i<0$。

假设供给该公共物品q单位成本为c(q)，其中c(q)是严格增且二次可微的凸函数。在公共好品的情况下，其生产是要花费成本的，$\phi'_i>0$，且 $c'>0$。在公共坏品的情况下，阻止其生产是需要花费成本的，$\phi'_i<0$，且 $c'<0$。

在这个模型中，帕累托最优配置必然最大化总剩余，因此为下式的解：

$$\max_{q\geqslant 0}\quad \sum_{i=1}^{I}\phi_i(q)-c(q)$$

这可以得到充要条件，如果存在内点解，其中 q^0 是帕累托最优数量：

$$\sum_{i=1}^{I}\phi'_i(q^0)-c'(q^0)=0$$

这样一来，增加公共物品而带来的总的边际效用等于其边际成本。

10.3.2　公共物品的私人供应

现在，假设该公共物品由消费者的私人购买予以提供。也就是说，像国防这样的公共物品，我们要求人们对它进行支付，并宣称"给我们钱，我们用它来购买国防这种服务"。因此，每个消费者会选择购买多少公共物品 x_i。我们将具有总成本函数 $c(\cdot)$ 的利润最大化企业看成供应方。

在竞争性均衡上，有：

1. **消费者最大化效用**

$$\max\quad \phi_i\left(x_i+\sum_{j\neq i}x_j^*\right)-px_i$$

若存在内点解，则一阶条件为：

$\phi'_i\left(x_i^* + x_{-i}^*\right) = p$

2．企业最大化利润

$\max \quad pq - c(q)$

若存在内点解，则一阶条件为：

$p = c'(q^*)$

3．市场出清

在竞争性均衡上，调整价格以满足下式：

$x^* = \sum_i x_i^* = q^*$

将条件1和条件3放在一起，我们可知，对于任意购买了公共好品的正的数量i来说，有：

$\phi'_i\left(x^*\right) = c'\left(x^*\right)$

进一步而言，对于所有不购买该好品的i来说，$\phi_i(x^*)>0$。不失一般性，假设消费者1到K不去付费，K+1到I的消费者付费。这表明，无论何时，只要有正的数量的公共好品得到提供，即有：

$$\sum_i \phi'_i\left(x^*\right) = \sum_{i=1}^{K} \phi'_i\left(x^*\right) + \sum_{i=K+1}^{I} \phi'_i\left(x^*\right) \tag{10-1}$$

$$= \sum_{i=1}^{K} \phi'_i\left(x^*\right) + (I-(K+1))c'(x^*) > c'(x^*) \tag{10-2}$$

现在，用它与定义公共好品帕累托最优数量的条件进行比较：

$\sum_{i=1}^{I} \phi'_i\left(q^0\right) = c'(q^0)$

这样来看，当人们自愿捐赠进行付费时，市场对该公共好品会提供得过多，即 $q^0 > q^*$。

市场提供公共好品会过少这一事实，可以根据外部性来予以理解。一个消费者购买一单位公共好品，就对其他消费者提供了一份外部的收益。更正式地说，消费者i提供一单位公共好品会付出私人成本 p^* 这么多，得到私人收益 $\phi'_i\left(x^*\right)$，为公共提供收益 $\sum_{j\neq i}\phi'_j\left(x^*\right)$。当购买公共好品时，个体会根据私人成本来评估私人收益。然而，作为一个整体的社会则是根据成本来评价所有人的收益（因为 $p^* = c'(q)$，私人成本也是公共成本）。个人不会考虑公共收益这一事实，会带来该公共好品的供给不足。这经常被称为**搭便车问题**（如图10-4所示）。

图10-4 搭便车问题

我们来看搭便车问题的一个例子，其中消费者的边际效用在其任何一个分量上都是递增的：

对于所有的x，有 $\phi'_1(x) < \phi'_2(x) < \cdots < \phi'_I(x)$。

在这种情况下，下面这个条件：

$\phi'_I\left(x_i^* + x_{-i}^*\right) = p^*$

至多对于一个消费者成立。我们称购买公共好品的消费者为 j^*。所有其他消费者必然选择 $x_i^* = 0$。在 $x_i^* = 0$ 这种情况下，一阶条件是：$\phi'_i\left(x_{i*}^*\right) \leqslant p = \phi'_j\left(x_{j*}^*\right)$。这表明 j^* 必为消费者I，

因为对于所有的 $i \neq I$ 有 $\phi'_I(x) > \phi'_i(x)$。

前面这个例子是典型的搭便车问题的例子。唯一为该公共物品付费的人就是那个对它在边际上估价最高的人。所有其他人对该公共物品均不作出任何贡献。像这类真实世界的例子不胜枚举。比如你生活的寝室，和其他人一起共住，保持寝室清洁就是提供一种公共物品，往往最热爱清洁的人会承担较多的清洁劳动。其他人则会搭这位热爱清洁的人的便车。

10.3.3　搭便车问题的补救措施

与双边外部性一样，在公共物品情况下，对于搭便车问题也有一些补救措施。有些补救措施包括政府对公共物品的提供进行干预。例如，政府可以强迫要求消费者必须购买多少数量的公共物品。政府可以通过一项法律，要求限制污染的总量，然后具体规定每家企业的污染数量。对于其他的公共物品，比如公路、桥梁或者国防，政府也可以简单地直接进行提供，替所有个体消费者进行决策。

政府也可以采取一些以价格为基础的干预措施。例如，整个可以对公共物品的提供进行征税或者补贴，使私人提供公共物品的激励与公共激励相同。假设有I个消费者，每个消费者有收益函数 $\phi_i(x)$，使用双边外部性情况中的庇古税的例子，我们通过使给每个消费者的单位补贴与下式相等，可以实现最优的消费水平 x^0：

$$s_i = \sum_{j \neq i} \phi'_j(x^0)$$

这是因为假设其他消费者在选择 x_j^0 的情况下该消费者最大化：

$$\phi_i(x_i + x_{-i}^0) + s_i x_i - p x_i$$

这一问题的充要条件为：

$$\phi'_i(x_i + x_{-i}^0) + s_i = p$$

在上式中代入补贴，并结合市场出清条件，可得：

$$\phi'_i(x_i + x_{-i}^0) + \sum_{j \neq i} \phi'_j(x^0) = p^* = c'(x)$$

当 $x = x^0$ 时，上式可得到满足。这样一来，最优值即可实现了。

尽管上面描述的补贴可以实现公共物品的帕累托最优水平，但是对于政府来说，要做到它也会非常昂贵，因为这一补贴可能非常之大，要给每个人都支付其对所有其他消费者的边际价值，费用绝对是不菲的。

10.3.4　林达尔均衡

与双边外部性的情况一样，以数量和以价格为基础的政府干预要求政府对消费者和企业的偏好有着详尽无遗的知识。现在我们来给出市场对这一问题的解决方案，这被称为**林达尔均衡**（Lindahl equilibrium）。隐含在林达尔均衡背后的思想是，该公共物品可以分开成为I种私人物品，其中每个商品都是“个人i对该公共物品的享受”，具有自己的价格（名为林达尔价格）。在这一市场中，这个均衡被称为林达尔均衡，该均衡可以实现公共物品的帕累托最优配置。

假设对于每个i，都有一个“个人i对该公共物品的享受”这种商品的市场。我们将这种个人化的商品价格表示为 p_i。给定一个均衡价格，该消费者选择该商品的总量来最大化：

$$\phi_i(x) - p_i x_i$$

它具有充要条件：

对于每个i，有：

$$\phi'_i(x) = p_i \quad (10\text{-}3)$$

现在，我们来看该市场的生产者方面。当企业生产了一单位这种公共物品，它就为每一个个人产生了一单位私人化的公共物品。也就是说，一单位国防产品是国防产品的一个消费束，即消费者1一单位、消费者2一单位，以此类推。因此，对于每单位企业生产并销售的公共物品来说，它取得了 $\sum_i p_i$ 元。因此，该企业的问题可以写为：

$$\max_q \quad (\sum_i p_i q) - c(q)$$

它具有一阶条件：

$$\sum_i p_i = c'(q)$$

将这个条件与消费者的最优条件——公式（10-3）——相结合，可以得到：

$$\sum_i \phi'_i(q^{**}) = c'(q^{**})$$

这是为该公共物品的有效水平进行定义的公式。相应的价格为 $p_i^{**} = \phi'_i(q^{**})$。这样一来，林达尔均衡带来了公共物品符合效率水平的供应。

林达尔均衡表明，合适的市场可以实现帕累托最优配置，即便在公共物品情况下也是如此。不过，林达尔均衡的实现不是那么具有现实性，尤其是林达尔均衡取决于消费者表现为价格接受者，即便在他们是该商品的唯一买家这种情况下亦是如此。尽管如此，认为该消费者没有市场势力来迫使该公共物品的生产者降低价格，仍然是合理的，尤其是当这个生产者是政府的时候，更是如此。另外，更加让人感到困扰的是，为了能够让林达尔均衡运行起来，该消费者必须相信，如果他们不购买任何单位的该公共物品，他们就不能消费它。当然，由于公共物品的特征之一是它具有非排他性，所以消费者相信这一点似乎是不大可能的。尽管如此，林达尔均衡仍为我们提供了一种市场解决搭便车问题的依据，这是理论的起点和现实的参考。

10.3.5 俱乐部物品

尽管林达尔均衡对于纯公共物品来说可能不是那么合理，但是如果它是可排他的，即如果它是我们前面说的**俱乐部物品**，那么这种均衡就仍然是合理的。林达尔价格 p_i^{**} 可以看成俱乐部中一个成员的价格，也即俱乐部物品的进入权利。在这种情况下，这个市场会带来对该俱乐部物品的符合效率水平的供应，尽管我们还是要因为价格接受者这个假设而受到困扰。

10.4 共有资源

共有资源是这样一种商品，对它的消费是竞争性的，但是非排他。共有资源的典型例子就是公共牧场或公共渔场。比如，在东海的渔场，所有沿海的渔民均可在此打鱼，灌溉系统的例子也是这样。在这种情况下，个人会倾向于过度使用这类共有资源，因为他们会选择让个体的边际收益等于零这样的使用程度，但是帕累托最优是总边际收益等于零，一般会低于市场均衡水平的使用程度。

我们来看下面这个共有资源的例子。假设东海的渔场是一个非排他的共有资源，鱼类总数由 $f(k)$ 给出，其中 k 为在渔场进行捕鱼的渔船总数。假设 $f'>0$，$f''<0$，且 $f(0)=0$，也就是说，我们假设总的产鱼量是渔船数递增的凹函数。还需要注意，作为 $f(\cdot)$ 凹性的结果，有 $\frac{f(k)}{k}>f'(k)$。也就是说，每艘渔船捕捞的鱼类的数量总是大于多增加一艘渔船所带来的边际产量。这就会得到这样的结果，对于一个凹的生产函数来说，平均产量是递减的。令 $AP(k)=\frac{f(k)}{k}$，那么 $AP'(k)=\frac{1}{k}(f'(k)-AP(k))<0$。因此，$AP(k)>f'(k)$。

渔船的生产成本为 $c(k)$，其中 k 为渔船总数，$c(\cdot)$ 是一个严格增的凸函数。鱼类的价格标准化为1。

渔船的帕累托有效数目可由求解下式得到：

$$\max_{k} \quad f(k)-c(k)$$

这表明最优渔船数量 k^0 的一阶条件为：

$$f'(k^0)=c'(k^0)$$

令 k_i 为渔夫 i 雇用的渔船数量，假设总共有 I 个渔夫，因此有 $k=\sum_i k_i$。如果 p 是一艘渔船的市场出清价格，那么渔船生产者求解下式：

$$\max_{k} pk-c(k)$$

它具有最优条件：

$$c'(k)=p$$

在每艘渔船捕到相同数量的鱼这一假设下，每个渔夫求解这个问题：

$$\max_{k_i} \quad \frac{k_i}{k_i+k_{-i}}f(k)-pk_i$$

其中：$k_{-i}=\sum_{j\neq i}k_j$。

该问题的最优性条件是：

$$f'(k^*)\frac{k_i^*}{k^*}+\frac{f(k^*)}{k^*}\frac{k_{-i}^*}{k^*}=p$$

市场出清意味着：

$$f'(k^*)\frac{k_i^*}{k^*}+\frac{f(k^*)}{k^*}\frac{k_{-i}^*}{k^*}=c'(k^*)$$

因为我们所有的生产者都是一样的，所以最优水平将会是对于所有的 i、j，有 $k_i^*=k_j^*$。也就是说，所有的渔夫会选择相同数量的渔船。如果总共有 n 个渔夫，那么我们可以将这个条件重写为：

$$f'(k^*)\frac{1}{n}+\frac{f(k^*)}{k^*}\frac{n-1}{n}=c'(k^*)$$

这样一来，该式左边是边际产品 $f'(k)$ 和平均产品 $\frac{f(k)}{k}$ 的凸组合。由于我们知道 $\frac{f(k)}{k}>f'(k)$，

所以 $f'(k^*)\frac{1}{n}+\frac{f(k^*)}{k^*}\frac{n-1}{n}>f'(k^*)$。最后，因为 $c'(k)$ 在 k 上是递增的，表明 $k^*>k^0$。由此可以证明，这个市场过度使用了东海渔场。

是什么使人们过度使用了这一共有资源呢？我们再来看渔夫的最优条件：

$$f'(k^*)\frac{k_i^*}{k^*}+\frac{f(k^*)}{k^*}\frac{k_{-i}^*}{k^*}=p$$

左边的项对应于两个不同的现象：第一，如果渔夫 i 购买了其他渔船，那么这会提高总的捕捞量，渔夫 i 会得到增加的 $\frac{k_i^*}{k^*}$ 部分，这是 $f'(k^*)\frac{k_i^*}{k^*}$。第二，由于渔夫 i 现在有不止一艘渔船，所以他占有总渔船数量的比例更大，因此他可以从这样的事实中得到好处，即总捕捞量的更大份额由他取得。这第二个效应对应着 $\frac{f(k^*)}{k^*}\frac{k_{-i}^*}{k^*}$ 这一项，可以看成从这个市场中偷得的数量。

要注意，这两种效应会使该市场表现出非均衡的特征。因为该渔夫只能得到由于新增一艘渔船所捕捞到的鱼类数目增加的 k_i^*/k^* 部分，所以这会使得该市场选择过少的渔船。然而，又由于增加一艘渔船会使得他能够从其他渔夫那里偷得一部分的捕捞量，所以这又是有利可图的，会驱使他购买更多渔船。当 $f(\cdot)$ 为凹时，我们知道后者的效应会优于前者，这就会有太多的渔船。

市场会导致对共有资源的过度使用，这种现象被称为**公地的悲剧**（tragedy of the commons）。对于这一问题的解决，前面给出的那些针对外部性和公共物品的补救方法有些还是有用的。例如，对渔船数量实行配额制，每个渔夫只能拥有一定的渔船数，这样每个渔夫捕捞的鱼量就会受到限制，从而解决这一问题。此外，对渔船进行征税，或者对捕捞的鱼进行征税，也有助于解决这个问题。适当的渔船税为：

$$t^*=\frac{k_{-i}^*}{k^*}+\left(\frac{f(k^*)}{k^*}-f'(k^*)\right)$$

在这种情况下，该渔夫的问题就变成了：

$$\max_{k_i}\quad \frac{k_i}{k_i+k_{-i}}f(k)-pk_i-t^*k_i$$

一阶条件为：

$$f'(k)\frac{k_i}{k}+\frac{f(k)}{k}\frac{k_{-i}}{k}-t^*=p$$

代入 t^* 的值：

$$f'(k)\frac{k_i}{k}+\frac{f(k)}{k}\frac{k_{-i}}{k}-\frac{k_{-i}^*}{k^*}\left(\frac{f(k^*)}{k^*}-f'(k^*)\right)=p$$

与市场出清条件相结合，这就成了：

$$f'(k)\frac{k_i}{k}+\frac{f(k)}{k}\frac{k_{-i}}{k}-\frac{k_{-i}^*}{k^*}\left(\frac{f(k^*)}{k^*}-f'(k^*)\right)=c'(k)$$

对于所有的 i，它在 $k_i=k^*/n$ 处可以求解。

私有化（或国有化）是另外一种解决方案。如果整个共有资源都由一个人拥有，那么他们势必会选择 $f'(k)=p$，并且 $f'(k^*)=c(k^*)$。共有资源的所有者和消费者会为使用程度进行讨价还价。不过，私有化也有它自身的问题，包括管理上的困难和共有资源分配中的诸多问题。

除了这些工具之外，也要注意到，公地悲剧作为一个问题，存在的时间已经数以百年乃至千年了，因此这是一个根深蒂固的古老问题，也是当代的一个大问题。关于这个问题的研究，第一位女诺贝尔经济学奖得主埃莉诺·奥斯特罗姆穷其毕生精力，进行了卓绝的研究。那些对此问题有更多兴趣的读者，可以参看奥斯特罗姆的《公共事物的治理之道》。但是，尽管如此，离这一问题的终极解决，我们仍然有着漫长的道路要走。这既是经济学家的任务所在，也是智慧的迷人魅力所在！

基础训练

1.考虑有一个任何人都可以捕鱼的湖泊。如果捕鱼的渔夫数量是 n，则总共可以捕到 $f(n)$ 千克的鱼（渔夫可捕 $f(n)/n$ 千克），$f'(n)>0$，$f''(n)<0$。假设鱼的市场价格 p 不受这个湖泊的鱼产量的影响，每个渔夫参与捕鱼的成本是 $c>0$。

（1）求参与捕鱼的渔夫的均衡人数。

（2）求参与捕鱼的渔夫的最优人数，将其与（1）中的结果进行比较，解释为什么二者不同。

（3）如果这个湖泊是某人的私人财产，他会派多少渔夫去湖上捕鱼？

2.一个收入为 m 的个体有下面形式的效用函数：

$$u(x_1, x_2, q) = x_1 + (x_2 q)^2$$

其中：x_1 和 x_2 是私人物品；市场价格分别是 p_1 和 p_2；q 是公共物品。

（1）求间接效用函数 $v(x_1, x_2, q)$。

（2）计算 $\dfrac{\partial v/\partial q}{\partial v/\partial m}$ 并解释它的含义。

（3）求支出函数 $e(p_1, p_2, u, q)$。

（4）计算 $-\partial e/\partial q$ 并解释它的含义。

（5）比较（2）和（4）的计算结果。如果它们不相等，为什么？如果它们相等，这是否是一个一般结论，或只是这个特殊效用函数下的偶然结果？

3.考虑这样一个外部性问题：某工厂的产品市场是完全竞争的，价格为 p；其生产过程中产生的噪音会影响附近一个住户，但可以采取措施控制其生产过程中的噪音。假设厂商的成本函数是 $c(x,e)$，其中 x 是产量，e 是噪音水平。假设 $c(x,e)$ 是严格凸函数，满足 $\partial c/\partial x>0,\ \partial c/\partial e<0$，住户的效用函数是 $u(e)=v(e)+w,\ v'(e)<0$。除这个住户以外，假设厂商的生产对社会其他个体的利益没有影响。

（1）推导利润最大化厂商的产出和噪音水平满足的一阶必要条件。

（2）推导社会最优产量和噪音水平满足的一阶必要条件。

（3）假设政府对厂商的产出水平征税，证明：即使厂商与住户间不存在交易，这种税收也必然是无效率的。

（4）假设政府能够测量厂商产生的噪音水平 e，并直接对噪音征收从量税，并且厂商与住户间不存在交易。证明：适量的税收可以导致帕累托有效配置。

（5）如果厂商与住户可以进行科斯定理中提出的那种讨价还价方式的交易，上一问题的结果是否会受影响？

4.假设某企业面对固定不变的要素价格 $\bar{w}$，它的生产函数 $c(q,h)$ 是可微且严格凸的，其中 $q \geqslant 0$ 是它的产量水平（产品价格 $p>0$），h是它产生的负外部性水平。该企业产生的外部性影响了某个消费者，该消费者的效用函数为 $\phi(h)+w$。企业和消费者的行动都不会影响任何市场价格。

（1）推导出该企业对q和h最优选择的一阶条件。

（2）推导出社会对q和h帕累托最优水平的一阶条件。

（3）假设政府对企业的产量征税，说明这种做法无法达到有效率的结果，并证明直接对外部性征税能达到有效率的结果。

（4）证明：在下列特殊情况下，即在h和q必须以固定比例生产，从而 $h(q)=\alpha q$，其中 $\alpha>0$ 的情形下，政府对企业的产量征税能够达到有效率的结果。政府应该征收的税率为多少？

5.一年级研究生是一个刻苦学习的群体。假设某个班级有I个学生，每个学生i花费 h_i 小时做功课。这种努力带给学生的痛苦程度（即负的效用）为 $h_i^2/2$。每个学生i的收益取决于他相对于其他同学的表现，每个学生的收益为 $\phi\left(h_i/\bar{h}\right)$，其中 $\bar{h}=\frac{1}{I}\sum_i h_i$ 是所有学生花费在功课上的平均小时数，$\phi(\cdot)$ 是可微且凹的函数，$\phi'(\cdot)>0$，$\lim_{h\to 0}\phi'(h)=\infty$。求这个问题的对称（纳什）均衡，并将它与帕累托最优对称结果进行比较，然后进行解释。

[附录]

数学预备知识

附录1　函　数

附录1.1　凹（凸）函数

附录1.1.1　凸集

凸集（convex set）：对于任意两点 $u \in S$ 和 $v \in S$，且对于每一个 $\theta \in [0,1]$，当且仅当 $w = \theta u + (1-\theta)v \in S$ 为真时，集合 $S \subset R^n$ 为凸集。

凸集要求集合内的任意两点，其连线也在集合内，即该集合不存在任何孔，它的边缘也不能有缩进。例如，平面中，一条线段就是一个凸集，而一个圆圈则不是。

附录1.1.2　凹（凸）函数

引入凸集的概念后我们就可以介绍凹（凸）函数：不管是凹函数还是凸函数，都要求其定义域是凸集。我们可以先举个例子来直观感受下凹（凸）函数的特征。比如，函数 $y = -x^2 + 4x - 4$ 就是一个凹函数，它在定义域内呈现的形状像一个倒立的碗；函数 $y = -x^2 + 4x - 4$ 是一个凸函数，它在定义域内呈现的形状像一个碗。

现在具体给出凹（凸）函数的**定义**（x为自变量向量）：

对于函数 $f:D \to \mathbb{R}$，其定义域内任意两个不同的点 x^1 和 x^2，当且仅当 $tf(x^1) + (1-t)f(x^2) \leqslant f(tx^1 + (1-t)x^2), \forall t \in (0,1)$ 时，函数f为**凹函数**（concave function）。

对于函数 $f:D \to \mathbb{R}$，其定义域内任意两个不同的点 x^1 和 x^2，当且仅当 $tf(x^1) + (1-t)f(x^2) \geqslant f(tx^1 + (1-t)x^2), \forall t \in (0,1)$ 时，函数f为**凸函数**（convex function）。

如果f为一元函数，我们能从图形中看到，凸函数的定义是指该曲线上任何两点之间的连线在曲线的上面，而凹函数则要求曲线上任何两点之间的连线在曲线的下面。如果是二元函数，则把“曲线”改为“曲面”也可以感受它们的特征。

若将不等号“≤”和“≥”分别变换成严格不等号“<”和“>”，上述定义便成了**严格凹函数**和**严格凸函数**的定义。

因为凹函数的定义域为凸集，因此点 $tx^1 + (1-t)x^2$ 也一定在函数的定义域内。

我们可以利用凹（凸）函数和严格凹（凸）函数判断函数极值的情况。在满足无约束极值一阶必要条件的前提下，凹函数一定存在全局最大值的解，但全局最大值的解可能不是唯一的，因为如果山峰包含一个平顶，则全局最大值的解有很多个。仅当我们限定它为严格凹函数时，全局最大值的解才可能是唯一的。

附录1.1.3 凹（凸）函数与凸集的关系

首先我们必须区别凸集与凸函数的概念。

根据定义可知，当“凸的”被用于描述集合时，它要求该集合不能出现任何孔，边缘也不能有缩进。这不同于之前的凹（凸）函数：当“凸的”被用于描述函数时，它确定的是一条曲线或曲面是如何弯曲的。

但凹（凸）函数确实与凸集有关。除了定义域都要求是凸集之外，它们都可以引致一个凸集。

定理：

$f(x)$ 是凹函数 $\Leftrightarrow A \equiv \{(x,y) | x \in D, f(x) \geqslant y\}$ 是**凸集**；

$f(x)$ 是凸函数 $\Leftrightarrow A \equiv \{(x,y) | x \in D, f(x) \leqslant y\}$ 是**凸集**。

也就是说，由函数上的点以及函数曲线（曲面）之下的点组成的集合若是凸集 $\Leftrightarrow$ 该函数为凹函数；由函数上的点以及函数曲线（曲面）之上的点组成的集合若是凸集 $\Leftrightarrow$ 该函数为凸函数。

注意，这里的A是关于点（x，y）的集合。

附录1.1.4 用海塞矩阵判定凹（凸）函数

当函数为二阶连续可导时，我们还可以利用海塞矩阵判定它是否为凹（凸）函数。

定义：

海塞矩阵：函数二阶导数和交叉导数构成的矩阵，如 $H(x)=\begin{bmatrix} f_{11}(x) & f_{12}(x) & \cdots & f_{1n}(x) \\ f_{21}(x) & f_{22}(x) & \cdots & f_{2n}(x) \\ \vdots & \vdots & \vdots & \vdots \\ f_{n1}(x) & f_{n2}(x) & \cdots & f_{nn}(x) \end{bmatrix}$。根据杨格定理：$f_{ij}=f_{ji}$，因此海塞矩阵为对称矩阵。

通过判定海塞矩阵的负（正）定，我们可以判定函数的凹（凸）性，规则为：

（1）海塞矩阵 $H(x)$ 负定 $\Rightarrow$ 其函数为严格凹函数；

（2）海塞矩阵 $H(x)$ 正定 $\Rightarrow$ 其函数为严格凸函数。

接下来就介绍判断海塞矩阵正负定的方法。

定义：

主子阵：对于 $n\times n$ 矩阵A来说，由A的k个主对角线元素及其对应的非对角线元素来得到的矩阵，为A的k阶主子阵；由A的前k个主对角线元素及其对应的非对角线元素来得到的矩阵，为k阶前主子阵。

主子阵的行列式为主子式，前主子阵的行列式为顺序主子式。

我们用 D_k 表示 $H(x)$ 的k阶顺序主子式（其中 $k=1,2,\cdots,n$），如：

$$D_1(x)=|f_{11}(x)|$$

$$D_2(x)=\begin{vmatrix} f_{11}(x) & f_{12}(x) \\ f_{21}(x) & f_{22}(x) \end{vmatrix}$$

$$\vdots$$

$$D_k(x)=\begin{vmatrix} f_{11}(x) & f_{12}(x) & \cdots & f_{1n}(x) \\ f_{21}(x) & f_{22}(x) & \cdots & f_{2n}(x) \\ \vdots & \vdots & \vdots & \vdots \\ f_{n1}(x) & f_{n2}(x) & \cdots & f_{nn}(x) \end{vmatrix}$$

定理：

对于二次连续可微函数，$y=f(x_1,x_2,\cdots,x_n)$：

（1）$D_k(x)>0\quad(k=1,2,\cdots,n)\Leftrightarrow$ 海塞矩阵正定。

（2）$(-1)^k D_k(x)>0\quad(k=1,2,\cdots,n)\Leftrightarrow$ 海塞矩阵负定。

用 H^π 表示海塞矩阵H的指标（$1,2,\cdots,n$）的任意排序，D_k^π 为 H^π 的k阶顺序主子式，则：

（3）$D_k^\pi(x)\geqslant 0\quad(k=1,2,\cdots,n)\Leftrightarrow$ 海塞矩阵半正定。

（4）$(-1)^k D_k^\pi(x)\geqslant 0\quad(k=1,2,\cdots,n)\Leftrightarrow$ 海塞矩阵半负定。

附录1.2　拟凹（拟凸）函数

不管是凹（凸）函数还是严格凹（凸）函数，它们对函数都有比较强的设定。我们需要更弱的假定来增加理论的一般性和解释力。**拟凹（拟凸）函数**则是一个相对而言更弱的条件。

附录1.2.1　拟凹（拟凸）函数的定义

对于函数 $f:D\rightarrow\mathbb{R}$，其定义域内任意两个不同的点 x^1 和 x^2，当且仅当 $\min\{f(x^1),f(x^2)\}\leqslant f(tx^1+(1-t)x^2),\ \forall t\in(0,1)$ 时，函数f为**拟凹函数**（quasiconcave function）。

对于函数 $f:D\rightarrow\mathbb{R}$，其定义域内任意两个不同的点 x^1 和 x^2，当且仅当 $\max\{f(x^1),f(x^2)\}\geqslant f(tx^1+(1-t)x^2),\ \forall t\in(0,1)$ 时，函数f为**拟凸函数**（quasiconvex function）。

若将不等号"≤"和"≥"分别变换成严格不等号"<"和">"，上述定义便适用于严格拟凹函数和严格拟凸函数的定义。

我们也可以通过更直观的方法来检验函数的拟凹性和拟凸性。

定义：

$S(y^0)\equiv\{x\,|\,x\in D,f(x)\geqslant y^0\}$ 为函数 $f(x)$ 在 y^0 水平上的**上等值集**（upper contour set），$I(y^0)\equiv\{x\,|\,x\in D,f(x)\leqslant y^0\}$ 为函数 $f(x)$ 在 y^0 水平上的**下等值集**（lower contour set）。

注意：不论是上等值集还是下等值集，它们都是关于选择变量x的集合，区别于之前与凹（凸）函数有关的A集合。

定理：

对于值域内的所有 y 值，S(y) 都是凸集 ⇔ $f:D\to\mathbb{R}$是拟凹函数。

对于值域内的所有 y 值，I(y) 都是凸集 ⇔ $f:D\to\mathbb{R}$是拟凸函数。

经济学中常假设拟凹的效用函数。根据定理，拟凹的效用函数保证了其上等值集为凸集。

附录 1.2.2 用加边海塞矩阵判定拟凹（拟凸）函数

当函数为二次连续可微时，我们还可以利用加边海塞矩阵判定拟凹（拟凸）函数。

定义：

加边海塞矩阵：由海塞矩阵和函数的一阶导数（边）构成的矩阵，如二元函数 $y=f(x_1,x_2)$ 的加边海塞矩阵 $\bar{H}(x_1,x_2)=\begin{bmatrix}0 & f_1(x_1,x_2) & f_2(x_1,x_2)\\ f_1(x_1,x_2) & f_{11}(x_1,x_2) & f_{12}(x_1,x_2)\\ f_2(x_1,x_2) & f_{21}(x_1,x_2) & f_{22}(x_1,x_2)\end{bmatrix}$，加边海塞矩阵也是对称矩阵。$B_k$ 为加边海塞矩阵的 k+1 阶顺序主子式，如：

$$B_2(x_1,x_2)=\begin{vmatrix}0 & f_1(x_1,x_2) & f_2(x_1,x_2)\\ f_1(x_1,x_2) & f_{11}(x_1,x_2) & f_{12}(x_1,x_2)\\ f_2(x_1,x_2) & f_{21}(x_1,x_2) & f_{22}(x_1,x_2)\end{vmatrix}$$

$$B_k^\pi(x_1,x_2)=\begin{vmatrix}0 & \nabla f_k^\pi\\ \nabla f_k^{\pi T} & H_k^\pi\end{vmatrix}$$

其中：$H^\pi(x)$ 表示海塞矩阵 H(x) 的指标（$1,2,\cdots,n$）的任意排序；$H_k^\pi(x)$ 为 $H^\pi(x)$ 的 k 阶子式。

通过加边海塞矩阵判定函数的拟凹（拟凸）性的规则为：

（1）函数为拟凹函数 ⇔ $(-1)^k B_k^\pi(x)\geqslant 0\quad (k=1,2,\cdots,n)$。

（2）函数为严格拟凹函数 ⇔ $(-1)^k B_k^\pi(x)>0\quad (k=1,2,\cdots,n)$。

（3）函数为拟凸函数 ⇔ $B_k(x)\leqslant 0\quad (k=1,2,\cdots,n)$。

（4）函数为严格拟凸函数 ⇔ $B_k(x)<0\quad (k=1,2,\cdots,n)$。

附录 1.3 函数间关系

（1）f(x) 是（严格）凹函数 ⇔ −f(x) 是（严格）凸函数。

（2）f(x) 是（严格）拟凹函数 ⇔ −f(x) 是（严格）拟凸函数。

（3）f(x) 是（严格）凹函数 ⇔ f(x) 是（严格）拟凹函数（反之不成立）。

（4）f(x) 是（严格）凸函数 ⇔ f(x) 是（严格）拟凸函数（反之不成立）。

（5）单调函数既是拟凹函数也是拟凸函数。

（6）凹（凸）函数相加后仍为凹（凸）函数，拟凹函数和拟凸函数则没有类似关系。

附录 1.4 常见的拟凹函数

拟凹的效用函数 ⇔ 上等值集为凸集 ⇒ 凸的无差异曲线

因为等产量曲线的概念几乎与无差异曲线是一致的，所以我们可以推出：

拟凹的生产函数 ⇔ 上等值集为凸集 ⇒ 凸的等产量曲线

附录2　无约束的最优化问题

附录2.1　一元函数的无约束极值

本附录讨论的函数都是二次连续可微的。

给定一个一元函数 $y=f(x)$ 。易知，它在 $x=x^*$ 处取得局部极值的一阶必要条件为 $f'(x^*)=0$ 。而该局部极值究竟是全局最大值还是全局最小值得看 $f''(x)$ 的符号：若 $f''(x)<0$，则 x^* 为唯一的全局最大值的解；若 $f''(x)>0$，则 x^* 为唯一的全局最小值的解。

利用上述极值的导数条件，我们可以推导出**极值的微分条件**：$dy=f'(x^*)dx=0 \Rightarrow$ 对于任意非零 dx，函数在极值处的一阶全微分为零，这是局部极值的一阶必要条件。

$d^2y=d[f'(x)dx]=f''(x)dx_2=f''(x)(dx)^2$ 对于任意非零 dx，我们也可以通过计算函数的二阶全微分来判断局部极值是全局最大值还是全局最小值。

综上所述，当函数为二次连续可微时，它取得**极值的必要条件**为：

（1） x^* 为函数的全局最大值的解 $\begin{matrix}\Rightarrow dy=f'(x^*)dx=0\\ \Rightarrow d^2y=f''(x)(dx)^2\leqslant 0\end{matrix}$，对于任意非零 dx 都成立。

（2） x^* 为函数的全局最小值的解 $\begin{matrix}\Rightarrow dy=f'(x^*)dx=0\\ \Rightarrow d^2y=f''(x)(dx)^2\geqslant 0\end{matrix}$，对于任意非零 dx 都成立。

在满足必要条件的前提下，若函数取得唯一的最值的解，它的**充分条件**为：

（1） $d^2y=f''(x)(dx)^2<0$，对于任意非零 dx 都成立 $\Rightarrow x^*$ 为函数唯一的全局最大值的解。

（2） $d^2y=f''(x)(dx)^2>0$，对于任意非零 dx 都成立 $\Rightarrow x^*$ 为函数唯一的全局最小值的解。

只要将 dx 改为一阶微分向量 dx，以上极值的微分条件能直接从单变量的情况推广至两个甚至多个变量的情况。

附录2.2　多元函数的最优化问题

附录2.2.1　一阶条件（F.O.C）

定义：

稳态值：n 元函数 $y=f(x_1,x_2,\cdots,x_n)$ 的稳态值 $(x_1^*,x_2^*,\cdots,x_n^*)^T=x^*$ ，在该点处，下面几个等式同时成立：

$$
\begin{aligned}
&f_1(x_1^*,x_2^*,\cdots,x_n^*)=0\\
&f_2(x_1^*,x_2^*,\cdots,x_n^*)=0\\
&\vdots\\
&f_n(x_1^*,x_2^*,\cdots,x_n^*)=0
\end{aligned}
$$

定理：

如果在点 $(x_1^*,x_2^*,\cdots,x_n^*)^T=x^*$ ，我们可能得到局部最大（小）值，即在 $(x_1^*,x_2^*,\cdots,x_n^*)^T=x^*$ 一个尽可能小的邻域内，所有点 $(x_1,x_2,\cdots,x_n)^T=x$ 都有 $f(x_1^*,x_2^*,\cdots,x_n^*)\geqslant/\leqslant f(x_1,x_2,\cdots,x_n)$ ，那

么稳态条件必然满足。

附录2.2.2　二阶条件（S.O.C）

1.二阶条件：一元函数极值条件扩展后的微分形式

直觉上，多元函数与一元函数一样，稳态值取得全局最大值还是全局最小值，与 d^2y 的符号有关，即在满足必要条件的前提下，函数取得唯一的最值的充分条件为：

（1） $d^2y<0$，对于任意非零 dx 都成立 $\Rightarrow x^*$ 为函数唯一的全局最大值的解。

（2） $d^2y>0$，对于任意非零 dx 都成立 $\Rightarrow x^*$ 为函数唯一的全局最小值的解。

我们先对 dy 进行微分，可得：

$$d^2y=[df_1(x)dx_1]+[df_2(x)dx_2]+\cdots+[df_n(x)dx_n]$$

$$=\begin{matrix} f_{11}(x)dx_1dx_1 & f_{12}(x)dx_1dx_2 & \cdots & f_{1n}(x)dx_1dx_n \\ f_{21}(x)dx_2dx_1 & f_{22}(x)dx_2dx_2 & \cdots & f_{2n}(x)dx_2dx_n \\ \vdots & \vdots & & \vdots \\ f_{n1}(x)dx_ndx_1 & f_{n2}(x)dx_ndx_2 & \cdots & f_{nn}(x)dx_ndx_n \end{matrix}$$

$$=(dx)^T\begin{bmatrix} f_{11}(x) & f_{12}(x) & \cdots & f_{1n}(x) \\ f_{21}(x) & f_{22}(x) & \cdots & f_{2n}(x) \\ \vdots & \vdots & \vdots & \vdots \\ f_{n1}(x) & f_{n2}(x) & \cdots & f_{nn}(x) \end{bmatrix}d(x)$$

其中：$H(x)=\begin{bmatrix} f_{11}(x) & f_{12}(x) & \cdots & f_{1n}(x) \\ f_{21}(x) & f_{22}(x) & \cdots & f_{2n}(x) \\ \vdots & \vdots & \vdots & \vdots \\ f_{n1}(x) & f_{n2}(x) & \cdots & f_{nn}(x) \end{bmatrix}$ 为海塞矩阵。

在判断 d^2y 的符号之前，我们先学习正（负）定矩阵及其判定方法。

定理：

A 为对称矩阵，若对于所有的 $x\neq 0$, $q(x)=x^TAx>0$ 始终成立，则称 $q(x)$ 正定，A 为正定矩阵；若对于所有的 $x\neq 0$, $q(x)=x^TAx<0$ 始终成立，则称 $q(x)$ 负定，A 为负定矩阵；若对于所有的 $x\neq 0$, $q(x)=x^TAx\geqslant 0$ 始终成立，则称 $q(x)$ 半正定，A 为半正定矩阵；若对于所有的 $x\neq 0$, $q(x)=x^TAx\leqslant 0$ 始终成立，则称 $q(x)$ 半负定，A 为半负定矩阵。

根据以上定理，若要判断 d^2y 的符号，我们只需判定与其对应的海塞矩阵的正（负）定：

（1）海塞矩阵 $H(x)$ 负定 $\Rightarrow d^2y<0\Rightarrow x^*$ 为函数唯一的全局最大值的解。

（2）海塞矩阵 $H(x)$ 正定 $\Rightarrow d^2y>0\Rightarrow x^*$ 为函数唯一的全局最小值的解。

2.二阶条件：利用函数的凹凸性

定理：

凹函数在稳态值处取得全局最大值。

凸函数在稳态值处取得全局最小值。

根据定理，在无约束最优化问题中，如果已知目标函数是凹（凸）函数，我们可以直接通过求解一阶必要条件得到全局最大（小）值的解。如果问题中我们事先不知道二次连续可导的目标函数是凹函数还是凸函数，那么我们根据判定规则借助海塞矩阵的正负定来判断。

综上，解决无约束最优化问题的思路是：已知目标函数为一个二次连续可微函数 $y=f(x_1,x_2,\cdots,x_n)=f(x)$，首先我们或已知或通过海塞矩阵的半负（正）定判定目标函数是凹（凸）函数，然后通过求解一阶必要条件 $f_i(x_1^*,x_2^*,\cdots,x_n^*)=0\ (i=1,2,\cdots,n)$ 求出稳态值，则根据以下规则，我们可以判定极值的情况：

（1）海塞矩阵 $H(x)$ 半负定 $\Leftrightarrow$ 凹函数 $\Rightarrow x^*$ 为函数的全局最大值的解。

（2）海塞矩阵 $H(x)$ 负定 $\Rightarrow$ 严格凹函数 $\Rightarrow x^*$ 为函数唯一的全局最小值的解。

（3）海塞矩阵 $H(x)$ 半正定 $\Leftrightarrow$ 凸函数 $\Rightarrow x^*$ 为函数的全局最小值的解。

（4）海塞矩阵 $H(x)$ 正定 $\Rightarrow$ 严格凸函数 $\Rightarrow x^*$ 为函数唯一的全局最小值的解。

附录2.3　举例：二元函数的无约束极值问题

有一个二次连续可微函数 $y=f(x_1,x_2)$，可知其海塞矩阵为 $H(x_1,x_2)=\begin{bmatrix} f_{11}(x_1,x_2) & f_{12}(x_1,x_2) \\ f_{21}(x_1,x_2) & f_{22}(x_1,x_2) \end{bmatrix}$，则：

$$D_1(x_1,x_2)=|f_{11}(x_1,x_2)|$$

$$D_2(x_1,x_2)=\begin{vmatrix} f_{11}(x_1,x_2) & f_{12}(x_1,x_2) \\ f_{21}(x_1,x_2) & f_{22}(x_1,x_2) \end{vmatrix}$$

$$D_1^\pi(x_1,x_2)=|f_{11}(x_1,x_2)|,|f_{22}(x_1,x_2)|$$

$$D_2^\pi(x_1,x_2)=\begin{vmatrix} f_{11}(x_1,x_2) & f_{12}(x_1,x_2) \\ f_{21}(x_1,x_2) & f_{22}(x_1,x_2) \end{vmatrix},\begin{vmatrix} f_{22}(x_1,x_2) & f_{21}(x_1,x_2) \\ f_{12}(x_1,x_2) & f_{11}(x_1,x_2) \end{vmatrix}$$

根据之前的判定规则：

（1）$D_1^\pi(x_1,x_2)\leqslant 0$，$D_2^\pi(x_1,x_2)\geqslant 0 \Leftrightarrow$ 凹函数 $\Rightarrow x^*$ 为函数的全局最大值的解。

（2）$D_1(x_1,x_2)<0$，$D_2(x_1,x_2)>0 \Rightarrow$ 严格凹函数 $\Rightarrow x^*$ 为函数唯一的全局最小值的解。

（3）$D_1^\pi(x_1,x_2)\geqslant 0$，$D_2^\pi(x_1,x_2)\geqslant 0 \Leftrightarrow$ 凸函数 $\Rightarrow x^*$ 为函数的全局最小值的解。

（4）$D_1(x_1,x_2)>0$，$D_2(x_1,x_2)>0 \Rightarrow$ 严格凸函数 $\Rightarrow x^*$ 为函数唯一的全局最小值的解。

判断函数的凹凸性后，若 $f_1(x_1^*,x_2^*)=f_2(x_1^*,x_2^*)=0$，则可判定函数在点 (x_1^*,x_2^*) 取得的是全局最大值还是全局最小值。

附录3　具有约束条件的最优化问题

之前在求极值的过程中，我们没有对选择变量的值进行约束，从而解的取值可能是负值，也可能很大。但考虑到经济学是建立在稀缺的资源如何配置的问题上的，因而在经济学的最优化求解过程中，我们通常不得不面临资源的稀缺性——对选择变量的值加上约束条件。

约束条件大致分三类：等式约束、非负约束以及更普遍的其他形式的不等式约束。我们将依次介绍对应的求解方法。从现在开始，讨论将以最大化问题为主，关于最小化问题的条件，我们可以将最大化条件稍微进行调整得到。

附录3.1 等式约束

关于解决等式约束的方法，其实我们已经学过了，就是利用拉格朗日方法求解的过程。现在简要回顾拉格朗日函数。

附录3.1.1 二元目标函数、一个等式约束的最优化条件

考虑二元函数下具有约束条件的最优化问题：

$$\max_{x_1,x_2} \quad y = f(x_1, x_2)$$

$$\text{s.t.} \quad g(x_1, x_2) = c$$

其中：c是一个常数，y和g都是二次连续可微函数。

该问题的拉格朗日函数为：

$$\mathcal{L} = f(x_1, x_2) + \lambda[c - g(x_1, x_2)]$$

一阶条件要求：

$$\frac{\partial \mathcal{L}(x_1^*, x_2^*, \lambda^*)}{\partial x_1} = \frac{\partial f(x_1^*, x_2^*)}{\partial x_1} - \lambda^* \frac{\partial g(x_1^*, x_2^*)}{\partial x_1} = 0 \Rightarrow \frac{\partial f(x_1^*, x_2^*)/\partial x_1}{\partial g(x_1^*, x_2^*)/\partial x_1} = \lambda^*$$

$$\frac{\partial \mathcal{L}(x_1^*, x_2^*, \lambda^*)}{\partial x_2} = \frac{\partial f(x_1^*, x_2^*)}{\partial x_2} - \lambda^* \frac{\partial g(x_1^*, x_2^*)}{\partial x_2} = 0 \Rightarrow \frac{\partial f(x_1^*, x_2^*)/\partial x_2}{\partial g(x_1^*, x_2^*)/\partial x_2} = \lambda^*$$

$$\frac{\partial \mathcal{L}(x_1^*, x_2^*, \lambda^*)}{\partial \lambda} = c - g(x_1^*, x_2^*) = 0 \Rightarrow c = g(x_1^*, x_2^*)$$

求出上述一阶条件，可得 $(x_1^*, x_2^*, \lambda^*)$ 。

二阶条件：

将拉格朗日乘子也看作变量，则最大化拉格朗日函数的过程可视为无约束最优化过程。这也就是说，如果解 $(x_1^*, x_2^*, \lambda^*)$ 满足$\mathcal{L}$的无约束极值中极大值的二阶条件，我们便可确定 $(x_1^*, x_2^*, \lambda^*)$ 是我们约束最优化问题的解。事实上，在二阶条件求导过程中，这里与无约束最优化的关键区别在于，dx_1 与 dx_2 的取值不再是任意非零即可，在等式约束中，dx_1 与 dx_2 的取值有关。

对等式约束 $c = g(x_1^*, x_2^*)$ 两边求一阶全微分，可得：

$$dg = g_1(x_1^*, x_2^*)dx_1 + g_2(x_1^*, x_2^*)dx_2 = 0 \Rightarrow dx_2 = -\frac{g_1(x_1^*, x_2^*)}{g_2(x_1^*, x_2^*)}dx_1$$

因此，等式约束要求 $dx_2 = -\frac{g_1(x_1^*, x_2^*)}{g_2(x_1^*, x_2^*)}dx_1$ 。

对函数 $y = f(x_1, x_2)$ 在 (x_1^*, x_2^*) 处进行二阶全微分，可得：

$$d^2y = d(dy) = \frac{\partial(dy)}{\partial x_1}dx_1 + \frac{\partial(dy)}{\partial x_2}dx_2$$

$$= [f_{11}(x_1^*, x_2^*)dx_1^2 + f_{12}(x_1^*, x_2^*)dx_1dx_2 + f_2(x_1^*, x_2^*)\frac{\partial(dx_2)}{\partial x_1}dx_1] + [f_{12}(x_1^*, x_2^*)dx_1dx_2 + f_{22}(x_1^*, x_2^*)dx_2^2 + f_2(x_1^*, x_2^*)\frac{\partial(dx_2)}{\partial x_2}dx_2]$$

$$= f_{11}(x_1^*, x_2^*)dx_1^2 + 2f_{12}(x_1^*, x_2^*)dx_1dx_2 + f_{22}(x_1^*, x_2^*)dx_2^2 + f_2(x_1^*, x_2^*)d^2x_2$$

对 $g(x_1^*, x_2^*) = c$ 进行二阶全微分，化简可得：

$$d^2g = d(dg) = g_{11}(x_1^*, x_2^*)dx_1^2 + 2g_{12}(x_1^*, x_2^*)dx_1dx_2 + g_{22}(x_1^*, x_2^*)dx_2^2 + g_2(x_1^*, x_2^*)d^2x_2 = 0$$

$$\Rightarrow d^2x_2 = \frac{-1}{g_2(x_1^*, x_2^*)}\cdot[g_{11}(x_1^*, x_2^*)dx_1^2 + 2g_{12}(x_1^*, x_2^*)dx_1dx_2 + g_{22}(x_1^*, x_2^*)dx_2^2]$$

将上式代入 d^2y ，可得：

$$d^2y=\frac{dx_1^2}{g_2^2(x_1^*,x_2^*)}\left[\mathcal{L}_{11}(x_1^*,x_2^*)g_2^2(x_1^*,x_2^*)-2g_1(x_1^*,x_2^*)g_2(x_1^*,x_2^*)\mathcal{L}_{12}(x_1^*,x_2^*)+\mathcal{L}_{22}(x_1^*,x_2^*)g_1^2(x_1^*,x_2^*)\right]$$

而 $\mathcal{L}_{11}(x_1^*,x_2^*)g_2^2(x_1^*,x_2^*)-2g_1(x_1^*,x_2^*)g_2(x_1^*,x_2^*)\mathcal{L}_{12}(x_1^*,x_2^*)+\mathcal{L}_{22}(x_1^*,x_2^*)g_1^2(x_1^*,x_2^*)=-\begin{vmatrix}0 & g_1(x^*) & g_2(x^*)\\ g_1(x^*) & \mathcal{L}_{11}(x^*) & \mathcal{L}_{12}(x^*)\\ g_2(x^*) & \mathcal{L}_{21}(x^*) & \mathcal{L}_{22}(x^*)\end{vmatrix}$

其中：$\bar{H}(x^*)=\begin{vmatrix}0 & g_1(x^*) & g_2(x^*)\\ g_1(x^*) & \mathcal{L}_{11}(x^*) & \mathcal{L}_{12}(x^*)\\ g_2(x^*) & \mathcal{L}_{21}(x^*) & \mathcal{L}_{22}(x^*)\end{vmatrix}$为加边海塞矩阵。该加边海塞矩阵的行列式为：

$$\bar{D}(x^*)=\begin{vmatrix}0 & g_1(x^*) & g_2(x^*)\\ g_1(x^*) & \mathcal{L}_{11}(x^*) & \mathcal{L}_{12}(x^*)\\ g_2(x^*) & \mathcal{L}_{21}(x^*) & \mathcal{L}_{22}(x^*)\end{vmatrix}$$

从而　$d^2y=\frac{(-1)dx_1^2}{g_2^2(x^*)}\bar{D}(x^*)$

综上，我们可以得到目标为二元函数、仅包含一个等式约束的最优化条件：

在 (x_1^*,x_2^*,λ^*) 满足拉格朗日函数的一阶条件的前提下：

（1） $\bar{D}(x^*)<0\Rightarrow(x_1^*,x_2^*)$ 为局部约束最小值的解。

（2） $\bar{D}(x^*)>0\Rightarrow(x_1^*,x_2^*)$ 为局部约束最大值的解。

附录3.1.2　多元目标函数、m个等式约束的最优化条件

现在将拉格朗日方法应用于多元函数。面临的最优化问题为：

$$\max_{x_1,x_2,\cdots,x_n}\quad y=f(x_1,x_2,\cdots,x_n)$$

$$\begin{aligned}\text{s.t.}\quad & g^1(x_1,x_2,\cdots,x_n)=c_1\\ & g^2(x_1,x_2,\cdots,x_n)=c_2\\ & \vdots\\ & g^m(x_1,x_2,\cdots,x_n)=c_m\end{aligned}$$

拉格朗日函数为：

$$\mathcal{L}(x,\lambda)=f(x)+\sum_{j=1}^{m}\lambda_j[c_j-g^j(x)]$$

一阶条件：

$$\frac{\partial\mathcal{L}}{\partial x_i}=\frac{\partial f(x^*)}{x_i}-\sum_{j=1}^{m}\lambda_j^*\frac{\partial g^j(x^*)}{\partial x_i}=0\quad(i=1,2,\cdots,n)$$

$$\frac{\partial\mathcal{L}}{\partial\lambda_j}=c_j-g^j(x^*)=0\quad(j=1,2,\cdots,m)$$

下面来讨论二阶条件。

此时，加边海塞矩阵为：

$$\bar{H}(x^*)=\begin{bmatrix}0 & \cdots & 0 & g_1^1 & \cdots & g_n^1\\ \vdots & \vdots & \vdots & \vdots & \vdots & \vdots\\ 0 & \cdots & 0 & g_1^m & \cdots & g_n^m\\ g_1^1 & \cdots & g_1^m & \mathcal{L}_{11} & \cdots & \mathcal{L}_{1n}\\ \vdots & \vdots & \vdots & \vdots & \vdots & \vdots\\ g_n^1 & \cdots & g_n^m & \mathcal{L}_{n1} & \cdots & \mathcal{L}_{nn}\end{bmatrix}$$

$$\text{定义}\ \overline{D}_k(x^*)=\begin{bmatrix}0 & \cdots & 0 & g_1^1 & \cdots & g_k^1\\ \vdots & \vdots & \vdots & \vdots & \vdots & \vdots\\ 0 & \cdots & 0 & g_1^m & \cdots & g_k^m\\ g_1^1 & \cdots & g_1^m & \mathcal{L}_{11} & \cdots & \mathcal{L}_{1k}\\ \vdots & \vdots & \vdots & \vdots & \vdots & \vdots\\ g_k^1 & \cdots & g_k^m & \mathcal{L}_{k1} & \cdots & \mathcal{L}_{kk}\end{bmatrix},\ k=m+1,\cdots,n\quad (m<n)。$$

利用 $\overline{D}_k(x^*)$，我们直接给出多元目标函数、m个等式约束的约束最优化条件：

(x^*,λ^*) 为满足一阶必要条件的解，则：

（1） $(-1)^k\overline{D}_k(x^*)>0\quad (k=m+1,m+2,\cdots,n)\Rightarrow x^*$ 是函数的局部约束最大值的解。

（2） $\overline{D}_k(x^*)<0\quad (k=m+1,m+2,\cdots,n)\Rightarrow x^*$ 是函数的局部约束最小值的解。

附录3.2 非线性规划

在约束最优化问题中，不等式约束以及选择变量非负的最优化问题被称为非线性规划问题。我们将先后讨论非负约束和其他形式的不等式约束下极值的一阶条件，即库恩-塔克条件，然后再给出其二阶条件。

附录3.2.1 非负约束

考虑一元可微函数：

$$\max\quad \pi=f(x)$$
$$\text{s.t.}\quad x\geqslant 0$$

由于约束条件 $x\geqslant 0$，因此可能会出现以下三种情况：

（1）在 $x^*>0$ 时，π 取得全局最大值。此时我们得到了一个内点解。在这种情况下，一阶条件是 $f'(x^*)=0$，同经典问题一样。

（2）在 $x=0$ 时，π 取得全局最大值。此时我们得到了一个角点解，但 $f'(x^*)=0$ 仍然成立。

（3）在 $x<0$ 时，π 取得全局最大值。此时我们得到了角点解，但因为作为非线性约束问题中的一个局部约束最大值，候选点必须比可行域中的邻近点高，从而要求 $f'(x^*)<0$。

综上所述，为了在 $x\in[0,\infty)$ 内找到 π 的局部约束最大值，必须满足以下三个条件中的一个：

（1） $f'(x^*)=0$ 且 $x^*>0$。

（2） $f'(x^*)=0$ 且 $x^*=0$。

（3） $f'(x^*)<0$ 且 $x^*=0$。

将上述三个条件合成一个论述：

$$f'(x^*)\leqslant 0,\quad x^*\geqslant 0,\quad x^*f'(x^*)=0$$

以上就是该问题的库恩-塔克条件。其中，第三个等式表达了三个条件的一个共同特点，即 x^* 和 $f'(x^*)$ 至少有一个是零，因此两者的乘积一定是零。这个特点是指 x^* 与 $f'(x^*)$ 互补松弛。

当问题包含n个选择变量时：

$$\max \quad \pi = f(x_1, x_2, \cdots, x_n)$$
$$\text{s.t.} \quad x_j \geqslant 0 \quad (j = 1, 2, \cdots, n)$$

解决的思路与一元函数相同，这里我们直接给出该约束最优化问题的库恩-塔克条件：

（1）给定非负约束，多元函数 $f(x_1, x_2, \cdots, x_n)$ 取得局部约束最大值，则 $f(x_1^*, x_2^*, \cdots, x_n^*)$ 满足：

（a）$\frac{\partial f(x^*)}{\partial x_i} \leqslant 0 \quad (i = 1, 2, \cdots, n)$

（b）$\frac{\partial f(x^*)}{\partial x_i} x_i^* = 0 \quad (i = 1, 2, \cdots, n)$

（c）$x_i^* \geqslant 0 \quad (i = 1, 2, \cdots, n)$

（2）给定非负约束，多元函数 $f(x_1, x_2, \cdots, x_n)$ 取得局部约束最小值，则 $f(x_1^*, x_2^*, \cdots, x_n^*)$ 满足：

（a）$\frac{\partial f(x^*)}{\partial x_i} \geqslant 0 \quad (i = 1, 2, \cdots, n)$

（b）$\frac{\partial f(x^*)}{\partial x_i} x_i^* = 0 \quad (i = 1, 2, \cdots, n)$

（c）$x_i^* \geqslant 0 \quad (i = 1, 2, \cdots, n)$

附录3.2.2　其他形式的不等式约束

现在，我们在非负约束的基础上再引入不等式约束。为简化，我们先处理以下问题：

$$\max \quad \pi = f(x)$$
$$\text{s.t.} \quad g(x) \leqslant r$$
$$x \geqslant 0$$

这时 $\mathcal{L} = f(x) + \lambda[r - g(x)]$。通过引入虚拟变量，我们可以将这种形式的不等式约束转化为非负约束，从而用非负约束的思路求解。这里具体的推导过程省略，直接给出库恩-塔克条件为：

$$\frac{\partial \mathcal{L}(x^*, \lambda^*)}{\partial x} = \frac{\partial f(x^*)}{\partial x} - \lambda \frac{\partial g(x^*)}{\partial x} \leqslant 0,\ x^* \geqslant 0,\ x^* \frac{\partial \mathcal{L}(x^*, \lambda^*)}{\partial x} = 0$$

$$\frac{\partial \mathcal{L}(x^*, \lambda^*)}{\partial \lambda_i} = r - g(x^*) \geqslant 0,\ \lambda^* \geqslant 0,\ \lambda^* \frac{\partial \mathcal{L}(x^*, \lambda^*)}{\partial \lambda} = 0$$

通过求解上述的库恩-塔克条件，我们可以得到该问题的约束极值。

将上述库恩-塔克条件应用于n个选择变量和m个约束条件的问题。

拉格朗日函数 $\mathcal{L}$ 的形式为：

$$\mathcal{L} = f(x_1, x_2, \cdots, x_n) + \sum_{i=1}^{m} \lambda_i [r_i - g^i(x_1, x_2, \cdots, x_n)]$$

则该非线性约束问题的库恩-塔克条件为（极大化）：

$$\frac{\partial \mathcal{L}(x^*, \lambda^*)}{\partial x_j} = \frac{\partial f(x^*)}{\partial x_j} - \lambda^* \frac{\partial g(x^*)}{\partial x_j} \leqslant 0,\ x_j^* \geqslant 0,\ x_j^* \frac{\partial \mathcal{L}(x^*, \lambda^*)}{\partial x_j} = 0 \quad (j = 1, 2, \cdots, n)$$

$$\frac{\partial \mathcal{L}(x^*, \lambda^*)}{\partial \lambda_i} = r_i - g^i(x^*) \geqslant 0,\ \lambda_i^* \geqslant 0,\ \lambda_i^* \frac{\partial \mathcal{L}(x^*, \lambda^*)}{\partial \lambda_i} = 0$$

如果问题是求极小值，那么可以将它转化为极大化问题，然后应用以上条件求解。此处仅介绍用库恩-塔克条件求解非线性规划中的极大值问题。

按水平的方向解读上式，我们可以看见库恩-塔克条件在极大化问题中包括了一组含有选择变量与拉格朗日乘子的条件。从垂直的方向来解读，对于每一个选择变量和拉格朗日函数，都有一个边际条件（第一列）、一个非负约束（第二列）和一个互补松弛条件（第三列）。在任一个给定条件下，与选择变量相关的一组边际条件，同拉格朗日乘子的一组边际条件在不等号方向上是不同的。

附录3.2.3　二阶条件

以上讨论了非线性规划的库恩-塔克条件，但只有在满足规范约束时，库恩-塔克条件才是极值的必要条件。关于规范约束的定义以及判定方法，这里暂不作介绍。我们将集中关注在经济学中我们常遇到的满足规范约束的情况。

定理：

在约束最优化问题中，如果目标函数是严格拟凹的以及约束集是凸集，那么存在唯一的全局约束最大值的解。

进一步地，如果目标函数是拟凹的，约束集是凸的，则该约束最大化问题存在全局约束最大值。如果目标函数是严格拟凹的，则该约束最大化问题存在唯一的全局约束最大值的解。因此，在约束最大化问题中，我们的解题思路为：首先判定目标函数是否为拟凹函数和约束集是否为凸集；如果是，那么通过求解库恩-塔克条件得到的局部约束最大值的解，便是该问题的全局约束最大值的解。

这样的思路不仅适用于非线性规划问题中的非负约束以及其他形式的不等式约束，而且还适用于等式约束中的线性等式约束。因为，当等式约束是线性的时候，约束集也是凸集。

附录3.2.4　举例：拟线性偏好的效用最大化问题

我们现在就将库恩-塔克条件应用于效用最大化问题：

$$\max \quad U = y + a\ln x \qquad (a>0)$$

$$\text{s.t.} \quad p_x x + p_y y \leqslant B$$

$$x, y \geqslant 0$$

拉格朗日函数为：

$$\mathcal{L} = y + a\ln x + \lambda(B - p_x x - p_y y)$$

该问题的目标函数是拟凹的，约束集是凸集，故可利用库恩-塔克条件求得全局约束最大值。该问题的库恩-塔克条件为：

$$\frac{\partial \mathcal{L}(x^*,y^*,\lambda^*)}{\partial x} = \frac{a}{x^*} - \lambda^* p_x \leqslant 0,\ x^* \geqslant 0,\ x^* \frac{\partial \mathcal{L}(x^*,y^*,\lambda^*)}{\partial x} = 0$$

$$\frac{\partial \mathcal{L}(x^*,y^*,\lambda^*)}{\partial y} = 1 - \lambda^* p_y \leqslant 0,\ y^* \geqslant 0,\ y^* \frac{\partial \mathcal{L}(x^*,y^*,\lambda^*)}{\partial y} = 0$$

$$\frac{\partial \mathcal{L}(x^*,y^*,\lambda^*)}{\partial \lambda} = B - p_x x^* - p_y y^* \geqslant 0,\ \lambda^* \geqslant 0,\ \lambda^* \frac{\partial \mathcal{L}(x^*,y^*,\lambda^*)}{\partial \lambda} = 0$$

如何求解？一般情况下，我们讨论 $x^*>0$，$x^*=0$；$y^*>0$，$y^*=0$；$\lambda^*>0$，$\lambda^*=0$ 在内的8种情况。不过，在具体的问题中，我们可以通过分析题目中隐含的条件（经济含义）

初步确定未知量的范围，以减少讨论的可能情形。

比如，在此问题中，$\lambda^*>0$ 一定成立。另外，由效用函数形式可知，$x^*>0$ 一定成立。因此，我们只需要讨论两种情况：

（1）$x^*>0$，$y^*=0$，$\lambda^*>0$：

此时，库恩-塔克条件变为：

$$\frac{\partial\mathcal{L}(x^*,y^*,\lambda^*)}{\partial x}=\frac{a}{x^*}-\lambda^*p_x=0,\ x^*>0$$

$$\frac{\partial\mathcal{L}(x^*,y^*,\lambda^*)}{\partial y}=1-\lambda^*p_y\leqslant 0,\ y^*=0$$

$$\frac{\partial\mathcal{L}(x^*,y^*,\lambda^*)}{\partial \lambda}=B-p_xx^*-p_yy^*=0,\ \lambda^*>0$$

$$\text{解得：}\begin{cases}x^*=\dfrac{B}{p_x}\\ y^*=0,\ \text{并且有 } B\leqslant ap_y\\ \lambda^*=\dfrac{a}{B}\end{cases}$$

这是一个角点解。

（2）$x^*>0$，$y^*>0$，$\lambda^*>0$：

此时，库恩-塔克条件为：

$$\frac{\partial\mathcal{L}(x^*,y^*,\lambda^*)}{\partial x}=\frac{a}{x^*}-\lambda^*p_x=0,\ x^*>0$$

$$\frac{\partial\mathcal{L}(x^*,y^*,\lambda^*)}{\partial y}=1-\lambda^*p_y=0,\ y^*>0$$

$$\frac{\partial\mathcal{L}(x^*,y^*,\lambda^*)}{\partial \lambda}=B-p_xx^*-p_yy^*=0,\ \lambda^*>0$$

$$\text{解得：}\begin{cases}x^*=\dfrac{ap_y}{p_x}\\ y^*=\dfrac{B-ap_y}{p_y},\ \text{并且有 } B>ap_y\\ \lambda^*=\dfrac{1}{p_y}\end{cases}$$

这是一个内点解。

通过这个例子的讨论，我们知道，虽然非线性规划的库恩-塔克条件的求解过程一般需要讨论选择变量和拉格朗日乘子为零和大于零所组合成的每一种情形，但我们可以通过对变量范围的初步分析来减少情形的可能性，从而简化求解的过程。

附录4　最优化的其他主题

接下来，我们将回到经典的等式约束最优化领域来讨论包络定理。

附录4.1　极大值函数

极大值函数是当选择变量都是最优值时的目标函数。这些选择变量的最优值是外生变量和参数的函数。一旦选择变量的最优值代入原目标函数中，那么目标函数就被间接地称为参数的函数。因此，极大值函数也称间接目标函数。它是当参数发生变化时，目标函数极大（小）值变化的轨迹。

举例：

通过求解：

$$\max \quad U = u(x,y)$$
$$\text{s.t.} \quad p_x x + p_y y = B$$
$$x,y > 0$$

我们可得 $x^* = x^*(p_x, p_y, B), y^* = y^*(p_x, p_y, B)$。将最优值代入 $U = u(x,y)$，则可得间接效用函数 $V(p_x, p_y, B)$。

附录4.2 包络定理

包络定理：即使在外生变量可能作为内生选择变量的解的一部分间接进入极大值函数的情况下，也只有外生变量参数变化的直接效应才需要考虑。

为了阐释这一概念，考察下面的无约束最优化问题，其中包含两个变量x和y，以及一个参数φ：

$$\max \quad \pi = f(x,y,\varphi)$$

一阶求导可得：

$$\left.\begin{aligned}\frac{\partial f(x^*,y^*,\varphi)}{\partial x}=0\\ \frac{\partial f(x^*,y^*,\varphi)}{\partial y}=0\end{aligned}\right\} \Rightarrow \begin{Bmatrix} x^*=x^*(\varphi)\\ y^*=y^*(\varphi)\end{Bmatrix} \Rightarrow v = f(x^*(\varphi), y^*(\varphi), \varphi)$$

如果v对外生变量φ求导，可得：

$$\frac{\partial v}{\partial \varphi} = \frac{\partial f(x^*(\varphi), y^*(\varphi), \varphi)}{\partial \varphi} = f_x(x^*(\varphi), y^*(\varphi), \varphi)\frac{\partial x^*}{\partial \varphi} + f_y(x^*(\varphi), y^*(\varphi), \varphi)\frac{\partial x^*}{\partial \varphi} + f_\varphi(x^*(\varphi), y^*(\varphi), \varphi)$$

因为 $f_x(x^*(\varphi), y^*(\varphi), \varphi) = f_y(x^*(\varphi), y^*(\varphi), \varphi) = 0$，从而 $\frac{\partial v}{\partial \varphi} = f_\varphi(x^*(\varphi), y^*(\varphi), \varphi)$。

这一结果表明，间接目标函数在对外生变量求导时，只需考虑外生变量的直接效应，这便是包络定理。

附录4.2.1 应用：几个引理

下面介绍几个利用包络定理得到的引理，这些引理在本书中都有提到，为了让大家更好地认识本附录介绍的数学知识，再以不同形式在这里给出来，供大家参考、学习。

1. 霍特林引理

企业的利润最大化问题可表述为：

$$\max \quad \pi = pf(K,L) - wL - rK$$

求解可得利润（极大化）函数：

$$\pi^* = pf(K^*, L^*) - wL^* - rK^*$$

其中：$K^* = K^*(w,r,p)$，$L^* = L^*(w,r,p)$。

利用包络定理可得：

$$\frac{\partial \pi^*}{\partial w} = -L^*(w,r,p)$$

$$\frac{\partial \pi^*}{\partial r} = -K^*(w,r,p)$$

$$\frac{\partial \pi^*}{\partial p} = f(K^*,L^*)$$

以上三式合起来称为霍特林引理。我们可根据三式中的前两个得到公司的投入需求函数，根据第三个等式得到公司的供给函数。

2. **罗伊恒等式**

效用最大化问题可表述为：

$$\max \quad U = u(x,y)$$

$$\text{s.t.} \quad p_x x + p_y y = B$$

求解该问题可得马歇尔需求函数（Marshallian demand function）：

$$x^m = x^m(p_x, p_y, B)$$

$$y^m = y^m(p_x, p_y, B)$$

因此，间接效用函数可表示为：

$$V(p_x, p_y, B) = U(x^m, y^m) + \lambda^m(B - p_x x^m - p_y y^m)$$

因为等式的最右边 $B - p_x x^m - p_y y^m$ 在最优的状态下为零，所以等式成立，从而根据包络定理，可得：

$$\frac{\partial V}{\partial p_x} = -\lambda^m x^m$$

$$\frac{\partial V}{\partial p_y} = -\lambda^m y^m$$

$$\frac{\partial V}{\partial B} = \lambda^m$$

根据上述三个等式，我们便可得到罗伊恒等式：

$$-\frac{\partial V/\partial p_x}{\partial V/\partial B} = x^m$$

$$-\frac{\partial V/\partial p_y}{\partial V/\partial B} = y^m$$

这个结果便是罗伊恒等式。

3. **谢泼德引理**

效用最大化问题的对偶问题为支出最小化问题，产出最大化问题的对偶问题为成本最小化问题。将最大化问题中的约束条件作为目标函数最小化，则该最小化问题与最大化问题互为对偶问题。

考虑一个与效用最大化问题对偶的问题——支出最小化问题，它可表述为：

$$\min \quad E = p_x x + p_y y$$

$$\text{s.t.} \quad U(x,y) = U^*$$

求解该问题可得希克斯需求函数（Hicksian demand function）：

$$x^h = x^h(p_x, p_y, U^*)$$

$$y^h = y^h(p_x, p_y, U^*)$$

因此支出函数可表示为：

$$E(p_x, p_y, U^*) = p_x x^h + p_y y^h + \lambda^h(U^* - U(x^h, y^h))$$

从而根据包络定理，可得：

$$\frac{\partial E}{\partial p_x} = x^h$$

$$\frac{\partial E}{\partial p_y} = y^h$$

$$\frac{\partial E}{\partial U^*} = \lambda^h$$

这个结果便是谢泼德引理。

附录4.2.2 拉格朗日乘子的解释

通过以上引理，我们能总结出：拉格朗日乘子衡量的是$\mathcal{L}^*$对约束条件变化的敏感度。

例如，在效用最大化问题中：

$$\frac{\partial \mathcal{L}^*}{\partial B} = \frac{\partial V}{\partial B} = \lambda^m$$

所以，λ^m衡量的是当预算B变化时，目标函数极大值的变化率，因此也称λ^m为B的“影子价格”，从而$\lambda^m > 0$总是成立。

考虑在库恩-塔克条件中，λ一定是非负的，因此，拉格朗日函数一定写成：

$$\mathcal{L} = f(x_1, x_2, \cdots, x_n) + \sum_{i=1}^{m} \lambda_i [r_i - g^i(x_1, x_2, \cdots, x_n)]$$

而非：

$$\mathcal{L} = f(x_1, x_2, \cdots, x_n) + \sum_{i=1}^{m} \lambda_i [g^i(x_1, x_2, \cdots, x_n) - r_i]$$

附录5 概率与随机变量

附录5.1 基本定义

一些变量并不是预先确定的，相反它们依赖于某种形式的偶然性。**随机变量**描述了一个由偶然性决定的变量，它以相应的**概率**（或可能性）取得许多不同的值（或结果）中的一个。比如，将一枚硬币掷向空中，会有正面或反面两种结果，每种结果出现的概率都等于1/2，我们把它表示为 Pr{head} = Pr{tail} = 1/2 ；一颗在平板上滚动的骰子将会出现一个在1 ~ 6之间的整数，而每个数出现的概率都为1/6；明天旧金山的气温将会是50℉ ~ 80℉之间的任意一个实数，而一些值出现的可能性比另一些值更大。

硬币或者骰子是一个**离散随机变量**的例子，因为这两者都在离散值的集合中取值，且在此例中集合是有限的。相反，明天旧金山的气温是一个**连续随机变量**的例子，因为它会在一个区间或连续统中取得一个数值，在此例中为[50,80]。我们将一个**事件**定义为：可能出现的一个或一系列结果。比如，如果我们掷一个骰子，定义事件A为“骰子出现一个奇数”，定义事件B为“骰子出现1或2”，则 Pr{A} = 1/2 及 Pr{B} = 1/3 。若一个函数描述了通过随机变量观察到的可能性事件的相对频率，我们称该函数为**概率分布**。所有可能结果的集合被称为分布的样本空间，如果**样本空间**由实数构成，我们则称其为分布的**支撑**。

对于离散且有限的随机变量，比如掷硬币和掷骰子，概率分布把样本空间中的每个结果和一个概率联系在一起，其中它是介于0到1之间的数，所有离散结果的**概率**加起来必须等于1。比如，如果掷一个骰子，则每个1到6之间的整数出现的概率皆为1/6。

附录5.2　累积分布与密度函数

如果像掷骰子那个例子那样，一个随机变量的所有结果都是数字，则概率分布可以被定义为一个**累积分布函数**（CDF），$F:R \to [0,1]$，它描述了x小于等于一个特定值的概率，用 $F(x_0) = Pr\{x \leq x_0\}$ 表示。比如，如果随机变量由掷骰子产生，则 $F(4) = F(4.9) = 2/3$。因为出现的结果小于等于4的概率等于它小于等于4.9的概率，其中可能出现1、2、3、4其中之一。类似地，$F(5) = F(5.43) = 5/6$，$F(6) = F(112.3) = 1$。

任一CDF F满足下面三个性质：

（1）如果 $x_2 > x_1$，则 $F(x_2) \geq F(x_1)$。

（2）$F(-\infty) = 0$，$F(\infty) = 1$。

（3）$1 - F(x_0) = Pr\{x > x_0\}$。

一个离散分布的CDF，就像掷骰子的例子那样，是一个在样本空间的每一个可能结果处有跳跃的阶梯函数。在附录图5-1（a）中，阐述了这样的CDF。一个连续分布的CDF会逐渐而连续地上升。在附录图5-1（b）中，描绘了在区间[0,6]上分布的一个连续随机变量的例子，在该区间中的每个数字都以等可能的结果出现。像这样从一个闭区间[a,b]中，等可能地取一个数字的连续随机变量，被称为[a,b]上的**均匀分布**。在此例中，$a = 0$，$b = 6$。

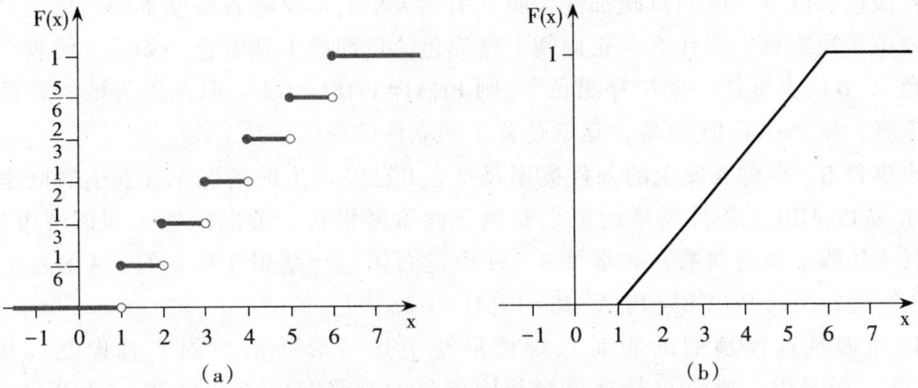

附录图5-1　离散与连续累积分布函数

因为像这样均匀分布的连续随机变量，会从不可数的无穷多个数值中取一个数值，这就意味着每一个结果出现的概率都为0。这样的一个分布不能通过一个概率分布来表示，相反可由其CDF来定义。对于在附录图5-1（b）中在[0,6]上的均匀分布而言，其CDF为：

$$F(x) = \begin{cases} 0 & (x < 0) \\ \frac{1}{6}x & (0 \leq x \leq 6) \\ 1 & (x > 6) \end{cases}$$

如果一个连续分布CDF F是可微的，则它的导数 $f = F'$ 被称为**概率密度函数**。因此，从微积分基本定理可以得出，对于 $x_2 > x_1$，有：

$$\int_{x_1}^{x_2} f(x)dx = F(x_2) - F(x_1)$$

这意味着随机变量的结果在 x_1 到 x_2 之间的概率等于概率密度函数在该区间上的定积

分。比如，在[0,6]上均匀分布的密度函数为：

$$f(x)=\begin{cases}0 & (x<0)\\ \frac{1}{6} & (0\leqslant x\leqslant 6)\\ 0 & (x>6)\end{cases}$$

附录5.3　独立性、条件概率和贝叶斯法则

给定两个事件A和B，$A\cap B$（A与B的交）表示两个事件A和B都发生。直观而言，如果一个事件是否发生不影响另一个事件发生的可能性，则这两个事件是相互独立的。正式地，我们称两个事件A和B**相互独立**，当且仅当它们同时发生的概率等于每个事件发生的概率的乘积，即

$$\Pr\{A\cap B\}=\Pr\{A\}\Pr\{B\}$$

比如，想象一下掷一个骰子和抛一枚硬币同时发生时的情况，其中A是“骰子的数字是偶数”，而B是“硬币头朝上”。首先，我们知道$\Pr\{A\}=\Pr\{B\}=1/2$，令$\neg A$表示事件“A不发生”，我们知道$\Pr\{\neg A\}=\Pr\{\neg B\}=1/2$。因此，四个可能的事件组合是$A\cap B,\neg A\cap B,A\cap\neg B,\neg A\cap\neg B$。因为掷骰子和掷硬币不相互依赖（因此用术语“独立”），由此，这四个事件组合发生的可能性都是1/4，所以$\Pr\{A\cap B\}=\Pr\{A\}\Pr\{B\}=1/4$。

相反地，考虑下述情形。双胞胎姐妹沙扬和娜拉总是穿相同颜色的衣服，她们各有两套衣服：黑色和红色。她们每晚都洗衣服且第二天早上都要将衣服准备好。每天早上这对姐妹抛硬币来决定她们穿什么：正面朝上选黑色，反面朝上选红色。如果A代表事件“沙扬穿黑色”，B代表事件“娜拉穿黑色”，则$\Pr\{A\}=\Pr\{B\}=1/2$。但是因为她们总是穿同样颜色的衣服，则$\Pr\{A\cap B\}=1/2$，这就违背了独立性的条件。

给定事件B，事件A发生的条件概率是指在B已经发生的情况下A发生的概率，它通常被表示为$\Pr\{A|B\}$。条件概率的概念和独立性紧密相联。考虑掷骰子和掷硬币的例子。因为事件A（骰子出现偶数）和事件B（硬币正面朝上）是相互独立的，A的发生不依赖于B是否发生，因此$\Pr\{A|B\}=\Pr\{A|\neg B\}=\Pr\{A\}=1/2$。

沙扬和娜拉选择她们的服装这种情形与上述情形并不相同。就像之前所说的，$\Pr\{A\}=1/2$，但是因为她们总是选择穿相同颜色的衣服，由此$\Pr\{A|B\}=1$而$\Pr\{A|\neg B\}=0$。我们称无条件概率（也称边缘概率）$\Pr\{A\}$为事件A的**先验概率**。因为这是在不知道任何条件信息时，事件A的先验推断。我们称条件概率$\Pr\{A|B\}$为在事件B发生后事件A发生的**后验概率**。

假设$\Pr\{B\}>0$，给定B时，A的条件概率被定义为：

$$\Pr\{A|B\}=\frac{\Pr\{A\cap B\}}{\Pr\{B\}} \tag{附录5-1}$$

这个关系很直观。如果事件B已经发生，则有两个可能性：A发生或不发生。因此，我们有两个可能的组合：$\{A\cap B\}$和$\{\neg A\cap B\}$，其中$\Pr\{A\cap B\}$和$\Pr\{\neg A\cap B\}$是先验推断。因为A或$\neg A$一定发生，而且它们为互斥事件，所以可以很容易发现：

$$\Pr\{B\}=\Pr\{A\cap B\}+\Pr\{\neg A\cap B\} \tag{附录5-2}$$

因此，如果我们知道B已经发生，则在这一条件下，我们的后验条件就是在已知B发生的所有状态当中，$\{A\cap B\}$发生的相对可能性，这由公式（附录5-1）给出。

如果我们在公式（附录5-1）的两边同乘以 Pr{B}，我们可以得到：

$$\Pr\{A\cap B\}=\Pr\{A|B\}\Pr\{B\}$$

根据对称性，可得：

$$\Pr\{A\cap B\}=\Pr\{B|A\}\Pr\{A\} \quad \text{（附录 5-3）}$$

现在，我们用公式（附录5-3）的右边来替换公式（附录5-1）中的分子，可得**贝叶斯法则**如下：

$$\Pr\{A|B\}=\frac{\Pr\{B|A\}\Pr\{A\}}{\Pr\{B\}} \quad \text{（附录 5-4）}$$

公式（附录5-4）可以一般化。令Z是一个随机变量的所有可能结果的一个集合，且 $\{A_1,A_2,\cdots,A_n\}$ 是集合Z的一部分，由此可得：

$$\Pr\{B\}=\sum_{i=1}^{n}\Pr\{A_i\cap B\} \quad \text{（附录 5-5）}$$

因为事件 $\{A_1,A_2,\cdots,A_n\}$ 是互斥的，且它们覆盖了整个状态空间。现在利用公式（附录5-3），我们可以把公式（附录5-5）重写为：

$$\Pr\{B\}=\sum_{i=1}^{n}\Pr\{B|A_i\}\Pr\{A_i\}$$

它表明了贝叶斯法则的一个更加一般化的版本：

$$\Pr\{A_i|B\}=\frac{\Pr\{B|A_i\}\Pr\{A_i\}}{\sum_{i=1}^{n}\Pr\{B|A_i\}\Pr\{A_i\}} \quad \text{（附录 5-6）}$$

由公式（附录5-6）表示的贝叶斯法则经常被用来定义有关参与人信息集上的信念。为了阐明这些，想象两个事件 A_1 和 A_2，其中参与人1知道它们，而参与人2不知道，尽管参与人2知道 $\Pr\{A_1\}$ 和 $\Pr\{A_2\}$。在知道这两个事件哪一个发生之后，参与人1可以选择 B_1 或者 B_2。参与人1可以在观察到的事件的基础上作出相应的选择，同时他也可以随机地作出选择。令 $\Pr\{B_j|A_i\}$ 是参与人2对于参与人1在观察到 A_i 的条件下选择 B_j 的推断，由贝叶斯法则可得：

$$\Pr\{A_i|B_j\}=\frac{\Pr\{B_j|A_i\}\Pr\{A_i\}}{\sum_{i=1}^{2}\Pr\{B_j|A_i\}\Pr\{A_i\}}$$

注意，贝叶斯法则只有在分母为正时才有意义，且对于至少有一个 i 有 $\Pr\{B_j|A_i\}\Pr\{A_i\}>0$ 时，才会成立。

附录5.4 期望值

一个离散实值随机变量的**期望值**（亦被称为**均值**或**期望**）等于所有可能被取到的值的概率加权平均值。非正式地，我们可以把期望值理解为对一个随机变量进行一个独立重复试验所获得的平均值。比如，想象掷一枚硬币，当正面朝上时你获得2美元，当反面朝上时你失去1美元。根据定义，期望值等于 $\frac{1}{2}\times 2+\frac{1}{2}\times(-1)=0.5$。现在假如将一枚硬币掷100次，给定正面朝上的概率为1/2，你可以期望50次获得2美元，50次失去1美元，得到总收入为 $50\times 2+50\times(-1)=50$（美元）。因此，平均而言，你可以每次获得0.5美元。这表示期望值也许并不能被“期望”，也即可能无法取到期望值（获得0.5美元）。

更正式地，想象一个离散实值随机变量x可以取值 $x_i \in \{x_1, x_2, \cdots, x_n\}$，每个 x_i 的概率为 p_i。随机变量的期望值为 $E[x]=\sum_{i=1}^{n} p_i x_i$。

比如，想象掷一个骰子，你将会得到v数目的钱，v等于骰子出现的数字。在这种情况下，你的期望值等于 $E[v]=\sum_{i=1}^{6}\frac{1}{6}i=3.5$。

对于一个连续实值随机变量，我们不能用相同的方法来得到一个加权平均值。令x是一个连续实值随机变量，如果CDF F(x)是可微的，从而密度函数f(x)存在，则x的期望值定义为 $E[x]=\int_{-\infty}^{\infty} xf(x)dx$。

直观上，这是一个离散实值随机变量的加权平均值的连续版本。密度函数扮演了权重的角色，而x是观测值。比如，如果x是一个在区间[a,b]上均匀分布的随机变量，则 $f(x)=\frac{1}{b-a}$，对于所有的 $x\in[a,b]$，从而有 $E(x)=\int_a^b x\frac{1}{b-a}dx=\left[\frac{x^2}{2(b-a)}\right]\Bigg|_a^b=\frac{b^2-a^2}{2(b-a)}=\frac{a+b}{2}$。

由此可得，均匀分布的随机变量的期望值是分布支撑的“中点”(midpoint)。

↘主要参考文献

［1］科莱尔，温斯顿，格林．微观经济理论［M］．曹乾，译．北京：中国人民大学出版社，2014．

［2］迪顿，米尔鲍尔．经济学与消费者行为［M］．龚志民，宋旺，解恒，等，译．北京：中国人民大学出版社，2005．

［3］诺依曼，摩根斯坦．博弈论与经济行为［M］．王文玉，王宇，译．北京：生活·读书·新知三联书店，2004．

［4］马歇尔．经济学原理［M］．朱志泰，译．北京：商务印书馆，1964．

［5］李井奎．黑板经济学和真实世界的经济学［J］．社会科学战线，2014（1）：69-76．

［6］迈尔森．博弈论：矛盾冲突分析［M］．于寅，费剑平，译．北京：中国人民大学出版社，2015．

［7］阿克塞尔罗德．合作的进化［M］．吴坚忠，译．上海：上海人民出版社，2007．

［8］孙广振．劳动分工经济学说史［M］．李井奎，译．上海：格致出版社，2015．

［9］泰迪里斯．博弈论导论［M］．李井奎，译．北京：中国人民大学出版社，2015．

［10］杨小凯．经济学原理［M］．北京：中国社会科学出版社，1998．

［11］西尔伯贝格．经济学的结构［M］．张研，等，译．3版．北京：清华大学出版社，2004．

［12］AKERLOF G A．The market for "lemons"：quality uncertainty and the market mechanism［J］．Quarterly Journal of Economics，1970，84（3）：488-500．

［13］ANSCOMBE F，AUMANN R．A definition of subjective probability［J］．The Annals of Mathematical Statistics，1963，34（1）：199-205．

［14］ANAND，PATTANAIK，PUPPE．The handbook of rational and social choice［M］．Oxford：Oxford University Press，2009．

［15］ARROW K J．Essays in the theory of risk-bearing［M］．Amsterdam：North-Holland Pub. Co.，1971．

［16］ARROW K J．An extension of the basic theorems of classical welfare economics［C］．Proceeding of the Second Berkeley Symposium on Mathematical Statistics and Probability．Berkeley：University of California Press，1951：507-532．

［17］ARROW K J，DEBREU G．Existence of an equilibrium for a competitive economy［J］．Econometrica，1954，22（3）：265-290．

［18］BOLTON P，DEWATRIPONT M．Contract theory［M］．Cambridge，Mass：MIT

Press, 2005.

[19] CASSEL G. The theory of social economy [M]. New York: Harcourt, Brace and Company, 1924.

[20] DEBREU G. Mathematical methods in the social sciences [M]. Stanford, Calif.: Stanford University Press, 1960.

[21] DEBREU G. The coefficient of resource utilization [J]. Econometrica, 1951, 19 (3): 273-292.

[22] BERGSON A. A reformulation of certain aspects of welfare economics [J]. The Quarterly Journal of Economics, 1938, 52 (2): 310-334.

[23] FREIDMAN M. The methodology of positive economics [M]. Chicago: University of Chicago Press, 1953.

[24] GIBBONS R. Primer in game theory [M]. London: Pearson, 1992.

[25] GOLLIER C. The economics of risk and time [M]. Cambridge, Mass: MIT Press, 2001.

[26] HARSANYI J C. Games with incomplete information played by Bayesian players part II: Bayesian equilibrium points [J]. Management Science, 1968, 14 (5): 320-334.

[27] KAHNEMAN D, TVERSKY A. Prospect theory: an analysis of decisions under risk [J]. Econometrica, 1979, 47 (2): 313-327.

[28] KREPS D M. A course in microeconomic theory [M]. Princeton, N. J.: Princeton University Press, 1990.

[29] KREPS D M. Notes on the theory of choice [M]. Boulder, Colo.: Westview Press, 1988.

[30] LAFFONT J J, MARTIMORT D. The theory of incentives: the principal - agent model [M]. Princeton, N. J.: Princeton University Press, 2002.

[31] MYERSON R B. Game theory: analysis of conflict [M]. Cambridge, Mass.: Harvard University Press, 1991.

[32] MCKELVEY R D, PALFREY T R. An experimental study of the centipede game [J]. Econometrica, 1991, 60 (4): 803-836.

[33] MAS-COLELL A, WHINSTON M D, GREEN J R. Microeconomic theory [M]. New York: Oxford University Press, 1995.

[34] NASH, J. Non-cooperative games [J]. Annals of Mathematics, 1951, 54 (2): 286-295.

[35] MILLER N. Lectures in microeconomic theory [EB/OL]. [2016- 07- 12]. https: //business.illinois.edu/profile/nolan-miller.

[36] PARETO V. Manual of political economy [M]. New York: Augustus M. Kelley, 1971.

[37] PINDYCK R S, RUBINFELD D L. Microeconomics [M]. 7th ed. Upper Saddle River, N. J.: Prentice Hall, 2008.

[38] RABIN M. Risk aversion and expected utility theory: a calibration theorem [J].

Econometrica, 2000, 68 (5): 1281–1292.

[39] ROSENTHAL R W. Games of perfect information, predatory pricing and the chain store paradox [J]. Journal of Economic Theory, 1981, 25 (1): 92–100.

[40] PALACIOS-HUERTA I, VOLIJ O. Field centipedes [J]. American Economic Review, 2009, 99 (4): 1619–1635.

[41] PRATT J. Risk aversion in the small and in the large [J]. Econometrica, 1964, 32 (1/2): 122–136.

[42] RUBINSTEIN A. Lecture notes in microeconomic theory [M]. Princeton, N. J.: Princeton University Press, 2006.

[43] SAVAGE L. The foundations of statistics [M]. New York: Wiley, 1954.

[44] SILBERBERG E, SUEN W. The structure of economics [M]. 3rd ed. Irwin: McGraw-Hill, 2000.

[45] SPENCE M. Job market signaling [J]. Quarterly Journal of Economics, 1973, 87 (3): 355–374.

[46] VARIAN H R. Intermediate microeconomics [M]. 7th ed. New York: W. W. Norton, 2005.